Im Denkraum der Besonnenheit

Gerhard Danzer

Im Denkraum der Besonnenheit

Literaten der europäischen Moderne und ihre Beiträge zum Humanismus des 21. Jahrhunderts

Gerhard Danzer
Potsdam, Deutschland

ISBN 978-3-662-71369-3	ISBN 978-3-662-71370-9 (eBook)
https://doi.org/10.1007/978-3-662-71370-9

Die Deutsche Nationalbibliothek verzeichnet diese Publikation in der Deutschen Nationalbibliografie; detaillierte bibliografische Daten sind im Internet über https://portal.dnb.de abrufbar.

© Der/die Herausgeber bzw. der/die Autor(en), exklusiv lizenziert an Springer-Verlag GmbH, DE, ein Teil von Springer Nature 2025

Das Werk einschließlich aller seiner Teile ist urheberrechtlich geschützt. Jede Verwertung, die nicht ausdrücklich vom Urheberrechtsgesetz zugelassen ist, bedarf der vorherigen Zustimmung des Verlags. Das gilt insbesondere für Vervielfältigungen, Bearbeitungen, Übersetzungen, Mikroverfilmungen und die Einspeicherung und Verarbeitung in elektronischen Systemen.
Die Wiedergabe von allgemein beschreibenden Bezeichnungen, Marken, Unternehmensnamen etc. in diesem Werk bedeutet nicht, dass diese frei durch jede Person benutzt werden dürfen. Die Berechtigung zur Benutzung unterliegt, auch ohne gesonderten Hinweis hierzu, den Regeln des Markenrechts. Die Rechte des/der jeweiligen Zeicheninhaber*in sind zu beachten.
Der Verlag, die Autor*innen und die Herausgeber*innen gehen davon aus, dass die Angaben und Informationen in diesem Werk zum Zeitpunkt der Veröffentlichung vollständig und korrekt sind. Weder der Verlag noch die Autor*innen oder die Herausgeber*innen übernehmen, ausdrücklich oder implizit, Gewähr für den Inhalt des Werkes, etwaige Fehler oder Äußerungen. Der Verlag bleibt im Hinblick auf geografische Zuordnungen und Gebietsbezeichnungen in veröffentlichten Karten und Institutionsadressen neutral.

Springer ist ein Imprint der eingetragenen Gesellschaft Springer-Verlag GmbH, DE und ist ein Teil von Springer Nature.
Die Anschrift der Gesellschaft ist: Heidelberger Platz 3, 14197 Berlin, Germany

Wenn Sie dieses Produkt entsorgen, geben Sie das Papier bitte zum Recycling.

Vorwort

Zwei Frauen, sechs Männer, ein Thema

Unser 21. Jahrhundert war bisher – obschon erst ein Viertel davon vergangen ist – reich an Themen, Fragen, Problemen: Vom Terroranschlag *Nine Eleven* bis zu den Vorbereitungen einer Mars-Expedition, von der Coronapandemie bis zu Künstlicher Intelligenz und den Klimakatastrophen, von den Herausforderungen gigantischer Migrationsphänomene über die Chancen der wirtschaftlichen und kulturellen Globalisierung bis zu den Kriegen und Bürgerkriegen in der Ukraine, auf dem afrikanischen Kontinent und im Nahen Osten reicht das Spektrum der natürlichen, technischen, gesellschaftlichen, kulturellen, sozialen Innovationen und Erschütterungen, mit denen wir konfrontiert waren und sind.

Eine wichtige, diese Erscheinungen überwölbende Fragestellung lautet meiner Meinung nach: Wie können angesichts dieser Ereignisse und Entwicklungen eine liberale Lebensart und solidarisch-demokratische Gesinnung sowie Aufklärung und Vernunft aufrechterhalten und weiter ausgebaut werden? – Einstellungen, Haltungen und Errungenschaften, die man häufig unter dem Begriff und Konzept des Humanismus zusammenfasst. Denn in der Tradition des Humanismus – so bin ich überzeugt – finden sich am ehesten jene Wert- und Ideal-Konstellationen, deren Umsetzung zur Entschärfung der eben skizzierten Problemlagen hilfreich ist, und die globusweit von vielen Menschen akzeptiert werden.

Darauf antwortgebend greife ich auf acht europäische Kulturträger zurück, die im letzten Jahrhundert mit ihrer Biografie und ihrem Werk gezeigt haben, wie sie trotz massivster kollektiver und/oder individueller Bedrohung von

Humanität die „Bürgerliebe zum Menschlichen und Lebendigen" (Thomas Mann) nicht verloren gaben. Zwei Frauen (Virginia Woolf/Ingrid Warburg-Spinelli) eröffnen respektive beschließen meine Abhandlungen, mit denen ich die diagnostischen wie auch die verändernden Potenziale einer humanistischen Welt- und Lebensanschauung kenntlich mache. Dazu dienen auch die Essays über Jean-Paul Sartre, Hermann Broch, Bertolt Brecht, George Orwell, Thomas Mann und Bertrand Russell, deren Biografie ich ebenso wie ihre literarischen Leistungen bezüglich der Verteidigung humaner Daseinsbedingungen untersuche. Als Leserinnen und Leser dieses Buches wird Ihnen das Besonnene dieser acht Literaten nur bedingt in deren tadellosem Benehmen oder in ihren irrtumsarmen Lebensläufen, dafür umso mehr in ihrem Ethos der Mitmenschlichkeit begegnen.

Potsdam, Deutschland Gerhard Danzer
Frühjahr 2025

Inhaltsverzeichnis

Teil I	Einleitung	1
1	Im Denkraum der Besonnenheit	3
Teil II	Gibt es ein Zuhause in der lädierten Welt?	11
2	Virginia Woolf – das Frösteln einer Dichterin	13
3	Hermann Broch oder die transzendentale Obdachlosigkeit des Menschen	55
Teil III	Die Dramen der Welt machen uns schaudern	95
4	Jean-Paul Sartre – das Sein mit der Schlinge der Sprache einfangen	97
5	Um einen Bertolt Brecht von innen bittend	139

Teil IV	Wir sind verwoben in die Geschichten der erzählten Welt	181
6	George Orwell – eine Kassandra der Moderne?	183
7	Thomas Mann – Erdenkameradschaft trotz Gesamterkältung des Daseins	223
Teil V	Und dennoch hoffen wir auf Reparatur der Welt	265
8	Bertrand Russell – Napfschnecken, Skepsis und aufgeklärte Vernunft	267
9	Ingrid Warburg-Spinelli – Handeln im Denkraum der Besonnenheit	307

Personenregister   347

Teil I

Einleitung

1

Im Denkraum der Besonnenheit

Der Terminus vom *Denkraum der Besonnenheit* stammt von Aby Warburg (1866–1929); in seinem 1918 angefertigten Text *Heidnisch-antike Weissagung in Wort und Bild zu Luthers Zeiten* (2010) findet sich diese Bezeichnung an prominenter Stelle im Schlusswort der Abhandlung (Warburg 2010). Warburg, der das menschliche Leben als polar angelegt verstand – stets pendelnd zwischen den Polen von Irrationalität, Magie und Aberglauben einerseits sowie Wissenschaft, aufgeklärter Vernunft und Rationalität andererseits –, wollte für sich persönlich wie für Gruppen oder Sozietäten die Möglichkeiten ausloten, sich im Denkraum der Besonnenheit dem letzteren Pol anzunähern, ohne den Ersteren aus den Augen zu verlieren.

Dass Warburg seinerzeit einen so treffend-prägnanten Begriff schuf, war kein bloßer Zufall. Bei ihm selbst machte sich seit 1918 eine psychotische Erkrankung bemerkbar (wahrscheinlich eine zyklothyme Störung, die als Schizophrenie eine Weile fehldiagnostiziert wurde), die ihn und seine Umgebung sechs Jahre lang quälte und ihn in diverse Kliniken, unter anderen zu Ludwig Binswanger nach Kreuzlingen ins Klinikum Bellevue, verbrachte. Während dieser sechs Jahre war Warburg vom Denkraum der Besonnenheit oft weit entfernt, ohne allerdings die Sehnsucht danach je aufzugeben.

Vergleichbar mit Aby Warburgs Psychoseerkrankung als Einzelperson war es den Völkern Europas und darüber hinaus (USA; Japan; Britisches Weltreich) in den Jahren 1914–1918 ergangen. Den Ersten Weltkrieg kann man wie so viele Kriege als ein kollektiv-psychotisches Geschehen interpretieren, dem Millionen Menschen zum Opfer fielen, und bei dem insbesondere die Führungseliten der kriegführenden Staaten den Denkraum der Besonnenheit teilweise mit großer Entschiedenheit gemieden haben. Aby Warburgs glückhafte Formulierung vor über einhundert Jahren erfolgte demnach vor dem Hintergrund einer individuell-persönlichen wie auch epochal-kollektiven Bedrohung katastrophalen Ausmaßes.

Ein Jahrhundert später erleben viele von uns eine vergleichbare Dringlichkeit der Reflexion und fragen sich, wie Einzelne ebenso wie Gruppen oder Sozietäten in einen Denkraum der Besonnenheit gelangen, ihn für sich nutzen oder ihn bei Gefährdungen aller Art auch verteidigen können. Wissenschaftlern, Philosophen, Künstlern, Wirtschaftsmagnaten, Medienleuten, Kirchenvertretern, Politikern, Militärs und uns allen wäre ein hohes Maß jener Einstellung, Haltung und Tugend zu wünschen, die in der griechischen Antike als *Sophrosyne* (Beherrschtheit, Besonnenheit, Überlegtheit) bezeichnet und etwa der Hybris, Zügellosigkeit und der Unvernunft entgegengesetzt wurde.

Seit der Neuzeit und dem Jahrhundert der Aufklärung wird die Besonnenheit darüber hinaus als wesentliche Voraussetzung verstanden, das eigene Dasein künstlerisch, poetisch und sprachlich elaboriert zu gestalten. Vor allem Jean Paul, Johann Gottfried Herder und Arthur Schopenhauer betonten dabei die Fähigkeit zur besonnenen Distanznahme als zentrales Merkmal des Humanum; als solche ermöglicht und vertieft sie (die Besonnenheit) auch eine humanistische Lebens- und Weltanschauung.

In meinem Buch nun gehe ich auf die Suche nach Beispielen aus dem Kreis von Literaten, Dichtern und Philosophen, deren Leben und/oder Werk man Züge der Besonnenheit attestieren darf. Bei der Auswahl dieser Personen habe ich mich von persönlichen Vorlieben ebenso wie von etlichen weiteren Kriterien leiten lassen: Die Einzelnen sollten im Zeitraum der europäischen Moderne, bevorzugt im 20. Jahrhundert, gelebt und gewirkt haben; ihre Lebensgeschichte ebenso wie ihre literarischen Texte sollen Beiträge für eine humanistische Anschauung von Kosmos, Menschen und Kultur liefern; Facetten ihres Daseins und ihres Werks sollten Antworten geben auf die Frage, wie den Gefährdungen des Humanen und des Humanismus (durch Totalitarismus, Chauvinismus, mystischen Aberglauben, Demagogie, Populismus, Nationalismus, Antisemitismus, Homophobie, Anti-Aufklärung, weltanschauliche Intoleranz etc.) begegnet werden kann.

Wenn wir heute von Humanismus sprechen, assoziieren die meisten von uns Namen von Renaissancedenkern und -künstlern: Pico della Mirandola, Lorenzo Valla, Francesco Petrarca, Giovanni Boccaccio, Marsilio Ficino, Leon Battista Alberti, Pietro Bembo, Giannozzo Manetti verfolgten als Künstler, Philosophen, Schriftgelehrte ein säkulares Bildungs- und Erziehungsprogramm. Dieses rückte das Humane am Menschen ins Zentrum seiner Lehre.

Die Neuhumanisten im 18. Jahrhundert vertraten ähnlich hochgesteckte Ziele: Lessing, Herder, Humboldt, Goethe, Schiller orientierten sich an humanitären Idealen, die sie in ihre Erkenntnis- und Geschichtstheorien, in ethisch-sittliche, künstlerische und pädagogische Ausgestaltungen ihres Lebens und Werks sowie in gesellschaftliche und kulturelle Konzepte einfließen lassen wollten.

Im 20. Jahrhundert veränderte der Humanismus sein Gesicht. Oft zitiert wird dabei Sartres Text *Ist der Existenzialismus ein Humanismus?* (1946) – in neuerer Übersetzung lautet die Überschrift *Der Existenzialismus ist ein Humanismus* (2000). Darin griff Sartre auf skeptisch-agnostische Positionen von Aufklärung sowie Ideologie- und Religionskritik zurück und formulierte einen säkularen Humanismus. Als dessen Hauptvertreter gelten neben Sartre z. B. Albert Einstein, Bertrand Russell, Albert Camus sowie (im 21. Jahrhundert) Julian Nida-Rümelin; Letzterer interpretiert den Humanismus nicht nur als literarisches, künstlerisches oder philosophisches, sondern auch als ein politisches Thema:

> „In der Tat bin ich davon überzeugt, dass die neuen Fanatismen und Fundamentalismen, die Kommerzialisierung und Infantilisierung der westlichen Kultur und der Kulturen weltweit nicht nur einer philosophischen, sondern auch einer politischen Antwort bedürfen, und dass diese humanistisch sein sollte (Nida-Rümelin 2016)."

Im ersten Viertel des 21. Jahrhunderts sieht sich eine humanistische Welt- und Lebensanschauung in vielen Gegenden unseres Globus massiv infrage gestellt. In Europa und weltweit kam und kommt es zu handfesten gesellschaftlichen, klimatischen, technischen sowie wirtschaftlichen, sozialen und geopolitischen Veränderungen und Verwerfungen, die es dem Humanismus tradierter Couleur und in seinem Gefolge einer demokratisch-liberalen Gesinnung erschweren, sich als politisch relevant gestaltende Einstellungen zu behaupten oder sich mit ihnen als Haltung zu identifizieren.

Die Welt ist – um einen aktuellen Buchtitel (Münkler 2024) des Politikwissenschaftlers Herfried Münklers zu zitieren – in Aufruhr, und verglichen mit den 80er- und 90er-Jahren des letzten Jahrhunderts erleben viele von uns ihr Dasein als mit großen Gefährdungen und Unsicherheiten durchsetzt. Nicht zufällig feiern populistisch-extremistische Parteien und Bündnisse derzeit Wahlerfolge, und europaweit sowie in der sogenannt westlichen Welt sind autokratische Regierungsformen *en vogue*, die größtenteils mittels freier Wahlen legitimiert wurden.

Skrupellose Führungsfiguren, gefühlskarge Machtanbeter und dumm-dreiste Politclowns dominieren Medien, Öffentlichkeit, Politik und Wirtschaft, entwerten die Sphären von Wahrhaftigkeit, Redlichkeit und Vernunft und schüren mittels geifernder Demagogie kollektive Ängste, die sie mit halbstarkem Heroismus zu besänftigen vorgeben. Damit bewegen sie sich völlig konträr zum Denkraum der Besonnenheit im Agitationsraum von Hybris, Zügellosigkeit und Gewalt. Zu den dadurch ausgelösten Sorgen und Überforderungen der Vielen tragen außerdem noch folgende weltweit spürbare Entwicklungen bei:

Technische Innovationen Die Digitalisierung hat in den vergangenen Jahren in beinahe allen Lebensbereichen Einzug gehalten. Zu Recht wurde sie als neuartige Form der Kommunikation mit jenen immensen Veränderungen verglichen, die vor etwa fünf Jahrhunderten durch den Buchdruck hervorgerufen worden waren. Internet, soziale Medien, Smartphones, Künstliche Intelligenz (KI), Big Data und Maschinen-Lernen, weitgehende Automatisierung und Strukturierung des Alltags durch Algorithmen aller Art – kaum eine Sphäre unserer Existenz blieb und bleibt von diesen Phänomenen unberührt.

Als beispielhaft für von der Digitalisierung grundlegend veränderte Daseinsbereiche erwähne ich lediglich einige wenige: Medizin und Gesundheitswesen; Verkehr (z. B. automatisiertes Fahren), Handel und Logistik; Raumfahrt (SpaceX, NASA und die Mars-Expedition); Nachrichtenwesen, Werbung und Propaganda; Herstellung und Vertrieb von Waren aller Art. Angesichts der enormen Dominanz der Digitalisierung und der dadurch induzierten virtuellen Welt fällt es manchen zunehmend schwer, ihre individuelle Identität im Analogen zu suchen und zu finden oder aufrechtzuerhalten.

Globalisierung Bereits in den 70er- und 80er-Jahren des 20. Jahrhunderts beschrieb die Nord-Süd-Kommission unter Leitung von Willy Brandt jene enge und weltweite Verflechtung von Kultur, Bildung, Wirtschaft, Handel und Finanzen sowie Gesellschaften und Politik, wie sie (die Verflechtung) in den vergangenen 25 Jahren unter dem Schlagwort der Globalisierung Wirklichkeit geworden ist. Der internationale Nachrichten-, Kultur- und Warenaustausch ebenso wie die Migrationsbewegungen von Dutzenden Millionen Menschen bedeuten in diesem Zusammenhang enorme Chancen und mindestens ebenso großdimensionierte Herausforderungen, beispielsweise in Form von wirtschaftlicher Ungleichheit oder kulturellen Spannungen.

Neben dem Erleben einer Milliarden Menschen umfassenden Weltsozietät, in der potenziell alle Erdenbewohner gleichermaßen in den Genuss und Schutz der Menschenrechte kommen sollen, bescherte die Globalisierung vielen Individuen aber auch das Empfinden der Diversität bis hin zur bedrohlichen Fremdheit ihrer Mitmenschen. Das Leben Einzelner ist oftmals ausgespannt zwischen Angeboten des radikalen Universalismus (Boehm 2022) und Kosmopolitismus (Nussbaum 2020) einerseits und der Suche und Selbstvergewisserung der eigenen Identität im stillen Winkel oder Rückzug andererseits.

Letzteres trägt zu Abwehrreaktionen etwa in Form von Abschottung und Grenzziehung vor allem bei jenen Personen bei, die sich ihrer eigenen Identität nicht allzu sicher fühlen. Sie werden anfällig für die Angebote von identitären Bewegungen sowie von nationalistischen Einstellungen und Haltungen; und sie tendieren zu chauvinistischen, vorurteilsdominierten Distanzmanövern bis hin zu Homo- und Xenophobie.

Klimawandel und Klimakrise Ähnlich wie die Nord-Süd-Kommission hat auch der *Club of Rome* bereits in den 70er- und 80er-Jahren des letzten Jahrhunderts etliche globale Phänomene beschrieben respektive prognostiziert, die sich im ersten Viertel unseres Säkulums großenteils bestätigten. 1972 veröffentlichten Umweltwissenschaftlerinnen ihre damals viel diskutierte Studie *Die Grenzen des Wachstums*, in der sie auf die Limitierungen natürlicher Ressourcen sowie auf die zu erwartenden Umwelt- und Klimaschäden hinwiesen, falls sich wirtschaftliche Rahmenbedingungen nicht fundamental ändern sollten.

Ein halbes Jahrhundert später haben sich nicht alle, aber viele Prognosen und düster-warnende Zukunftsszenarien von Umwelt- und Klimaforschern bestätigt. Die 2022 vom *Club of Rome* herausgegebene Studie *Earth for all* (Dixson-Decleve et al. 2022) zieht ein ernüchterndes Resümee aus fünf Jahrzehnten Umwelt- und Klimapolitik und appelliert an die global Agierenden in Wirtschaft und Politik, rasch entschiedene Kehrtwenden auf diversen Handlungsfeldern zu initiieren; die Wissenschaftler des *Club of Rome* sehen dabei folgende essenzielle Handlungsnotwendigkeiten als gegeben an:

Armut überwinden; Ungleichheiten abbauen; Geschlechterdiskriminierung reduzieren; Bildung stärken; Ernährungssysteme umgestalten; die Energiewende (Treibhausgase auf null reduzieren) effizient umsetzen.

Ein menschenwürdiges und nachhaltiges Leben, so die Überzeugung des *Club of Rome*, ist für alle Erdenbewohner möglich und machbar, wenn sich Regierungen, Parteien, NGOs, Konzerne, Wirtschafts- und Bildungsorganisationen, Betriebe wie auch einzelne Bürger mit diesen Zielen im globalen Maßstab identifizieren.

Terror und Krieg Das 21. Jahrhundert wurde von einem barbarisch-massiv-destruktiven Terrorakt (*Nine Eleven*) eingeläutet, der wie ein Menetekel über den ersten 25 Jahren des Säkulums dräut. Terror und Kriege lösen sich seither beinahe ununterbrochen ab, wobei als ihre Kristallisationsareale der Nahe und Mittlere Osten (zweiter Irak-Krieg 2003; Bürgerkrieg in Syrien seit 2011; Pogrom vom 7. Oktober 2023 in Israel; der anschließende Gaza-Krieg gegen die Hamas; Iran und seine militärische Unterstützung von Hamas, Huthi, Hisbollah), Afrika (islamistischer Terror in Mali und am Horn von Afrika) sowie Osteuropa (Ukraine; die Annexion der Krim durch Russland 2014; Russlands Angriffe auf die Ukraine seit 2014 im Donbass und seit Februar 2022 auf die gesamte Ukraine) gelten.

Die Terroranschläge vom 11. September 2001 in New York markierten den Beginn eines Zeitalters des globalen Terrorismus. Die Reaktionen darauf, vor allem der sogenannte *Krieg gegen den Terror*, prägte die Politik der westlichen Welt und führte seinerseits zu langfristigen Konflikten im Nahen Osten – zu Konflikten, deren Folgen wir auch in Europa zu spüren bekamen und immer noch zu spüren bekommen.

So blieben Terror und Krieg keineswegs im Nahen Osten, in Afrika oder in Osteuropa lokalisiert. Immer wieder erschütterten Terrorakte die westliche Welt, begonnen in New York (2001) über Madrid (Zug-Anschläge 2004), Paris (2015) und Nizza (2016), Brüssel (2016 sowie 2023) und Berlin (2016) bis hin zu den Anschlägen von Magdeburg (2024), Aschaffenburg (2025) und Mannheim (2025) – um nur einige wenige dieser zynisch-destruktiven Terrorakte zu nennen.

Terror und Gewalt, die erwähnten kriegerischen Auseinandersetzungen sowie die katastrophalen Lebensbedingungen in Teilen von Afrika waren und sind auch für Migrationsbewegungen von Millionen Menschen verantwortlich zu machen, die vorrangig in Westeuropa Zuflucht suchen. Diese Migrationsbewegungen bedeuten psychosoziale, soziokulturelle, biomedizinische sowie wirtschaftliche Herausforderungen riesigen Ausmaßes für die Betroffenen ebenso wie für die aufnehmenden Länder – man denke allein daran, wie sehr bei einer erheblichen Zahl der Migranten mit Traumafolgeschäden zu rechnen ist.

Polykrisen Zu all dem riesigen Unglück, das durch Terror und Kriege ausgelöst wird, ereigneten sich in den letzten beiden Jahrzehnten noch weitere Krisen: Die Weltwirtschaft erlebte mehrere mächtige Erschütterungen, darunter die globale Finanzkrise 2007 und 2008, die zu wirtschaftlichen und sozialen Verwerfungen führte. Auch der Krieg Russlands gegen die Ukraine hatte spürbar wirtschaftliche Einschränkungen (etwa die Inflation) auf dem gesamten Globus zur Folge.

Ende 2019 begann die COVID-19-Pandemie mit ihren großen Auswirkungen gesundheitlicher, wirtschaftlicher, sozialer und politischer Natur. Die Opferzahlen der Pandemie lagen bis Ende 2024 bei weit über sieben Millionen Toten – die gesundheitlichen Spätfolgen der Pandemie sind noch nicht endgültig abzusehen und einzuschätzen. Parallel zu den gesundheitlichen Problemen veränderte die Pandemie jedoch nachhaltig die Arbeitswelt (z. B. in Form von Homeoffice), die Entwicklung von Impfstoffen und Medikamenten sowie manche technischen Trends wie etwa die Digitalisierung und den E-Commerce. Vor allem der Ukraine-Krieg induzierte in Westeuropa daneben eine erhebliche Energiekrise infolge der Abhängigkeit von russischen Gaslieferungen, die in Deutschland zeitlich mit dem Abschalten der letzten Atomkraftwerke zusammentraf.

In den vergangenen 25 Jahren und verstärkt seit dem Jahr 2020 leben wir beinahe ständig im Modus von Unsicherheit oder Krise: weltweite Pandemie; klimatisch-wetterbedingt sich zuspitzende Situationen (Flutkatastrophe im Ahrtal im Sommer 2021); Millionen Flüchtende auf dem Globus; Kriege und Terror (Gaza-Krieg; Ukraine-Krieg). Wie gehen wir mit derlei Unsicherheiten, Ohnmacht und Erschütterungen um? Wie sehr unterliegen solche Phänomene unserer (sinnvollen und notwendigen) Verdrängungsleistung? Können wir zu derartigen Gegebenheiten mit wachem Geist und Gemüt differenziert Stellung beziehen? Und wie führen wir bei alledem ein Leben, das unser persönliches Glück nicht vollständig außer Acht lässt?

Um solche Fragen geht es in meinem Buch, wobei die Antworten darauf nicht oder nur teilweise von mir formuliert werden. Vielmehr greife ich auf Biografien und Werke von Autorinnen und Literaten des 20. Jahrhunderts zurück, um deren emotionale Reaktionsmuster und intellektuelle Strategien auf die psychosozialen und gesellschaftlich-politischen Herausforderungen ihrer Zeit nachzuvollziehen. Damit – so meine Überzeugung – gewinnen wir produktive Ideen für unsere eigenen (besonnenen) Haltungen den Zeitläuften gegenüber.

Denn so sehr sich historische Ereignisse und Rahmenbedingungen zwischen dem 20. und dem 21. Jahrhundert auch unterscheiden, so sehr kann man meiner Meinung nach an Wissenschaftlern, Künstlern, Schriftstellern, Philosophen der Vergangenheit modellhaft ablesen, wie sie Zivilcourage und persönlichen Mut, politische Wachheit und gesellschaftliches Urteilsvermögen gelernt, entwickelt, weitergegeben haben. In ihren Auseinandersetzungen mit Totalitarismus, Terror und Diktatur, in ihrem Umgang mit Flucht und

Exil sowie in ihren Einstellungen zu Krieg und Destruktivität formulierten sie Gedanken oder demonstrierten sie Tugenden, die uns behilflich sein können, die eben beschriebenen Krisen und Kalamitäten der Gegenwart demokratisch und human, mit Würde, aufgeklärter Liberalität und Mitmenschlichkeit (und nicht mit Rufen nach den göttergleich starken Männern, denen Autoritär-Rücksichtsloses bis hin zum Totalitären eigen ist) zu bestehen und wenn möglich zu gestalten.

Mit seiner Erzählung *Die Nashörner* (1957), die er kurze Zeit später als Stück für das Theater adaptierte, schuf Eugène Ionescu eine eindrucksvolle Parabel für dieses allmähliche und vorerst als Harmlosigkeit bagatellisierte Auftauchen von rücksichtslos agierenden Wesen (Nashörnern), die sich schlussendlich totalitär gegen jede und jeden verhalten, die sich weigern, ihrem brutalen Lebensstil zu frönen. Ionescu, der die unterwandernde Entwicklung einer Gesellschaft hin zum Totalitarismus und Faschismus im Rumänien der 30er-Jahre des 20. Jahrhunderts selbst erlebt hatte, wollte mit seinem Text vor eben solchen scheinbar harmlosen kollektiven Veränderungen warnen – Veränderungen, die (so Jürgen Habermas in einem im Frühjahr 2025 erschienenen Aufsatz in der *Süddeutschen Zeitung*) sich vor allem in den USA zunehmend als eine „technokratisch-autoritäre Herrschaft" demaskieren (Habermas 2025).

Um humanistische, demokratische, liberale Verhältnisse bei uns und weltweit zu erhalten, wiederherzustellen oder aber weiter zu entfalten, tut es Not, das soziokulturelle Sensorium von möglichst vielen Mitmenschen für Rhinozerosse zu schärfen. Nur so sind wir einigermaßen davor gefeit, dass eine Mehrheit von Wahlberechtigten wider alle Besonnenheit den Rhinozerossen zur Macht verhilft und irgendwann einmal deren „großes Grunzen" (Ionescu) vernehmen muss.

Literatur

Warburg, A.: Heidnisch-antike Weissagung in Wort und Bild zu Luthers Zeiten (1920), in: Werke in einem Band, Berlin 2010, S. 485
Nida-Rümelin, J.: Humanistische Reflexionen, Frankfurt am Main 2016, S. 11
Münkler, H.: Welt in Aufruhr – Die Ordnung der Mächte im 21. Jahrhundert, Berlin 2024
Boehm, O.: Radikaler Universalismus – Jenseits von Identität, Berlin 2022
Nussbaum, M.: Kosmopolitismus – Revision eines Ideals (2019), Darmstadt 2020
Dixson-Decleve, S., Gaffney, O., Ghosh, J. et al.: Earth for All: Ein Survival-Guide für unseren Planeten, München 2022
Habermas, J.: Für Europa, in: Süddeutsche Zeitung vom 21. März 2025, https://www.sueddeutsche.de/projekte/artikel/kultur/juergen-habermas-gastbeitrag-europa-e943825/ (zuletzt abgerufen am 29. März 2025)

Teil II

Gibt es ein Zuhause in der lädierten Welt?

2

Virginia Woolf – das Frösteln einer Dichterin

Elegische Künstlerin (Sybil Oldfield), geniale Frau (Hilde Spiel), moderne Klassikerin und kokette Briefschreiberin (Katharina Rutschky), experimentierende Erzählerin (ähnlich wie James Joyce und Marcel Proust), verborgenes Juwel (Peter von Matt), viel zitierte Stichwortgeberin für den Feminismus (*Ein Zimmer für sich allein*, 1929), brillanteste Pamphletistin Englands (*The Times*), mit Depressionen, Wahnsinn und Frösteln seit ihrer Kindheit kämpfende Dichterin – alle diese Motive, Themen und Qualitäten finden wir bei Virginia Woolf.

Kindheit, Jugend, Bloomsbury Virginia Woolf wurde 1882 in London als Tochter von Julia Jackson und Leslie Stephen geboren. Beide Eltern waren vor ihrer Ehe bereits einmal verheiratet gewesen und hatten aus diesen Verbindungen Kinder in die Ehe mitgebracht, sodass Virginia neben ihren drei Geschwistern (Vanessa, Thoby und Adrian) noch vier deutlich ältere Halbgeschwister hatte.

Von Julia Jackson sagte man wie später auch von ihrer Tochter Virginia, sie sei immer schön, aber niemals hübsch gewesen; außerdem wich bei aller Schönheit ein trauriger Ausdruck kaum je von ihrem Gesicht. Der Vater Leslie Stephen war ein Intellektueller hohen Grades – Agnostiker, Journalist und Herausgeber des *Dictionary of National Biography*, der sich bevorzugt in seiner Bibliothek in den oberen Stockwerken seines Hauses aufhielt.

Die Familie wohnte in Kensington, dem vornehm-gepflegten Stadtteil Londons, direkt am Hyde Park gelegen. Den Sommer verbrachte die Familie regelmäßig samt Angestellten in einem Ferienhaus in St. Ives (in Cornwall) am Meer. Dienstboten gehörten ebenso zum Lebensstil der Familie Stephen wie die Kontakte des Vaters mit Künstlern und Literaten (z. B. George Eliot, Matthew Arnold oder Henry James) – wobei Virginia die Diskrepanzen zwischen der konventionell-oberflächlichen Daseinsgestaltung einerseits und der exquisit intellektuellen Welt andererseits als Kind deutlich spürte:

> „Die Einteilung in unserem Leben war seltsam. Unten im Haus herrschte die reine Konvention – oben der reine Intellekt. Aber es gab keine Verbindung zwischen den beiden (Woolf 1981)."

Als Kind war Virginia der Liebling des Vaters. Er nannte sie Ginia, einen Schelm – wobei ihm auch die anderen Kinder (er nannte sie Strolche) am Herzen lagen. Mit elf Jahren – Vater und Tochter unterhielten sich angeregt über König George III. – prognostizierte Leslie Stephen, dass seine Ginia einmal eine richtige Schriftstellerin werden würde. Seine Tochter, die intensiven Privatunterricht erhielt und sich in der Bibliothek ihres Vaters stets unbekümmert bewegte, tat alles, um seine Prognose Realität werden zu lassen, und verlagerte ihr Leben ins Sprachlich-Intellektuelle.

Neben den hellen, geistig anregenden Atmosphären gab es jedoch dunklere Kindheitseinflüsse, die mit dazu beitrugen, aus Virginias Temperament nicht nur Melancholie, sondern wiederkehrend schwere depressive, psychotische Episoden entstehen zu lassen. Ihre beiden 14 und 12 Jahre älteren Halbbrüder George und Gerald waren an ihr wie auch an ihrer drei Jahre älteren Schwester Vanessa sexuell äußerst interessiert; die biografischen Angaben und Vermutungen hinsichtlich dieses Interesses reichen von „harmlosen Doktorspielen" bis hin zu tatsächlich vollzogener Penetration. In autobiografischen Aufzeichnungen Virginia Woolfs (*Eine Skizze der Vergangenheit*), die postum publiziert wurden, brachte sie ihre lebenslangen Scham- und Schuldaffekte und ihr distanziertes Verhältnis zum eigenen Körper mit diesen Kindheitserlebnissen (wahrscheinlicher Missbrauch) in einen Zusammenhang.

Als überaus aufwühlend und erschütternd erlebte die 13-jährige Virginia den Tod ihrer Mutter (1895); diese wurde lediglich 48 Jahre alt und starb an Influenza. Von da an verdüsterte sich die Atmosphäre im Haus der Stephens – Leslie Stephen entwickelte eine langanhaltende Trauerreaktion, und Virginia befand sich das erste Mal in einer depressiv anmutenden Phase. Als der Vater einige Jahre später an Darmkrebs erkrankte, dem er 1904 schließlich erlag, mischten sich bei seinen vier leiblichen Kindern nach seinem Tod neben Traueraffekte auch Empfindungen der Erleichterung und der Befreiung. Virginia allerdings erkrankte ein zweites Mal an einer depressiven Episode und unternahm einen ersten Suizidversuch, der aber glücklicherweise fehlschlug.

Nach einigen Wochen der Rekonvaleszenz erholte sich Virginia so weit, dass sie zusammen mit ihren Geschwistern aus Kensington weg in den Londoner Stadtteil Bloomsbury umziehen konnte. Das Trauerhaus am Hyde Park hinter sich zu lassen und sich stattdessen in dem als freizügig und bohemehaft geltenden Bezirk eine Bleibe zu suchen, fanden alle vier Geschwister ziemlich reizvoll. Vanessa schrieb, sie fühlte sich, als träte sie aus dem Dunkel ins Tageslicht, und Virginia jubilierte über einen (wie sie es beschrieb) Ausbruch von Herrlichkeit, der maßgeblich dazu beigetragen habe, aus ihr überhaupt eine Schriftstellerin und eine eigenständige Intellektuelle werden zu lassen.

Dass die vier jungen Menschen ihr Dasein damals als derart großartig erleben konnten, lag zu einem nicht unerheblichen Teil an der immensen Erbschaft, die ihre Eltern ihnen hinterlassen hatten. Das Haus am Hyde Park vermieteten sie, und sowohl Vanessa (als Kunstmalerin) als auch Virginia (als angehende Journalistin und Lehrerin für Literatur) verdienten darüber hinaus jeweils einige Pfund hinzu, sodass sie sich im Haus am Gordon Square sogar zwei Dienstboten leisteten; die beiden Brüder Thoby und Adrian studierten in Cambridge.

Mit dem Umzug nach Bloomsbury erhielt das Leben Virginias, aber auch ihrer Geschwister eindeutig eine neue Richtung und neue Inhalte. Bald schon besuchten Studienkollegen der Brüder (z. B. die späteren Literaten Lytton Strachey, Clive Bell, Laurens van der Post, Mary MacCarthy), Künstlerkolleginnen von Vanessa (Roger Fry, Dora Carrington, Duncan Grant), Wissenschaftler (John Maynard Keynes sowie Leonard Woolf, der spätere Ehegatte Virginias) und weitere Intellektuelle (so etwa Bertrand Russell, Lady Ottoline Morrell, Vita Sackville-West und Harold Nicolson) die Stephen-Geschwister und knüpften enge emotionale, literarisch-künstlerische sowie teilweise auch sexuelle (homophile, bisexuelle) Kontakte untereinander.

In den folgenden Jahren entwickelte sich der Bloomsbury-Kreis (siehe hierzu Todd 2002; Bell 1997) zu einer enorm produktiven und kulturell innovativen Gruppierung. Es gab eine Künstlerwerkstatt (*Omega Workshops*) für Design, Möbel und Kleidung; einen Verlag (*Hogarth Press*) mit eigener Druckerei (es wurden Bücher von Virginia Woolf und anderen Autoren wie Stephen Spender, W.H. Auden, Gertrude Stein und H.G. Wells, aber auch die *Gesammelten Werke* von Sigmund Freud verlegt); und eine Buchhandlung (*Birell & Garnett*). Stephen Spender meinte, der Bloomsbury-Kreis habe damit, vor allem aber aufgrund seiner Publikationen den „konstruktivsten und kreativsten Einfluss auf den englischen Geschmack zwischen den beiden Weltkriegen" ausgeübt; und die Schriftstellerin Frances Partridge erinnerte sich:

> „Komfort war Nebensache in den Häusern von Bloomsbury (Schönheit war viel wichtiger), aber es gab gute französische Küche, fast immer Wein zum Essen, selbstgebackenes Brot und hausgemachte Marmeladen (Virginia Woolf konnte beides sehr gut zubereiten). Im Winter setzte die Kälte einem manchmal zu, und die Leitungen in den Badezimmern mussten in alte Zeitungen gewickelt werden, aber man fand hervorragende Bibliotheken, die schönsten Gespräche, die ich je gehört habe, und viel Heiterkeit (Partridge 2002)."

Neben den literarischen und künstlerischen Ergebnissen – besonders Vanessa, die bald Clive Bell heiratete, ist hier mit ihrer beeindruckenden Malerei zu erwähnen – gab es im Bloomsbury-Kreis auch beachtliche philosophisch-politische Debatten. Die meisten Mitglieder waren pazifistisch gesinnt, wobei Männer wie Keynes und Russell vor und während des Ersten Weltkriegs aufgrund ihrer Haltung (Pazifismus) in eine öffentliche Schusslinie gerieten. Außerdem bestanden Kontakte der *Bloomsberries* zur *Fabian Society* (Beatrice und Sidney Webb, George Bernard Shaw) und zu deren eigenwilligen Vorstellungen eines demokratisch-liberalen und evolutionären Sozialismus.

Die *Bloomsberries* legten Wert auf eine ethisch-philosophische, ästhetische und humanistische Durchdringung und Gestaltung von existenziellen Fragestellungen. Neben Bertrand Russell nahmen sie vor allem auf dessen Kollegen in Cambridge, George Edward Moore (1873–1958), Bezug; an Moore schätzte Virginia Woolf seine klare und verständliche Sprache sowie sein Wahrheitsethos. Der Denker war einer der einflussreichsten analytischen Philosophen, der sich allen logischen Finessen zum Trotz stets um eine *Verteidigung des Common Sense* (so lautete der Titel einer seiner wichtigsten Schriften, 1925) bemühte. Quentin Bell, Neffe Virginia Woolfs, der eine viel zitierte Biografie über seine Tante (Bell 1977) verfasst hat, meinte später sogar, dass der gesamte Konversationsstil im Bloomsbury-Kreis mehr oder minder von Moore geprägt gewesen sei.

War für die philosophische Orientierung Virginia Woolfs das Denken von Moore ausschlaggebend, fand sie bezüglich ihrer künstlerisch-ästhetischen Einstellung die wichtigsten Anregungen bei Roger Fry (1866–1934). Dieser Maler, Kunstkritiker und zeitweise Kurator für das Metropolitan Museum in New York machte Anfang des 20. Jahrhunderts Künstler wie Van Gogh, Paul Cezanne, Henri Matisse und Picasso in England bekannt. 1917 porträtierte er Virginia Woolf, und sie revanchierte sich Jahrzehnte später mit einem schönen Buch über ihn: *Roger Fry – A Biography* (The Hogarth Press, London 1940).

Ehe, Debüt als Autorin Wenn der Eindruck entstanden sein sollte, dass Virginia Woolf eine vorrangig depressiv verstimmte Frau war, ist dies korrekturbedürftig. Schon als Kind und Jugendliche, besonders aber, seit sie mit den Geschwistern im Stadtteil Bloomsbury wohnte, konnte man an ihr neben melancholischen Phasen auch Vitalität und Scharfzüngigkeit sowie Expansionslust bis hin zum Schabernack beobachten. So war etwa der Unterschied zwischen Cambridge (dort studierten fast alle männlichen *Bloomsberrier*) und Bloomsbury oftmals ihrer Anwesenheit und damit ihrer Person zu verdanken – ein Unterschied, von dem es hieß, „dass in Cambridge etwas Witziges nur gesagt wurde, wenn es auch tiefgründig war, in Bloomsbury dagegen etwas Tiefgründiges nur, wenn es auch witzig war" (Nicolson 2001).

Aufgrund ihrer außergewöhnlichen Schönheit, Intelligenz und Fabulierkünste machten junge Gentlemen Virginia wiederholt Avancen und Heiratsanträge, die sie jedoch stets abschlägig beschied. Ähnlich verhielt sie sich zunächst bei Leonard Woolf (1880–1969), der einige Jahre als Kolonialbeamter in Ceylon verbracht hatte, 1911 nach England zurückgekehrt war und als ehemals enger Freund von Thoby Stephen (dieser war – für Virginia eine emotionale Katastrophe – 1906 an Typhus gestorben) zum Bloomsbury-Kreis stieß. Leonard Woolf war von Virginia mächtig beeindruckt und unterbreitete ihr prompt mehrere Anträge, wobei sie schließlich nach Monaten des Zögerns und Zauderns einer Ehe mit ihm zustimmte (1912) – es wurde eine Josefs-Ehe, die asexuell war und kinderlos geblieben ist.

Ausschlaggebend für die Zustimmung Virginias zu einer Ehe mit Leonard Woolf waren seine zwischenmenschlichen, intellektuellen und organisatorisch-sozialen Qualitäten bei seinen gleichzeitig vorhandenen „Mankos". Diese Mischung war für die Nähe-Distanz-Regulation des Paares ebenso wie für die passager auftretenden Überlegenheitsempfindungen Virginias ihm gegenüber ganz wesentlich. Letztere bedeuteten für sie vor allem in den Zeiten und Situationen eigener psychosozialer Unsicherheit keine ideale, aber immerhin eine ausreichende Kompensation ihrer Unterlegenheitsgefühle.

Zu den Qualitäten Leonard Woolfs zählten seine absolute Verlässlichkeit und Loyalität Virginia gegenüber, seine Stabilität und Klarheit insbesondere während ihrer Krankheitsphasen, sein Organisationstalent und Strukturierungsvermögen, die sich bewährten, wenn es darum ging, dem Chaos der Psychose, in die seine Frau auch zu Beginn ihrer Ehe geriet, Paroli zu bieten. 1913 erlitt Virginia jedenfalls noch einmal einen heftigen Nervenzusammenbruch mit einem Suizidversuch, der wie schon ihr erster Versuch glimpflich ausging.

Dem strengen und zugleich liebenswürdigen Tagesrhythmus Woolfs war es zu verdanken, dass Virginia Woolf nach ihrer Eheschließung beinahe 25 Jahre lang keine schwereren depressiven und psychotischen Schübe mehr erleben musste. Auch ihr Körpergewicht stabilisierte sich aufgrund des Ess-Regimes, das Leonard für sie etabliert hatte, wobei nicht abschließend geklärt ist, inwiefern es sich bei Virginias Untergewicht um eine Magersucht (Anorexie) oder doch eher um eine Hyporexie (die bei depressiver Erkrankung häufig auftritt) gehandelt hat.

Neben seinen therapeutisch-strukturierenden Fähigkeiten bei Virginia machte sich Leonard Woolf in der Öffentlichkeit als kluger Politiker und erfolgreicher Autor einen Namen: Als Mitglied der *Labour Party* sowie der *Fabian Society* formulierte er Beiträge zur internationalen Politik Großbritanniens und publizierte mehr als zwanzig Bücher zu Fragen der Ökonomie, des Pazifismus und der Außenpolitik. Außerdem verfasste er zwischen 1960 und 1969 eine sechsbändige Autobiografie, die in deutscher Sprache als Zusammenfassung seiner wesentlichen Erlebnisse mit Virginia Woolf erschienen ist (Woolf 1991).

Als Mankos haben Zeitgenossen an Leonard Woolf seine stets schlechtsitzenden Anzüge, seine hagere und zittrig imponierende Gestalt, seine Schüchternheit in größeren Gesellschaften sowie die Abwesenheit eines größeren Vermögens (er war ein *„pennyless jew"*) kritisiert. Darüber hinaus bemängelte Virginia an ihm seine jüdische Abstammung – wie sie überhaupt in ihren Briefen und Tagebüchern einem gewissen, im England vor dem Zweiten Weltkrieg ähnlich wie auf dem Kontinent im Großbürgertum und in der Aristokratie vorhandenen Antisemitismus das Wort redete. Leonard muss – glaubt man seinen Aufzeichnungen – all diese Anwürfe mit stoischer Ruhe ertragen haben.

Nach ihrer Eheschließung im Sommer 1912 wandten sich beide Eheleute der Schriftstellerei zu, wobei sie jeweils autobiografische Themen ins Zentrum rückten. Leonard Woolf beschrieb Eindrücke aus seiner Zeit in Ceylon – diese publizierte er 1913 unter dem Titel *Ein Dorf im Dschungel*; und Virginia Woolf debütierte 1915 mit ihrem Text *Die Fahrt hinaus*. Die darin vorkommenden Figuren weisen teilweise charakterliche Parallelen mit den Eltern der Autorin sowie mit Vanessa auf, und die im Buch erzählte Geschichte – eine Fernreise der Hauptperson (Rachel Vinrace) von England nach Südamerika – darf als inniger Emanzipationswunsch von Virginia Woolf selbst gelesen werden.

Sowohl die Handlung – Rachel Vinrace ebenso wie andere Mitreisende auf dem Schiff erleben recht turbulente Verwicklungen in Südamerika – als auch der Stil des Romans gehorchen traditionellen Schreib-Usancen und lassen noch wenig von den späteren literarischen Experimenten Virginia Woolfs erahnen. Was sich jedoch bei *Die Fahrt hinaus* schon abzeichnete und sich bei fast allen kommenden Texten wiederholen sollte, waren die quälende Sorgfalt und das immense innere Ringen, die Virginia Woolf in den Jahren der Erarbeitung dieses Buches erlebte. Hinzu kam bei diesem Erstling ihre skrupulöse Angst vor Ablehnung durch Rezensenten und die Leserschaft – eine Angst und eine Sorge, die sich auch später, als die Dichterin bereits anerkannt und berühmt war, kaum reduzierten.

Mit der Publikation dieses ersten Romans war die Autorin Virginia Woolf für die Kulturwelt geboren – entstanden war diese Autorenschaft aber schon viel früher. Da waren als relevante Einflüsse und Modelle neben dem agnostisch-skeptischen Rationalismus ihres Vaters und den experimentierenden Stilelementen mancher französischer Post-Impressionisten vor allem auch die psychologisch tiefgründigen Texte der russischen Schriftsteller des späten 19. Jahrhunderts (Anton Tschechow, Fjodor Dostojewski, Leo Tolstoi, Iwan Turgenjew) zu nennen.

Virginia Woolf bewunderte diese Autoren, an denen sie studieren konnte, wie mittels Literatur die äußeren Schichten einer Person – ihre Persona-Anteile – elegant beiseitegelegt und bis zu ihrem Inneren, ihrem Wesen und Daseinsgesetz vorgedrungen werden konnte. Dostojewski, Tschechow, Tolstoi schufen anhand ihrer Roman- und Dramengestalten eine Art literarische Tiefenpsychologie, ohne sich auf die zeitgleich entstehende Psychoanalyse zu beziehen; Analoges setzte Virginia Woolf mit ihren Texten ins Werk.

Es ist bemerkenswert, dass sie – obwohl ihre Biografie wie auch die wiederholt auftretenden depressiven Episoden es durchaus nahegelegt hätten – niemals eine psychoanalytische Behandlung für sich ins Auge gefasst hat. Dabei waren ihr die Schriften Sigmund Freuds ebenso zugänglich wie einige Psychoanalytiker – Adrian Stephen etwa, ihr jüngerer Bruder, ließ sich als Arzt ausbilden, um Psychoanalytiker zu werden. Außerdem gehörte die Psychoanalyse bei den *Bloomsberriern* in den 1910er- und 1920er-Jahren zu den geläufigen Gesprächsthemen – James Strachey, der jüngere Bruder von Lytton Strachey, und seine Gattin Alix Strachey waren beide Psychoanalytiker und zugleich *Bloomsberrier*. Nach einer gemeinsamen Reise nach Wien 1920 zu Sigmund Freud übersetzten die Stracheys in der Folge seine Schriften ins Englische, und ab 1924 wurden die *Collected Papers* Sigmund Freuds im Verlag *The Hogarth Press* (den Virginia und Leonard Woolf 1917 gegründet und danach lange Zeit als Zwei-Personen-Unternehmen betrieben haben) publiziert.

Die Psychoanalyse war für Virginia Woolf als Thema und Behandlungsmethode demnach nicht unbekannt – im Gegenteil: Es darf vielmehr vermutet werden, dass sie (die Psychoanalyse) ihr viel zu nahegekommen wäre und sie im Hinblick auf ein aufdeckendes Besprechen ihrer Affekte (Scham, Schuld) und ihrer biografischen Belastungen verschreckte. Außerdem fürchtete sie womöglich um die Originalität ihrer Schriftstellerei, bei der sie beabsichtigte, ihre literarischen Figuren mittels deren *Stream of Consciousness* darzustellen. Hier spürte sie trefflich, dass Freuds Methoden von Traumdeutung, Interpretation von Fehlleistungen und Symptomen sowie der freien Assoziation ihrem eigenen literarischen Verfahren ziemlich nahe kamen.

Noch ein weiterer Gesichtspunkt mag bei der Zurückhaltung Virginia Woolfs in Bezug auf eine psychoanalytische Behandlung eine Rolle gespielt haben. Ähnlich wie Rainer Maria Rilke, dem man aufgrund seiner psychosozialen Labilität eine Psychoanalyse dringend angeraten hatte, und der daraufhin seiner Sorge Ausdruck verlieh, dass dadurch eventuell nicht nur seine seelischen Dämonen, sondern auch seine Engel (der künstlerischen Produktivität) zum Verschwinden gebracht wären, war auch Virginia Woolf der festen Überzeugung, dass ihre Verstimmungen bis hin zu psychotisch-depressiven Episoden und die damit einhergehende Vereinsamung für das Entstehen ihrer Roman-Texte und Essays essenziell seien:

> „Wir kennen unsere eigene Seele nicht, geschweige denn die Seele anderer. Menschenwesen gehen nicht die ganze Wegstrecke Hand in Hand. In jedem ist ein Urwald; ein Schneefeld, wo selbst der Abdruck von Vogelfüßen ungekannt ist. Hier gehen wir allein und haben es lieber so. Immerfort Mitgefühl zu haben, … immer verstanden zu werden, wäre unerträglich (Woolf 1996)."

Für Virginia Woolf bedeutete es eine wesentliche Strategie, ihr unverstandenes, widerständiges, zerklüftetes Innenleben immer wieder als Prosa und Poesie zum Ausdruck zu bringen. *Life, truth, spirit* ihrer Person suchte und fand Woolf, indem sie ihren eigenen *Stream of Consciousness* in ihre Romane einfließen ließ und ihn den literarischen Figuren ihrer Bücher ins Gemüt legte. Und ihre Persönlichkeit sah sie weniger in Taten, Handlungen, Fakten als in ihren Empfindungen, Gefühlen, Fantasien und Erinnerungen sowie in ihren Gedanken, Überzeugungen, Ansichten, Assoziationen und Stimmungen adäquat widergespiegelt.

Der Begriff des Bewusstseinsstroms (*Stream of Consciousness*) geht auf *William James* (1842–1910) zurück, der in seinen *Principles of Psychology* (1890) das erste Mal von einem *stream of subjective consciousness*, einem subjektiven Strom des Bewusstseins, sprach. Darunter subsumierte er nicht nur Gedanken, sondern auch Wahrnehmungen, Empfindungen, körperliche Sensationen, die bewusstseinsnah sind, sodass sie einen wie auch immer gearteten sprachlichen Ausdruck finden. Den *Stream of Consciousness* als literarische

Erzähltechnik verwendeten neben Virginia Woolf auch James Joyce (*Ulysses*, 1922), Arthur Schnitzler (*Lieutnant Gustl*, 1900), Marcel Proust (*Auf der Suche nach der verlorenen Zeit*, 1913–27), Alfred Döblin (*Berlin Alexanderplatz*, 1929) und andere; und frühe Spuren dieser Technik gibt es bereits bei Leo Tolstois *Anna Karenina* (1877/78).

Eigenständige Dichterin Im Frühjahr 1917 ließen sich Virginia und Leonard Woolf eine alte Druckerpresse in ihr Haus in Richmond bei London liefern; es war dies die Geburtsstunde ihres eigenen Verlags, den sie – weil ihr Haus nach dem Maler und Sozialkritiker William Hogarth (1697–1764) benannt war – *The Hogarth Press* tauften. Bereits wenige Monate später publizierten die beiden Schriftsteller und Verleger *Two Stories* (1917), ihr erstes gemeinsames Buch, das jeweils eine Geschichte von Virginia und eine von Leonard Woolf enthielt.

Mit dieser verlegerischen Großtat – die beiden Woolfs waren Autoren, Setzer, Drucker, Buchbinder, Marketingleute und Verlagsleiter in Personalunion – begann die unabhängige Schriftstellerkarriere von Virginia Woolf, die es ihr erlaubte, in den folgenden Jahren ihren ganz eigenen Stil sowie ihre autonome Themenauswahl zu entwickeln, die aus ihr eine unverwechselbare Dichterin werden ließ. Obwohl es sehr viel Mühe, Zeit und Lehrgeld kostete, bis aus den Anfängen von *The Hogarth Press* ein profitabler Verlag wurde, erachtete Virginia Woolf ihre Verlagsgründung als wesentliche Voraussetzung für ihr späteres künstlerisches Schaffen jenseits der Moden und Meinungen des sie umgebenden Zeitgeistes.

Neben den eigenen Texten (Essays, Romane, Abhandlungen, Autobiografien, Memoiren) verlegten die Woolfs auch Bücher anderer Schriftsteller: Katherine Mansfield, T.S. Eliot, Christopher Isherwood, Gertrude Stein, Harold Nicolson, H.G. Wells, Vita Sackville-West sowie englische Übersetzungen etwa von Gedichten Rainer Maria Rilkes oder von Texten von Italo Svevo, Maxim Gorki, Leo Tolstoi und Anton Tschechow gehörten ebenso zu ihrem Verlagsprogramm wie die weiter oben bereits erwähnten *Collected Papers* von Sigmund Freud.

Den größten Vorteil aus ihrem Verlag zog jedoch eigenem Bekunden nach die Dichterin Virginia Woolf selbst, die von nun an ihre Romane ohne Widerstände publizieren konnte, obgleich sie in den 1920er-Jahren einen recht experimentellen Erzählstil aufwiesen, der durchaus nicht immer den einhelligen Applaus von Lesern und Rezensenten fand. Dieser Stil ließ sich beispielsweise an *Jacobs Zimmer* (1922) ablesen, an einem Roman, dessen Hauptperson einige Ähnlichkeiten mit Thoby Stephen (dem früh verstorbenen Lieblingsbruder von Virginia) zeigte.

Im Roman wird das Leben von Jacob Flanders (so heißt der Protagonist) seit der Kindheit in Cornwall nacherzählt – wobei der Begriff der Erzählung nicht so recht passend erscheint. Virginia Woolf unterteilte ihre Hauptperson in Hunderte von Eindrücken, Gedankenfetzen, Wahrnehmungspartikel und Erinnerungskaskaden, die sie auf eigentümliche Weise und meist aus der Perspektive von Freundinnen, Geliebten und Affären Jacobs wieder zusammensetzte. Der junge Mann wirkt für den Leser dabei wie ein sich dauernd veränderndes menschliches Kaleidoskop.

Wie der Romantitel vermuten lässt, handelt es sich bei dem Text auch um eine Beschreibung von Räumen, genauer gesagt von Raum und Zeit. Die Kinderzimmer in Cornwall, das Studierzimmer in Cambridge und die Londoner Wohnräume von Jacob Flanders werden anhand einiger Utensilien und Atmosphären geschildert. Darüber hinaus skizzierte Virginia Woolf auch Kulturräume, in denen sich Flanders aufhält: die Kultur der europäischen Moderne zur Zeit des Ersten Weltkriegs sowie die antiken Kulturen Roms und Athens (der Protagonist reist nach Italien und nach Griechenland).

Doch weder diese sehr disparaten (konkreten und abstrakten) Räume noch die erzählten Zeitabschnitte (manche Perioden umfassen nur wenige Minuten, andere wieder Monate, die Chronologie der Ereignisse ist aufgehoben) lassen sich so ohne Weiteres auf eine verbindende Schnur der personalen Identität von Jacob Flanders fädeln. Als einzig durchgängiges Motiv durchzieht den gesamten Roman etwas Thanatisches – begonnen bei den Gegenständen im Kinderzimmer bis hin zu den allerletzten Szenen, die sich der Leser aber imaginieren muss: Das Leben des Anti-Helden endet auf den Schlachtfeldern von Flandern im Ersten Weltkrieg.

Ähnlich wie Hans Castorp in Thomas Manns *Der Zauberberg* (1924) durchläuft Jacob Flanders in Virginia Woolfs Roman zwar einen Bildungsprozess (antike Kultur Griechenlands und Italiens), der ihn jedoch – auch dies eine Parallele zum Roman von Thomas Mann – nicht vor der Absurdität des Krieges rettet. Und auch diverse Liebesabenteuer (mit Clara Durrant, Florinda, Sandra Wentworth Williams) bieten Jacob Flanders keinen erotischen Halt und Aufschwung für längere Zeit – entweder bleiben die Frauen (wie Clara Durrant) den Konventionen verhaftet und eignen sich deshalb nicht als Lebensgefährtin eines Mannes, der den Aufbruch zum eigenen Ich sucht; oder sie kommen trotz all ihrer physischen Attraktivität aufgrund ihrer ungeübten Intellektualität als reizvoll-herausforderndes Gegenüber auf Dauer für Jacob Flanders nicht in Betracht.

Virginia Woolf erspart uns eine detaillierte Schilderung des Todes von Jacob Flanders; stattdessen beschreibt sie zum Schluss das zurückgelassene Zimmer des jungen Mannes mitsamt dem Inventar, das nunmehr seine Bedeutung verloren hat, und von dem es sehr fraglich ist, ob und für wen es je wieder Bedeutsamkeit erlangen wird. Jacob Flanders lässt jedoch nicht nur seinen privaten Lebensraum sprachlos-kalt zurück – auch der Kulturraum der europäischen Moderne wirkt nach den Gräueln des Ersten Weltkriegs an Sinn, Wert und Bedeutung massiv verarmt. Welche Zimmer, welche Räume, welche Anti-Kultur hätte Virginia Woolf aber erst beschreiben müssen, wenn sie *Jacobs Zimmer* nicht während des Ersten, sondern während und nach dem Zweiten Weltkrieg verfasst hätte?!

Mit *Jacobs Zimmer*, so hat Virginia Woolf es selbst empfunden, gelang ihr der Durchbruch zum eigenen Stil, zur eigenen Sprache, zu eigenen Themen (Identität und Persönlichkeit als Kreuzungspunkte von Kultur, Sozietät, Mitwelt, Geschichte). Zu Recht hat man deshalb ihren Roman mit dem zeitgleich erscheinenden *Ulysses* (1922), mit T.S. Eliots *The Waste Land* (1922) sowie mit Thomas Manns *Der Zauberberg* (1924) in Zusammenhang gebracht. Alle diese Texte spiegelten die fragile Humanität der ersten Jahrzehnte des 20. Jahrhunderts in Europa wider und griffen (vor allem im *Ulysses* zu beobachten) dafür auf ungewöhnliche Strategien des Erzählens zurück (innerer Monolog, *Stream of Consciousness*).

In ihrem nächsten Roman *Mrs. Dalloway* (1925) spitzte Virginia Woolf diese unkonventionellen literarischen Techniken noch weiter zu und wandte sie auf die Darstellung eines einzigen Tages (ein Juni-Mittwoch im Jahr 1923) im Leben einiger weniger Personen an, die in London wohnen, sich am Abend dieses Tages bei einer Gesellschaft treffen und zum Teil dort auch erst kennenlernen. Mit diesem Roman, der zu den bekanntesten und zugleich experimentellsten Texten Woolfs zählt, wurde sie zu jener Autorin, der Klaus Mann später in einer Rezension des Buches wertschätzend „radikalstes 20. Jahrhundert" attestierte.

Der Roman setzt ein mit einer im Grunde genommen harmlosen Szene, in der Lady Clarissa frühmorgens Blumen für eine Gesellschaft besorgen möchte, die sie für den Abend desselben Tages geplant hat. Bis auf einige Ortsangaben – Big Ben, Westminster, Piccadilly, Bond Street – und eine vage zeitliche Orientierung – Mitte Juni 1923, früher Morgen – erfahren wir vorerst herzlich wenig von Mrs. Dalloways Lebensumständen, dafür umso mehr von ihren Empfindungen, Erinnerungen, Gedanken und Emotionen an diesem Londoner Junimorgen des Jahres 1923:

> „Es machte sie ... wund, in ihrem Innern dieses brutale Ungeheuer sich regen zu spüren! Zweige knacken zu hören und Hufe sich eindrücken zu fühlen im Dickicht dieses von abgefallenem Laub überschichteten Waldes, der Seele; nie war sie ganz zufrieden oder ganz geborgen, denn jeden Augenblick konnte das Ungeheuer sich wieder zu regen beginnen, dieser Hass (Woolf 1986)."

Parallel zum Blumenkauf Mrs. Dalloways lernen wir Septimus Warren Smith und seine Gattin Lucrezia kennen, die sich beide auf dem Weg zu einem Psychiater befinden. Mr. Smith dürfen wir uns als etwa 30-jährigen Mann vorstellen, blass mit Hakennase und einem argwöhnischen Blick. Als Soldat war er im Ersten Weltkrieg mehrfach ausgezeichnet worden, doch in letzter Zeit wurde er mit Misstrauen, Stimmungsschwankungen und Suizidgedanken auffällig – heutzutage würden wir bei ihm womöglich eine posttraumatische Belastungsstörung diagnostizieren.

Auch bei Septimus Warren Smith und seiner Gattin Lucrezia erhalten wir tiefe Einblicke in deren Innenleben: Sie schämt sich für seine Eigenheiten, und zugleich kann sie sich über ihn und ihre eigenen Gefühle ihm gegenüber mit niemandem austauschen; er hingegen hängt seinen Grübeleien nach und notiert sich seltsame Interpretationen der Ereignisse um ihn her:

> „Es gibt einen Gott ... Ein Sperling auf dem Geländer gegenüber tschilpte: Septimus, Septimus, vier- oder fünfmal hintereinander, und sang dann, seine Töne langanhaltend, herzhaft und durchdringend auf griechisch, dass es kein Verbrechen gibt, und ein zweiter Sperling fiel ein, und zusammen sangen sie zweistimmig lange und durchdringend, aus den Bäumen jenseits des Flusses, auf der Flur des Lebens, ... dass es keinen Tod gibt (Woolf 1986)."

Man kann nachvollziehen, warum Virginia Woolf während ihrer Arbeit an diesem Roman mehrfach in ihrem Tagebuch vermerkte, wie außerordentlich anstrengend für sie das Ausformulieren mancher Passagen von *Mrs. Dalloway* war – wollte sie doch nichts Geringeres als Krankes, Psychotisches, Verrücktes einerseits und das Gesunde, Stabile, Geordnete andererseits direkt ineinander übergehen lassen. Bei der Schilderung von Wahrnehmungen und Urteilen von Septimus Warren Smith, so bekannte sie später, sei sie tief in ihre eigene Vergangenheit eingetaucht und wiederholt mit ihrem eigenen psychotischen Kern in Berührung gekommen.

Neben Clarissa Dalloway (die Hauptperson), Septimus Warren Smith und seine Gattin treten im Roman auch Peter Walsh, ein Freund Clarissas, der in Indien im Kolonialdienst tätig war, ein Nervenarzt und der britische Premierminister sowie weitere Nebenpersonen auf, die alle die besagte Abendgesellschaft besuchen. Des Weiteren spielt in den Erinnerungen von Clarissa Dalloway eine gewisse Sally Seton eine Rolle, eine junge Frau, zu der sie vor Jahren Kontakt hatte, und bei der sie das erste Mal Regungen homophiler Erotik empfand.

Dass Virginia Woolf ihre Hauptperson derartige Empfindungen spüren ließ, war zum Zeitpunkt der Abfassung von *Mrs. Dalloway* nicht verwunderlich. Die Autorin verarbeitete seinerzeit literarisch ihre eigenen homophilen Neigungen, die sich ab Mitte der 1920er-Jahre in der Freundschaft mit Vita Sackville-West zu erkennen gaben und partiell in eine sexuelle Beziehung übergegangen waren. Die Erlebnisse mit Sally Seton, an die sich Clarissa Dalloway im Roman erinnert, haben durchaus einen autobiografischen Hintergrund, und auch die zögernd-tastende Entdeckung und Akzeptanz der homosexuellen Impulse Clarissas entsprach bei Virginia Woolf ihren eigenen diesbezüglichen Erfahrungen:

> „Sie sah ein, woran es ihr mangelte. Nicht an Schönheit; nicht an Verstand. Es war etwas im Innersten, das alles durchdrang; etwas Warmes, das Oberflächen sprengte und die kalten Kontakte zwischen Mann und Frau oder zwischen Frauen belebte. Denn *davon* hatte sie eine dunkle Ahnung. Sie hatte eine Abneigung dagegen oder ein Bedenken … dennoch konnte sie bisweilen dem Charme einer Frau, nicht eines Mädchens, einer Frau, nicht widerstehen … Nur einen Augenblick lang; doch er genügte. Es war eine jähe Offenbarung, ein Anflug wie ein Erröten, das man zu verhalten suchte und dem man dann, wenn es sich ausbreitete, nachgab … (Woolf 1986)."

Und mit ebensolcher Differenziertheit und Raffinesse beschrieb Virginia Woolf in *Mrs. Dalloway* auch die Gedanken, Erinnerungen, Fantasien und Wünsche aller weiteren Romanfiguren. Sich auf nur einen einzigen Tag im Leben dieser Personen zu beschränken und diesen in seiner Banalität wie auch in seinen eigentümlichen und speziellen gedanklichen und emotionalen Kommentaren der Protagonisten bis in die feinsten Details hinein zu beschreiben, war wenige Jahre vor Virginia Woolfs Roman von James Joyce in *Ulysses* (1922) kunstvoll in Szene gesetzt worden. Joyce wählte den 16. Juni 1904 im Leben des Anzeigenakquisiteurs Leopold Bloom (in Dublin) als Schauplatz seines Romans – ein Datum, das in Dublin bis auf den heutigen Tag als *Blooms-Day* zelebriert wird.

Es mag an der inhaltlich wie auch stilistisch engen Verwandtschaft gelegen haben, dass sich Virginia Woolf über den *Ulysses* abwertend geäußert hat („Die Arbeit eines überempfindlichen Studenten, der sich seine Pickel kratzt.") und sie zusammen mit Leonard Woolf einer Publikation dieses Werks im eigenen Verlag *The Hogarth Press* ablehnend gegenüberstand. So sehr sie in ihren Essays manche Texte von Kolleginnen (von Madame de Sévigné, Aphra Behn, Mary Wollstonecraft, Jane Austen, Elisabeth Barrett-Browning, George Eliot) enorm wertschätzen und bewundern konnte, so sehr attackierte sie jenen Mann und dessen Roman, der ihr in literarischer Hinsicht am allernächsten kam. Wohl darf man mutmaßen, dass für diese distanzierte Haltung bei Virginia Woolf auch Befürchtungen von reduzierter Originalität sowie Affekte wie Rivalität und Neid eine Rolle gespielt haben.

Androgynität und Identität Doch zurück zur Biografie Virginia Woolfs und zu ihren literarischen Aktivitäten. Schon einige Jahre vor der Publikation von *Mrs. Dalloway* hatte sie die Schriftstellerin und Gartengestalterin Vita Sackville-West (1892–1962) kennengelernt, woraus sich vorerst eine freundschaftliche Beziehung der beiden entwickelte. Vita Sackville-West war verheiratet mit dem britischen Diplomaten Harold Nicolson; die Ehepartner unterhielten während ihrer von ihnen selbst als stabil und zugewandt beschriebenen Partnerschaft außereheliche homo- und heterosexuelle Kontakte.

Ab Mitte der 1920er-Jahre entwickelte sich die Freundschaft zwischen Sackville-West und Woolf zu einem Liebesverhältnis, das auch Sexualität miteinschloss. Vita Sackville-West spürte dabei jedoch die Fragilität Virginias im Hinblick auf ihren Körper und ihre Stimmungslage – und ausgehend davon auch im Hinblick auf die Momente von leidenschaftlicher Sexualität. Im Sommer 1926 schilderte Sackville-West ihre Beziehung mit Virginia entsprechend in einem Brief an Harold Nicolson:

> „Ich liebe Virginia, und wer täte das nicht? Aber wirklich, mein Liebster, die Liebe, die man für Virginia empfindet, ist etwas sehr anderes: etwas Geistiges, etwas Vergeistigtes, wenn Du willst, etwas Intellektuelles, und sie ruft ein Gefühl der Zärtlichkeit wach … Außerdem … habe ich eine Todesangst davor, körperliche Gefühle in ihr zu wecken, wegen der Geisteskrankheit. Ich weiß nicht, welche Wirkung es haben würde, verstehst Du; und das ist ein Feuer, mit dem ich nicht spielen möchte … Ich *bin* mit ihr ins Bett gegangen (zwei Mal), aber das war's (Sackville-West 2012)."

Sackville-West war die psychosozial robustere der beiden Frauen und hatte mit sexueller Erregung und Leidenschaft bedeutend mehr Erfahrung als Virginia Woolf; Letztere hingegen war die literarisch-künstlerisch Überlegene in ihrer Beziehung. Aus dieser Überlegenheit heraus entstand ihr nächster Roman *Orlando* (1928), den Woolf wie schon die vorausgegangenen Bücher im eigenen Verlag *The Hogarth Press* publizierte.

Orlando war Sackville-West gewidmet – und darüber hinaus war der Roman eine Hommage Woolfs an ihre Freundin und Geliebte sowie eine humorvolle Liebeserklärung der Autorin an Vita, deren Biografie und Persönlichkeit sich in der Figur des Orlando spiegelte. Mit dem Geschlecht Orlandos (männlich? weiblich? divers?) trieb sie Mal um Mal ein betörend-verwirrendes Maskenspiel, mit dem sie den Roman auch gleich eröffnete: „Er – denn es konnte keinen Zweifel an seinem Geschlecht geben, wenngleich die Mode der Zeit es eher verkleidete – er also …" (Woolf 1986).

Mit ihrem *Orlando* stellte sich Virginia Woolf einerseits in eine uralte Tradition der Literatur, die bis ins 8. Jahrhundert zurückreicht. Damals lebte ein Graf Roland, der sich im Frankenreich Karls des Großen als tapferer Kämpfer hervorgetan haben soll. Über sein heldenhaftes Dasein erzählt das *Rolandslied*, das um 1100 n.Chr. in Altfrankreich entstanden ist und später viele Abwandlungen erfahren hat – so etwa im italienischen Versepos *Orlando furioso* (1516) von Ludovico Ariost. Außerdem stellten viele mittelalterliche Städte (z. B. Bremen) sogenannte Rolands-Statuen auf, um an die Tapferkeit des Grafen zu erinnern und zugleich ein Symbol für die eigene Freiheit und Wehrhaftigkeit zu errichten.

Andererseits nutzte Woolf diese literarisch-historische Figur und verwob in sie die Lebensgeschichte und das Wesen von Vita Sackville-West, deren Vorgeschichte sie im England des 16. Jahrhunderts beginnen ließ. Orlando ist ein junger Adeliger unter Elisabeth I., der aufgrund seiner Leistungen einen Landsitz von der Königin erhält. Er wird als Botschafter nach Konstantinopel versetzt, wo er in einen langen Schlaf verfällt, aus dem er schließlich als Frau erwacht.

Als Frau lebt Orlando im Roman dann wieder in England und trinkt – bereits im 18. Jahrhundert angekommen – tagsüber mit Alexander Pope, Jonathan Swift und weiteren interessanten Zeitgenossen Tee. Nachts hingegen lernt sie, gekleidet in männliches Habit, Damen der Halb- und Unterwelt kennen, mit denen sich intime Beziehungen ergeben, weil und nachdem sich Orlando als Frau zu erkennen gibt. Zuletzt schlüpft sie in die Rolle einer Autorin, die über die Jahrhunderte hinweg ein Langgedicht (*The Oak Tree*) verfasst hat und im Jahr 1928 angekommen ist. Immer hat sich während ihrer Geschichte die Aussage Woolfs bestätigt: „So verschieden die Geschlechter auch sind – sie mischen sich. In jedem Menschen vollzieht sich ein Schwanken zwischen dem einen Geschlecht und dem anderen" (Woolf 1986). Und immer hat sich dabei das Urteil von Nigel Nicolson über *Orlando* bewahrheitet:

„Die Wirkung Vitas auf Virginia ist vollständig in *Orlando* enthalten, dem längsten und bezauberndsten Liebesbrief der Literatur, in dem sie Vita erforscht, sie in die Jahrhunderte hin und her verwebt, von einem Geschlecht ins andere versetzt, mit ihr spielt, ... sie neckt, mit ihr flirtet und tändelt (Nicolson 1974)."

Orlando bedeutete jedoch nicht nur eine literarische Liebeserklärung an Vita Sackville-West. Weit darüber hinaus bearbeitete Virginia Woolf darin auch das Thema der Identität, von der sie zu Recht bemerkte, wie sehr sie von der eigen erlebten Geschlechtsidentität mitgeprägt wird.

In der Figur der oder des Orlando begegnet uns ein Lösungsversuch Woolfs bezüglich einer der zentralen menschlichen Fragen: Wer bin oder wer werde ich? Diese Fragen beantwortete die Autorin u. a. mit dem Verweis auf die potenzielle Androgynität aller Menschen sowie mit der Beobachtung, dass das Ich-Erleben eines jeden Individuums üblicherweise einem dauernden Wechsel und einer häufigen Metamorphose unterworfen ist:

„Nach ihrem Reden zu schließen, wechselte sie ihre Iche nicht weniger schnell, als sie das Auto fuhr, – es kam ein neues bei jeder Biegung, wie das so geschieht, wenn aus irgendeinem unerklärlichen Grund das bewusste Ich, welches das oberste ist und die Fähigkeit des Begehrens besitzt, nichts anderes als ein einziges Ich sein will. Dieses ist, was manche Leute ‚das wahre Ich' nennen, und es ist, so sagen sie, aus allen den Ichen zusammengesetzt, die zu sein in unserem Wesen liegt; sie alle befehligt und eingesperrt von dem Haupt-Ich, dem Schlüssel-Ich, das sie alle amalgamiert und überwacht (Woolf 1986)."

Auch an dieser Stelle ihres Oeuvres blitzt auf, wie sehr Virginia Woolf mit diversen wissenschaftlichen, philosophischen und künstlerischen Diskursen ihrer damaligen Zeit vertraut war und Aspekte daraus elegant und wie nebenbei in ihre Texte einzubauen wusste. Mitte bis Ende der 1920er-Jahre des letzten Jahrhunderts begann die Ich- und Selbst-Psychologie in Europa behutsam ihre allerersten Schritte zu gehen, und Konzepte wie das wahre oder das falsche Selbst waren seinerzeit allenfalls als vage, aber keineswegs schon als ausformulierte Ideen vorhanden.

Daneben verwies Woolf in *Orlando* wiederholt auf das Ideal der Androgynität, von der sie meinte, dass mit diesem Begriff sowohl der Identitätswechsel als auch die relative Stabilität des Ich- und Selbst-Erlebens erfasst werden. Menschen als androgyne Wesen tauchen als Beschreibungen bereits in frühen Mythen von verschiedenen Kulturen auf (so in Platons Kunstmythos vom Kugelwesen Mensch), wobei damit in der Regel die Sehnsucht nach Totalität und nach Integration von gegensätzlichen Wesensausprägungen (wie etwa männlich, weiblich) verbunden ist.

Künstlerin der kleinen Form Lange Zeit war Virginia Woolf als innovative Romanautorin oder Verfasserin von umfänglichen Abhandlungen und Essays (*Ein eigenes Zimmer*, 1929; *Drei Guineen*, 1938), kaum aber von Kurzgeschichten, Rezensionen, knapp gehaltenen Positionierungen bekannt. Erst die postum herausgegebenen Sammlungen von Kurzgeschichten, kürzeren Essays, Rezensionen verdeutlichen, wie sehr Woolf sich auch in diesen Genres souverän zu bewegen wusste. Hinzu kam in den letzten Jahren die Publikation ihrer Tagebücher und Briefwechsel, die ebenfalls belegen, dass Virginia Woolf die kleine Form mindestens ebenso sehr beherrschte wie die mehrere Hundert Seiten umfassende Ausgestaltung ihrer episch-romanhaften Sujets.

Sehr früh schon erschien 1921 unter dem Titel *Montag oder Dienstag* ein Band mit Kurzgeschichten, den Virginia Woolf wie viele ihrer Texte in *The Hogarth Press* herausgegeben hat. Darin versammelte sie acht teilweise sehr knappe Erzählungen von sich, die mit Holzschnitten ihrer Schwester Vanessa Bell illustriert waren. Der Umfang der Texte war partiell ausgesprochen überschaubar; *Das Streichquartett* umfasst ganze sechs Seiten; *Montag oder Dienstag* sowie *Blau und Grün* bringen es sogar lediglich auf eine und eine halbe Seite.

Montag oder Dienstag etwa kann als ein Text gelesen werden, in dem sich die Autorin selbst befragt, welche Realität sie mit literarisch-künstlerischen Mitteln ausdrücken und vermitteln kann und will. Diese Selbstbefragung geschieht jedoch nicht als bloße Abfolge literaturtheoretischer Thesen und Argumente; vielmehr begegnen uns lyrisch verdichtete Sätze, in denen uns die Fragwürdigkeit jeglicher Wirklichkeitsbeschreibungen unter die Haut kriecht:

> „Ein See? Blende seine Ufer aus! Ein Berg? Oh ausgezeichnet – die goldene Sonne auf den Hängen. Sie fällt herab ... Nach Wahrheit verlangen, sie erwarten, umständlich einige Worte destillieren, immerzu verlangen (Woolf 2022)."

Am ehesten (so legt es uns der Text nahe) kann sich die Autorin mit ihren Lesern darauf einigen, dass die Uhr mit ihren zwölf Schlägen beteuert, es sei Mittag; dass die Kuppel rot imponiert und dass Rauch aus den Schornsteinen steigt. Aber die Wahrheit? Die Wahrheit? Oder sollten wir uns nicht doch mit dem Zusammenhang zufriedengeben? Welcher Zusammenhang?

Einen Zusammenhang eigener Art vermittelt die Erzählung *Das Streichquartett*, die ihr Entstehen einem inspirierenden Konzerterlebnis Virginia Woolfs aus dem Jahre 1920 verdankt. Woolf experimentierte in diesem Text bereits unerschrocken mit dem Bewusstseinsstrom, den sie hinsichtlich der unterschiedlichsten Impulse, Erinnerungen, Wahrnehmungen, Fantasien bei sich während eines Konzerts – „das ist natürlich ein früher Mozart" – registriert und wiedergibt:

> „Aber die Melodie, wie alle seine Melodien, lässt einen verzweifeln – ich meine hoffen. Was meine ich eigentlich? Das ist das Schlimmste an Musik! Ich möchte tanzen, lachen, rosa Törtchen essen, leichten herben Wein trinken. Oder eine unanständige Geschichte, jetzt – das könnte mir gefallen. Je älter man wird, umso mehr gefallen einem Unanständigkeiten. Ha, ha! Ich muss lachen. Worüber? Du hast nichts gesagt, auch der alte Herr gegenüber nicht … Aber angenommen – angenommen – Pst! (Woolf 2022)."

Solche Etüden finden sich zuhauf in Virginia Woolfs Kurzerzählungen, in denen sie jene Techniken der Schilderung von Seelenzuständen, Bewusstseinskaskaden und Wahrnehmungskaleidoskopen einübte, die sie in ihren Romanen scheinbar lässig und wie nebenbei zur Anwendung brachte. Diese Ausmalungen von unsicheren, fragilen, stets wechselnden Stimmungs-, Denk- und Urteilszuständen, meinte sie, und nicht die Beschreibung fixer Charaktere und Attribute von Romanfiguren mache poetische Texte so anziehend und wertvoll, dass Leser sich mit ihnen und den darin vorkommenden Gestalten identifizieren können und wollen.

Jeder von uns erlebt täglich Tausende Situationen, Ereignisse, psychosoziale und geistig-intellektuelle Momente, die es prinzipiell wert wären, aufgeschrieben, verdichtet, reflektiert, in eine Form gebracht zu werden. Die Banalität des Alltags verwandelt sich im Nu ins Exquisit-Menschliche, Außergewöhnlich-Soziale oder Unerhört-Politische und Mitteilungswürdig-Kulturelle, sobald wir diesen Daseins- und Existenz-Partikeln jene Aufmerksamkeit zukommen lassen, die ihnen zusteht und aus ihnen funkelnde Augenblicksdiamanten macht.

Virginia Woolf war als Autorin von einer derartigen Einstellung beseelt und hat eine solche Haltung auch von ihren Kolleginnen und Kollegen der schreibenden Zunft gefordert. In einem Essay über die Wahrhaftigkeit von Romanen und fiktiven Texten allgemein und über die Kunst, sich romanhaft-fiktive Handlungen, Figuren, Atmosphären, Ereignisketten auszumalen und diese zu Papier zu bringen, verwies Woolf nachdrücklich auf die Notwendigkeit von Romanciers, die nackte, bloße, zerklüftete und scheinbar belanglose Realität um sie her und keine ausgedachten Wunschwelten zu beschreiben. Als literarisches Beispiel verwies sie etwa auf die fiktive Mrs. Brown und die Art, wie Romanciers von ihr erzählen sollten:

„Sie (die Romanciers) sollten dabei beharren, dass sie eine alte Frau von unbegrenzten Fähigkeiten und unendlichen Verwandlungsmöglichkeiten ist; fähig, an jedem Ort zu erscheinen, jedes Kleid zu tragen, alles Erdenkliche zu sagen und, der Himmel weiß was, zu tun. Aber was sie sagt und was sie tut, und ihre Augen und ihre Nase und ihr Reden und Schweigen, hat alles etwas überwältigend Fesselndes, denn sie ist selbstverständlich der Geist, von welchem wir leben, – das Leben selbst (Woolf 1960)."

Auf eine solche Weise und in einem derartigen Duktus sind viele Essays Virginia Woolfs verfasst. Ihr war es wichtig, selbst bei komplexen Fragen von Literatur- und Romantheorien eine Sprache zu verwenden, bei der sich die Leser direkt gemeint und angesprochen fühlen durften. Und es bedeutete für sie einen hohen Wert, bei aller handverlesen-ausgesuchten Wortwahl ihre Sprache stets so zu modellieren, dass die beschriebenen Gegenstände, Atmosphären und Figuren einen flirrenden, schwebenden, unbestimmt-offenen Eindruck hinterließen.

Ähnlich wie manche postimpressionistischen Maler, auf die sie der Kunstkritiker Roger Fry in den 1910er-Jahren aufmerksam gemacht hatte, wollte Virginia Woolf mit ihren Romanen und Erzählungen poetische Bilder malen, bei denen sich Formen und Gestalten als Zusammenhang und Zusammenschau vieler verschiedener Farb- und Kontrastpunkte ergaben. Martin Walser (1927–2023) hat das Ergebnis dieser Dichtung bewundernd als „Woolfsche Alltags-Lebens-Hüllen" bezeichnet, „derer man nicht habhaft werden kann, bestenfalls kann man sich ihnen annähern" (Walser 1997).

Eine solchermaßen annähernde, aber nicht fixierend-vereinnahmende Manier verfolgte Virginia Woolf in ihren Essays, Abhandlungen, Texten und Rezensionen. Ganz gleichgültig, ob sie über die künstlerische Entwicklung von Jane Austen oder über die stilistischen Qualitäten und die Persönlichkeit Edward Gibbons und seinen *Verfall und Untergang des römischen Reiches* nachdachte, ob sie einen *Brief an einen jungen Dichter* (1932) verfasste oder sich *Gedanken über den Frieden bei einem Luftangriff* (1940) machte – stets hatte man und hat man immer noch bei ihren Texten den Eindruck, dass sie die jeweiligen Objekte ihrer Beschreibungen zwar so lange berührte, bis sie ins Klingen gebracht wurden, ohne dass jedoch die dadurch hervorgerufenen Melodien festgelegt oder voraussagbar waren.

Gradus ad Parnassum Während der Zeit des Barocks und der Frühaufklärung lebte in Wien ein Komponist und Musiktheoretiker namens Johann Joseph Fux (1660–1741). Seine Kompositionen sind vergessen, aber sein musiktheoretisches Hauptwerk *Gradus ad Parnassum* (Stufen zum Parnass), ein in Dialogen verfasstes Lehrbuch des Kontrapunkts, wurde lange Zeit gelesen und zitiert.

Im 20. Jahrhundert hat Paul Klee auf diese Schrift Bezug genommen und eines seiner bekanntesten und gelungensten Bilder mit dem Titel *Ad Parnassum* (1932) versehen. Damals war der Maler als Professor an die Kunstakademie in Düsseldorf berufen worden und hatte in mancher Hinsicht den Parnass erreicht – jenen Ort, der in der griechischen Mythologie als Sitz der Musen galt.

Ziemlich zeitgleich mit Paul Klee, also Ende der 1920er- und zu Beginn der 1930er-Jahre, durfte sich auch Virginia Woolf zumindest als auf den Stufen zum Parnass befindlich angekommen empfinden. Zu jener Zeit veröffentlichte sie einen Essay (*Ein Zimmer für sich allein*, 1929), einen Roman (*Die Wellen*, 1931) sowie eine Erzählung (*Flush*, 1933), die zu den unbestrittenen Meisterwerken der Dichterin gezählt werden.

Vor allem mit ihrem Essay *Ein Zimmer für sich allein* gelang es Virginia Woolf, sowohl bei ihren damaligen Zeitgenossinnen als auch Jahrzehnte später noch in der Frauenbewegung ein nachhaltiges Echo hervorzurufen. In ihrer Abhandlung griff sie diverse Fragen und Problembereiche einer weiblichen Sozialisation und die daraus resultierenden Benachteiligungen von Frauen in der Menschheits- und Kulturgeschichte auf. Besonders gekonnt wirkten seinerzeit Passagen, in denen sich die Autorin eine dichtende Schwester von William Shakespeare vorstellte und an dieser imaginären Schwester Judith Shakespeare demonstrierte, nicht nur wie schwierig, sondern geradezu wie unmöglich es für sie gewesen wäre, bei gleicher oder ähnlicher Begabung wie William eine vergleichbare künstlerische Karriere zu verwirklichen.

Ein Zimmer für sich allein geriet bald zu einem der meistzitierten Texte in der Frauenbewegung, und Virginia Woolfs andere Essays, Romane und Erzählungen wurden daraufhin von vielen als emanzipatorisch angelegte Schriften gelesen und rezipiert. Simone de Beauvoir in *Das andere Geschlecht – Sitte und Sexus der Frau* (1949) zitierte diesbezüglich diverse Romanstellen (aus *Mrs. Dalloway* sowie aus *Die Wellen*) und Essays Virginia Woolfs (über Jane Austen oder George Eliot), und die englische Komponistin und Suffragette Ethel Smith (1858–1944), die mit ihrem *March of Women* eine Hymne der Emanzipationsbewegung geschaffen hatte, lud Virginia Woolf 1930 hell begeistert und tief bewundernd zu einer BBC-Sendung in London ein (in die Sendung *Point of Views*).

Mit ihrer umfangreichen Abhandlung *Ein Zimmer für sich allein* war Virginia Woolf weit über England hinaus bekannt geworden; innerhalb weniger

Monate musste das Buch dreimal nachgedruckt werden – so gewaltig war das Echo auf den Text, der aus zwei Vorträgen der Autorin hervorgegangen war. Darin plädierte sie weder für eine weibliche noch für eine männliche, sondern für eine androgyne Art der Schriftstellerei und Kunst. Die entsprechenden Passagen ihres Essays erinnern teilweise an C.G. Jung und seine Ausführungen zu *Anima* und *Animus*, wie sie unter anderem in dessen umfangreicher Abhandlung *Psychologische Typen* (Jung 1971) zu finden sind:

> „Im Gehirn des Mannes herrscht der Mann über die Frau, und im Gehirn der Frau herrscht die Frau über den Mann. Die normale und wohltuende Seinsweise ist diejenige, in der beide harmonisch zusammenleben, geistig zusammenarbeiten … Vielleicht kann ein Geist, der rein maskulin ist, ebenso wenig schöpferisch sein wie ein Geist, der rein feminin ist, dachte ich (Woolf 2001)."

Neben der Tatsache, dass Frauen über Jahrhunderte vor allem auch in finanzieller Hinsicht entweder von Männern abhängig oder zumindest im Vergleich zu ihnen schlechter gestellt waren und oftmals „kein Zimmer für sich alleine" bewohnten, in dem sie ihren intellektuellen und künstlerischen Neigungen nachgehen konnten, mussten und müssen Frauen lange Zeit und auch heute noch mit dem Defizit leben, dass es weniger weibliche denn männliche Vorbilder gab, an denen sie hätten ablesen können, wie geistig-kulturelle Beitragsleistungen von Frauen aussehen konnten – die Tradition der Geistes- und Kulturgeschichte war männlich dominiert:

> „Man konnte nicht zur Landkarte gehen und sagen, Kolumbus entdeckte Amerika, und Kolumbus war eine Frau; oder einen Apfel nehmen und bemerken, Newton entdeckte die Gesetze der Schwerkraft, und Newton war eine Frau; oder in den Himmel schauen und sagen, Aeroplane fliegen über uns hinweg, und Aeroplane wurden von Frauen erfunden (Woolf 2001)."

Beinahe hundert Jahre nach diesen Zeilen befinden sich Frauen in einer ungleich besseren Situation, wenn sie auf die Geistes- und Kulturgeschichte zurückblicken und dabei auf Personen und ihre Werke wie Virginia Woolf stoßen. Zwar hat sie keine Naturgesetze entdeckt oder Aeroplane erfunden, aber als Romanautorin war sie außerordentlich innovativ und modellbildend. Als besonders herausragend wird in dieser Hinsicht von vielen Literaturwissenschaftlern ihr Roman *Die Wellen* (1931) gefeiert.

In diesem Text ließ Woolf sechs Personen (drei Frauen, drei Männer) auftreten, die alle in ihrer Entwicklung von der Kindheit bis ins höhere Alter beschrieben und zugleich hinsichtlich ihrer Empfindungen und Erlebnisse von

Daseinsmomenten charakterisiert werden. Diese sechs Personen sind kaum durch Handlungsstränge, wohl aber durch ausführliche innere Monologe und differenzierte Schilderungen ihrer Seelenzustände miteinander verbunden. Nicht äußere Wirklichkeit, sondern gedankliche und emotionale Innenschau sowie poetisch dichte Beschreibung der sechs verschiedenen Innenwelten begegnet uns als Leser, und als solcher können wir uns einerseits in manch irritierte Reaktionen von Rezensenten und Lektürewilligen einfühlen, die dieser Roman initial nach seinem Erscheinen in den 1930er-Jahren wohl hervorgerufen hat.

Andererseits haben sich die Lesegewohnheiten sowie die emotionalen und sozialen Verarbeitungsmodi von vielen von uns inzwischen derart verändert, dass wir den Text Virginia Woolfs an vielen Stellen nunmehr als modern und zeitgemäß einordnen. Manche Passagen aus *Die Wellen* wirken, als ob die Autorin unsere Zeitgenossin ist und Facetten unseres heutigen Lebens- und Weltempfindens vor beinahe einem Jahrhundert schon hellsichtig-kunstvoll zu Papier gebracht hat:

> „Wir sind uns unser selbst keineswegs immer bewusst. Wir atmen, essen, schlafen auf eine automatische Weise. Wir existieren nicht bloß gesondert, sondern auch als ununterscheidbare Klümpchen von Materie ... Ich habe die üppige, formlose, warme, nicht gerade gescheite, aber äußerst ungezwungene und ziemlich ordinäre Seite der Dinge gern; ... mir gefällt, was keine großen Erwartungen, keine Ideale oder irgendetwas dergleichen hegt; was keine Ansprüche stellt außer, erträglich mit allem zurechtzukommen. Das alles gefällt mir (Woolf 1986)."

Solche Schilderungen eines sinnfraglichen Daseins, dessen Wert- und Bedeutungsdimensionen als überschaubar und wenig herausfordernd imponieren, wechseln in Virginia Woolfs Roman jedoch ab mit Abschnitten, in denen aller Absurdität der menschlichen Existenz zum Trotz ein laut vernehmbares und tapferes Dennoch zu registrieren ist. Ähnlich wie die Atmosphäre in Albrecht Dürers Meisterstich *Ritter, Tod und Teufel* (1513) wirken die letzten Zeilen von *Die Wellen* – die Endlichkeit des Lebens wird darin keineswegs geleugnet, aber dem Ende und der Limitierung so lange wie immer möglich und mit energischer Willenskraft zu widerstehen, scheint eine Hauptaufgabe des Menschen zu sein:

> „Ich bin mir abermals eines neuen Verlangens bewusst, eines Etwas, das sich unter mir hebt wie das stolze Ross, dessen Reiter es erst ansporn und dann zurückreißt. Welchen Feind sehen wir nun gegen uns herannahen, du, worauf

ich nun reite, während wir ungeduldig mit dem Huf dieses Stück Pflaster scharren? Es ist der Tod. Der Tod ist der Feind, der Tod ist es, wogegen ich anreite, mit eingelegtem Speer und zurückwehendem Haar (Woolf 1986)."

Manche Anglisten und Literaturwissenschaftler haben *Die Wellen* als intellektuell exzellent ausgearbeitete Wiedergabe jener plaudernden Debatten interpretiert, die viele Jahre lang im Kreis der Bloomsbury-Group geführt wurden. Es fehlte nicht an Versuchen, den sechs Romanfiguren einzelne reale Personen zuzuschreiben (etwa Oscar Wilde, Lytton Strachey, Leonard Woolf, T.S. Eliot) und so den Text zu einem Schlüsselroman werden zu lassen.

Mich überzeugt jedoch viel mehr jene Lesart dieses Buches, die auf eine romanhaft-poetische Schilderung einiger zentraler Gedanken aus der Philosophie von G.E. Moore abhebt. Für den Denker stand gelingendes Leben am ehesten zu erwarten, wenn sich der Einzelne jenseits von Nutzen und Notdurft dem intuitiven Erfassen von Werten wie Schönheit, Wahrheit, Liebe und Solidarität widmet – eine existenzielle Haltung und Einstellung, die im Bloomsbury-Kreis durchaus nicht nur diskutiert, sondern immer wieder auch gelebt wurde, und die im Roman als axiologische Tönung deutlich spürbar wird.

Die Wellen können daher neben aller extravagant-raffinierten Erzählweise und verblüffend-innovativen Dichtkunst auch als ein philosophischer Roman gelesen werden, in dem Virginia Woolf den Fragen nach Sinn, Wert und Bedeutung der menschlichen Existenz nachging und dabei ethische, erkenntnistheoretische und anthropologische sowie ästhetische Themen berührte. In dieser Hinsicht darf man *Die Wellen* als ähnlich tiefsinnig und gelungen einordnen wie etwa Robert Musils *Der Mann ohne Eigenschaften* (1930ff.).

Noch einen dritten Text möchte ich erwähnen, der meiner Ansicht nach dazu beigetragen hat, den Beginn der 1930er-Jahre für Virginia Woolf als *ad Parnassum* zu bezeichnen. Es ist dies eine Biografie über die Dichterin Elizabeth Barrett Browning (1806–1861) und ihren Gatten Robert Browning (1812–1889), der sich wie seine Frau als Dichter und Dramatiker einen Namen gemacht hat. Betitelt ist dieser Text mit *Flush – Eine Biografie* (1933), und bereits auf den ersten Seiten des Buches wird offensichtlich, was denn dieser Titel mit den Lebensgeschichten der beiden Brownings zu schaffen hat.

Flush war der Name eines Cockerspaniels, der für Elizabeth Barrett einige Jahre lang die Rolle eines Platzhalters der Lebendigkeit und eines Trösters in allfälligen Situationen der Tränen und Verzweiflung spielte. Als junge Frau war Elizabeth an Tuberkulose erkrankt, und die Ärzte machten ihr wenig Hoffnung auf ein längeres Erdendasein. Als jedoch Robert Browning ins Leben von Elizabeth trat, beide sich ineinander verliebten und in einer Nacht-

und-Nebel-Aktion aus London weg nach Florenz flohen, erfuhr die Gesundheit Elizabeths einen ungeahnten Aufschwung. Stets mit von der Partie war Flush, der sich in Florenz wie seine Herrschaft ebenfalls (fast hätte ich geschrieben) pudelwohl fühlte. Über ihn hatte Miss Barrett noch in London ein Gedicht verfasst, das die Bedeutung dieses Hundes für seine Herrin widerspiegelte:

> „Du siehst den Hund. Es war erst gestern, / dass ich hier, seine Anwesenheit vergessend, sann ... / ein Kopf behaart wie Faun jäh / gegen mein Gesicht stieß – zwei golden-klare / große Augen erstaunten die meinen – ein hängendes Ohr / schlug gegen meine Wangen, das Nass zu trocknen! / Ich schrak erst auf wie eine Arkaderin, / erstaunt vom Ziegengott im Dämmerlicht des Hains; / doch als die bärtige Vision die Tränen / näher tilgte, erkannt' ich Flush und erhob mich über / Erstaunen und Tristesse – dankte dem wahren Pan, / der, durch niedere Kreaturen, zu Liebeshöhen führt (Barrett Browning 2002)."

Flush zähle ich zu den Meisterstücken Virginia Woolfs, weil sie mit dieser Biografie den Brownings wie auch ihrem Hund ein heiter-anrührendes Denkmal gesetzt hat, ohne dass sie dabei den Cockerspaniel anthropomorphisierte. Vielmehr gelang es ihr vorzüglich, sich in eine Hundeseele zu versetzen und aus der Perspektive Flushs (die partiell auch ihre eigene war) die Welt zu beschreiben. Diese Beschreibungen sind, mit lächelndem Humor versehen, ein exquisites Lektürevergnügen.

Als Dichterin unterwegs Dass Virginia Woolf in *Flush* recht exakte Ortsangaben von Florenz und seiner Umgebung anfertigen konnte, ist durchaus nicht nur ihrem intensiven Studium entsprechender Baedeker-Bände zu verdanken. Woolf war, oftmals zusammen mit ihrem Mann Leonard, eine ausnehmend reiselustige Frau, die Dutzende Male verschiedene Länder auf dem Kontinent besuchte, darunter auch Italien, Frankreich, Spanien, Griechenland, die Türkei, Deutschland und die Niederlande.

Ziele ihrer Reisen waren sowohl die größeren Städte eines Landes (Amsterdam, Berlin, Palermo, Syrakus, Venedig, Rom, Sevilla, Athen, Konstantinopel) als auch Landstriche und Küstenregionen (Andalusien, Sierra Nevada, Toskana, Côte d'Azur, italienische Riviera, die Gegend um Bordeaux, Bretagne). Über viele Destinationen hat Virginia Woolf Tagebuch-Aufzeichnungen angefertigt; oder sie hielt manche ihrer Eindrücke in Briefen an die Daheimgebliebenen fest, sodass reichlich Informationen über die Reisen der Dichterin vorliegen.

Ihr liebstes und bevorzugtes Reiseland war Frankreich, das sie zwischen 1896 (ihr erster Frankreich-Aufenthalt) und 1939 ganze sechszehnmal besuchte. Da ihre Schwester Vanessa zusammen mit ihrem Gatten Clive Bell ein Haus in Cassis an der Côte d'Azur gekauft hatte, überlegten auch Virginia und Leonard Woolf, dort oder in der Nähe ein Ferienhaus zu erwerben – ein Plan, der jedoch nicht realisiert werden konnte.

Den glücklichsten Frankreich-Urlaub verlebten die Woolfs im Frühjahr 1931, als sie die Gegend um Bordeaux erkundeten. Dabei ließ es sich Virginia Woolf nicht nehmen, das Chateau de Montaigne, im Department Dordogne im Südwesten Frankreichs gelegen, aufzusuchen. Dorthin hatte sich Michel de Montaigne (1533–1592) in seinem 38. Lebensjahr von seinen öffentlichen Ämtern zurückgezogen, um sich fortan ganz seiner eigenen Entwicklung und Bildung zu widmen: „Genug nun für andere gelebt – leben wir zumindest dies letzte Stück des Lebens für uns" – lautete von da an sein Daseinsmotto, aus dem heraus seine *Essais* entstanden.

Für Virginia Woolf war Montaigne stets eines ihrer literarischen Vorbilder, und in seinen *Essais* (1580ff.) blätterte sie immer wieder gerne und ausführlich. Daher war es selbstverständlich, dass die Woolfs jenen Turm des Schlosses, in dem sich Montaigne ein Arbeitszimmer sowie eine Bibliothek mit etwa Tausend Büchern eingerichtet hatte, besichtigten. Die Holzbalkendecke des Bibliotheksraums ist besonders aufschlussreich, weil Montaigne auf den Balken weit über 60 Inschriften antiker Philosophen respektive auch von Erasmus von Rotterdam anbringen ließ, die für ihn wesentlich waren und heute noch inspirierend wirken:

> „Das hier ist sein Schlafzimmer; das ist sein Ankleidezimmer. Hier ist er gestorben. Hier ging er hinunter – er war sehr klein – zur Kapelle. Oben wieder ist dann seine Bibliothek. Die Bücher & Möbel sind in Bordeaux. Hier ist sein Stuhl & Tisch. Er schrieb diese Inschriften auf den Balken. Ganz bestimmt, das war sein Zimmer; ein Stück von einem alten Holzstuhl könnte seiner gewesen sein (Woolf 1995)."

Reisen bedeutete für Virginia Woolf jedoch mitnichten nur das Aufsuchen von Lebensspuren ihrer literarischen Vorbilder. Für sie waren seit ihrer Kindheit, seit den regelmäßigen Ferienreisen nach St. Ives (Cornwall) ans Meer, allein schon die Vorbereitungen auf ihre Fahrten eine hochwillkommene Abwechslung, bei der die Alltagsrhythmen von ihr imaginär oder tatsächlich eingeklammert wurden. Sich Reiseziele auszumalen, hieß für sie stets, sich Freiräume und -zeiten vorzustellen – Räume und Zeiten, die mit einem Plus an Beweglichkeit und Freiheit versehen waren, verglichen mit ihrem sonstigen Dasein. Mit einer Tour dem Determinismus und den Zwängen ihrer Existenz zu entrinnen, vielfältige Begrenzungen hinter sich zu lassen und sich überraschend und neu in einer anderen Welt mit einem weiten Raum und einer intensiv ablaufenden Zeit zu entwerfen und wiederzufinden, war für Virginia Woolf eine beliebte und oft praktizierte Daseinsbewegung.

Hinzu kam für sie, dass Reisen oft mit einer Akzentverschiebung hinsichtlich des Raumes und der Zeit eines Menschen assoziiert sind, die nicht nur die objektive Raumzeit betreffen. Im günstigen Fall entstand so beim Reisen für Virginia Woolf erfüllte Zeit im bewegten und veränderten Raum. Sowohl die Fragen nach ihrer Identität als auch das Thema eines intensiv gelebten Lebens konnte die Dichterin demnach mittels ihrer Touren angehen und immer wieder neu beantworten. Wie sehr sie den Existenzmodus von abenteuerlicher Veränderung genießen mochte, wird an vielen Stellen ihres Briefwechsels offenkundig:

> „Das ist die richtige Lebensart, kann ich Dir versichern. Den ganzen Tag fahren; eine Stunde oder zwei fürs Mittagessen; vielleicht ein paar Kirchen, die man sich ansehen kann; abends das Gasthaus; Wein, Essen, Bett; und wieder weiter – allmählich wird es südlich, und wir ziehen unsere Pullover aus, und ich musste mir einen seidenen kaufen. Man trifft auf Leute, die in Cafés Domino spielen … (Woolf 1995)."

Von dem französischen Moralisten Alain (Emile Auguste Chartier, 1868–1951) stammt in seinen *Propos* der Gedanke: „Für meinen Geschmack besteht Reisen darin, alle zwei Meter stehenzubleiben und dieselben Dinge unter einem neuen Gesichtswinkel zu betrachten (Alain 1993)." Auch dieser Aspekt war für Virginia Woolf und ihre Vorliebe für Fahrten und Ortsveränderungen relevant – denn schließlich war sie eine Schriftstellerin, die für ihre Dichtkunst ebenso wie für ihre Essayistik stets auf der Suche nach neuen Eindrücken, Erlebnissen, Gefühlen, Wahrnehmungen, Inspirationen war, die sie in Romane, Erzählungen und Abhandlungen einfließen lassen konnte.

Dieselben Dinge unter einer neuen, anderen Perspektive zu betrachten oder am scheinbar Unscheinbaren, Banalen, Alltäglichen das Außergewöhnliche, Schöne zu entdecken und Worte, Sätze, Texte dafür in sich aufsteigen zu spüren, war für die Autorin ein Glücksempfinden *par excellence*. Für diese Momente war sie nur allzu gerne bereit, viele Strapazen und Unbilden des Reisens auf sich zu nehmen; und solche Momente suchte sie nicht nur bei ihren Reisen auf dem Kontinent, sondern auch bei Fahrten zu Hause in England:

„Es kommt mir vor, als ob wir unsere Ausflüge mehr aus Spaß am Kommen & Gehen & der köstlichen Mahlzeit an der frischen Luft unternehmen und weniger, weil sich an der Stelle, wo wir uns zur Rast niederlassen, irgendein spezieller schöner Anblick finden lässt. Ich habe, glaube ich, hier bei meinen Wanderungen ein Dutzend Orte gefunden, zu denen man durchaus hin pilgern könnte, aber sie sind überraschend, unerwartet, verborgen; es kann sein, dass dort wochenlang niemand vorbeikommt und monate- wenn nicht sogar jahrelang niemand genau das sieht, was ich gesehen habe (Woolf 1995)."

Zwar beziehen sich diese Zeilen auf Lands End, den westlichsten Punkt Englands in Cornwall gelegen – aber sie beweisen auch in vielen anderen Texten der Autorin ihre Gültigkeit. Lesen wir nur wenige Seiten in Virginia Woolfs frühem Roman *Die Fahrt zum Leuchtturm* (1927 – ein Roman, der im Titel schon das Motiv des Reisens anklingen lässt), und wir werden überrascht und betört von einer Fülle subtilster Naturschilderungen, die Woolf ihren vielen Touren zu verdanken hatte.

Abstieg vom Parnass Mitte der 1930er-Jahre unternahmen Virginia und Leonard Woolf eine ausgedehnte Autoreise auf dem Kontinent nach Deutschland, durch die Niederlande und nach Italien. Deutschland hatte die Dichterin das erste Mal vor dem Ersten Weltkrieg und ein zweites Mal in der Zeit der Weimarer Republik besucht, und beide Male verspürte sie damals bereits Abneigung und Distanz im Hinblick auf die teutonische Lebensart. Als sie 1935 zusammen mit Leonard durch das nunmehr faschistisch-totalitäre und antisemitische Deutschland reiste, konnte man an manchen Stellen ihrer Tagebuchaufzeichnungen blankes Entsetzen über die politischen Verhältnisse herauslesen – aber auch über die Ansteckungstendenz des Autoritarismus, die sie bei vielen Deutschen und in Ansätzen sogar bei sich selbst registrierte:

„Heil Hitler sagte der kleine dünne Junge, der seine Tasche, vielleicht mit einem Apfel darin, am Schlagbaum aufhielt. Wir werden unterwürfig ... die erste Krümmung in unserem Rückgrat ... Transparente über die Straße gespannt: ‚Der Jude ist unser Feind.' ‚Für Juden gibt es keinen Platz in – '. So sausten wir weiter, bis wir außer Reichweite der gehorsam hysterischen Menge waren (Woolf 1995)."

Obwohl sich der Faschismus vorerst nur auf dem Kontinent als konkret fassbare und politisch katastrophale Veränderungen ereignete, waren auch in England die sensiblen, gesellschaftlich wachen und pazifistisch gesinnten Menschen zutiefst besorgt über die totalitären Regime, die sich in Deutschland, Italien und ab 1936 auch in Spanien sowie – zwar mit anderer politischer Färbung, aber mit durchaus vergleichbar abgrundtiefer Inhumanität und Destruktivität – in der Sowjetunion etabliert hatten. Sehr vieles deutete auf einen großen Krieg hin, und England war trotz seiner Insellage vor diesen europa- und weltpolitischen Erschütterungen nicht gefeit.

Die weit verbreitete angespannt-ängstliche Stimmungslage wurde für Virginia Woolf noch insofern verschlechtert, als im Herbst 1934 ihr väterlicher Freund und künstlerischer Mentor Roger Fry nach einem Unfall im Alter von nur 68 Jahren gestorben war. Dieser Tod löste bei der Dichterin eine tiefe und langanhaltende Trauerreaktion aus – Roger Fry hatte ihr enorm viel bedeutet, und nach seinem Ableben empfand sie sich „ganz hölzern" und „ganz starr", so, als ob „die Armut des Lebens" auf sie zukäme und dasselbe seinen Inhalt verloren hatte.

Neben dem Tod ihres Freundes hatte Virginia Woolf damals auch noch das Ende ihrer Liebesbeziehung mit Vita Sackville-West zu gewärtigen. Letztere war Mitte der 1930er-Jahre ziemlich stämmig geworden und beschäftigte sich vorrangig mit Hunden, Blumen und neuen Gebäuden; mit ihren „Tomatenwangen" (so Virginia Woolf), ihrer nachlassenden Schönheit und ihrer vernachlässigten Intellektualität verlor sie für die Dichterin zunehmend merklich an Attraktivität:

> „Meine Freundschaft mit Vita ist vorbei. Sie endete nicht mit einem Streit oder einem Knall, sondern wie der Fall einer reifen Frucht … Sie ist sehr dick geworden, hat viel von einer trägen Lady vom Land, heruntergekommen, will jetzt von Büchern nichts mehr wissen … Ich empfinde keine Bitterkeit, nur eine gewisse Leere (Woolf 1990)."

Während dieser Zeit arbeitete Virginia Woolf an ihrem nächsten Roman, der 1937 unter dem Titel *Die Jahre* erschienen ist. Darin schilderte sie die Geschichte einer Offiziersfamilie, und dies mit einer recht konventionellen Erzähltechnik, von der sie ebenso wie vom Inhalt nie wirklich überzeugt war. Erst nach langem Zögern konnte sie sich zu einer Publikation durchringen; unter anderem das Urteil von Leonard Woolf, der den Text wider besseres Wissen als gelungen bezeichnete, bestärkte die Dichterin darin, *Die Jahre* zu veröffentlichen.

Leonard Woolf hatte nach dem Probelesen des Manuskripts zu dieser Mogelei gegriffen, weil er Sorge hatte, seine Frau könnte bei einer ablehnenden Haltung seinerseits neuerlich in eine schwere Sinn- und Selbstwertkrise geraten. Allein die Abfassung des Romans hatte bei ihr zu mächtigen Stimmungsschwankungen hin zu depressiven Verdüsterungen beigetragen, und eine vernichtende Kritik des Textes wäre womöglich mit suizidalen Impulsen ihrerseits beantwortet worden.

So kam es 1937 zur Publikation von *Die Jahre*, die wider Erwarten – vielleicht aber auch, weil der Schreibstil einem breiteren Publikumsgeschmack entsprach – innert weniger Monate zu einem Bestseller wurden. Vor allem in den Vereinigten Staaten verkaufte sich das Buch sehr erfolgreich, sodass Virginia Woolf in Bezug auf dessen finanzielle Auswirkungen mehr als zufrieden sein durfte.

Ein Jahr später erschien ein weiteres Buch Virginia Woolfs: *Drei Guineen* (1938). Diese noch umfangreichere Abhandlung als *Ein Zimmer für sich allein* wandte sich wie der letztere Essay dem Thema des Feminismus, darüber hinaus jedoch auch den politisch brennenden Problemen von Totalitarismus und Militarismus zu. Es mag an dieser Verknüpfung sehr komplexer Fragestellungen gelegen haben, dass *Drei Guineen* anders als *Ein Zimmer für sich allein* nur wenig positives Echo bei den Lesern und Literaturkritikern fand. Für den ausbleibenden Erfolg war daneben jedoch auch die politische Großwetterlage in Europa verantwortlich zu machen, bei der nicht mehr allzu viele Menschen für subtile Argumentationsnexus zu gewinnen waren. Außerdem mangelt es dem Text an jener feinen Ironie, welche die früheren Essays Virginia Woolfs auszeichnen – bei der Lektüre spürt man die reduzierte emotionale Souveränität der Autorin, die mit ihren Gedanken nicht falsch lag, aber im Vergleich zu vielen ihrer anderen Texte in *Drei Guineen* einen holzschnittartig-vereinfachenden Stil an den Tag legte. Die Unterschiede etwa von Mann und Frau im Patriarchat charakterisierte sie wie folgt:

> „Denn die Tatsache, dass der Intellekt (grob gesagt) der wichtigste berufliche Aktivposten des Mannes ist und Sterne und Bänder sein wichtigstes Mittel sind, seinen Intellekt herauszustellen, lässt vermuten, dass Sterne und Bänder identisch mit Puder und Farbe sind, der wichtigsten Methode der Frau, ihren wichtigsten beruflichen Aktivposten herauszustellen: die Schönheit. Es wäre daher ebenso unvernünftig, von ihm zu verlangen, eine Ritterschaft auszuschlagen, wie von ihr zu verlangen, ein Kleid auszuschlagen (Woolf 2001)."

Bei aller Kritik an den stilistischen Akzentsetzungen finde ich *Drei Guineen* insofern ein wichtiges Buch, als Virginia Woolf darin dezidiert zu politischen Phänomenen ihrer Gegenwart Stellung genommen hat. In der ein Jahrzehnt früher erschienenen Abhandlung *Ein Zimmer für sich allein* (1929) bezog Woolf den Feminismus auf die Literaturgeschichte und war von der Frage bewegt, wie das kulturelle Potenzial von Frauen viel mehr als bis dahin realisiert zum Blühen gebracht werden könnte. In *Drei Guineen* hingegen stieß Woolf zu noch grundsätzlicheren Fragestellungen vor, indem sie Feminismus, Patriarchat, Militarismus und Bellizismus sowie Kirchen und Religionen miteinander in Bezug setzte. Vor einem derart komplexen Hintergrund wurden und werden die Genese totalitärer Herrschaftsformen wie Faschismus und Bolschewismus sowie inhuman-destruktiver Vorurteilssysteme wie Rassismus, Antisemitismus, Nationalismus und Chauvinismus verständlicher; Virginia Woolf hat mit ihrem Text einige dieser Zusammenhänge transparent gemacht.

Sein, Nicht-Sein und die Watte der Welt Ende der 1930er-Jahre begann Virginia Woolf mit der Niederschrift eines autobiografischen Textes, den sie mit *Eine Skizze der Vergangenheit* betitelte, ohne dass sie ihn zu Lebzeiten veröffentlicht hat. Erst 1976 wurde er von Quentin Bell und Angelica Garnett zusammen mit weiteren Erinnerungen der Dichterin unter dem Titel *Moments of Being* herausgegeben; in deutscher Sprache erschien diese Sammlung autobiografischer Reminiszenzen als *Augenblicke – Skizzierte Erinnerungen* (Woolf 1981).

In *Eine Skizze der Vergangenheit* kam Virginia Woolf auf Kindheitserinnerungen mit für sie teilweise sehr belastenden Aspekten zu sprechen (sexuelle Übergriffe durch die beiden älteren Stiefbrüder). Daneben machte sie sich jedoch generell Gedanken über das Phänomen der Erinnerung, bei dem sie zu Recht anmerkte, wie umfassend der Bereich unseres gelebten Lebens ist, den wir normalerweise nicht oder nur schemenhaft erinnern (sie nannte es eine Form des beinahe Nicht-Seins) – und wie überraschend daneben oftmals einzelne Reminiszenzen prominent aus dem weiten Meer der nicht-memorierten Vergangenheit herausragen:

> „Obgleich es ein guter Tag war, war das Gute daran in etwas wie undefinierbare Watte eingehüllt. Das ist immer so. Ein großer Teil des Tages wird nicht bewusst gelebt … Damals als Kind, wie auch heute noch, enthalten meine Tage ein verhältnismäßig großes Quantum dieser Watte, dieses Nicht-Seins. Woche für Woche verging, und nichts hinterließ einen Eindruck bei mir. Dann plötzlich, und ohne dass ich den Grund dafür weiß, bekam ich einen heftigen Schock: Etwas so Wahnsinniges geschah, dass mir die Erinnerung daran mein Leben lang geblieben ist (Woolf 1981)."

Die Tiefenpsychologie und Psychoanalyse nennt diese das Leben füllende Watte das Un- oder Vorbewusste. Der größte Teil unserer Existenz, der Vergangenheit wie auch unserer momentanen Erlebnisse – so meint die Psychoanalyse – ist unserem Bewusstsein nicht zugänglich und lagert sich als Sediment irgendwo in unserem Unbewussten, also in unserem Organismus ab. In

Eine Skizze der Vergangenheit verglich Virginia Woolf ihre Schriftstellerei und Dichtkunst nun mit den Versuchen von Psychoanalytikern, die un- oder vorbewussten Erinnerungs- und Affektspuren ihrer Klienten bewusst werden zu lassen, sodass sie verbalisiert und damit Denk- und Entscheidungsakten zugänglich gemacht werden können.

Als Beispiel für diese das Unbewusste durchsichtiger werden lassende Wirkung der Schriftstellerei, Dichtung und Kunst führte Virginia Woolf aus ihrer Autorinnenbiografie *Die Fahrt zum Leuchtturm* (1927) an. Im Kontext dieses frühen Romans, an dem ich vorhin kurz den Einfluss der Reiselust Woolfs und ihre dabei geschärfte Wahrnehmung auf seine Ausgestaltung erwähnte, fand bewusst-unbewusst auch eine Auseinandersetzung der Dichterin mit ihrer Mutter statt. Deren Kommentare zu ihrer, Virginia Woolfs Person hatte sie lange Zeit wie eine mahnend-kritische innere Stimme vernommen, obwohl die Mutter schon längst verstorben war:

„Dann, eines Tages, als ich um den Tavistock Square herumspazierte, konzipierte ich – wie ich meine Bücher manchmal konzipiere – *Die Fahrt zum Leuchtturm*, in großer, scheinbar unfreiwilliger Hast. Eine Idee griff in eine andere über. Das Pusten von Seifenblasen aus einem Rohr gibt ungefähr den Eindruck der rasch aufeinanderfolgenden Fülle von Ideen und Szenen wieder, die sich in meinem Kopf bildeten ... Ich schrieb das Buch sehr schnell, und als es geschrieben war, wurde ich nicht mehr von meiner Mutter verfolgt. Ich höre ihre Stimme nicht mehr, und ich sehe sie auch nicht mehr vor mir (Woolf 1981)."

In den Aufzeichnungen über ihre Kindheit und Jugend, die von einer erstaunlichen Detailfülle und Rekonstruktionskraft zeugen, hat Virginia Woolf auch Reflexionen über die Beweggründe ihrer literarischen Aktivitäten eingestreut. Obwohl es unter pragmatischen Erwägungen (so Woolf) womöglich nützlicher gewesen wäre, die eigene Lebenszeit einem Handwerk oder einem Geschäft zu widmen, neigte sie in ihren Darstellungen letztlich doch zu der Auffassung, mit ihrem Schreiben einem höheren Sinn und Zweck zu dienen. Diesen konnte sie zwar nicht immer benennen; sie meinte aber, dass es ihrer eigenen Person und wahrscheinlich auch den Lesern zugutekommen würde, dass sie und wie sie ihre Literatur verfasste.

Diese Einschätzung bestätigte sich auch in den letzten Texten, die Virginia Woolf verfasste. 1940 gelang es ihr, eine Biografie über ihren Freund und Mentor Roger Fry abzuschließen und zu veröffentlichen – ein Buch, an dem sie lange gearbeitet hatte, und das ihr aufgrund der wachgerufenen Emotionen und Erinnerungen sehr schwerfiel anzufertigen. Ähnlich große Mühe bereitete ihr der Roman *Zwischen den Akten* (1941); dessen Manuskript hat sie zwar vor ihrem Tod beendet, ohne dass aber der druckfertige Satz von ihr noch Korrektur gelesen wurde.

Das Manuskript zu *Zwischen den Akten* entstand zum größten Teil in *Monk's House*, einem Cottage bei Lewes in East-Sussex gelegen, das die Woolfs bereits 1919 erworben hatten. *Monk's House* war, obwohl ursprünglich ziemlich schlicht gebaut, für sie stets ein häufig und gern aufgesuchtes Refugium gewesen. Ab dem Herbst 1940 wohnten sie kontinuierlich dort, nachdem bei einem Luftangriff der Deutschen auf London ihr Haus am Mecklenburgh Square in Bloomsbury schwer beschädigt worden war.

Den Beginn des Zweiten Weltkriegs im September 1939 hatte Virginia Woolf noch mit der für sie beinahe typischen Mischung aus Ironie und nüchtern-klarem Realitätssinn beantwortet. Als jedoch Mitte des Jahres 1940 die Luftangriffe auf London immer massiver wurden, unternahmen beide Woolfs Vorbereitungen für einen Suizid, falls eine deutsche Invasion erfolgen sollte. Die Stimmung Virginias verdüsterte sich zunehmend, und obwohl sie dem eigenen Bekunden nach noch für mindestens zehn Jahre literarische Ideen in sich trug, falls Hitler ihr nicht in die Quere käme, geriet sie immer wieder in Zustände der Empfindungslosigkeit und der psychosozialen Starre.

Die vielen inspirierenden und vitalisierenden zwischenmenschlichen Kontakte der Vergangenheit, die für Virginia Woolf neben ihrer Beziehung mit Leonard ein immens wichtiges Lebenselixier bedeuteten, waren Anfang der 1940er-Jahre beinahe ebenso verschwunden oder reduziert wie das Echo von Rezensenten, Kritikern und Lesern auf ihre Publikationen. Mit manchen Freundinnen, etwa mit Ethel Smyth, blieb die Dichterin immerhin brieflich auf Tuchfühlung, wobei sich in ihren Briefen jener Zeit auch Passagen der Resignation finden:

> „Habe ich Dir erzählt, dass ich die ganze englische Literatur durchlese! Wenn ich bei Shakespeare angelangt bin, werden die Bomben fallen. Also habe ich eine sehr hübsche letzte Szene arrangiert: Shakespeare lesend, worüber ich meine Gasmaske vergessen habe, werde ich weit weggleiten, und völlig vergessen… (Woolf 2006)."

Einige Wochen später arrangierte Virginia Woolf nicht nur imaginär eine „hübsche letzte Szene" und ertränkte sich in einem Fluss in der Nähe von *Monk's House*. Im Abschiedsbrief an Leonard bedankte sie sich liebevoll für ihr gemeinsames Leben; gegen ihre neuerliche Depression wollte sie jedoch nicht mehr ankämpfen.

2 Virginia Woolf – das Frösteln einer Dichterin

Das Frösteln einer Dichterin Es wäre wohlfeil und tollkühn zugleich, über Virginia Woolfs Leben und Sterben auf einigen wenigen Seiten Urteile, Wertungen und Erklärungen abzugeben und ihre Sache damit als erledigt zu deklarieren. Für sie und ihr Dasein gilt wie für uns alle ein Satz aus Hugo von Hofmannsthals *Buch der Freunde* (1922):

> „Wenn ein Mensch dahin ist, nimmt er ein Geheimnis mit sich: wie es ihm, gerade ihm – im geistigen Sinn zu leben möglich gewesen sei (Hofmannsthal 1981)."

Anstatt mich nun entweder vergeblich an diesem Existenz- und Daseinsgeheimnis Virginia Woolfs abzuarbeiten oder aber mich mit der psychiatrischen Diagnose einer bipolaren Störung, also einer manisch-depressiven Erkrankung aus der Affäre zu ziehen (eine Diagnose, die auf die Dichterin mit hoher Wahrscheinlichkeit zutraf), möchte ich abschließend lediglich einige Facetten ihrer Person skizzieren, die für sie wie auch für ihre Mit- und Nachwelt spür- und sichtbar waren und zu ihrem charakteristischen Lebensstil und Bewegungsgesetz dazugehörten.

Als einen wichtigen Aspekt ihrer Daseinsatmosphäre als Kind und Jugendliche verwies Virginia Woolf in ihrer *Skizze der Vergangenheit* auf die (wie sie es nannte) seltsame Einteilung im Elternhaus: Unten herrschte die reine Konvention, oben der reine Intellekt, und eine Verbindung zwischen diesen Etagen gab es nicht (Woolf 1981). Diese Begriffe Konvention und Intellekt lassen sich mit Attributen versehen, die deutlich machen, welche Dissonanzen Virginia Woolf in ihrer Familie nicht nur registrierte, sondern auch austarieren und integrieren musste. Mit Konvention sind Merkmale wie altüberliefert, unecht, steif, förmlich und gezwungen verknüpft, wohingegen mit Intellekt Qualitäten wie vergeistigt, gebildet, klug, rational assoziiert werden.

Wie sehr Virginia Woolf die Konventionen ihrer Kindheit, Jugend, Adoleszenz und mit ihnen die tradierten Vorstellungen über die Rolle und Funktion von Frauen in Gesellschaft und Kultur mit Distanz und Kritik empfand und sie als überkommen, patriarchalisch, rückständig oder schlicht geschmacklos einordnete, wird an vielen ihrer Schriften offenkundig. Darüber hinaus kann ihr Umzug von Kensington nach Bloomsbury (nach dem Tod der Eltern) und ihr unkonventioneller Lebensvollzug bei und mit den *Bloomsberriern* als Emanzipationsbewegung weit weg von den sie einengenden und Frauendiskriminierenden Benimm- und Existenzregeln ihrer viktorianischen Herkunft und Umgebung interpretiert werden.

Die Revolte gegen die Konventionen allein hätte aus Virginia Woolf noch keine Schriftstellerin und Künstlerin von Format gemacht – dazu brauchte es mächtige geistig-intellektuelle Anregungen und Bildungsprozesse, wie sie im

Obergeschoß, in des Vaters Bibliothek und im persönlichen Kontakt mit ihm, erfahrbar waren. Die väterliche Intellektualität imponierte ihr als attraktiv und nachahmenswert, weil sie als ein Gegenpol zur Konventionalität des Parterre-Geschoßes konzipiert war, und Virginia Woolf war klug genug, weite Bereiche der europäischen Geistes- und Kulturgeschichte zu assimilieren (ihre Lektüre-Notate dazu umfassen allein schon etwa dreißig Bände), auch wenn diese Geschichte überwiegend von Männern verfasst worden ist.

Als hohe und vortreffliche Werte lernte Virginia Woolf in ihrer Kindheit, Jugend und jungen Erwachsenenzeit den punktgenauen, schlagfertigen, detailgetreuen und differenzierten Umgang mit Worten kennen und schätzen. Rationalität sowie Verbalisierungskompetenz, immenses Abstraktionsvermögen, glänzend-funkelnd-veredelndes Registrieren und Beschreiben selbst der banalsten Alltagssituationen, tupfend-touchierend-verbales zum Klingen-Bringen subtil-emotionaler Regungen – alle diese Qualitäten eroberte sich Virginia Woolf scheinbar mühelos.

Seit der Publikation ihrer Tagebücher und Briefe spüren wir noch intensiver ein wesentliches Motto aus dem Daseinsgesetz dieser Autorin: Alles, was ihr im Leben begegnete, in hochfeine Sprache zu verwandeln – gleichgültig, ob es sich dabei um Freudiges oder Erschütterndes, um Privates oder Politisches, Gesellschaftliches, Kulturelles und Universales, um Banales oder Extravagantes, Schönes, Erotisches oder um Hässliches und Destruktives handelte. So und nur so – so war sie in ihrem Innersten überzeugt – konnte sie Oberflächen (die Konventionen im Parterre) mit Tiefe (Intellektualität im Obergeschoß), Mütterliches und Väterliches, Frauen und Männer verbinden. In diese Methode der Versprachlichung von Welt legte sie all ihre Energie, ihr Engagement, ihren Witz und ihre Seriosität, selbst wenn es um nebensächliche Sätze (wie eben mal eine Kurzcharakteristik von Roger Fry) ging, die sie in Briefe einfügte, die ganz andere Themen zu ihrem Inhalt hatten:

> „Roger, der der intelligenteste meiner Freunde war, war verschwenderisch, lächerlich, ewig kreativ: konnte keine zwei Streichhölzer sehen, ohne ein Boot daraus zu basteln. Das war das Geheimnis seines Charmes und seines Genies (Woolf 2006)."

So sehr Virginia Woolf mit Worten, Begriffen, Sätzen, sprachlichen Bildern Brücken zwischen sich und ihren Mitmenschen sowie zwischen den Oberflächen der Welt und den Tiefen einer Person bauen konnte, so sehr bereitete es ihr riesige Mühe, bei sich selbst Verbindungen zwischen ihrem Intellekt, ihrem scharfen Verstand und ihren Hunderten geistig-elaborierten Gefühlsregungen auf der einen Seite und ihrem Körpererleben andererseits zu bahnen und zu erspüren.

Seit ihren Kindertagen empfand sie ihren Körper als problematisches Anhängsel und nicht als hochgeschätztes Fundament ihrer Existenz. In der Familie wurde sie Ziege genannt, weil sie derart klapperdürr war, dass sowohl die Unterwäsche als auch die Kleider von ihr abzurutschen drohten. Dauernd lief sie Gefahr, aufgrund ihrer körperlichen Gestalt verlacht zu werden, und noch als erwachsene Frau und längst schon berühmte Schriftstellerin reagierte sie unsicher-ängstlich, wenn sie neue Kleidung anprobieren und kaufen wollte.

Dass sich das Körperempfinden und damit das Körperselbst von Virginia Woolf nicht stabilisierten, nachdem sie die Übergriffe ihrer älteren Stiefbrüder erlebte, ist leicht nachvollziehbar. Hinzu kamen in ihrer Jugend und Adoleszenz wiederholt sie erschütternde Todesfälle zuerst ihrer Mutter (1895), dann von Stella, ihrer Stiefschwester (1897), dann ihres Vaters (1904) und zuletzt ihres Lieblingsbruders Thoby (1906). Diese vier Todesfälle ihrer allernächsten Angehörigen innerhalb nur eines Jahrzehnts hat das kritisch-distanzierte Verhältnis der Dichterin zu ihrem Leib als ein „Ding", auf das man sich nicht verlassen kann und das eigensinnig vor sich hin agiert, noch massiv verstärkt – ein Ding, das sie am liebsten weit hinter sich gelassen hätte:

„Den ganzen Tag und die ganze Nacht mischt sich der Körper ein, macht stumpf oder schärft, färbt oder macht farblos, wird in Juniwärme zu Wachs, härtet sich im Februar düster zu Talg. Das Geschöpf drinnen kann nur durch die Scheibe starren – verschmutzt oder rosig; keinen einzigen Augenblick kann es sich vom Körper wie die Scheide vom Messer trennen oder wie die Schote von den Erbsen; es muss die ganze endlose Wechselfolge durchlaufen, Hitze und Kälte, Behagen und Unbehagen, Hunger und Sättigung, Gesundheit und Krankheit, bis die unausweichliche Katastrophe da ist; der Körper zerschmettert in tausend Stücke und die Seele (so heißt es) entfleucht (Woolf 1996)."

Unser Körper bedeutet Fundament unserer Personalität und unseres Identitätsempfindens. An unserem Organismus erleben wir bereits vorgeburtlich auf basale, nonverbale, prälogische Weise erste Impulse und Qualitäten eines Körperselbst. Nachgeburtlich differenziert sich dieses Erleben je nach organismisch-biologischen Verhältnissen und den jeweiligen biografischen Ereignisketten in unterschiedlicher Manier aus.

So oder so stellt der Körper jedoch für jeden von uns die Grundlage unseres Selbst und die Verankerung in der Welt dar. Allein die Frage nach dem Wer oder Was unserer Existenz zu stellen und Antworten darauf zu vernehmen geschieht nur, weil wir körperlich sind und als Organismus denken, fühlen, wahrnehmen, urteilen, werten und handeln. Und das Faktum, dass wir uns zwischen und mit den Dingen der Welt bewegen, die Natur und den Kosmos betrachten und mit anderen Menschen und deren Kultur interagieren, ist nur vor dem Hintergrund unserer andauernd verkörperten Daseinsform (*Embodiment*) vorstellbar.

Wir haben demnach allen Grund, unsere gesamte Existenz als kontinuierlich von unserer Biologie ermöglicht und modifiziert aufzufassen und den Organismus als Quelle unserer Intentionalität und Vitalität ebenso wie als Resonanzraum auf alle Lebensereignisse in und um uns begreifen:

> „Ohne ihn (den Organismus) hätten wir keine Welt, keine Gesamtheit von Dingen, die aus dem Formlosen emportauchen, indem sie sich unserem Leib darbieten als ‚zu berühren', ‚zu nehmen', ‚zu bezwingen', wir hätten nie das Bewusstsein, uns den Dingen anzupassen und sie daselbst zu erreichen, wo sie sind, jenseits unser selbst … wir wären nicht zur Welt, selbst deren Schauspiel zugehörig und gleichsam den Dingen beigemischt, wir hätten lediglich die Vorstellung eines Universums (Merleau-Ponty 1966)."

Diese Zeilen von Maurice Merleau-Ponty kehren nochmals die in keiner Weise zu unterschätzende Bedeutung unseres Körpers hervor. Verankerung, Medium, Optik, Teilhabe in und an der Welt sowie verlängerte Natur, die sich als Biologie wie auch als Biografie entfaltet – alle diese Charakteristika treffen auf unseren Organismus vollumfänglich zu. Darüber hinaus erleben wir nur an und mit ihm eine besondere Form des Zu-uns-Kommens und des Bei-uns-zuhause-Seins: die Sexualität.

In der Sexualität kommt die Geschichte der beteiligten Individuen ebenso zum Tragen wie ihre Ideologien, ihre Entwürfe der Zukunft oder ihre Definitionen der eigenen wie auch der anderen Person. Welcher Sinn (oder Unsinn) und welche Bedeutungen im konkreten Fall gesucht und gefunden werden, hängt wesentlich von den Interpreten der jeweiligen sexuellen Situation ab. So besteht etwa ein möglicher Sinnaspekt der Sexualität im leibhaftigen Erlebnis eines anderen Seins und einer anderen Perspektive auf die Welt, die dieselbe Gültigkeit beanspruchen dürfen wie das eigene Ich.

Ein weiterer Bedeutungsaspekt der Sexualität bezieht sich auf das sinnliche Erlebnis einer gemeinsamen Welt. Von zwei Seiten her bewegen sich (falls es sich nicht um Onanie handelt) in der Zärtlichkeit und im Geschlechtsakt zwei Individuen nicht nur aufeinander zu, sondern auch auf eine gemeinsam konstellierte Situation hin. Die sexuelle Vereinigung und Verschmelzung von zwei Körpern darf, wenn sie gelingt, als Bejahung interpretiert werden, dass sie an einer gemeinschaftlichen Welt teilhaben und dass es für Minuten oder Stunden nicht nur mein oder dein, sondern auch unser Zuhause gibt.

Wir wissen nicht, auf welche dieser Aspekte Virginia Woolf im Detail verzichten musste; es steht jedoch zu vermuten, dass sie nur selten beglückende, orgiastische Homo- oder Heterosexualität und damit auch ihren eigenen Organismus genießen konnte. Aber ebenso dürfen wir mutmaßen, dass Virginia Woolf diese Lücke in ihrem Dasein sehr wohl als schmerzhaft registriert hat – als etwas Fehlendes und Disparates, das sie mit ihren Strategien der Dichtung und Versprachlichung allein nicht zu kompensieren, zu füllen und zu überwinden, in treffsicherer literarischer Kunst (etwa in *Mrs. Dalloway*) allerdings durchaus zu beschreiben vermochte:

> „So war ihr Ich, wenn irgendeine Willensanstrengung, eine Herausforderung, sie selbst zu sein, die Teile zusammenzog – von denen sie allein wusste, wie verschieden voneinander, wie unvereinbar und nur für die Welt so zu einem Kern gefügt sie waren – zu einem einzigen Diamanten, einer einzigen Frau, die in ihrem Salon saß und einen Treffpunkt bildete (Woolf 1986)."

So wie sich Clarissa Dalloway eingestehen muss, dass sie nur nach außen hin eine konsistente Person repräsentiert und innerlich ausgesprochen disparate, von ihr nicht integrierte Impulse und Teilidentitäten bei sich wahrnimmt, erlebte Virginia Woolf mit hoher Wahrscheinlichkeit viele ihrer körperlichen Phänomene (Hunger, Durst, Müdigkeit, Schwäche, Ruhebedürfnis, Schmerzen, Kälte, Zittrigkeit, räkelnde Behaglichkeit, wohlige Wärme etc.) als desintegriert und weit von ihrem rational-intellektuellen Ich- und Identitätskern entfernt – so weit entfernt, dass sie allenfalls als Worte, nicht aber als Regungen ihres (Körper-)Selbst für sie erreichbar waren.

In der zweiten Hälfte der 1930er-Jahre, als sich der Totalitarismus in Europa breit machte, zog für Virginia Woolf immer häufiger der silberne Nebel auf – so nannte sie in den Tagebüchern ihre depressiven Verstimmungen. 1934 war Roger Fry gestorben, und 1937 fiel Julian Bell, der Sohn ihrer Schwester Vanessa, der im Spanischen Bürgerkrieg auf der Seite der Republikaner gekämpft hatte. Lytton Strachey war bereits seit 1932 tot, und 1937 erkrankte Leonard Woolf das erste Mal ernsthaft körperlich.

Als dann noch der große Krieg begann, das Maximum dessen, was Menschen einander an Unmenschlichkeit und Nihilismus anzutun in der Lage sind, empfand Virginia Woolf sich mit ihren Möglichkeiten einer sprachlich-intellektuellen sowie literarisch-künstlerischen Antwort darauf an eine Grenze gekommen. Die Trauer um ihre toten Freunde und die Verzweiflung angesichts des um sich greifenden militaristischen und totalitären Wahns in Europa verstärkten bei ihr die Tendenzen zur neuerlichen depressiven Erkrankung, die sie als Disposition seit ihrer Jugend in sich trug. In einem ihrer letzten Briefe – gerichtet an die Schriftstellerin Elizabeth Robins (1862–1952), die einst in den 1920er-Jahren bei *Hogarth Press* einen Essay über Henrik Ibsen publiziert hatte – berichtete Virginia Woolf über sich:

> „Es ist erstaunlich ruhig hier, fast kann man das Gras wachsen hören; und die Krähen bauen Nester; man würde nicht glauben, dass um 7.30 die Flugzeuge kommen werden. Vor zwei Nächten haben sie Brandbomben abgeworfen, in einer Reihe, wie Straßenlampen, die ganzen Downs entlang. Zwei Heuhaufen fingen Feuer und gaben eine wunderschöne Beleuchtung ab – aber kein Fleisch wurde verletzt. Tatsächlich reißt jede Bombe, die sie werfen, bis jetzt nur einen Krater auf. Es ist schwierig, finde ich, zu schreiben. Kein Publikum. Keine private Anregung, nur dieses Brüllen draußen (Woolf 2006)."

So lange Virginia Woolf denken konnte, hatte sie Sorge zu frieren – eine Sorge, die bei ihrem häufig vorhandenen Untergewicht berechtigt war (der Organismus reagiert darauf meist mit einer Reduktion der Körperkerntemperatur). In der Tat gehörte das Frösteln der Dichterin zu ihren ständigen somatischen Phänomenen, die in Südfrankreich weniger, aber als sich das „Brüllen draußen" verstärkte, mehr wurden. Auch bei ihrem letzten Gang zum Fluss muss sie gefroren haben, und es grenzt an ein Wunder, wie sie bei diesen äußeren und inneren Temperaturen sechs Jahrzehnte leben und dabei so viel Kluges, Schönes, Kunstvolles schaffen konnte.

Denn wann immer es Virginia Woolf gelang, das scheinbar oder tatsächlich Disparate ihrer Existenz mit sprachlichen Mitteln auszugleichen und Verbindungen zwischen den Polaritäten ihres privaten wie gesellschaftlichen Lebens zu knüpfen, geriet sie in freudig-euphorische Zustände. Sie bestätigte damit einen zentralen Gedanken der gestaltpsychologischen Theorie, die schon lange davon spricht, dass uns angesichts von Unordnung, unvereinbaren Gegensätzen oder lädierten und unfertigen Gestalten Unruhe bis hin zu Angst und Schmerz befällt, wohingegen Ordnung und komplette oder runde Gestalten uns beruhigen. Analoges empfand Virginia Woolf im Hinblick auf das Ungeordnet-Sinnwidrige des Daseins:

> „Nur dadurch, dass ich es in Worte fasse, mache ich es zur Ganzheit …; und dadurch, dass ich das tue, eliminiere ich vielleicht den Schmerz, und es erfüllt mich mit großer Freude, die getrennten Teile zusammenzufügen. Das ist wahrscheinlich die größte Freude, die ich kenne. Es ist die Verzückung, in die ich gerate, wenn mir, während ich schreibe, bewusst wird, was zusammen gehört … Jedenfalls bin ich der festen Meinung, … dass die ganze Welt ein Kunstwerk ist, und dass wir alle Teile dieses Kunstwerks sind … Wir sind die Sprache, wir sind die Musik, wir sind das Ding an sich (Woolf 1981)."

Man kann sich hineinfühlen in die Momente ihres Jubels und der Zufriedenheit, sobald Virginia Woolf eine derartige sprachlich-existenzielle Totalität glückte; und ebenso können wir ihre Trauer, ihre Angst bis hin zur Panik und ihre Verzweiflung nachempfinden, wenn sie diesbezüglich ein Misslingen befürchtete oder wenn sich dergleichen bewahrheitete. So mischte sich bei ihr in den Stolz über das Beenden eines Manuskripts regelmäßig Panik vor der Publikation des Textes – negative Kritik daran hätte für sie die runde Gestalt eines Essays oder Romans zunichtegemacht.

Bei aller schneidenden Schärfe und harschen Ironie, die ihre Kommentare über Zeitgenossen und Kolleginnen auch annehmen konnte, sehnte sich Virginia Woolf nach den Momenten von Übereinstimmung und Konsonanz mit ihrem Gegenüber. Die Musik von Philip Glass, die passenderweise für eine Verfilmung ihres Lebens (*The Hours*, 2002) gewählt wurde, spiegelt mit ihren unendlichen Variationen von Motiven ein Ideal der Dichterin wider, das etwa im Roman *Wellen* aufscheint und das ebenfalls auf runde Gestalten abzielt: Alle gegensätzlichen Perspektiven von Menschen dürfen und sollen so divers zu Wort kommen, dass aus ihnen zuletzt ein symphonisches „Wir sind die Sprache, wir sind die Musik" entsteht.

Literatur

Woolf, V.: Eine Skizze der Vergangenheit (1976), in: Augenblicke – Skizzierte Erinnerungen, Stuttgart 1981, S. 183
Todd, P.: Die Welt von Bloomsbury (1999), Frankfurt am Main 2002
Bell, Qu.: Erinnerungen an Bloomsbury (1995), Frankfurt am Main 1997
Partridge, F.: Erinnerungen, in: Todd, P.: Die Welt von Bloomsbury (1999), Frankfurt am Main 2002, U4
Bell, Qu.: Virginia Woolf – Eine Biographie (1972), Frankfurt am Main 1977
Nicolson, N.: Virginia Woolf (2000), München 2001, S. 50
Woolf, L.: Mein Leben mit Virginia – Erinnerungen, Frankfurt am Main 1991
Woolf, V.: Über das Kranksein (1926), in: Der Augenblick, Frankfurt am Main 1996, S. 17
Woolf, V.: Mrs. Dalloway (1925), Frankfurt am Main 1986, S. 16
Woolf, V.: Mrs. Dalloway (1925), Frankfurt am Main 1986, S. 31
Woolf, V.: Mrs. Dalloway (1925), Frankfurt am Main 1986, S. 40
Sackville-West, V.: Brief an Harold Nicolson (17. August 1926), in: In der Ferne so nah – Briefwechsel einer ungewöhnlichen Liebe, Hamburg 2012, S. 52f.
Woolf, V.: Orlando – Eine Biografie (1928), Frankfurt am Main 1986, S. 7
Woolf, V.: Orlando – Eine Biografie (1928), Frankfurt am Main 1986, S. 167

Nicolson, N.: Porträt einer Ehe – Harold Nicolson und Vita Sackville-West (1973), München 1974, S. 208

Woolf, V.: Orlando – Eine Biografie (1928), Frankfurt am Main 1986, S. 275

Woolf, V.: Montag oder Dienstag (1921), in: Montag oder Dienstag, München 2022, S. 36

Woolf, V.: Das Streichquartett (1921), in: Montag oder Dienstag, München 2022, S. 62

Woolf, V.: Mr. Bennett und Mrs. Brown (1924), in: Granit und Regenbogen, Frankfurt am Main 1960, S. 189

Walser, M.: Identität und Schreiben, Hildesheim 1997, S. 74ff.

Jung, C.G.: Psychologische Typen (1921), in: Gesammelte Werke sechster Band, Olten 1971, S. 502ff.

Woolf, V.: Ein Zimmer für sich allein (1929), in: Ein eigenes Zimmer – Drei Guineen – Zwei Essays, Frankfurt am Main 2001, S. 98f.

Woolf, V.: Ein Zimmer für sich allein (1929), in: Ein eigenes Zimmer – Drei Guineen – Zwei Essays, Frankfurt am Main 2001, S. 86

Woolf, V.: Die Wellen (1931), Frankfurt am Main 1986, S. 243

Woolf, V.: Die Wellen (1931), Frankfurt am Main 1986, S. 294

Barrett Browning, E.: Flush, zit. n. Woolf, V.: Flush (1933), Frankfurt am Main 2002, S. 127

Woolf, V.: Tagebucheintrag (25. April 1931), in: Morris, J. (Hrsg.): Reisen mit Virginia Woolf (1993), Frankfurt am Main 1995, S. 210

Woolf, V.: Brief an Vita Sackville-West (21. März 1928), in: Morris, J. (Hrsg.): Reisen mit Virginia Woolf (1993), Frankfurt am Main 1995, S. 295

Alain: Die Pflicht glücklich zu sein (1928), Frankfurt am Main 1993, S. 131f.

Woolf, V.: Tagebucheintrag (August, undatiert), in: Morris, J. (Hrsg.): Reisen mit Virginia Woolf (1993), Frankfurt am Main 1995, S. 71

Woolf, V.: Tagebucheintrag (9. Mai 1935), in: Morris, J. (Hrsg.): Reisen mit Virginia Woolf (1993), Frankfurt am Main 1995, S. 194f.

Woolf, V.: Tagebucheintrag (11. März 1935), zit. n.: Glendinning, V.: Vita Sackville-West – Eine Biografie (1983), Frankfurt am Main 1990, S. 386

Woolf, V.: Drei Guineen (1938), in: Ein eigenes Zimmer/Drei Guineen – Zwei Essays, Frankfurt am Main 2001, S. 306

Woolf, V.: Augenblicke – Skizzierte Erinnerungen, mit einem Essay von Hilde Spiel, Stuttgart 1981

Woolf, V.: Eine Skizze der Vergangenheit (geschrieben 1939/40), in: Augenblicke – Skizzierte Erinnerungen, mit einem Essay von Hilde Spiel, Stuttgart 1981, S. 96

Woolf, V.: Eine Skizze der Vergangenheit (geschrieben 1939/40), in: Augenblicke – Skizzierte Erinnerungen, mit einem Essay von Hilde Spiel, Stuttgart 1981, S. 110

Woolf, V.: Brief an Ethel Smyth (01. Februar 1941), in: Briefe 2 1928–1941, Frankfurt am Main 2006, S. 472

Hofmannsthal, H. von: Buch der Freunde (1922), Frankfurt am Main 1981, S. 38

Woolf, V.: Eine Skizze der Vergangenheit (geschrieben 1940), in: Augenblicke – Skizzierte Erinnerungen, mit einem Essay von Hilde Spiel, Stuttgart 1981, S. 183
Woolf, V.: Brief an Ethel Smyth (23. Januar 1935), in: Briefe 2 1928–1941, Frankfurt am Main 2006, S. 291
Woolf, V.: Über das Kranksein (1926), in: Der Augenblick – Essays, Frankfurt am Main 1996, S. 13f.
Merleau-Ponty, M.: Phänomenologie der Wahrnehmung (1945), Berlin 1966, S. 500f.
Woolf, V.: Mrs. Dalloway (1925), Frankfurt am Main 1986, S. 47
Woolf, V.: Brief an Elizabeth Robins (13. März 1941), in: Briefe 2 1928–1941, Frankfurt am Main 2006, S. 475
Woolf, V.: Eine Skizze der Vergangenheit (geschrieben 1940), in: Augenblicke – Skizzierte Erinnerungen, mit einem Essay von Hilde Spiel, Stuttgart 1981, S. 98f.

3

Hermann Broch oder die transzendentale Obdachlosigkeit des Menschen

Hermann Broch wäre in seinem Leben fast berühmt geworden; aber eben nur fast. Als 1945 sein Roman *Der Tod des Vergil* gleichzeitig in deutscher und englischer Sprache erschien, widmete ihm die *New York Times* in ihrer literarischen Sonntagsbeilage *New York Times Book Review* auf der ersten Seite eine ausführliche und überaus zustimmende Besprechung, die für ihn womöglich den schriftstellerischen Durchbruch bedeutet hätte. Leider streikten damals gerade die Zeitungsmacher, und die betreffende Nummer der *New York Times* wurde nie ausgeliefert.

Ähnlich knapp verfehlte Broch den Ruhm fünf Jahre später. Als man ihn im Jahre 1950 ernsthaft und von mehreren Seiten für den Nobelpreis vorschlug, zog das Preiskomitee in Stockholm Erkundigungen über ihn ein. Unter anderem bat man die Wiener Akademie der Wissenschaften um eine Stellungnahme zu seiner Person. Die Antwort aus der Donau-Metropole passte auf eine Postkarte: Ein Dichter namens Hermann Broch sei in Wien nicht bekannt.

Ein dreiviertel Jahrhundert später hat sich die Lage nur marginal geändert. Zwar ist inzwischen nicht nur der Dichter, sondern auch der philosophisch, politisch und psychologisch interessierte und produktive Schriftsteller Hermann Broch in seiner Bedeutung im Kreise von Künstlern und Wissenschaftlern anerkannt und wird auf Tagungen, bei Kolloquien, in Seminaren gewürdigt. Außerdem gibt es seit einigen Jahren dank Paul Michael Lützeler eine vielbändige Kommentierte Werkausgabe und etliche Bände seiner Korrespondenz sowie biografische und werkanalytische Abhandlungen über ihn, die den Zugang zu seiner Person und zum Oeuvre Brochs erleichtern.

Und doch war und ist Broch im Vergleich zu Franz Kafka, Robert Musil oder Karl Kraus, mit denen er oftmals in einem Atemzug genannt wird, für ein breiteres Lesepublikum nicht präsent. Bis zum heutigen Tag wurde er kein Schriftsteller, der die Feuilletonseiten der Zeitungen erobern oder die literarischen Diskurse einer Epoche bestimmen konnte. Warum dieser *Poeta doctus*, dieser gelehrte Dichter, nicht zum vielgelesenen Autor wurde, und warum eine Beschäftigung mit seinen Schriften uneingeschränkt lohnt, will ich auf den folgenden Seiten erläutern.

Kindheit, Jugend, junge Erwachsenenjahre Hermann Broch wurde 1886 in Wien geboren. Seine Eltern waren jüdischer Abstammung; als Textilgroßhändler hatte es sein Vater zu einigem Wohlstand gebracht. Hermann war der erste Sohn; drei Jahre nach ihm kam sein Bruder Fritz zur Welt. 1906 übernahm der Vater Joseph Broch in Teesdorf südlich von Wien eine alte, heruntergekommene Baumwollspinnerei, die er innert weniger Jahre zu einem modernen und blühenden Textilunternehmen ausbaute. Diese Fabrik wurde Jahre später auch für den Sohn und dessen Existenz wichtig, nachdem Hermann Broch dort zuerst Assistenzdirektor und dann leitender Direktor geworden war.

Die Kindheitsverhältnisse Hermann Brochs waren nicht sonderlich glücklich. Zwar bewunderte er an seinem Vater Eigensinn, Tüchtigkeit und Härte; gleichzeitig musste er erkennen, dass dieser Mann auch ungeduldig, autoritär, dominant und manchmal sogar grob werden konnte. Die Mutter war im Vergleich zu ihrem Gatten emotional differenzierter, bevorzugte aber den unkomplizierteren, extravertierten Sohn Fritz, sodass sie für Hermann als Schutz und Geborgenheit Gebende nicht in Betracht kam. Die Ehe der Eltern war daneben durch homophile Neigungen des Vaters Broch belastet, sodass jene Charakteristik seiner Familie verständlich wird, die Hermann Broch als Erwachsener seinem eigenen Sohn brieflich mitgeteilt hat:

> „Du stammst aus einer schwer-neurotischen Familie. Der Großvater manisch-depressiv, ungebändigt, dumpf mit genialischen Einschlägen; Großmutter eine Zwangsneurotikerin ersten Ranges, dabei von mäßiger Intelligenz, herrschsüchtig, bockig und eitel (Broch 1985)."

In *Psychische Selbstbiografie* (1942) hat Broch noch weitere Faktoren aufgezählt, die dazu beigetragen haben, die Zeit seiner Kindheit und die Atmosphären in seiner Familie als „gutmütige Schäbigkeit" und „liebevolle Niedertracht" erscheinen zu lassen. Hinter der Fassade des Wohlstands und der gediegenen Bürgerlichkeit gab es Missverstehen, Einsamkeit und bedrücktes

Dasein – Impressionen, die bei Broch zum späteren literarischen Generalthema des Werteverfalls beigetragen haben.

Broch, der sich als Erwachsener von den Analytikern Hedwig Schaxel-Hoffer und Paul Federn psychotherapieren ließ, und der darüber hinaus mit dem Begründer der Individualpsychologie Alfred Adler gut bekannt war, hat in dieser *Psychischen Selbstbiografie* tiefenpsychologische Begriffe und Konzepte benutzt, um sich und die Eigentümlichkeiten seines Charakters in ihrer Genese zu beschreiben. Neben Termini wie Ödipuskomplex, Kastrationsangst, Über-Ich verwendete Broch auch individualpsychologische Konstrukte (Inferioritätsgefühle, Überkompensation), um verständlich zu machen, welchen Werdens-Prozess er absolviert hatte.

Als wesentlichen Zug in seinem Charakter bezeichnete Broch ein männliches Unsicherheits- und Unterlegenheitsgefühl. Nur zögerlich identifizierte er sich mit seinem Vater, dessen Wesen er unattraktiv empfand. Verglichen mit dem Vater und dem Bruder schnitt er in Bezug auf männliche Attribute außerdem schlechter ab – ein Erleben, das bei Broch dazu beigetragen hat, kompensatorisch immer wieder zu beweisen, doch ein ganzer Mann zu sein. Die große Zahl späterer Liebschaften wie auch sein Arbeitspensum wurden von ihm als Überkompensation verstanden.

Dass Broch mit seiner Selbstinterpretation nicht falsch lag, wurde von seinen Zeitgenossen bestätigt. Elias Canetti etwa betonte, dass der Autor ein Mann war, der nie nein sagen und sich nicht effektiv abgrenzen konnte; es mag dies auch der Grund dafür gewesen sein, dass er immer so tat, als sei er in Eile, und sich dennoch häufig verspätete. Nicht Broch hatte seine Zeit und die persönlichen Umstände, sondern die Umstände hatten Broch in der Hand.

Besondere Mühe der Abgrenzung hatte Broch im Verhältnis zu Frauen. Er selbst registrierte, dass normalerweise die Frauen ihn erobert haben – nicht umgekehrt er sie. Regelmäßig fiel es ihm schwer, sich von ihnen zu trennen oder Distanz zu ihnen einzulegen. Despektierliches Verhalten ließ er über sich ergehen, ohne sich groß zu wehren. Die Wiener Journalistin Ea von Allesch etwa, eine seiner späteren Gefährtinnen, verglich ihn im Beisein von Freunden einmal abwertend mit Robert Musil und meinte, alleine an der Handschrift beider Männer könne man erkennen, wer von den beiden ein tatsächlicher Schriftsteller sei – Broch jedenfalls nicht. Neben dem Zuwenig an kraftvoll-männlicher Identität (ein Mangel, der sich in den jahrelang femininen Gesichtszügen des Dichters niederschlug) erlebte Broch als Knabe aber auch erschütternd sein eigenes Ich – ein Erleben, das wesentlich dazu beigetragen hat, aus ihm einen Schriftsteller werden zu lassen:

„Nachdem ich eine Zeitlang durch die mir sehr wohlbekannte Waldlandschaft gegangen war, wurde ich mir plötzlich meiner Einsamkeit bewusst, nicht meiner körperlichen, sondern meiner seelischen Einsamkeit, d.h. ich wusste plötzlich, dass bloß mein denkendes Ich für mich echte Realität sei, während alles andere, Nebenmensch und Baum und Gesträuch und Getier, unweigerlich im Traumhaften verbleibt und nur von meinen Gnaden Realität empfängt ... Der Einzelgänger, der Un-Mann voller Minderwertigkeitsgefühle wurde damit plötzlich zum gedanklichen ‚Weltenschöpfer', nämlich zum platonischen Philosophen, dem es zur Aufgabe geworden ist, die Welt gedanklich neu zu schöpfen (Broch 1999)."

Mit dem Impuls, die Welt gedanklich neu schöpfen zu wollen, hatte Broch seine Lebensaufgabe gefunden. Als Knabe ahnte er nur vage, wie er sich diesem Thema annähern könnte, und die von seinem Vater vorgegebenen Schritte der weiteren Entwicklung wiesen eher in eine entgegengesetzte Richtung. Nicht die gedankliche Neuschöpfung, sondern der konkretistische Gebrauch der etablierten Welt waren Ziele, auf die hin Broch Senior seinen Sohn erziehen lassen wollte. Er schickte ihn entsprechend auf eine Realschule und verwehrte ihm dessen innigen Wunsch, das humanistische Gymnasium zu besuchen.

Nach unglücklichen, wenig lehrreichen Schuljahren bestand Broch die Matura und absolvierte zwei Jahre lang in Wien die Höhere Lehr- und Versuchsanstalt für Textilindustrie. Parallel belegte er 18-jährig an der Universität Vorlesungen und Seminare in Philosophie und Mathematik. Die metaphysischen und existenziellen Fragen, die den jungen Mann umtrieben, wurden von den Professoren jedoch nur unbefriedigend beantwortet. Seinen universitären Gasthörerstatus musste Broch bald aufgeben, da der Vater diesen nicht tolerierte und er mit seiner Ausbildung an der Webschule konkurrierte. In den wenigen Wochen an der Universität aber festigte sich der Entschluss des jungen Mannes, später entweder Mathematiker oder Philosoph werden zu wollen – koste es, was es wolle.

1906 verließ Broch Wien, um sich im elsässischen Mülhausen an der Oberen Spinn- und Webschule weiter ausbilden zu lassen – wobei Textiltechnologie und Textilmaschinenbau die Schwerpunkte seines Curriculums bedeuteten. Ein Jahr später reiste er mit einem Diplom in der Tasche in die Südstaaten von Amerika, wo er im Dienst der Baumwolle, wie er später ironisch meinte, an einer Tagung der *International Cotton Growers, Buyers and Spinners* teilnahm.

Insgesamt sechs Wochen weilte der frisch approbierte Textilingenieur in den Vereinigten Staaten, um dort die neuesten Methoden der Baumwollverarbeitung kennen zu lernen. Nicht eine Bildungs-, sondern eine Geschäftsreise war also der krönende Abschluss seiner Lehr- und Reifejahre, und dementsprechend verhalten begeistert reagierte Broch darauf: „In Amerika, um den Baumwollhandel zu lernen. Nichts gelernt!" – so lautete sein enttäuschtes Urteil über seinen Aufenthalt in den Vereinigten Staaten.

Nach seiner Rückkehr aus Amerika stand für Broch allerdings ebenso wie für seine gesamte Familie fest, dass er als Assistenzdirektor in die Spinnfabrik Teesdorf einsteigen sollte und musste, die sein Vater ein Jahr zuvor erworben hatte. Die beruflich-existenziellen Weichen Hermann Brochs schienen nun gestellt.

Fabrikdirektor, Essayist, Student Doch nicht nur die berufliche Zukunft Hermann Brochs schien sich 1907 entschieden zu haben. Kurz nach seiner Amerikareise verliebte er sich in die zwei Jahre ältere Franziska von Rothermann, die aus einem vermögenden Hause stammte. Die Familie Franziskas hatte anfänglich Bedenken gegen eine Verbindung der jungen Frau mit dem im Vergleich weniger reichen und außerdem jüdischen Textilingenieur Broch. Es dauerte beinahe zwei Jahre, bis es zur Eheschließung kam und Franziska ihre stattliche Mitgift von 100.000 Kronen in die Teesdorfer Spinnfabrik einbrachte.

Wie umfassend Broch in die von ihm erwartete Rolle eines großbürgerlichen Fabrikdirektors hineinzuwachsen gewillt und auch gezwungen war, wird an Details deutlich. In jenen Jahren kleidete er sich wie ein eitler Dandy: Seine Kleidung bezog er von den besten Schneidern der Stadt, und seine Garderobe bestand aus nicht weniger als mindestens fünfzig Anzügen und Mänteln. Dazu passte, dass er seine Mahlzeiten nur in den teuersten Restaurants Wiens einnahm. Daneben hatte er noch vor seiner Eheschließung dafür gesorgt, dass sein „Makel" des Judentums getilgt wurde: Er konvertierte zum Katholizismus, und er rückte als Freiwilliger beim Ulanen-Regiment in Wien ein, um die Militärzeit zu absolvieren.

Bald bemerkten seine Vorgesetzten, dass es sich bei Broch in keiner Weise um einen tatarischen Ulanen – also um einen besonders tapferen Krieger – handelte, und auch eine Versetzung machte aus ihm keinen kriegerischen Helden. Infolge einer kurzzeitigen, harmlosen Affektion des Herzens wurde Broch bereits nach fünf Monaten wieder entlassen. Als ein Jahr nach der Hochzeit im Oktober 1910 der gemeinsame Sohn Hermann Friedrich Maria geboren wurde, war das bürgerlich-familiäre Schicksal Brochs allem Anschein nach besiegelt. Einige Zeit lebte die junge Familie zufrieden in einer imposanten Villa in Teesdorf, für die Broch die Möbel selbst entwarf und in einer

Tischlerei anfertigen ließ. Im Sommer besuchten die Eltern Brochs, die sonst in Wien wohnten, ihren Sohn, wobei sich Franziska vor allem mit ihrem Schwiegervater gut verstand; bisweilen nannte sie ihn ihren „Semmeltiger".

Nach und nach meldeten sich bei Broch jedoch erneut seine literarischen und philosophischen Neigungen. Zunehmend spürte er, dass der Versuch, sein Dasein im Endlichen der Bourgeoisie unterzubringen, zu keiner dauerhaften Beruhigung seiner existenziellen Fragen sowie seiner Wünsche nach gedanklich-künstlerischer Neuschöpfung einer Welt geführt hatte. Im Gegenteil: Seine Bemühungen, aus ihm einen katholischen, verheirateten Familienvater und einen erfolgreich-expansiven Fabrikdirektor werden zu lassen, induzierten geradezu die entgegengesetzten Impulse des Auf- und Ausbruchs und der Revolte.

Etwa ab 1913 setzte Broch diese Impulse in konkrete Handlungen um. Damals nahm er Kontakt zu Ludwig von Ficker auf, um in dessen Zeitschrift *Der Brenner* zu publizieren; außerdem kümmerte er sich um Veröffentlichungsmöglichkeiten in Zeitschriften wie *Die Aktion* sowie *Summa*. Welche Texte Broch dabei lancieren wollte, schwebte ihm nur undeutlich vor – auf alle Fälle sollten es kulturkritische Artikel sein im Stile eines Karl Kraus, den Broch intensiver zu studieren begann.

Neben der *Fackel* von Karl Kraus las Broch zu jener Zeit Arthur Schopenhauer, Friedrich Nietzsche, Otto Weininger und Thomas Mann. Unter ihrem Einfluss veröffentlichte er Aufsätze über Kunst, Ethik und Ästhetik, wobei er sich gegen den in Mode kommenden Expressionismus (Georg Trakl, Else Lasker-Schüler, Johannes R. Becher) ebenso wie gegen die Neue Sachlichkeit (*Ornamente – Der Fall Loos*, 1911) wandte und ihnen attestierte, zu wenig Wertbewusstsein an den Tag zu legen und die dekadenten, nihilistischen Tendenzen, die die Jahrhundertwende charakterisierten, nicht wirksam genug zu bekämpfen.

Zu Beginn des Ersten Weltkriegs 1914 reagierte Broch überraschend atypisch: Anders als viele Intellektuelle Wiens und Europas betrachtete er die patriotische Kriegsbegeisterung ablehnend. Stattdessen übernahm er die antimilitaristische Einstellung von Karl Kraus und beurteilte das kriegerische Treiben als weiteren Beleg für jene umfassende kulturelle Krise, in der sich seiner Meinung nach Europa schon einige Jahrzehnte lang befand.

Ab dem Herbst 1914 leitete Broch ein Lazarett für Leichtverwundete, das auf dem Gelände der Spinnfabrik untergebracht worden war; damit wollte er eine Philosophie der Tat verwirklichen. Seine Arbeit im Lazarett wie die Leitung seiner Fabrik machten es nötig, dass Broch häufiger nach Wien reiste, um mit diversen Institutionen Kontakte zu pflegen. Dabei geriet er in Künstler- und Intellektuellen-Kreise, die sich im Café Central oder Café Herrenhof trafen: Alfred Polgar, Egon Friedell, Robert Musil, Karl Kraus, Hugo von Hofmannsthal, Willy Haas, Peter Altenberg, Gina und Otto Kaus, Franz Blei sowie die Maler Egon Schiele und Anton Faistauer gehörten zu seinen bevorzugten Gesprächspartnern. Er publizierte einige kleine philosophische Abhandlungen, die sich mit Ethik und Geschichte beschäftigten (*Zur Erkenntnis dieser Zeit*, 1917–1919). Daneben arbeitete er an einem größeren Text, der sich mit Wertphilosophie auseinandersetzen sollte; Teile dieser Arbeiten flossen später in die Romantrilogie *Die Schlafwandler* (1931/32) ein.

Brochs schriftstellerische Aktivitäten und seine Wiener Kontakte mit Literaten und Künstlern führten zu einer fortschreitenden Entfremdung von seiner Gattin, die sich mit Brochs neuen Interessen kaum identifizierte. Das Ehepaar lebte sich auseinander, und 1923 kam es zur Scheidung, was für Broch und seine Fabrik vor allem finanzielle Belastungen nach sich zog, da Franziska ihre Mitgift samt Zinsen zurückerhielt. Während der Kriegsjahre lernte Broch mehrere Frauen kennen, die zu seinen Geliebten wurden: Milena Jesenská, die spätere zeitweilige Gefährtin von Franz Kafka; Edit Rényi, eine Ungarin, über die der Schriftsteller Kontakte zu den ungarischen Intellektuellen Georg Lukács und Karl Mannheim knüpfte; und Ea von Allesch, eine Journalistin, die von sich als Freundin bedeutender Männer sowie als Aktmodell reden gemacht hatte.

Mit Ea von Allesch war Broch beinahe zehn Jahre lang liiert. Wie sehr ihn diese Frau anfänglich für sich einzunehmen wusste, macht *Das Teesdorfer Tagebuch für Ea von Allesch* deutlich, das auf ihre Anregung hin entstanden ist. Broch führte ein halbes Jahr lang dieses Diarium in Briefform, das für ihn eine neue Erfahrung bereithielt: Ähnlich wie in seinem neunten Lebensjahr das Erlebnis seines Ich ihn erschütterte, hatte er nun als Mitte 30-Jähriger die Erfahrung einer aufrüttelnden Ich-Du-Beziehung gemacht:

„Irgendwie ist alles Lieb-haben Fiktion, Symbol, Unwahrscheinlichkeit, Unwirklichkeit, *trotz aller Realität*, die in ihm innewohnt ... Alle Problematik, die sich daraus ergibt, ist irgendwie schwimmend, beiläufig und dunkel. Man gehört sich real – sehr real gehöre ich Dir – und gehört sich raum-zeitlich nicht. Trotzdem und eben deswegen kannst Du mir helfen (Broch 1995)."

Ea von Allesch war eine *Femme fatale*, die von vielen Verehrern (Robert Musil, Franz Blei, Rainer Maria Rilke, Alfred Polgar, Peter Altenberg) umlagert war. Umso glücklicher schätzte sich Broch, als sich die ungekrönte Königin des Café Central, die zwar zehn Jahre älter war als er, aber jugendlich und außerordentlich attraktiv wirkte, ihm zuwandte. Broch erkaufte sich diese Liaison allerdings mit gewaltigen Eifersuchtsaffekten, da Ea alles andere als eine häusliche, lediglich Heim und Herd als ihr Revier begreifende Dame war. Ergänzen darf man, dass Broch ebenfalls eine eigenwillige Definition von partnerschaftlicher Treue für sich geltend machte.

Die Jahre nach dem Ende des Ersten Weltkriegs hielten für Broch Möglichkeiten bereit, sich nicht nur philosophisch, sondern auch politisch zu positionieren. Der Untergang der Monarchie, die Oktoberrevolution in Russland, die Versuche mit einer Räterepublik, die Massendemonstrationen von Arbeitern auf dem Wiener Ring – alle diese Phänomene und Veränderungen riefen nach interpretierender Einordnung und Stellungnahme. Es macht die Bedeutung Brochs als politisch wacher Schriftsteller und Intellektueller aus, dass er sich, ausgehend von seinen pazifistischen Überzeugungen, wiederholt distanziert zu Massenphänomenen wie dem Bolschewismus geäußert hat. Die gesellschaftlichen und zeitgeschichtlichen Entwicklungen in Europa wurden von ihm vor allem in Bezug auf jene Ideologien kommentiert, die als Massenbewegungen ihr Unwesen trieben: Bolschewismus, Faschismus, Nationalsozialismus. Seine Skepsis gegenüber diesen auf Demagogie und Massensuggestion beruhenden Weltanschauungen hat Broch bereits 1918 in einem Brief an Franz Blei zum Ausdruck gebracht:

> „Ich bin, wie die meisten Menschen, von Massenpsychosen sehr leicht beeinflussbar … Es ist vollkommene Nebensache, dass dieselbe Masse heute imperialistisch und morgen gegenteilig begeistert ist. Ja selbst das halte ich für Schwindel, dass die imperialistische Begeisterung die echtere ist und dass der Freiheitstaumel von *jedem einzelnen* als ein „Ersatz" für den nationalistischen gefühlt wird, der jetzt in Prag oder Paris tanzen macht (Broch 1970)."

Mindestens so zurückhaltend klangen die Urteile Brochs, die er hinsichtlich der bolschewistischen Experimente an den Tag legte. Er selbst war sozialistischen Idealen gegenüber aufgeschlossen und galt in seiner Fabrik als fortschrittlicher, mitmenschlicher und sozialer Arbeitgeber, der sich um das Wohl und Wehe seiner Arbeiter viele Gedanken machte und sich für Vergünstigungen für sie einsetzte; die staatssozialistischen Veränderungen in der UdSSR bewertete er jedoch negativ.

In den 1920er-Jahren vertiefte Broch seine politischen Studien ebenso wie seine wissenschaftlichen und philosophischen, und im Wintersemester 1925/26 schrieb er sich an der Wiener Universität sogar als regelrechter Student ein – ein Status, den er bis 1930 beibehalten hat. Die Vorlesungen und Seminare, die er besuchte, gehörten sowohl hinsichtlich ihrer Thematik als auch ihrer Dozenten durchaus zum gehobenen Niveau des universitären Angebots.

So hörte Broch philosophische Veranstaltungen bei den Wiener Neopositivisten Moritz Schlick, Rudolf Carnap und Heinrich Gomperz (bei dem Sohn von Theodor Gomperz, einem Philosophiehistoriker, den Sigmund Freud ausnehmend schätzte) und las Werke zeitgenössischer Philosophen (Bertrand Russell, Ernst Cassirer und Ludwig Wittgenstein). Außerdem machte er an der Universität die Bekanntschaft mit den Psychologen Charlotte und Karl Bühler sowie mit ihren Schülern René Spitz und Jolande Jacobi.

Damals trug sich Broch mit ernsthaften Absichten, seine Fabrik zu verkaufen und sich einer wissenschaftlichen Karriere zu widmen. Obwohl sich seine Familie zurückhaltend den Verkaufsplänen gegenüber eingestellt hatte, gelang es Broch 1927, die Fabrik in Teesdorf an seinen Jugendfreund Felix Wolf zu veräußern. Weil die Wirtschaftslage einigermaßen schlecht war, erzielte Broch nur eine geringe Verkaufssumme von 100.000 US-Dollar, die er mit seinen Eltern und dem Bruder teilen musste. Außerdem wurde das meiste Geld seines Anteils festgelegt, um die Alimentierung seiner geschiedenen Frau und seines Sohnes zu begleichen.

Parallel zu dieser tiefgreifenden existenziellen Veränderung kam es bei Broch zu entscheidenden intellektuellen Weichenstellungen. Im Rahmen seines Studiums musste er immer deutlicher erkennen, dass sich viele zeitgenössische Philosophen für Fragen der Ethik, Metaphysik, Ontologie und Anthropologie als nicht zuständig erklärten. Diese Denker waren überzeugt, dass es die Aufgabe der Philosophie sei, Sprachanalyse und Logik zu betreiben und sich aller spekulativen Momente zu enthalten. Der Sinn des Lebens – so Schlick, Carnap, Wittgenstein oder auch der frühe Russell – könne in den Künsten sowie in der Literatur, nicht aber im Bereich der Philosophie verhandelt oder eventuell sogar gefunden werden.

Exakt dieser Fragen wegen hatte Broch sich aber für das Studium und gegen seine Fabrikantenexistenz entschieden. Es verwundert daher nicht, dass er, von den akademischen Philosophen hinsichtlich seiner Interessen desillusioniert, nach anderen Formen des Daseins suchte, die es ihm erlauben sollten, seine originären Neigungen zu verfolgen. In dieser Situation kamen Broch seine Bekanntschaften mit Künstlern, Literaten, Schriftstellern zugute, die er in den Jahren zuvor gemacht hatte. Halb wider Willen – so Hannah Arendt später – sei Broch seinerzeit Dichter geworden, der sich davon versprach, poetisch endlich jene Themen bearbeiten zu können, die damals wissenschaftlich und philosophisch eher verpönt waren.

Die Schlafwandler Ein erstes Resultat von Brochs Schwenk hin zur Dichtung stellt die Romantrilogie *Die Schlafwandler* dar, die in den Jahren 1930/32 publiziert wurde. Sie besteht aus den drei Romanen *Pasenow oder die Roman-*

tik, Esch oder die Anarchie sowie *Huguenau oder die Sachlichkeit*, wobei diese drei Titel jeweils mit einer Jahreszahl – 1888, 1903 und 1918 – versehen wurden. Insgesamt umfasst diese Trilogie über 700 Druckseiten. Die erste Fassung des Romankonvoluts hatte Broch an den S. Fischer-Verlag geschickt, der eine Drucklegung jedoch ablehnte. Auch der Kiepenheuer Verlag reagierte reserviert auf das Ansuchen des Autors, sein Manuskript zu verlegen. Schließlich stimmte der Rhein-Verlag in München einer Veröffentlichung zu, die sich jedoch bis 1932 zog, da Broch immer wieder Verbesserungsvorschläge anbrachte. An die Verlage hatte er als Erläuterung der Trilogie einen „methodologischen Prospekt" geschickt, der als Interpretationshilfe gedacht war, und worin Broch *Die Schlafwandler* vorstellte:

> „Dieser Roman hat zur Voraussetzung, dass die Literatur mit jenen menschlichen Problemen sich zu befassen hat, die einesteils von der Wissenschaft ausgeschieden werden, weil sie einer rationalen Behandlung überhaupt nicht zugänglich sind und nur mehr in einem absterbenden philosophischen Feuilletonismus ein Scheinleben führen, andererseits mit jenen Problemen, deren Erfassung die Wissenschaft in ihrem langsameren, exakteren Fortschritt noch nicht erreicht hat (Broch 1978)."

Kunst und Literatur habe sich mit jenen Bereichen des Lebens zu beschäftigen, die sich einer wissenschaftlichen Bearbeitung oder einer philosophischen Reflexion entziehen. Weil Broch an der Wiener Universität mit recht engen Definitionen von Wissenschaft und Philosophie konfrontiert worden war, wird verständlich, warum er viele existenzielle Fragestellungen – ethische Lebensführung, Erotik, Sinn des Daseins, Wertediskussionen, Gefühle und Affekte, Irrationalitäten aller Art, das Unbewusste, Ästhetik, historische Prozesse, Psychologie (Tiefenpsychologie und Psychoanalyse), politische, kulturelle und gesellschaftliche Entwicklungen – in den Zuständigkeitsbereich der Dichtung verlegte.

Teilweise vertrat Broch damit eine Position, wie sie einige Jahre zuvor von dem ungarischen Literaturtheoretiker Georg Lukács formuliert worden war. In seiner Abhandlung *Die Theorie des Romans – Ein geschichtsphilosophischer Versuch über die Formen der großen Epik* (1920) hatte dieser Autor ausgeführt, dass die Neuzeit mit ihrem Abbau und Verlust staatlicher und religiöser Autoritäten sowie die völlig chaotischen Verhältnisse während und nach dem Ersten Weltkrieg eine mächtige „transzendentale Obdachlosigkeit" der Menschen herbeigeführt haben. Parallel dazu sei es zu einer Veränderung des künstlerischen Ausdrucks gekommen, was sich Lukács zufolge vor allem an der Gestaltungsweise des Romans ablesen lasse. Die Romanciers der Moderne hätten die Aufgabe, den massiven Wertverlust und dessen Ursachen zu beschreiben sowie die Brüchigkeit des Weltaufbaus in Sprache zu fassen. Damit können die Dichter (selten genug) immanente, belastbare Werte wie Aufrichtigkeit, Ehrlichkeit, Authentizität schaffen sowie Götter und Religionen als Quellen von transzendenten, nur scheinbaren Werten ablösen.

In einem klugen Aufsatz (Lützeler 1983) hat der Germanist Paul Michael Lützeler, der sich um die Kommentierte Werkausgabe der Texte Brochs ebenso wie um Interpretationen seines Oeuvres immens verdient gemacht hat, gezeigt, dass und wie der Autor, der mit Lukács bekannt war, dessen Theorie in *Die Schlafwandler* hat einfließen lassen. Broch registrierte die Krise seiner Epoche – die fundamentale Infragestellung von Werten sowie ihren rasanten Zerfall bis hin zum Nihilismus – sehr hellsichtig und brachte sie mit treffenden Worten und Bildern zum Ausdruck. Seine Romantrilogie kann daher als exquisite Kulturanalyse gelesen und er selbst als ausgewiesener Kulturkritiker verstanden werden.

In den drei Romanen diskutierte Broch verschiedene Strategien, wie Menschen mit dem sie ängstigenden Verlust an Orientierung, Heimat, verlässlichen Werten umzugehen versuchen. Diese Versuche teilte er in drei zeitliche Phasen ein, die von 1888 bis 1918 reichen und damit die Regierungsjahre Wilhelms II. umfassen. Der Autor charakterisierte sie mit Termini aus der Stil- und Epochenlehre der Literatur- und Kunstwissenschaften. Außerdem stellte er jeweils eine Figur prototypisch in den Mittelpunkt seines Textes.

Der erste Roman ist überschrieben mit *1888 – Pasenow oder die Romantik*. Im Zentrum der Geschichte steht Joachim von Pasenow, ein junger Leutnant, der seine existenziellen Sorgen und Nöte zur Seite schiebt, indem er sich in seiner Uniform versteckt und sich willig an die gesellschaftlichen Konventionen hält. Schauplatz der Handlung ist Berlin und dessen brandenburgisches Umland. Pasenow stammt vom Lande und gerät in Berlin bei seinen Zeitgenossen in einen lässigen Umgang mit Sitte und Moral. Dies führt dazu, dass auch er sich ins Prostituiertenmilieu begibt und sich dem Animiermädchen Ruzena annähert; mit ihr erlebt er eine scham- und ekelbesetzte und keineswegs beglückende Liebesgeschichte.

Die Beziehung mit Ruzena und die dabei empfundenen Mängel an Zuneigung und Verbindlichkeit verunsichern ihn stark, sodass Pasenow beinahe fluchtartig in die Welt der herkömmlichen Konventionen zurückkehrt und um die Hand von Elisabeth Baddensen, der Tochter eines Barons, anhält. Elisabeth, die eigentlich in Bertrand, einen weltgewandten Fabrikanten und Freund Pasenows, verliebt ist, unterzieht sich dem Ritual von Werbung, Verlobung und Ehe ebenso wie Joachim. Die von ihnen heraufbeschworenen Traditionen erscheinen als sinnarm, und die Aktivitäten des Paares und ihrer

Familien verdecken nur mühsam die Leere, die sich hinter den Fassaden von Ehe, Familie und Konversation, von den kollektiven Feierlichkeiten sowie von Religion, Kirche und Militär, Monarchie und Staat auftut.

Tragende Sinn- und Wertdimensionen, die institutionell oder auch traditionell verankert sein sollten, sind weggebrochen, und sobald Pasenow und seine junge Gattin darauf Bezug nehmen wollen, spüren und ahnen sie deren Abwesenheit, was sie erneut Zuflucht bei Etikette, Form und Ritual suchen lässt. Dauernd müssen sie sich heile Bilder der Welt und des Lebens erfinden, an die sie unerschütterlich zu glauben versuchen, und die sie mit Ornamenten und Symbolen wie der Uniform Pasenows ausschmücken. Solche Kreationen vielschöner Daseinsbilder sowie den fast unverbrüchlichen Glauben an sie nannte Broch romantisch.

Wie brüchig, zwanghaft und unlebendig diese Art des Daseins ist, wird in jenen Situationen offenkundig, in denen Joachim und Elisabeth vergeblich Zärtlichkeit, Leidenschaft und Erotik genießen wollen – oder besser gesagt: sollen. Wie kalte Fische liegen die beiden nebeneinander, und wenn sie sich aller Formalitäten zum Trotz zu einem Anflug von Körperlichkeit durchringen, achten sie tunlichst darauf, die einmal entworfenen Bilder von sich und ihrem Leben nicht in Unordnung kommen zu lassen:

> „Sie war ein wenig zur Seite gerückt und ihre Hand, die mit spitzenumfangenem Gelenk allein noch aus der Decke hervorschaute, ruhte in der seinen. Sein Uniformrock war durch die Lage ein wenig in Unordnung geraten, die auseinandergefallenen Schöße ließen das schwarze Beinkleid sehen, und als Joachim das bemerkte, brachte er es eilig wieder in Ordnung und deckte die Stelle ... Die Kerzen flackerten; erst erlosch die eine, dann die andere ... Sie lagen regungslos und sahen zur Decke des Zimmers, darauf sich gelbe Lichtstreifen von den Spalten der Jalousien abzeichneten, und es glich ein wenig den Rippen eines Skeletts (Broch 1978)."

Pasenow oder die Romantik endet mit der lapidaren Mitteilung, dass trotz dieses zurückhaltenden Sexuallebens dem Paar ein Kind geboren wurde: „Es geschah eben. Wie sich dies zugetragen hat, muss nicht mehr erzählt werden."

Man hat zu Recht den Erzählstil dieses ersten Romans der *Schlafwandler* als überaus gekonnt, aber dem Sujet entsprechend auch als durchaus konventionell bezeichnet. Manche Kritiker verglichen Brochs Schreibweise etwa mit derjenigen von Theodor Fontane oder von Thomas Mann, wobei die Schilderungen des brandenburgischen Gutsherren- ebenso wie des Berliner Großstadtmilieus an den Ersteren sowie die Darstellung der Fassadenhaftigkeit des bourgeoisen Daseins an den Letzteren erinnern.

Dass Broch aber auch über andere Mittel künstlerischer Gestaltung verfügte, wurde am zweiten Roman *Esch oder die Anarchie* deutlich. Im Mittelpunkt dieses Textes steht der Buchhalter August Esch, der stärker und bewusster als Pasenow seine transzendentale Obdachlosigkeit erlebt und deshalb stets darauf erpicht ist, „Buchungsfehler in dieser Welt" aufzuspüren und wenn möglich zu eliminieren. Ordnung bedeutet ihm die Generalantwort auf Chaos und Anarchie, die er überall um sich her wahrnimmt, und von denen er merkt, dass sie sich auch in seiner sehr persönlichen Existenz breitmachen.

Dies beginnt schon mit dem ersten Satz des Romans, in dem uns erzählt wird, dass Esch aufgrund eines Konflikts mit seinem Chef entlassen worden ist. Wenig später findet er Arbeit bei der Mittelrheinischen Reederei, wo er Dienst in einem Hafenmagazin verrichten soll. Diese Tätigkeit befriedigt ihn, weil er zollfreie Waren in seinen Büchern in übersichtliche Zahlenkolonnen verwandeln kann. Abends und an Wochenenden unterhält Esch nichtssagende Kontakte mit seinen Bekannten wie Geyring und Lohberg oder zu Frauen wie Ilona, Erna und Mutter Hentjen, eine ältliche Schankwirtin, die er zum Schluss heiraten wird. Obwohl seine Beziehungen zu anderen Menschen durchaus nicht anspruchsvoll sind, legt Esch großen Wert auf Übersichtlichkeit und Konstanz, Regelhaftigkeit und Berechenbarkeit. Alle Veränderungen im zwischenmenschlichen Bereich machen ihm Mühe und lassen ihn unruhig, ängstlich, gereizt und teilweise auch aggressiv werden:

> „Er hatte auf Ilona verzichtet, nun aber musste er zusehen, wie sich Erna von ihm abwandte und ihr Herz jenem Idioten anbot. Das war gegen alle buchhalterische Regel … Dass es ihm im Grunde leidtat, nicht mit Erna schlafen zu dürfen, das war in Ordnung. Opfer ist Opfer. Trotzdem blieb ein ungeklärter Buchungsfehler übrig, auf den er nicht gleich kommen konnte … Eine Unordnung, in der sich der Teufel auskennen mochte! Und ohne Ordnung in den Büchern gab es auch keine Ordnung in der Welt (Broch 1978)."

Anders als Pasenow erlebt sich Esch zwar frei von manchen Konventionen, aber diese Freiheit weiß er kaum für sich zu nutzen. Sobald er ein Losgelassen-Sein von den zwanghaften Ordnungsschemata seiner Existenz spürt, wittert er Anarchie und Untergang und reagiert mit doppelter buchhalterischer Bemühung. Vor allem seine sexuellen Impulse und erotischen Fantasien, die ihn häufig heimsuchen und die er bei Mutter Hentjen oder mit Erna und Ilona zu befriedigen sucht, müssen für ihn ordnungsgemäß registriert werden.

Als Gegenfigur zum vorsichtig-ängstlich-zwanghaften August Esch tritt auch im zweiten Roman der Fabrikant Bertrand auf, den wir bereits aus *Pasenow oder die Romantik* kennen. Bertrand – ein Repräsentant der neuen Zeit, einer, der weiß, dass erst das Alte untergehen und dem Nichts weichen muss, bevor wieder neue Werte entstehen – bewohnt eine Villa in Badenweiler, zu der sich Esch aufmacht, um ihn zu besuchen.

Die Schilderung der Fahrt dorthin bedeutet einen erzählerischen Höhepunkt der *Schlafwandler*. Broch lässt in den schlichten Handlungsablauf komplexe und traumhaft erscheinende Reflexionen einfließen, die beim Leser bewirken, sich wie zwischen Wachen, Schlaf und Traum zu erleben. Solche Passagen sind es unter anderem, die den Titel des Buches *Die Schlafwandler* verständlich machen, und vor allem diese Textabschnitte haben dazu geführt, Broch zur exklusiven Gruppe der modernen Romanciers zu zählen und ihn neben Kafka, Joyce und Proust, Musil und Virginia Woolf zu stellen.

Ähnlich wie diese Dichter und Schriftsteller hat auch Hermann Broch den *Stream of Consciousness* (Bewusstseinsstrom) und eine Art assoziativen inneren Monolog mit treffenden Worten und fantastischen Bildern ausgedrückt, wobei als besonders kunstvoll hervorgehoben werden darf, dass man dabei immer wieder beinahe unbemerkt aus philosophisch anmutenden spekulativen Überlegungen in traumhafte Seelenlandschaften oder psychotisch klingende Argumentationsketten und retour verbracht wird. Nur ein Beispiel für viele möchte ich hier anführen, an dem ich zeigen will, wie die äußere Handlung Eschs (eine Eisenbahnfahrt) und sein inneres Erleben, seine Assoziationen, Erinnerungen und Fantasieren ineinander verwoben sind:

> „Eiserne Räder trennen ihn von der guten festen Erde, und der Reisende in dem Korridor denkt an Schiffe mit langen Gängen, wo Koje an Koje sich reiht, schwimmend auf dem Wasserberg hoch über dem Meeresgrund, der Erde ist. Süße, nie erfüllte Hoffnung! was nützt es, sich im Bauche des Schiffes zu verkriechen, wenn bloß der Mord die Freiheit bringen kann, – ach, nie wird das Schiff bei dem Schlosse anlegen, auf dem die Geliebte wohnt (Broch 1978)."

Und nur wenige Zeilen später heißt es weiter, lediglich lose assoziativ mit dem vorhergehenden Text verknüpft, über Esch und das Leben, die Ordnung und die Anarchie:

> „Die Reisenden hingegen und die Waisenkinder, sie alle, die die Brücken hinter sich verbrennen, wissen nicht mehr, wie es um sie steht. In die Freiheit geworfen, müssen sie Ordnung und Gerechtigkeit neu errichten … Doch sie sind wie Menschen, die man allzu früh aus dem Schlaf und zur Freiheit geweckt hat, auf dass sie rechtzeitig den Zug erreichen … Der eine oder der andere sagt wohl noch, dass er nun lieber die Augen schlösse, als dass er das rasend vorbeieilende Leben betrachte (Broch 1978)."

3 Hermann Broch oder die transzendentale Obdachlosigkeit des ...

Der letzte Teil der Trilogie ist überschrieben mit *Huguenau oder die Sachlichkeit*. Wieder kreist die Handlung um eine Hauptperson, den Kaufmann Huguenau, von dem zuerst sein Schicksal 1917 in den Schützengräben des Ersten Weltkriegs erzählt wird. Diesen Abschnitten merkt man Brochs antimilitaristische Haltung an, die dazu beigetragen hat, dass der Autor seine Figur erfolgreich desertieren lässt. Broch erläuterte in seinem methodologischen Prospekt diese Wendung:

„Der Held, Huguenau, hat mit der Werttradition fast nichts mehr zu tun (äußerlich ausgedrückt durch den Hiatus seiner Desertion von der Front); denn er ist sowohl ein vollkommen irreligiöser als unerotischer Mensch (Broch 1978)."

Den Ersten Weltkrieg fasste Broch als geschichtliche Ereigniskette und kulturell-gesellschaftlichen Prozess auf, die flächendeckend zur fast völligen Auflösung von Wert- und Sinnstrukturen geführt haben. In *Huguenau* zeichnet er das Bild eines radikalen Wertezerfalls, der in der Fragmentierung der Handlung in verwirrende Teilhandlungen mit je eigenen Haupt- und Nebenpersonen eine Entsprechung findet. Wieder griff der Autor dabei zu veränderten Erzählstilen, um wesentliche inhaltliche Aspekte – insbesondere das Absterben vitaler Wertzentren – literarisch erfahrbar werden zu lassen.

Neben Huguenau begegnen uns auch Pasenow und Esch wieder; der Erstere ist Stadtkommandant geworden, der Letztere hingegen betreibt eine unbedeutende Zeitung. Während der Novemberrevolution 1918 ermordet der brutale Huguenau den Zeitungsmann Esch, vergewaltigt Mutter Hentjen und treibt Pasenow in den Wahnsinn. Nachdem sich der Pulverdampf des Ersten Weltkriegs und diverser revolutionärer Umstürze verzogen hat, wird Huguenau zu einem honorigen Bürger seiner Stadt.

Diese Hauptgeschichte ist durchsetzt von vielen Nebengeschichten, wobei alle Protagonisten die herbe Erfahrung von Einsamkeit und Zurückgeworfen-Sein auf die eigene Person machen: das Heilsarmeemädchen Marie; der Jude Nuchem; der alkoholisierte Leutnant Jaretzki; die beziehungslos dahinvegetierende Hannah Wendling; der verschüttet gewesene Maurer Gödicke – sie alle hängen mit ihren Erlebnissen irgendwie zusammen, ohne dass zwischen ihnen verlässlich-stabile Verbindlichkeit entstehen würde:

„Es lebten in der Seele Gödickes vielerlei selbständige und intakte Spaltungsleben, von denen man eigentlich jedes einzelne als Gödicke bezeichnen durfte, und es war eine mühselige und kaum zu bewältigende Aufgabe, sie alle unter einen Hut zu bringen. Diese Arbeit musste der Maurer Gödicke ganz allein vollbringen; niemand war da, ihm zu helfen (Broch 1978)."

Auflösung, Desintegration und Zerfall kultureller, weltanschaulicher und sozialer Strukturen werden von Broch im Bild der „Entropie des Menschen" zum Ausdruck gebracht. Dieser Begriff aus dem Bereich der Thermodynamik steht für das Maß an Unordnung, die ein System aufweist. Der thermodynamischen Physik zufolge war im Kosmos ursprünglich ein Maximum an Ordnung vorhanden, die jedoch die Tendenz zum Chaos aufwies, nach und nach in Unordnung überging und schließlich dem Universum den sogenannten Wärmetod bescheren wird. Bezüglich ihres Wertesystems – so Broch – befinden sich die Menschen kurz vor dem „Wärmetod".

Literaturwissenschaftler haben gezeigt, dass *Die Schlafwandler* in mancherlei Hinsicht vom Roman *Ulysses* (1922) von James Joyce beeinflusst wurden. Broch selbst hat dazu mehrfach Stellung bezogen und betont, dass er im Gegensatz zu dem großen Epos seines Kollegen mit seiner Trilogie ein Werk schaffen wollte, das nicht wie *Ulysses* vorrangig Mythologie und Psychologie, sondern Philosophie und Wissenschaft integrieren und darstellen sollte. Dies wird an den philosophischen Exkursen offensichtlich, die der Autor in *Huguenau* eingebaut hat, und die auch den Großteil des Roman-Epilogs abgeben.

Diese Textpassagen sind überschrieben mit *Zerfall der Werte*. In ihnen stellt Broch hochfeine, abstrakte Reflexionen über Gesichtspunkte der Wertphilosophie an, die zeigen, wie außerordentlich geschult er im Hinblick auf derartige Diskurse war. So bedachte er das Verhältnis der Vernunft zu den irrationalen Bereichen des Lebens (Leib, Triebe, Affekte, Emotionen, Vorurteile, unbewusste Ideale und Ziele) und ihren Einfluss auf ethische Fragen und Probleme:

> „Jedes Wertsystem geht aus irrationalen Strebungen hervor, und die irrationale, ethisch ungültige Welterfassung ins absolut Rationale umzuformen … wird für jedes überpersönliche Wertsystem zum ethischen Ziel. Und jedes Wertsystem scheitert an dieser Aufgabe … Es ist die reine, die dialektische und deduktive, autonom gewordene Ratio, die im Gegensatz zum formbaren Irrationalen keine Formung mehr zulässt (Broch 1978)."

Der Verlust an Wert, Orientierung und transzendentaler Heimat war für Broch verstehbar vor dem Hintergrund einer kulturellen Entwicklung in der Neuzeit, die über zu wenig kollektive Interessen und Solidarität verfügte und stattdessen die Verabsolutierung jeweils einzelner Ideen und die Vereinsamung von Individuen beförderte. *Die Schlafwandler* ebenso wie weitere Romane, Essays, Dramen und Traktate Brochs sollten dem Ziel dienen, mögliche Ursachen und Dynamiken dieser Entwicklung aufzuzeigen und daneben erste Umrisse einer tragfähigeren Axiologie (Wertlehre) zu skizzieren. *Die Schlaf-*

wandler wurden von manchen Lesern wegen des hohen Maßes an diagnostischer Brillanz bewundert, mit der Broch die Krise seiner Epoche erfasst und ausgedrückt hat. Auf Abhilfe in Form von Interventionen gegen den Wertezerfall musste sein Publikum jedoch noch warten.

Antifaschist, Exilant, Amerikaner Mit *Die Schlafwandler* war der Dichter bei Literaturkennern in den Kreis der hochrangigen europäischen Romanciers und Intellektuellen aufgenommen worden. Man schätzte seine geschliffene Sprache, die hellsichtige und kluge Diagnostik des Zeitgeistes sowie die enorme Bildung, die sich in seinem Text kundtat. Die politischen und zeitgeschichtlichen Ereignisse der folgenden Jahre boten dem Autor Gelegenheiten *en masse*, seine Diagnosen und Prognosen vom Wertezerfall und von der gesellschaftlich-kulturellen Auflösung in kaum vorstellbarem Ausmaß in der Wirklichkeit bestätigt zu finden.

Das massiv und zunehmend-bedrohlich-brutale Auftreten der Faschisten in Europa beunruhigte Broch zutiefst und führte bei ihm zeitweise zu hektisch-literarischer Produktivität, der man anmerkt, wie sehr der Dichter sein Wissen und Können der Aufklärung über und dem Kampf gegen den sich etablierenden Totalitarismus widmen wollte. Er publizierte eine Reihe von politischen Essays und hielt Vorträge, in denen er sich kritisch mit Nationalismus, Antisemitismus, Massenpsychologie auseinandersetzte – Phänomene, die er als Folgen eines tiefgreifenden Wertezerfalls interpretierte.

Außerdem engagierte er sich zusammen mit anderen Intellektuellen für eine *Völkerbund-Resolution*, die er 1937 publizierte, und in der er sich an bedeutende Institutionen und Organisationen der westlichen Welt wandte, um der deutlicher werdenden Gefahr eines großen Krieges entgegenzuwirken. Albert Einstein und Aldous Huxley unterstützten ihn darin ebenso wie Thomas Mann und Stefan Zweig.

Daneben fand Broch noch Zeit, seine kulturanalytischen und philosophischen Projekte weiter zu verfolgen. Hervorzuheben sind in diesem Zusammenhang seine *Werttheoretischen Bemerkungen zur Psychoanalyse* (1936, Fragment), in denen er Gedankengänge von Edmund Husserl und Sigmund Freud miteinander verband; seine *Erwägungen zum Problem des Kulturtodes* (1935), die seine philosophischen Reflexionen zum Wertezerfall weiterführten; seine Hommage an *James Joyce und die Gegenwart* (1936), in der er zeigte, wie sehr er den Stellenwert anderer Schriftsteller und deren Einfluss auf ihn zu schätzen wusste; oder auch der Aufsatz *Leben ohne platonische Idee* (1932), in dem Broch das Dilemma von idealistisch gesinnten Menschen beschrieb, die trotz zynisch-brutaler Weltverhältnisse für ein humanes und würdevolles Dasein eintreten wollen.

Nachdem 1933 der Vater Brochs gestorben war, geriet der Dichter zunehmend in finanzielle Bedrängnis, da sich sein Bruder wie auch sein Sohn mit pekuniären Forderungen an ihn wandten, die zu langwierigen Auseinandersetzungen führten. Der Autor musste sich hinsichtlich seines Lebensstils merklich einschränken und lebte abwechselnd im Salzkammergut, in Bad Aussee, Baden bei Wien, Laxenburg oder in Tirol, wo er für relativ wenig Geld bei Freunden wohnen konnte.

Verschönt wurden ihm diese Landaufenthalte durch Liebschaften, so etwa mit Auguste von Horváth, der Schwägerin Ödön von Horváths. Außerdem unterstützte ihn sein Verleger Daniel Brody vom Rhein-Verlag ideell wie materiell, sodass sich Broch wieder an größere epische Texte wagen konnte. In den 1930er-Jahren erschien der Roman *Die unbekannte Größe*, in dem ein rational denkender Mathematiker mit den irrationalen und ihm völlig unbekannten Größen von Eros und Thanatos konfrontiert wird.

Gewichtiger als diese Publikation war das Prosawerk *Die Verzauberung*, an dem Broch seit 1935 arbeitete, und das erst posthum 1953 in der heutigen Fassung erschienen ist. Der Roman ist in Ichform verfasst und schildert die Erlebnisse eines Mitte-50-jährigen Arztes, der in einem kleinen Gebirgsdorf lebt. Irgendwann taucht dort Marius Ratti auf, der sich als geschickter Verführer der Dörfler erweist. Bald hat er die meisten Dorfbewohner mit seinen fantastisch-mystischen Gedanken auf seine Seite gebracht – eine Verführung, anhand derer Broch die Entstehung von Faschismus und Massenpsychologie literarisch abhandeln wollte.

Die blinde Verzauberung der Alpendörfler erreicht ihren Höhepunkt bei der Bergkirchweih im Herbst, als Ratti von den inzwischen willenlosen Gefolgsleuten den Ritualmord an einem jungen Mädchen fordert, das in einem Akt sadistischer Ekstase tatsächlich exekutiert wird. Selbst der ansonsten besonnene Landarzt lässt sich, von der grassierenden Massenhysterie angesteckt, zur Zustimmung zu dem Menschenopfer hinreißen. Einzig Mutter Gisson, eine alte und weise Frau, bietet Ratti Widerstand, wobei sie auf ihre mythologisch-religiöse Weltanschauung als Begründung für ihre skeptische Position verweist.

Ähnlich wie Thomas Mann in der Novelle *Mario und der Zauberer* (1930) gelang es Broch in seinem Roman *Die Verzauberung*, Gesichtspunkte der Demagogie und ihrer verführerischen und hypnotischen Macht literarisch kunstvoll aufzuzeigen. Als problematisch wurde jedoch von den Kritikern verbucht, dass der Dichter in der Figur von Mutter Gisson keinen wirklich aufgeklärten und nüchternen Widerpart zum Demagogen Ratti entworfen hat, sondern mit ihr in gewisser Weise einer uralten matriarchalischen Sprache des Herzens vertraut, welche die Ordnung und Humanität zwischen den Menschen wieder herstellen soll.

Ab 1936 wandte sich Broch einem noch bedeutenderen Romanvorhaben zu, das den Titel *Der Tod des Vergil* erhielt. Dazu fertigte er etliche Vorarbeiten an, so die Erzählung *Die Heimkehr des Vergil*, die bereits 1937 publiziert und im Wiener Rundfunk vorgetragen wurde. Diese Vorstudien wie auch der eigentliche Roman wurden jählings unterbrochen, als im März 1938 Hitlers Truppen in Österreich einmarschierten und das Land ins Dritte Reich „heimholten". Broch wurde wenige Tage später verhaftet – nicht, weil er Jude war, sondern weil ihn ein Postbote als Kommunist denunziert hatte (Broch bezog aus Moskau die Zeitschrift *Das Wort*).

Der Dichter reagierte in der Haft mit einer heftigen Darmblutung, die mit dazu beitrug, dass man ihn bald freiließ. Nach einigen Wochen Krankenhausaufenthalt blieb Broch nur noch kurze Zeit in Wien, um sich um seine 75-jährige Mutter zu kümmern. Als er in der Stadt antisemitische Ausschreitungen, die Massenhysterie und die Brutalität der Nazis registrierte, stand für ihn fest, dass er ins Exil gehen wollte und musste.

Nach einigen Kalamitäten gelang ihm die Flucht über Rotterdam, London und Schottland in die USA. Nach seiner Ankunft in New York im Oktober 1938 war Broch auf die Unterstützung europäischer Freunde und Kollegen angewiesen, die in die USA emigriert waren: Thomas Mann, Albert Einstein und Hannah Arendt gehörten zu den prominentesten Exilanten, die sich um den Dichter sorgten; Einstein und der Prager Kulturhistoriker Erich von Kahler ließen Broch lange bei sich wohnen.

Theorie der Massen Auf Interventionen Einsteins, Thomas Manns und Hannah Arendts hin erhielt Broch Stipendien von der Guggenheim, der Rockefeller und der Bollingen Foundation, die ihm ein Existenzminimum sicherten und dazu beitrugen, dass er nach seiner Ankunft in den Vereinigten Staaten an seinem Vergil-Roman ebenso wie an seinen politisch-theoretischen Schriften weiterarbeiten konnte. Sein wichtigstes damals verfasstes diskursives Werk war die *Massenwahntheorie*, die in mehreren Anläufen zwischen 1939 und 1948 entstanden ist, von ihm aber nicht abgeschlossen werden konnte.

Äußere Anlässe, sich mit Massenphänomenen auseinanderzusetzen, waren für Broch der Beginn des Zweiten Weltkriegs 1939, der Eintritt der USA in diesen Krieg 1941 sowie die Gründung der Vereinten Nationen 1945. Daneben beschäftigte er sich jedoch bereits seit dem Ersten Weltkrieg mit Fragen der Massenpsychologie und deren kultureller, sozialpsychologischer und philosophischer Einordnung. Das erwähnte Kapitel über den *Zerfall der Werte* in der *Schlafwandler*-Trilogie kann als Vorstudie für die *Massenwahntheorie* gelesen werden, und natürlich boten der Faschismus wie auch der Bolschewismus Anschauungsmaterial in Fülle für ihn im Hinblick auf die Organisation, die Verführbarkeit und das Agieren diverser Massen.

Hermann Broch war mitnichten der Erste, der sich mit einer verstehenden Klärung von Massenphänomenen befasst hat; als diesbezügliche Vorläufer dürfen vor allem die beiden französischen Soziologen Gustave Le Bon (1841–1931) und Gabriel Tarde (1843–1904) genannt werden. Der Erstere beeinflusste mit seinem Buch *Psychologie der Massen* (1895) gleichermaßen Wissenschaftler (wie Sigmund Freud), aber auch Politiker und Herrscher (so etwa Lenin und Hitler), wohingegen der Letztere vorrangig in wissenschaftlichen Kreisen rezipiert wurde.

In *Psychologie der Massen* ging Le Bon von dem zu beobachtenden Phänomen aus, dass sich Menschen anders und nicht selten ziemlich eigentümlich benehmen, wenn sie sich eine Weile in einer oder als Masse bewegen. Meistens kommt es zur emotionalen Ansteckung, die bei den Teilnehmern von Massenveranstaltungen dazu führt, beinahe unisono von positiven Affekten wie Begeisterung, Euphorie oder Ekstase oder aber von negativ-destruktiven Affekten wie Empörung und Wut bis hin zu Hass und Vernichtungsimpulsen mitgerissen zu werden und als Kollektiv, als eine große Einheit zu fühlen und zu handeln. Le Bon beschrieb das immense Macht- und Potenzerleben von Massen, die alles niederzuwalzen imstande sind, was sich ihnen in den Weg zu stellen wagt. Aus diesem Empfinden heraus wird die ungeheure Veränderungsgewalt verständlich, die manchmal von Massen ausgeht – man denke nur an erfolgreiche revolutionäre Aufstände, die in der Vergangenheit immer wieder Throne und Reiche zum Einsturz gebracht haben.

Parallel zu den oftmals enorm destruktiven Energien, die in Massensituationen freigesetzt werden können, erleben sich die Einzelnen für ihre Handlungen in der Regel kaum verantwortlich. Als ob ihre Gewissensfunktionen und ihre rationale Reflexionsfähigkeit für eine Weile komplett ausgeschaltet werden, agieren die Teilnehmer von Massenveranstaltungen nicht selten nur noch von ihren Affekten und ihrem Vegetativum gesteuert. Wie in Trance vollziehen sie ihre Handlungen, ohne dabei individuelle Wertungen und kritische Urteile abgeben zu können.

Die reduzierte geistig-mentale Verfassung und die gleichzeitig dominierende emotional-affektive Booster-Situation lässt Individuen in Massenkonstellationen zu leichtgläubigen Spielbällen von Demagogen und Führern aller Couleur werden. Außerdem unterliegen sie nur allzu oft selbst den unwahrscheinlichsten Legenden und Verschwörungsmythen, die sich wie ein

Lauffeuer unter ihnen ausbreiten. Le Bon beschrieb Massenphänomene, wie sie unverändert auch im 21. Jahrhundert unter Zeitgenossen noch zur Beobachtung gelangen: „Die Leichtigkeit, mit der gewisse Meinungen allgemein werden, hängt vor allem mit der Unfähigkeit der meisten Menschen zusammen, sich auf Grund ihrer besonderen Schlüsse eine eigne Meinung zu bilden" (Le Bon 1982).

Eindrückliche Erläuterungen finden sich bei Le Bon in Bezug auf die Rolle von Führern, Rednern, Herrschern, die irgendeiner Masse vorstehen und sie mittels Suggestion und Demagogie in jede auch noch so verrückte Richtung beeinflussen und dynamisieren können. Viele Anführer und Einpeitscher von Massen waren oder sind Männer der Tat und nicht unbedingt geistig-intellektuell differenzierte Personen, und nicht wenige von ihnen dürfen zur Gruppe der Persönlichkeitsakzentuierten, Fanatiker oder Apostelnaturen gerechnet werden, denen etwas Dunkel-Dämonisches eigen war oder ist.

Geschickte Demagogen beherrschen ihre Propaganda, mit der sie Individuen zu Massen verschmelzen und die Einzelnen zu kollektiven Affekten und Handlungen mitreißen. Die Masse glaubt an ihren Führer, sie vergottet ihn und ist im Zweifel sogar bereit, sich für ihn und seine Ideen zu opfern. Die Belohnung für unbedingte Gefolgschaft besteht in der Regel in dem exquisiten Erleben, nahe am göttlichen Führer sein zu dürfen – eine narzisstische Befriedigung, die als Bindemittel für die Einzelnen in der Massenkonstellation wirkt. Doch nicht nur die Masse weist hohe Niveaus an narzisstischer Bedürftigkeit auf – massivste Eitelkeiten lassen sich auch an Führern konstatieren, die ein überdurchschnittliches Maß an Narzissmus und Schauspielkunst aufweisen, um die Rolle eines Gottes oder Halbgottes zu mimen und Nimbus, Aura und Prestige auszustrahlen:

> „Der Nimbus ist in Wahrheit eine Art Zauber, den eine Persönlichkeit, ein Werk oder eine Idee auf uns ausübt. Diese Bezauberung lähmt alle unsere kritischen Fähigkeiten und erfüllt unsere Seelen mit Staunen und Ehrfurcht. Die Gefühle, die so hervorgerufen werden, sind unerklärlich wie alle Gefühle, aber wahrscheinlich von derselben Art wie die Suggestion, der ein Hypnotisierter unterliegt. Der Nimbus ist der mächtige Quell aller Herrschaft. Götter, Könige und Frauen hätten ohne ihn niemals herrschen können (Le Bon 1982)."

Anders als Le Bon schenkte Gabriel Tarde in den Schriften zur Massenpsychologie der Rolle von Führern und Demagogen weniger Beachtung; dafür untersuchte er *Die Gesetze der Nachahmung* (1890) als wesentliche Dynamik bei der Konstellation von Massen. Ähnlich wie im Tierreich (z. B. bei Bienen oder bei Vogelschwärmen) genügen in emotional aufgeheizten Situationen

(z. B. in einem engen, überfüllten Kino- oder Konzertsaal) einige Bewegungen weniger Personen in eine Richtung, um im Sinne der Nachahmung und Imitation die überwiegende Menge anderer Menschen in dieselbe Richtung laufen zu lassen – ganz gleichgültig, ob es sich dabei um eine kluge oder eventuell destruktiv-fatale Entscheidung handelt.

In solchen Momenten konstellieren sich Massen ohne Zutun eines Führers und ohne die suggestiven Vorgaben eines Demagogen. Massenhysterie oder Massenpanik entstehen als sich gegenseitig steigernde Erregungsquantitäten, wobei Einzelne im kollektiven affektiven Taumel aufgehen und ihre Kritikfähigkeit ebenso wie die Fähigkeit zu rationaler Abwägung verlieren. Es bildet sich gleichsam ein kollektives Unbewusstes (nicht im Sinne von C.G. Jung) aus, dem die Einzelnen *nolens volens* unterliegen und Folge leisten müssen.

Nach dem Ersten Weltkrieg fühlten sich etliche Wissenschaftler, Philosophen und Schriftsteller bemüßigt, intensiv über Massenphänomene nachzudenken. Zu ihnen zählte auch Sigmund Freud, der in *Massenpsychologie und Ichanalyse* (1921) ein psychoanalytisches Konzept für die Einordnung von Massenphänomenen vorlegte. Dabei knüpfte er am klassischen Text *Psychologie der Massen* von Le Bon an. Im Unterschied zu Le Bon und anderen Massenpsychologen (Scipio Sighele, William McDougall) wollte Freud die Libidotheorie als Schlüssel zum Verständnis der Massen anwenden – so könne man Phänomene wie Suggestion, Nachahmung, Gefühlsansteckung oder Führerhörigkeit angemessen interpretieren. Erotische Bindungen sind in der Menschenwelt zentral; daher müssen sie auch in der Masse eine gewichtige Rolle spielen.

Die Analyse Freuds setzt bei zwei hochorganisierten, dauerhaften, künstlichen Massen ein: bei der Kirche und beim Heer. Beide Massen sind stabil und verfügen über Führer (Christus in der Kirche, Feldherren in der Armee), die die Massenmitglieder in den Status einer schwer aufzulösenden Gemeinschaft versetzen. Die Psychoanalyse deklariert, dass die Bindung der Massenmitglieder an ihre Führer wie auch untereinander libidinös begründet sei. Der Führer vereinigt die Libido seiner Anhänger und Gefolgsleute auf sich.

Um diesen Libidotransfer verständlich zu machen, griff Freud auf sein Konzept des Narzissmus zurück. Zwar sind die Massen in ihre Führer verliebt, aber nach Freud ist diese Verliebtheit nicht so sehr objekt-, sondern ichbezogen. Wenn sich Menschen im seelischen Gleichgewicht verlieben, nehmen sie sich selbst und ihr jeweiliges Du wahr und stellen eine innige und mehr oder minder gleichwertige Beziehung zu ihm her. Wer jedoch narzisstisch bedürftig ist, erlebt im Verliebt-Sein eine Ich-Inflation, d. h. eine Entwertung des eigenen Ich, wobei das geliebte Objekt unsinnig aufgewertet wird.

Das ist nach Freud offenbar auch die Situation der Massen. Sie verlieben sich mit kindisch-kindlich anmutender Eitelkeit in ihre Abgötter an der Spitze, wobei die geführten Individuen nichts, der Führer jedoch alles ist. Das Phänomen der Massenbildung bestand für Freud also darin, dass die Menschen bereit sind, ein exemplarisches Individuum an die Stelle ihres Ich-Ideals zu setzen und darauf eine stoßkräftige Gemeinschaft zu formen. Auf Eigenständigkeit und Selbstständigkeit der Einzelnen wird hierbei völlig verzichtet. Der intellektuelle Überbau der Personen schwindet, und die Affektivität wird zur Hauptkraft im Seelenleben. Es kommt zu einer merklichen Regression, durch die sich Menschen den Kindern oder den sogenannt Primitiven angleichen.

Allzu viel Umwandlung muss jedoch bei dieser Gelegenheit nicht stattfinden. Nach Freud ist der durchschnittliche Kulturmensch nicht sonderlich individualisiert und kritikfähig. Um ein Massenmensch zu werden, bedarf es daher nur weniger Kollektivierungsprozesse. Die meisten Menschen empfinden ein anspruchsvolles Ich-Ideal und Gewissen als Last und sind daher noch so gerne bereit, diese dem Ich übergeordnete Instanz zu betäuben, abzuwerfen und zu verleugnen.

Alle Kulturen kennen periodische Festlichkeiten, an denen Ausschweifungen und Zügellosigkeiten akzeptiert sind (z. B. Karneval, Saturnalien) und Über-Ich-Forderungen hintangestellt werden. Das Ich erlebt es als enorm befreiend, wenn von ihm keine Kulturforderungen beachtet werden müssen – ein Zustand, der bei Massenbildungen, beim hypomanischen Überschwang in den Massen, aber auch bei deren Barbarismus zur Beobachtung gelangt.

Auf wieder andere Gesichtspunkte von Massenphänomenen hat Elias Canetti (1905–1994) in seinem Buch *Masse und Macht* (1960) abgehoben. Ähnlich wie Brochs *Massenwahntheorie* entstand diese Schrift Canettis ebenfalls in mehreren Anläufen über Jahrzehnte verteilt. Einen ersten Impuls zur Beschäftigung mit dem Thema der Masse empfand Canetti bereits 1922 anlässlich einer Demonstration nach der Ermordung von Walther Rathenau. Wenige Jahre später erlebte er sich selbst als „Teil (einer) Masse, ich ging vollkommen in ihr auf, ich spürte nicht den leisesten Widerstand gegen das, was sie unternahm" (Canetti 1985). Der Autor war seinerzeit in den Arbeiteraufstand (Wiener Justizpalastbrand im Sommer 1927) geraten. Nicht weniger eindrücklich und bedrohlich waren die Massenphänomene 1938 nach dem Anschluss Österreichs ans Dritte Reich; nur kurze Zeit nach den ekstatischen Reaktionen seiner Landsleute auf die Rede Hitlers auf dem Wiener Heldenplatz emigrierte Canetti nach England.

Bereits Anfang der 1930er-Jahre tauschten sich Hermann Broch (dem Canetti im Band drei seiner Autobiografie *Das Augenspiel* (Canetti 1985) eine anerkennend-bewundernde Charakterstudie widmete) und Elias Canetti über ihre jeweiligen Auffassungen und Einordnungen von Massenphänomenen aus. Damals schon traten die Differenzen zwischen den Positionierungen der beiden Schriftsteller zutage:

> „[Canettis] Grundüberzeugung ist der Glaube an die große seelische Existenz der Masse, an das Überindividuelle, das ihm von größerer und konkreterer Wirklichkeit ist als das Leben des Einzel-Individuums. Im Vorhandensein des Menschheitsganzen, im Vorhandensein der lebendigen Menschenmassen erblickt und fühlt er die höhere und, man möchte wohl sagen, religiöse Einheit, aus der aller Sinn des Lebens erfließt, und zu dem aller Lebenssinn, damit er es sei, zurückfließen muss (Broch 1986)."

Für Canetti gab es, da er den Massen nicht nur Destruktivität attestierte, durchaus produktive Massenwirkungen und -phänomene. Entsprechend unterschied er Hetzmassen und Festmassen – die Ersteren mit destruktiver Potenz, die Letzteren mit potenziell konstruktiven Effekten. Des Weiteren beschrieb er Fluchtmassen (z. B. in Angst- und Paniksituationen) sowie die häufig revolutionär gestimmten Umkehrungsmassen. Der Bindung von Massen an einen Führer oder Herrscher konnte Canetti ebenfalls etwas abgewinnen, wenn es sich um libidinöse Bindungen handelte – allerdings konstatierte er auch Bindungen, die sich unter Androhung von Strafe bis hin zur Eliminierung von Massenmitgliedern ergaben. Und da Canetti sich Sigmund Freud und der Psychoanalyse gegenüber ablehnend eingestellt hatte, wollte er die Hochschätzung des Individuums sowie die generell kritisch-skeptische Einordnung von Massen, wie Freud sie vorgenommen hatte, nicht teilen.

Eine hohe Achtung für Individuen sowie eine dazu parallel gehende Distanz den Massenphänomenen gegenüber lässt sich auch den Schriften des spanischen Philosophen José Ortega y Gasset (1883–1955) und besonders seinem wichtigsten Werk *Der Aufstand der Massen* (1930) entnehmen. Ortega tendierte dazu, Massenmitgliedern Attribute wie Opportunismus und Intoleranz zu attestieren:

> „Nicht dass der Massenmensch dumm wäre. Im Gegenteil, der gegenwärtige ist gescheiter, hat größere intellektuelle Fähigkeiten als irgendeiner in der Vergangenheit. Aber diese Fähigkeiten helfen ihm nicht; … Den Wust von Gemeinplätzen, Vorurteilen, Gedankenfetzen oder schlechtweg leeren Worten, den der Zufall in ihm aufgehäuft hat, spricht er ein für allemal heilig und probiert mit einer Unverfrorenheit, die sich nur durch ihre Naivität erklärt, diesem Unwesen überall Geltung zu verschaffen (Ortega y Gasset 1978)."

Dass Ortega kein konservativ-reaktionär gesinnter Eliteprotagonist war, wird an seinen politischen Einstellungen deutlich. Während der Franco-Diktatur und des Spanischen Bürgerkriegs verteidigte er entschieden die Republik, und nach dem Zweiten Weltkrieg entwarf er die Umrisse der Vereinigten Staaten von Europa, in denen es keine Nationalstaaten mehr geben sollte. Statt alter weltanschaulicher Versatzstücke wie Nationalismus, Chauvinismus, Imperialismus und Totalitarismus (mit seinen massentauglichen Ideologien des Faschismus und des Bolschewismus) wollte Ortega als geistig-kulturelle Grundlage eines vereinten Europas einzig den europäischen Humanismus gelten lassen, dessen Wurzeln er in der griechischen und römischen Antike verortete.

Um solche Entwürfe Wirklichkeit werden zu lassen, braucht es jedoch viele Einzelne, denen der US-amerikanische Soziologe David Riesman (1909–2002) die Qualitäten der innengeleiteten Lebensweise zuerkannt hätte. In seinem Klassiker *Die einsame Masse* (1950) musste Riesman allerdings für das 20. Jahrhundert das Überwiegen von außengeleiteten Menschen (als verführbare Masse) konstatieren.

Wertezerfall und Massenwahn Vor dem Hintergrund von und in partieller Entgegensetzung zu diesen eben erwähnten Autoren massenpsychologischer und massentheoretischer Schriften verfasste Broch im ersten Jahrzehnt seines Exils diverse Texte und Abhandlungen zu Themen wie Masse, Massenwahn, Demagogie und Totalitarismus, aber auch zu Fragen der Menschenrechte und der Demokratie. Als Resultate publizierte er *Theorie der Demokratie 1938–1939* (1941), *The City of Man – Ein Manifest über Weltdemokratie* (1940), *Die Demokratie im Zeitalter der Versklavung* (1949) sowie seine unvollendete dreibändige *Massenwahntheorie*.

Um Brochs Überlegungen zur Massenpsychologie nachvollziehen zu können, ist es sinnvoll, einige seiner anthropologischen und axiologischen Grundannahmen zu erläutern. So begreift er etwa das Verhältnis des Einzelnen zu seiner umgebenden Welt günstigenfalls als einen Prozess der Einverleibung. Mittels dieses Prozesses assimiliert die betreffende Person nicht nur z. B. Sauerstoff, Lebensmittel, sinnliche Reize, Gegenstände, Nachrichten, Erkenntnisse oder interpersonelle Zuwendung, sondern auch entsprechende Wertaspekte (Sachwerte, Vitalwerte, personale Werte etc.).

Sobald der Einzelne, das Ich, Partikel seiner Umwelt aufnimmt und sich diese einverleibt, erweitert er durch die Assimilation von Nicht-Ich-Anteilen seine eigene Person. Das ehemals Fremde der Welt wird für ihn zu etwas Eigenem, Vertrautem, und dieser Vorgang induziert bei dem Betroffenen ein Erleben von Wert und damit letztlich von Heimat, Glück und Zufriedenheit.

Allerdings kommt es häufig vor, dass Menschen das Widerständige, Fremde, Unbekannte, Schwierige und Hochkomplexe ihrer Welt kaum oder nicht adäquat einzuverleiben imstande sind. Das Nicht-Ich imponiert ihnen als derart bedrohlich und widerwärtig, dass sie ihm auszuweichen versuchen. In der Regel ist eine solche Fluchtbewegung mit Furcht und Angst assoziiert; oder sie führt zu aggressiver und ressentimentgeladener Entwertung des Fremden und des Nicht-Ich.

Beide Affekte, die Angst ebenso wie die Aggression, sowie die Fluchtbewegung, das Ausweichen vor dem Fremden und die Entwertung des Nicht-Ich bedeuten in letzter Konsequenz nicht nur eine mangelhafte Ich-Erweiterung, sondern oftmals auch eine regelrechte Ich-Schrumpfung. Die Welt hält für die betreffende Person keine Heimatgefühle, sondern Empfindungen der Vereinsamung und Wertlosigkeit bereit – Empfindungen, in denen etwas Totes, Thanatisches und damit etwas Ängstigendes mitschwingt:

> „Überall dort, wo das Ich ... an die Grenzen der ‚Fremd-Welt' stößt und sie nicht zu überschreiten vermag, überall dort entsteht des Wertes Gegen-Zustand, dort entsteht Angst: Das Ich wird sich dann plötzlich seiner Verlassenheit und seiner *a priori* gegebenen Einsamkeit bewusst, es weiß um die metaphysische Einsamkeit seines Sterbens (Broch 1986)."

Bei seinen anthropologischen Überlegungen ging Broch davon aus, dass Menschen generell nach Ich-Erweiterung (also nach Werten) streben und Situationen der Ich-Verengung (Unwerte) meiden. Als den von Menschen am meisten angestrebten Wert definiert der Autor das (ewige) Leben oder die Hintanstellung des Todes; allein schon durch Nahrungs- und Kontaktaufnahme, vor allem aber durch Wissen und Erkenntnis werden hohe Formen der Ich-Erweiterung verwirklicht.

Sobald Individuen einer Ich-Verengung anheimgestellt sind, reagieren sie mit Angst; solche Situationen erinnern sie an den Unwert schlechthin, den Tod, den Nihilismus oder das Nichts. Einzelne Personen gehen unterschiedlich mit dieser Angstthematik um. Im günstigen Fall versuchen sie, über Aktivitäten, Erkenntnis, zwischenmenschliche Beziehungen und emotionales Engagement die Situation der Enge zu passieren und zu überwinden, um neuerlich als ein offenes Ich die Welt einzuverleiben. Solche Ich-Prozesse werden oftmals mit Begriffen wie Wachstum und Entwicklung belegt.

Als weniger gelungene Varianten, auf Enge und Angst zu reagieren, beschrieb Broch die Tendenzen, mittels Machtzuwachs, Besitz oder Rausch (anstelle von Liebe, Erkenntnis, Zuwachs von psychosozialen Fertigkeiten) der Ich-Verengerung zu begegnen. Dabei wird die auslösende und ängstigende Situation nicht verstanden, sondern bagatellisiert oder verleugnet. Vor allem im Rauschzustand haben wir es mit Menschen zu tun, deren Ich als verschlossen imponiert – wobei auch Besitz und Machtzuwachs rauschartig erlebt werden können.

Diese Strategien gehorchen einem Daseinsmotto, das man in die Worte fassen kann: Ich habe (besitze, behandle und beherrsche) die Welt, aber ich werde oder bin nicht Welt. Eine solche Haltung des Ich verunmöglicht Werdensprozesse, da viel zu wenig Nicht-Ich, Fremdes, Werthaltiges von der jeweiligen Person in sich aufgenommen, assimiliert, einverleibt und verstoffwechselt wird. Ähnlich sterile Verhältnisse sind zu beobachten, wenn Menschen sich lediglich an billige Ekstaseformen halten, um ihre Angst- und Ohnmachtsempfindungen zu betäuben. Alkohol oder Drogen, wahllos-promiskuitive Sexualität oder Spiel- und Eventsüchte aller Art mögen als Anästhetikum taugen, führen aber nicht zu gesteigertem Werterleben und damit zu keiner Erweiterung des Ich.

Eine nochmals andere Variante der Ekstase findet sich nach Broch in diversen Massensituationen. Hierbei handelt es sich ebenfalls um eine Anästhesie der Angst sowie um Kompensationsversuche von Ohnmacht, Unterlegenheit und massiver Wertunsicherheit. Im Unterschied zu den bereits beschriebenen Strategien aber greifen die Einzelnen in der Masse auf ein kollektives Ich, ein anonymes Wir zurück, um sich und ihren Selbstwert zu stabilisieren. Dafür übernehmen sie willig krude Meinungen bis hin zu den absonderlichsten Überzeugungen, die an Wahnurteile von psychotisch Erkrankten gemahnen. Broch sprach daher nicht lediglich von Massenpsychologie, sondern von Massenwahntheorie:

> „Die Massen befinden sich in einem Zustand, der noch nicht ausgesprochene Panik ist, den man aber füglich mit Vor-Panik bezeichnen darf, da bereits alle Panikelemente, so die Herabminderung der rationalen Urteilskraft, die völlige Gleichgültigkeit gegenüber allen Lebens-Werten, die Bereitwilligkeit, sich jedem starken Führerwillen unterzuordnen, etc. deutlichst aufweisbar darin enthalten sind (Broch 1986)."

In Massenkonstellationen lassen sich die Einzelnen nicht nur von kollektiven Emotionen wie Wut, Empörung, Hass oder auch Euphorie und Jubel mitreißen, sondern auch von den Meinungen, Urteilen und Überzeugungen des Kollektivs, die in ihrer Unkorrigierbarkeit den Urteilen und Überzeugungen von Wahnkranken ähneln. Solch fixe Meinungen und Überzeugungen können beispielsweise lauten: Wir als Masse beherrschen die Welt; wir als Masse verachten die Welt; wir als Masse eliminieren die Welt.

In seiner *Massenwahntheorie* beschrieb Broch einige konkrete Ausgestaltungen dieser Überzeugungen: Wir verachten die Materie, wir dominieren das Denken, wir eliminieren Ungläubige (religiöser Massenwahn); wir verachten das Leben, wir beherrschen die Technik, wir eliminieren den Feind (militärischer Massenwahn); wir verachten die Freiheit, wir beherrschen die Kontrolle, wir eliminieren jeden, der Abweichler zu sein scheint (totalitärer Massenwahn); wir verachten alte Ordnung, wir eliminieren die alte Führung und wir beherrschen das Chaos (revolutionärer Massenwahn). Je nach historischer, gesellschaftlicher, wirtschaftlicher Situation konstellieren sich unterschiedliche solche Massen, die mit einem entsprechenden weltanschaulich-ideologischen Korsett (faschistischer oder bolschewistischer oder chauvinistischer Couleur) versehen sind.

Während der Jahre seines Exils positionierte sich Broch entschieden gegen jegliche Form totalitärer Herrschaft. Ähnlich wie es Hannah Arendt in ihrem inzwischen längst zum Klassiker avancierten Buch *Elemente und Ursprünge totaler Herrschaft* (1951) ausgeführt hatte, dass sowohl das Hitler- als auch das Stalin-Regime vollumfänglich die Merkmale des Totalitarismus aufwiesen und daher komplett abzulehnen und zu bekämpfen seien, erkannte auch Broch im Faschismus wie im Bolschewismus totalitäre, versklavende und zutiefst inhumane Herrschafts- und Interaktionsmuster:

> „Der echte Demokrat kämpft nicht für einen bestimmten Typus der Ökonomie, er kämpft einfach für die Humanitätsprinzipien der Demokratie, und er bekämpft mit äußerster Intensität die Gefahr der Menschheits-Versklavung und eines Terrors, der bereits allenthalben im Kommunismus wie im Faschismus zur Wirklichkeit geworden ist. Er kämpft wahrhaft für die bedrohte Freiheit und Würde des Menschen. Denn er fühlt – zumeist unbewusst, selten bewusst –, dass Freiheit bloß im offenen System der Demokratie, niemals jedoch in einem geschlossenen nach der Art des Marxismus oder des Faschismus dauernd realisiert werden kann (Broch 1986)."

Dieses Zitat stammt aus einem Beitrag Brochs für das *City of Man*-Projekt, das sich 1940 zwischen einer kleinen Gruppe von amerikanischen Intellektuellen und einer ebenso kleinen Gruppe europäischer Exilanten ergeben hatte. Zu den Letzteren zählten neben Hermann Broch auch Thomas Mann, Erich von Kahler, Guiseppe Antonio Borgese (der Gatte von Elisabeth Mann, der jüngsten Tochter von Thomas Mann) und Reinhold Niebuhr; zu den Ersteren gehörte unter anderen Lewis Mumford, der mit seiner unkonventionellen und zupackenden Art wesentlich zum Gelingen des Projekts beigetragen hat.

Eine wesentliche Zielsetzung des *City of Man*-Projekts bestand darin, die USA zum Kriegseintritt an der Seite Frankreichs und Großbritanniens zu bewegen. Den Teilnehmern des Projekts war bewusst, dass ein Sieg Deutschlands (der um 1940 durchaus im Bereich des Möglichen lag) das Ende einer humanistisch-aufgeklärten Kultur und einer auf Solidarität und *Common Sense* hin orientierten Menschheit bedeutet hätte. Ausgehend davon formulierten sie ihr *City of Man*-Manifest, mit dem sie Präsident Roosevelt und das amerikanische Volk zum bewaffneten Kampf gegen den Faschismus aktivieren wollten.

Darüber hinaus war den Projektteilnehmern die Verteidigung sowie die Fort- und Weiterentwicklung der Demokratie ein zentrales Anliegen. Hermann Broch formulierte mit seinen Textbeiträgen sozialwirtschaftliche Reformvorschläge und forderte, die *Bill of Political Rights* um eine *Economic Bill of Rights* zu ergänzen. Aus diesen Überlegungen heraus erwuchsen bei ihm in den folgenden Jahren intensive Studien und umfangreiche Texte zu Fragen der Menschenrechte, der Demokratie, des Völkerbundes und der Vereinten Nationen sowie zu den Umrissen und Inhalten einer humanen Politik generell.

Auch hinsichtlich dieser Themen gab es zwischen Broch und Hannah Arendt einen intensiven intellektuell-freundschaftlichen (brieflichen) Austausch, der bei allen Unterschieden in Detailfragen stets von großer gegenseitiger Wertschätzung geprägt war. Gestritten und sich dabei immer wieder geistig stimuliert haben die beiden sich etwa beim Problem der Fundierung von Menschenrechten – eine Thematik, die nach der Abdankung des göttlichen Rechts (im Mittelalter) und des Naturrechts (in der Neuzeit) enorme Aktualität gewonnen hatte. Broch wollte die Menschenrechte anthropologisch verankern, indem er sie als unabdingbar nötigen Schutz für die Integrität von Individuen und als Bollwerk gegen das irdisch Absolute (den Tod, das Nichts) konzipierte:

> „Denn auch hier beginnt die Definition beim ‚negativen Pol', und es ist der negative Pol alles Lebens schlechthin, fast möchte man sagen, es ist das irdisch Absolute schlechthin, es ist der Tod, es ist das Nichts, in das wir einzugehen haben. Der Tod ist der Unwert an sich. Manchmal freilich tritt er in der Maske des Wertes auf, als Aufopferung für eine Sache, mit der wir unser Ich identifiziert haben und der wir, mag sie nun das Vaterland, die Wissenschaft oder sonst etwas sein, mit unserem Tod Dauer zu verleihen hoffen, manchmal enthält er das letzte Stück Freiheit, das unserem Ich belassen ist (Broch 1986)."

Bei vielen Debatten zwischen Broch und Arendt wurde offensichtlich, dass Ersterer ein Utopist hohen Grades und Letztere dagegen eine skeptisch-realpolitische Denkerin war. Broch sprühte vor Ideen zum Auf- und Ausbau der Vereinten Nationen sowie zur Etablierung von internationaler und weltumspannender Wissenschaft, Bildung und Lehre; jederzeit wäre er bereit gewesen, die einzelstaatliche Souveränität der politischen Gestaltungsmacht der UNO zu opfern. Obwohl ihm jegliches geiferndes Revolutionärsgehabe und alle Spielarten des Fanatismus fremd waren, war er von einem nie erlahmenden Zukunftsglauben beseelt, der ihn Mal ums Mal an seine Manuskripte und an seinen Schreibtisch zog, um seiner Aufgabe und Funktion als Schriftsteller und Intellektueller gerecht zu werden:

> „Der Intellektuelle ist ein Utopist, weil er der geborene Revolutionär ist. Denn im Gegensatz zu den materiellen Interessen des Bürgers (auch des proletarischen Bürgers) kennt der geistige Mensch nur ein einziges Interesse, und das heißt Erkenntnis und Menschlichkeit (Broch 1986)."

Suche nach einem Zuhause Die etwas über zwölf Jahre, die Hermann Broch in den USA lebte, gehörten mit zu den ruhelosesten seines gesamten Daseins. Neben der Suche nach Geldgebern, Stipendien und bezahlten Aufträgen sah er sich immer wieder vor die Aufgabe gestellt, eine Bleibe und Wohnstatt zu organisieren. Dabei kamen ihm seine Kontaktfreudigkeit und sein Charme, seine feinen Manieren und seine *politesse du coeur* sehr zugute. Bei Freunden, Bekannten, Förderern war er manchmal nur für Wochen oder wenige Monate in deren Häusern und Anwesen untergebracht; am kontinuierlichsten stellte sich noch die Wohngelegenheit bei Erich von Kahler heraus, bei dem er einige Jahre Unterschlupf fand.

Brochs äußere Lebensbedingungen in den Vereinigten Staaten verbesserten sich auch nach der Erlangung der amerikanischen Staatsbürgerschaft (1944) nur marginal. Weiterhin war er auf Zuwendungen von Stiftungen, Bekannten und Freunden angewiesen, weil sich die erhofften Lehraufträge und Professuren an diversen Hochschulen zerschlugen oder als bloße ehrenamtliche Veranstaltungen erwiesen. Aufgrund seiner angespannten finanziellen Lage und mindestens so sehr aber auch aufgrund der politischen Ereignisse sah sich der Dichter zu enorm harter intellektueller und schriftstellerischer Arbeit gezwungen, die ihn bis zu achtzehn Stunden täglich in Anspruch nahm. Kein Wunder, dass er in den 1940er-Jahren bekannte: „*Laboro – ergo sum*" (ich arbeite, also bin ich); und: „Es wird zunehmend brüchiger in mir."

Zugleich steckte Broch damals voller Pläne, sodass er einmal im Gespräch bemerkte, er müsse aufgrund seiner avisierten Projekte mindestens 300 Jahre alt werden – so vieles und so Wichtiges habe er noch zu sagen. Insbesondere für die Publikation seines Romans *Der Tod des Vergil* (1945), aber auch danach stürzte sich der Dichter in neue und zeitraubende Aufgaben, die ihn voll und ganz in Anspruch nahmen. Dabei wäre für den beinahe 60-jährigen Schriftsteller Schonung und Mäßigung sowie eine Änderung seines Lebensstils (unter anderem war er starker Raucher) dringend notwendig gewesen.

Nun machten sich jedoch einige Defizite Brochs ungut bemerkbar, worunter er teilweise schon als junger Mann zu leiden hatte. Weder konnte er sich vernünftig abgrenzen (er sorgte sich während des Zweiten Weltkriegs und auch danach bei weitem mehr um in Not geratene Kollegen und Bekannte als um sich selbst, gab sein letztes Geld für sie aus und bewältigte eine wahre Korrespondenzlawine), noch hatte er für sich ein verlässliches Heim oder ein Zuhause schaffen können, die ihm Schutz, Geborgenheit und Obdach geboten hätten.

Ende 1949 heiratete Broch die Grafikerin und Malerin Annemarie Meier-Graefe (1905 bis 1994), die er bereits seit den 1930er-Jahren aus Wien her kannte, und zu der er später eine Liebesbeziehung aufgenommen hatte. Sie war die Witwe des drei Jahrzehnte älteren Kunsthistorikers Julius Meier-Graefe, der 1935 gestorben war, und mit dem zusammen sie seit Anfang der 1930er-Jahre in Saint-Cyr-sur-Mer (an der Côte d'Azur in der Nähe von Toulon gelegen) zeitweise ein Haus bewohnte. Die Meier-Graefes und ihr provenzalisches Domizil wurden wenige Jahre darauf zum Nucleus für die Dichter- und Intellektuellen-Kolonie (unter anderen Thomas Mann, Ludwig Marcuse, Lion Feuchtwanger) im nahe gelegenen Sanary-sur-Mer.

1938, nach dem Anschluss Österreichs ans Deutsche Reich, war Annemarie Meier-Grafe zuerst nach Südfrankreich und 1941 weiter in die USA emigriert, wo sie neuerlich auf Hermann Broch, ihren Freund aus Wiener Tagen, traf. Nachdem beide ihre ehemalige Liebesbeziehung wieder aufleben ließen, drängte Meier-Graefe auf eine Legalisierung ihrer Beziehung. 1949 gab Broch diesem Drängen nach und wurde – wie es Paul Michael Lützeler im Nachwort zu dem von ihm herausgegebenen Briefwechsel zwischen dem Dichter und seiner Gattin treffend charakterisiert hat – zum Ehemann wider Willen (Lützeler 2001).

Der Heirat vorausgegangen war Mitte 1948 ein Unfall Brochs, bei dem er sich einen komplizierten Bruch des Oberschenkelhalses zugezogen hatte, und der eine langwierige Krankenhausbehandlung von über einem Jahr Dauer nötig machte. Broch interpretierte diese enorm verzögerte Rekonvaleszenz als Zeichen seines angeschlagenen Allgemeinzustandes und versuchte mittels seiner Eheschließung, sein Dasein insgesamt neu auszutarieren, sich – wenn auch spät – eine Bleibe zu schaffen und so (wie Sören Kierkegaard es einst ausgedrückt hat) seine Existenz im Endlichen unterzubringen.

Die Ehe mit Meier-Graefe verlief distanziert-schwierig und von beiderseitigen Missverständnissen und Enttäuschungen durchsetzt. Ende der 1940er-Jahre verlebte sie die Sommermonate regelmäßig an der Côte d'Azur, um von 1950 an ganz nach Saint-Cyr-sur-Mer zu übersiedeln. Sie erhoffte sich ein baldiges Nachkommen ihres Gatten, wohingegen Broch immer wieder gute oder auch nur halb überzeugende Argumente vorbrachte, weshalb er in seiner Wohnung in New Haven blieb. In der Folge wechselten viele Episteln von Nordamerika nach Südfrankreich und retour, die Paul Michael Lützeler als disharmonische Liebesbriefe bezeichnete, und die vor allem auch Brochs Hoffnungen auf den Nobelpreis zu ihrem Inhalt hatten, mit dem er meinte, seine finanziellen Sorgen ein für alle Mal loszuwerden.

Wurde Broch bei Annemarie Meier-Graefe zum Ehemann wider Willen, war und blieb er in der freundschaftlichen Beziehung mit Hannah Arendt Platoniker wider Willen. Beide, Arendt wie Broch, waren aufgrund ihrer klugen Intellektualität wie auch ihrer differenzierten Emotionalität gegenseitig erotisiert und voneinander fasziniert. Arendt allerdings lebte in einer stabilen, festen und zufriedenstellenden Partnerschaft mit Heinrich Blücher, die sie auf keinen Fall in Gefahr bringen wollte. Als sie mit Hermann Broch Freundschaft schloss, wusste sie um dessen Charme und seine sonstige Tendenz, Frauen im Nu zu erobern. Sie schlug ihm deshalb vor, in dieser Hinsicht bei ihm eine Ausnahme zu bleiben – und es macht neben vielen anderen Merkmalen die Qualität ihrer Beziehung aus, dass die beiden sich stets an diesen Vorschlag gehalten haben.

Trotz seiner langwierigen Krankheit (Fraktur des Oberschenkelhalses) war Broch schriftstellerisch weiter überaus aktiv geblieben. Erwähnenswert sind in diesem Zusammenhang die Studie über *Hofmannsthal und seine Zeit* (1947/48), eine geistreiche und einfühlsame Untersuchung über den Wiener Fin-de-Siècle-Dichter, sowie der Roman *Die Schuldlosen* (1950), worin Broch eine Auseinandersetzung mit Faschismus und Totalitarismus in erzählender Form bewerkstelligte.

Dieser *Roman in elf Erzählungen* (so der Untertitel) entstand so recht betrachtet weit über drei Jahrzehnte hinweg. Die älteste Erzählung (*Methodisch konstruiert*) stammte aus dem Jahr 1917 und war unter dem Eindruck des Ersten Weltkriegs komponiert. Einige Erzählungen (*Mit schwacher Brise segeln*; *Verlorener Sohn*; *Eine leichte Enttäuschung*; *Vorüberziehende Wolke*) entstanden zu Beginn der 1930er-Jahre, also während des Aufstiegs des Faschismus in Europa. Die anderen Texte datieren aus den 1940er-Jahren und damit bevorzugt aus der Zeit nach dem Zweiten Weltkrieg.

Das Generalthema aller Novellen ist die Verantwortung für die respektive die Schuld an den politisch-gesellschaftlichen Katastrophen in der ersten Hälfte des 20. Jahrhunderts. Broch schilderte in seinen Erzählungen alltägliche Gestalten, die als durchaus unpolitisch und damit im unmittelbaren Sinne keineswegs schuldig an den Gräueltaten von Krieg, Vertreibung, Ermordung und Holocaust erscheinen; gerade deswegen – so der Autor – trage das Buch den Titel *Die Schuldlosen*. Bei genauerem Hinsehen jedoch diagnostizierte Broch eine Art von Verantwortung, die er nicht vorrangig aus den Taten, sondern aus der Gesinnung und Haltung vieler Menschen vor und während der Zeit des Faschismus ableitete, die er besonders ausgeprägt bei Spießbürgern vermutete und die er mit dem Wort *Gleichgültigkeit* charakterisierte:

„Politische Gleichgültigkeit nämlich ist ethischer Gleichgültigkeit und damit im Letzten ethischer Perversion recht nahe verwandt. Kurzum, die politisch Schuldlosen befinden sich zumeist bereits ziemlich tief im Bereich ethischer Schuld … Denn jene schuldhafte Schuldlosigkeit reicht einerseits hinauf bis in magische und metaphysische Vorstellungssphären, andererseits hinunter bis zu dunkelster Triebhaftigkeit. Nirgends ist diese Art von Schuldlosigkeit so sichtbar wie beim Spießer; selbst als Verbrecher handelt er unentwegt aus edelsten Motiven (Broch 1950)."

Wie sehr es sich bei *Die Schuldlosen* um Literatur und hohe Kunst und nicht um einen politologischen Text handelt, wird besonders etwa an *Die Erzählung der Magd Zerline* deutlich. Broch malt hier die Liebesgeschichte zwischen einer Magd (Zerline) und einem Aristokraten (Herr von Juna) aus, die zwar kein *Happy End*, wohl aber zutiefst authentische Affekte und Dialoge kennt, und von der Hannah Arendt später meinte, sie kenne keine schönere und bewegendere Beschreibung einer leidenschaftlichen Affäre. Zerline und Herr von Juna werden zuletzt schuldlos schuldig, weil sie sich weder von ihren individuellen Charakteren und Emotionen noch von den kollektiv-gesellschaftlichen Rahmenbedingungen ihrer Existenzen emanzipieren können.

Im Frühjahr 1951 erlitt Broch eine erste ernsthafte Herzattacke, die er jedoch nicht sonderlich zu registrieren bereit war. Wenige Wochen später ereilte ihn eine zweite Attacke, und an diesem Herzinfarkt starb er. Neben dem Toten fand man – als passende Symbole für seine Obdachlosigkeit wie auch für seine hauptsächliche Lebensstrategie – einen halbgepackten Koffer sowie ein auch dieses Mal nicht zu Ende geschriebenes Manuskript.

Der Tod des Vergil Dieses zweite Hauptwerk Brochs erschien 1945 in deutscher und englischer Sprache zugleich. Die Übersetzung fertigte die Amerikanerin Jean Starr Untermeyer an, die bereits Gedichte von Rilke für englischsprachige Leser übertragen hatte, und die ihre Aufgabe kongenial gelöst hat.

Sowohl in der deutschen wie auch in der englischen Version ist ein Eindringen in den außerordentlich komplexen, teilweise hochgeistigen und existenziell sehr bewegenden Inhalt dieses Romans nicht einfach. Außerdem hat Broch, wie schon in *Die Schlafwandler*, in vielen Passagen auf die Technik des inneren Monologs zurückgegriffen, der die Lektüre nochmals erschwert und dazu geführt hat, dass der Text bis heute alles andere als ein vielgelesener Bestseller wurde.

Der Roman erzählt die letzten Stunden im Leben des römischen Dichters Vergil (70–19 v.Chr.). Ähnlich wie Joyce im *Ulysses* einen einzigen Tag im Leben seiner Hauptperson Leopold Bloom minutiös auf 1200 Seiten dargestellt hat, zeichnet auch Broch eine kurze Phase von Vergils Biografie sehr detailliert nach. Allerdings handelt es sich bei ihm nicht wie beim Text von Joyce um einen Allerwelttag, sondern um das aufwühlende und erschütternde Sterben seines Helden. Nur wenige Romanciers der Weltliteratur, so urteilte Broch später, haben es wie er gewagt, mit dichterischen Mitteln das Todesthema so ergreifend und konzentriert ins Visier zu nehmen und auszudrücken.

Vergil gilt als der bedeutendste römische Dichter der Antike, der sich mit seinem Epos *Äneis* immensen Ruhm erworben hat; viele Literaturwissenschaftler nennen ihn in einem Atemzug mit Homer und beurteilen die *Äneis* ähnlich begeistert wie die *Odyssee*. Im Jahre 19 vor Christus reiste Vergil von Griechenland, wo er sich eine Weile aufgehalten hatte, zusammen mit dem Kaiser Augustus zurück nach Italien. In der Stadt Brundisium, dem heutigen Brindisi, gingen die Reisenden an Land, und in dieser Stadt starb der kranke Dichter kurz nach der Ankunft.

Der Roman Brochs setzt ein mit der Einfahrt des Schiffskonvois von Augustus im Hafen von Brundisium. Im ersten Kapitel, überschrieben mit *Wasser – Die Ankunft*, beschreibt der Autor die Gedanken, Gefühle und körperlichen Empfindungen von Vergil, die in ihm hochsteigen, als die Flotte des Kaisers am Kai anlegt. Jäh wird er mit einer Menschenmasse konfrontiert, durch die hindurch er auf einer Sänfte zum kaiserlichen Palast gebracht wird, wo ihm eine Bettstatt in einem abgelegenen Raum zugedacht ist. Hier verbringt der Dichter mit Fieberträumen die letzte Nacht seines Daseins.

Im zweiten Kapitel *Feuer – Der Abstieg* werden von Broch auf bewegende Art die Ahnungen Vergils von seinem nahenden Tod erzählt. Immer wieder findet er eindrückliche Bilder für den Prozess des Sterbens, den er beim römischen Dichter vermengt mit einer Vielzahl philosophischer Überlegungen und Erkenntnisse, die den Sinn des eigenen Lebens wie auch denjenigen der Existenz anderer Menschen, der Kunst und Literatur, der Politik und Geschichte oder des Kosmos ganz allgemein betreffen.

Dabei geht Vergil mit sich und seiner Dichtung hart ins Gericht. Weil er seine Schriften als viel zu sehr der Schönheit und zu wenig den ethischen Problemen verpflichtet bewertet, keimt in ihm der Plan, seine *Äneis*, an der er zwölf Jahre gearbeitet hat und die noch unvollendet ist, zu vernichten. Wahre Schöpfung habe die Besserung der Menschen und ihrer Welt zum Ziel und verliere sich nicht im ungezügelten Spiel bloßer Ästhetik.

Kunstvoll hat Broch die große Entspannung des Vergil in Worte gefasst, die er verspürt, als er am nächsten Morgen die Einsamkeit seiner Fieberträume hinter sich lässt und nochmals Kontakte mit seinem Arzt, mit Freunden sowie mit Cäsar Augustus erlebt. Wenige Stunden trennen ihn jetzt noch von der Weltnacht, der er schon beinahe ganz übergeben war.

Das dritte und umfangreichste Kapitel *Erde – Die Erwartung* enthält als einen Höhepunkt des Romans ein langes Zwiegespräch zwischen Vergil und dem Kaiser, in dem der Letztere den Dichter schließlich dazu bewegt, von seinem Vorhaben, die *Äneis* zu vernichten, abzurücken. Zwei Persönlichkeiten mit ihren Lebensstilen, ihren Weltanschauungen und Deutungsmustern der menschlichen Existenz treffen hier aufeinander, die Broch geschickt dazu nutzt, seine eigenen Antworten auf die Fragen nach Sinn, Wert und Bedeutung von Kosmos, Bios, Mensch und Kultur in den Text einzuweben:

> „Die Menschen lösen einander ab, ihre sterblichen Körper folgen einander, nur das Erkennen fließt weiter, fließt weiter in die Überferne und in ein unsägliches Begegnen (Broch 1976)."

Im vierten und letzten Kapitel *Äther – Die Heimkehr* unternimmt es Broch, die Phasen der Veränderung während des endgültigen Sterbens Vergils – animalisches und pflanzliches Existieren bis hin zum materiellen Sein – im Detail zu schildern. Der Dichter stößt in einem Boot vom Ufer ab zu seiner letzten Fahrt, an deren Ende ihn ein Brausen erfasst, das nur noch er zu hören imstande ist, und das für den Leser nicht dargestellt werden kann, da sich dies alles bereits jenseits der Sprache ereignet.

Neben massiver Angst, Vereinsamung und panischem Schrecken ließ der Autor seinen Vergil auch Empfindungen der friedlichen Heimkehr und des bejahenden Eins-Werdens mit dem Kosmos erleben. Weil ein blindes Aufbäumen gegen das Unausweichliche des Todes sinn- und würdelos ist, schickt sich

Vergil darein – eine Form der Zustimmung, die im Roman mit dem Verdämmern des Bewusstseins und einem damit gleichzeitigen Materie-Werden einhergeht:

> „Es war ein Teilhaftig-Werden, es war ein Teilhaben an der Ganzheit des zwiefach verspiegelten Seins, es war ein Einbezogen-Werden in das unendliche Fluten der Gewässer, es war ein Durchdrungen-Werden von der Innensicht der Unsichtbarkeit, zugleich aber auch das wissenlose Wissen an der Schließungsstelle des Erkenntnisringes (Broch 1976)."

Broch hat über den *Tod des Vergil* ähnlich erläuternde Kommentare wie zu seinen *Schlafwandlern* verfasst und darin betont, dass ihm die Methode des inneren Monologs sehr entgegenkam, die letzten Stunden im Leben eines Menschen als Dichtung darzustellen. Diese habe die Aufgabe, große und existenziell anrührende Themen wie etwa Leben, Liebe, Eros, Scheitern und Tod einem künstlerischen Erkenntnisprozess zu unterziehen. Nur jener Literat, der schreibend und dichtend aus seiner eigenen Existenz Wahrheiten schöpft, wird diesem Auftrag gerecht und schafft damit ethisch (und nicht nur ästhetisch) Wert- und Sinnvolles.

Die biografischen Erlebnisse, welche die existenzielle Folie zur künstlerischen Erkenntnistat von *Der Tod des Vergil* abgegeben haben, waren den Aussagen Brochs zufolge seine eigene Haftzeit, die er 1938 über sich ergehen lassen musste, während der er große Todesangst verspürte, und die massiven Darmblutungen, die einen lebensgefährlichen Zustand für ihn nach sich gezogen hatten. Hannah Arendt empfand *Der Tod des Vergil* ebenfalls stark von der Biografie Brochs geprägt:

> „Der Zeitpunkt, an dem Broch zum Dichter wurde, scheint mit der letzten Verfinsterung in Europa zusammenzufallen. Als die Nacht einsetzte, erwachte Broch. Er wachte auf zu einer Realität, die ihn so sehr überwältigte, dass er sie sofort in einen Traum übersetzte, wie es einem Menschen geht, der sich aus der Nacht erhebt. Dieser Traum ist *Der Tod des Vergil* (Arendt 1996)."

In ihrem Essay über *Der Tod des Vergil* sprach Arendt von einem abrupten kulturell-gesellschaftlichen Bruch in Europa, der nach dem Ersten Weltkrieg zu bemerken war. Diesem Bruch könne man in der Literatur nachspüren, wobei beispielsweise die *Recherche* von Marcel Proust trotz ihrer modernen Erzähltechnik noch der alten Zeit verpflichtet war und sich im Gegensatz dazu in den Texten von Franz Kafka trotz ihrer konventionellen Erzählweise bereits die nahende Zukunft (das Absurde, Zerrissene und Chaotisch-

Inhumane des 20. Jahrhunderts) abzeichnete. Broch nun fungiere – so Arendt – mit seinem Werk als Bindeglied zwischen dem vergangenen Nicht-Mehr (z. B. Alt-Europa, Alt-Österreich, Alt-Frankreich) und dem zukünftigen Noch-Nicht (das Irdisch-Absolute als Antwort auf die Todesfabriken des Holocaust).

Als sich der Knabe Hermann Broch im Alter von erst neun Jahren ausmalte und vornahm, ein Weltenschöpfer zu werden, konnte er nicht ahnen, welche Biografie, welche Zeitgeschichte, welche Welt ihm später einmal zu erleben und zu erkennen aufgegeben sein würden. Es spricht für die große Ernsthaftigkeit seines Vorsatzes sowie für seine grundsätzliche Bejahung von Leben, Mitmenschen und eigener Person, allen Widrigkeiten zum Trotz versucht zu haben, diesen Vorsatz, Plan und „Schwur" seiner Kindheit mit außerordentlich hohem existenziellem Einsatz als Schriftsteller, Dichter und Intellektueller umzusetzen.

Als hilfreich und unterstützend erwiesen sich dafür einerseits Brochs eigener Charakter, sein Temperament und seine familiäre sowie kulturell-gesellschaftliche Herkunft und Prägung – andererseits jedoch auch seine von ihm selbst gewählten Vorbilder, seine Freunde und Geliebten, das von ihm klaglos akzeptierte enorme Lernpensum (Ingenieurswissenschaften, Literatur, Philosophie, Psychologie und Psychoanalyse, Mythologie und Kulturwissenschaften) sowie seine humanistisch-skeptische Welt- und Lebensanschauung.

Mit seinen dichtenden, schriftstellernden, philosophierenden Kolleginnen und Kollegen pflegte er in der Regel einen überaus wertschätzenden Umgang, der es ihm ermöglichte, manches von ihnen als Tugend und Maßstab in sein eigenes Ich sowie sein Über-Ich zu integrieren. Besonders eindrücklich lässt sich dies an Franz Kafka, Hugo von Hofmannsthal oder auch an James Joyce demonstrieren, über die Broch unterschiedlich umfangreiche Abhandlungen verfasste. Diese Texte zielten nicht nur auf Werkanalysen ab, sondern wollten die jeweilige Persönlichkeit dieser Dichter und deren jeweiliges Daseinsgesetz verstehen und beschreiben – wobei manche Passagen aus diesen Essays einen autobiografischen Eindruck (bezogen auf Broch) vermitteln:

> „Um das fünfzigste Jahr herum erhebt sich für jeden Schaffenden die Frage nach seinem Verhältnis zu der Zeit, in der er lebt … An dieser Grenzscheide muss es sich erweisen, ob das eigene Werk, das zeitgebunden entstanden ist und, zumindest in seinen Grundlagen, der eigenen Jugend entstammt, ob dieses Werk zur Wirklichkeit geworden ist, enthoben dem schönen und berauschenden Spiel, das jedesmal da ist, wenn die Welle der Zeit aufs Neue aufrauscht und ihre neuen Farben und Formen zur Oberfläche wirft (Broch 1975)."

Dem Urteil von Literatur- und Kulturwissenschaftlern, dass das Oeuvre Brochs inzwischen längst zur Wirklichkeit geworden ist, schließe ich mich gerne an. Dieser dichtende und schriftstellernde Weltenschöpfer, dieser *Poeta doctus* sah sich einem umfassenden Wertezerfall sowie Sinnwidrigkeiten aller Art bis zum Erlebnis transzendentaler Obdachlosigkeit (Georg Lukács) ausgesetzt. Angesichts von zwei Weltkriegen, von Totalitarismus, Faschismus und Holocaust (dem seine Mutter 1942 zum Opfer gefallen ist) sowie von eigenem Exil mit dem Verlust von Freunden und Heimat hätte man sich nicht verwundern müssen, wenn aus ihm ein zynischer, resignativer oder nihilistischer Mensch, ein August Esch oder Huguenau (Hauptfiguren aus *Die Schlafwandler*) geworden wäre.

Doch nicht *Die Schlafwandler*, sondern seine spätere Dichtung und hier vor allem *Der Tod des Vergil* waren und sind die Antworten Brochs auf die Gefahr des Untergangs von Freiheit, Vernunft und Humanität, von Geist und Kultur Europas sowie auf die unausweichliche Begrenztheit der menschlichen Existenz. In der Figur und dem Schicksal des Vergil hat Broch seine eigene Situation und Aufgabe als Schriftsteller und Intellektueller skizziert und darüber hinaus einen Aspekt der *Conditio Humana* zum Ausdruck gebracht: Trotz Schwächen, Unzulänglichkeiten, Niederlagen, Sterblichkeit dürften Kulturschaffende ebenso wie alle anderen den Imperativ vernehmen, ihren Teil zum Strom des Erkennens und der kulturellen Erzählungen beizutragen – ganz gleichgültig, ob es sich dabei um die *Äneis* oder *Die Schlafwandler* oder sonstige Kunstwerke oder um die schlichte Weitergabe individueller Lebenserfahrungen handelt.

Nach einem Diktum Friedrich Nietzsches ist Gott tot, und mit seinem Ableben sind viele traditionelle Quellen von Sinn, Wert und Bedeutung versiegt. Seither ist die (agnostische) Menschheit auf sich zurückgeworfen und muss selbst Wert- und Sinnvolles oder – wie Broch es nannte – immanent Absolutes in Form von Erkenntnis und Kultur, von Solidarität und *Common Sense* schaffen. Damit lassen sich zwar keine fantastischen und grandiosen Bilder von Heimat und Obdach mehr entwerfen wie in *Pasenow oder die Romantik*; und auch das Unterschlüpfen in der Menge und Masse bedeutet Broch zufolge keine empfehlenswerte Strategie – vielmehr fordert sie (die Diagnose) zur Individuation und mutigen Entwicklung der eigenen Person auf:

> „Das Erwachen des Ich zur individuellen Freiheit, zu individueller Ungebundenheit ist daher ein schreckhaftes, fast möchte man sagen Amok-haftes Erlebnis, da es strukturell einer Ausschließung aus dem Stamm gleichkommt und genau wie diese mit Furcht und Entsetzen quittiert wird; es ist das Erwachen zur Einsamkeit des Ich (Broch 1986)."

Die Ausschließung aus dem Stamm und das Erwachen zur Einsamkeit des Ich hat Hermann Broch ausgiebig im eigenen Dasein erlebt. Geholfen hat ihm dabei neben den soeben erwähnten Vorbildern, Modellen und Freundschaften vor allem auch die Orientierung an einem Gedanken, der von Hugo von Hofmannsthal stammt, und den Broch in mehreren Texten über seinen österreichischen Dichterkollegen erwähnte. In ihnen beschrieb Broch einen schöpferischen Menschen, „der das ihn umgebende Wertvakuum scharf erkannt hat und ihm die eigene Persönlichkeit entgegensetzt" (Broch 1975). Da sich Broch in einer analogen Situation wähnte, war er daran interessiert, wie Hofmannsthal die Lebensmaxime (ein Wertvakuum mithilfe der eigenen Persönlichkeit zu kompensieren) umsetzen konnte. In dessen Schriften stieß Broch auf eine bewundernde Charakterisierung Gotthold Ephraim Lessings, der für ihn (Hofmannsthal) in diesem Zusammenhang vorbildhaft wirkte:

„In der Art, wie er Achtung zuerkannte (und wie er sie verweigerte), liegt das ganze Pathos des Menschen; ein schwingender Stahlstab, fix an einem granitenen Sockel, dem Verstand (Hofmannsthal 1980)."

Wir gehen wohl nicht fehl, darin auch ein Ideal Hermann Brochs zu sehen: Sich als Person bei allen nötigen schwingenden Daseinsbewegungen im granitenen Sockel von Verstand, Vernunft und Humanität stabil verankert zu wissen.

Literatur

Broch, H.: Brief an Hermann Friedrich Maria Broch vom 15.02.1949, zit. n. Lützeler, P.M.: Hermann Broch – Eine Biographie, Frankfurt am Main 1985, S. 27f.
Broch, H.: Psychische Selbstbiographie (1942), Frankfurt am Main 1999, S. 42f.
Broch, H.: Brief an Ea von Allesch vom 8. August 1920, in: Das Teesdorfer Tagebuch für Ea von Allesch, Frankfurt am Main 1995, S. 62f.
Broch, H.: Die Straße – Offener Brief an Franz Blei (1918), in: Gedanken zur Politik, Frankfurt am Main 1970, S. 7
Broch, H.: Der Roman *Die Schlafwandler* (1929), in: Die Schlafwandler (1930–32), Frankfurt am Main 1978, S. 719
Lützeler, P.M.: Hermann Broch: Die Schlafwandler (1930–32), in: Deutsche Romane des 20. Jahrhunderts – Neue Interpretationen, hrsg. v. P.M. Lützeler, Königstein/Taunus 1983, S. 200ff.
Broch, H.: Die Schlafwandler (1930–32), Frankfurt am Main 1978, S. 177f.
Broch, H.: Die Schlafwandler (1930–32), Frankfurt am Main 1978, S. 242f.
Broch, H.: Die Schlafwandler (1930–32), Frankfurt am Main 1978, S. 330
Broch, H.: Die Schlafwandler (1930–32), Frankfurt am Main 1978, S. 331f.

Broch, H.: Der Roman *Die Schlafwandler* (1929), in: Die Schlafwandler (1930–32), Frankfurt am Main 1978, S. 720

Broch, H.: Die Schlafwandler (1930–32), Frankfurt am Main 1978, S. 455

Broch, H.: Die Schlafwandler (1930–32), Frankfurt am Main 1978, S. 690f.

Le Bon, G.: Psychologie der Massen (1895), Stuttgart 1982, S. 43

Le Bon, G.: Psychologie der Massen (1895), Stuttgart 1982, S. 93

Canetti, E.: Die Fackel im Ohr – Lebensgeschichte 1921–1931, München 1985, S. 275

Canetti, E.: Das Augenspiel – Lebensgeschichte 1931–1937, München 1985, S. 25–49

Broch, H.: Einleitung zu einer Canetti-Lesung (1933), in: Schriften zur Literatur 1, Kommentierte Werkausgabe, Band 9/1, Frankfurt am Main 1986, S. 59

Ortega y Gasset, J.: Der Aufstand der Massen (1930), in: Gesammelte Werke Band III, Stuttgart 1978, S. 55

Broch, H.: Massenwahntheorie (1939ff.), Kommentierte Werkausgabe, Band 12, Frankfurt am Main 1986, S. 16f.

Broch, H.: Theorie der Demokratie 1938–1939 (1941), in: Politische Schriften, Kommentierte Werkausgabe, Band 11, Frankfurt am Main 1986, S. 76

Broch, H.: Nationalökonomische Beiträge zur *City of Man* 1940 (1941), in: Politische Schriften, Kommentierte Werkausgabe, Band 11, Frankfurt am Main 1986, S. 92

Broch, H.: Massenwahntheorie (1939ff.), Kommentierte Werkausgabe, Band 12, Frankfurt am Main 1986, S. 486

Broch, H.: Die Intellektuellen und der Kampf um die Menschenrechte (1950), in: Politische Schriften, Kommentierte Werkausgabe, Band 11, Frankfurt am Main 1986, S. 453

Lützeler, P.M. (Hrsg.): Der Tod im Exil. Hermann Broch – Annemarie Meier-Graefe – Briefwechsel 1950–51, Frankfurt am Main 2001, S. 361

Broch, H.: Entstehungsbericht von *Die Schuldlosen* (1950), Zürich 1950, S. 361

Broch, H.: Der Tod des Vergil (1945), Kommentierte Werkausgabe, Band 4, Frankfurt am Main 1976, S. 296

Broch, H.: Der Tod des Vergil (1945), Kommentierte Werkausgabe, Band 4, Frankfurt am Main 1976, S. 419f.

Arendt, H.: Hermann Brochs *Der Tod des Vergil* (1946), in: Lützeler, P.M. (Hrsg.): Hannah Arendt – Hermann Broch – Briefwechsel 1946 bis 1951, Frankfurt am Main 1996, S. 171

Broch, H.: James Joyce und die Gegenwart (1936), in: Schriften zur Literatur 1 Kritik, Kommentierte Werkausgabe, Band 9/1, Frankfurt am Main 1975, S. 63

Broch, H.: Massenwahntheorie (1939ff.), Kommentierte Werkausgabe, Band 12, Frankfurt am Main 1986, S. 461

Broch, H.: Hofmannsthal und seine Zeit (1947/48), in: Schriften zur Literatur 1 Kritik, Kommentierte Werkausgabe, Band 9/1, Frankfurt am Main 1975, S. 176

Hofmannsthal, H. von: Gotthold Ephraim Lessing (1929), in: Reden und Aufsätze III, Frankfurt am Main 1980, S. 142

Teil III

Die Dramen der Welt machen uns schaudern

4

Jean-Paul Sartre – das Sein mit der Schlinge der Sprache einfangen

Schon vor Jahren erschien eine Monografie über Jean-Paul Sartre, die betitelt war mit *Sartre – Der Philosoph des 20. Jahrhunderts* (2000). Ich finde, dass der Titel dieses Buches von Bernard-Henri Lévy korrekturbedürftig ist. Sartre kann man zu Recht als bedeutenden, kaum aber als *den* Philosophen des letzten Jahrhunderts bezeichnen. Und vor allem möchte ich daran erinnern, dass er nicht nur Philosoph, sondern auch Romancier, Dramatiker, Biograf, Autobiograf, Reiseschriftsteller, Zeitschriftenherausgeber, politischer Intellektueller, Drehbuchautor, Essayist und Miterfinder des Existenzialismus war und in allen diesen Rollen erhellende Beiträge geliefert hat. Insbesondere seine Dramen stehen hier zur Debatte.

Cocktails, Gin und Philosophie Sartre wurde 1905 in Paris als Sohn des Marineoffiziers Jean-Baptiste Sartre geboren. Der Vater starb 15 Monate nach der Geburt seines Sohnes an Gelbfieber; die junge Mutter Anne-Marie (1882–1969) zog daraufhin zurück zu ihren Eltern. Jean-Paul wuchs unter dem Einfluss seines Großvaters Charles Schweitzer auf. Dieser war Sprachlehrer, der Deutschkurse gab und an der Sorbonne lehrte; Albert Schweitzer war ein Großcousin Sartres.

Jean-Paul wurde von den Großeltern und seiner Mutter liebevoll aufgezogen. Er entwickelte sich zu einem Wunderkind und begann früh zu lesen und zu schreiben, wobei er anfangs nur so tat, als könne er bereits lesen: „Ich hatte meine Religion gefunden; nichts erschien mir wichtiger als ein Buch; die Bibliothek sah ich als Tempel" (Sartre 1983) – schrieb er später in seiner Autobiografie *Die Wörter* (1964).

Während der ersten Lebensjahre war Jean-Paul ein hübscher Junge, der von allen aufgrund seines Aussehens und mehr aber noch aufgrund seiner als genial eingeschätzten geistigen Fähigkeiten angehimmelt wurde: „Mein Liebchen wird Schriftsteller werden!" – jubilierte seine Mutter über Poulou, wie Jean-Paul als Kind genannt wurde. Allerdings erlitt Poulou als Junge eine Linsentrübung auf dem rechten Auge, das daraufhin nach und nach erblindete. Später schielte Sartre; außerdem blieb er kleinwüchsig, sodass er äußerlich kein attraktiver Mann war. *Le petit homme* (das Männchen), wie er von seinen Freunden genannt wurde, maß nur 1,56 m, und diese Summe von Organminderwertigkeiten (so der Ausdruck Alfred Adlers für körperlich-organismische Defizite aller Art) mag mit dazu beigetragen haben, dass aus Sartre ein Sartre wurde, der kompensatorisch in seinem Dasein Zehntausende Seiten Literatur und Philosophie schuf – wer weiß, wie wenige Seiten es bei zehn Zentimeter mehr Körperlänge geworden wären.

Weil er von Privatlehrern und vom Großvater unterrichtet wurde, hatte Jean-Paul bis zu seinem 10. Lebensjahr kaum Kontakte außerhalb der Familie. Später besuchte er das elitäre *Lycée Henri IV.*, wo er sich mit Paul Nizan anfreundete. 1917 (Sartre war damals zwölf Jahre alt) heiratete seine Mutter den Industriellen Joseph Mancy und zog mit ihm und ihrem Sohn nach La Rochelle. Jean-Paul liebte den Stiefvater keineswegs; als dieser versuchte, bei ihm strenge Erziehungsmethoden anzuwenden, revoltierte das verwöhnte Einzelkind und entwickelte Tendenzen zur Verwahrlosung.

Nach seinem Abitur 1922 ging Sartre zuerst an die Universität und kam 1924 an die *École Normale Supérieure* (ENS), wo er Philosophie studierte. Befreundet war er mit einigen Kommilitonen, die später berühmt wurden: Raymond Aron, Maurice Merleau-Ponty, René Maheu und vor allem Simone de Beauvoir (geboren 1908), die bald die Gefährtin seines Lebens wurde. Die Liebesbeziehung mit de Beauvoir überdauerte in den folgenden Jahren viele kontingente Liebschaften Sartres (sowie etliche auch homosexuelle Beziehungen de Beauvoirs) und erwies sich als überaus tragfähig. 1929 schloss Sartre die Philosophiestudien als Jahrgangsbester ab und absolvierte danach zwei Jahre lang seinen Militärdienst als Meteorologe.

Ab 1931 verdiente sich Sartre sein Brot als Gymnasiallehrer für Philosophie in Le Havre. Auf Empfehlung seines Freundes Aron ging er 1933 als Stipendiat für ein Jahr nach Berlin ans *Institut Français* – dort studierte er phänomenologische Texte von Edmund Husserl. Aufmerksam gemacht auf Husserls Phänomenologie wurde Sartre durch seine Studienkollegen Raymond Aron und Emmanuel Levinas. Vor allem Aron wusste um die universellen Interessen und Vorlieben Sartres, und daher lockte er ihn mit der Aussicht, mittels phänomenologischer Studien z. B. über Whisky- und Gin-Gläser genauso tiefsinnig philosophieren zu können wie über erkenntnistheoretische, ästhetische oder ethische Fragestellungen. In einer Bar in der Rue Montparnasse, in der Sartre mit de Beauvoir und Aron abends regelmäßig unterwegs war, soll Letzterer zu ihm gesagt haben:

> „Siehst du, *mon petit camarade*, wenn du Phänomenologe bist, kannst du über diesen Cocktail reden, und das ist Philosophie (Aron 1988)."

Es dauerte allerdings noch eine geraume Weile, bis Sartre wie ein Philosoph über Cocktails meditieren konnte. Da er in Berlin nur recht wenige Verpflichtungen hatte, widmete er den größten Teil seiner Zeit neben der Lektüre von Husserl-Texten der Weiterführung seines Romanprojekts *Der Ekel*. Dieses Manuskript, das er in Anlehnung an den bekannten Kupferstich Albrecht Dürers *Melancholie* nennen wollte, erschien als Buch jedoch erst Jahre später 1938 im Verlag Gallimard unter dem Titel *Der Ekel*.

Politisch war Sartre während seiner Zeit in Berlin nicht sonderlich wach. Leider sind seine sämtlichen Briefe, die er in den Jahren 1933/34 an Simone de Beauvoir geschickt hat, verloren gegangen, sodass wir nicht sicher beurteilen können, wie sehr ihn damals neben Berliner Cafés, Bars, Cabarets, Restaurants sowie neben seinen Fortschritten im Hinblick auf Husserl und die Phänomenologie auch der sich rasant ausbreitende Faschismus in Deutschland beschäftigte.

Bei seiner Rückkehr nach Frankreich arbeitete Sartre ebenso wie de Beauvoir vorerst weiter als Gymnasiallehrer für Philosophie. Da die beiden in verschiedenen Städten (er in Le Havre und sie in Marseille) unterrichteten, trafen sie sich nur in den Ferien oder an Wochenenden in Paris. Sartre fühlte sich in Le Havre nicht wohl und strebte aus der Provinz ins Zentrum Paris. Es verwundert daher nicht, dass er Le Havre als atmosphärisches Modell für die Stadt Bouville (Drecksstadt) wählte, in der er seine Hauptfigur Antoine Roquentin im Roman *Der Ekel* ansiedelte.

1936 verfasste Sartre *Die Mauer*, eine Erzählung, welche die Ereignisse des Spanischen Bürgerkriegs zu ihrem Inhalt hat, und von der André Gide so begeistert war, dass er sie für die *Nouvelle Revue Française* annahm. Dieser Bürgerkrieg und die dabei offenkundig werdenden massiven Konflikte und Kämpfe zwischen den Verteidigern der Spanischen Republik (an ihrer Seite kämpften die internationalen Brigaden, bei denen viele Intellektuelle aus ganz Europa beteiligt waren) einerseits und den Anhängern des nationalistisch und faschistisch orientierten Francisco Franco andererseits führten bei Sartre und de Beauvoir zu einer ersten Phase der Politisierung. Beide ahnten und erkannten nun beginnend die Gefahren, die vom Faschismus für Europa ausgingen. Hitler unterstützte Franco mit der Fliegerstaffel Legion Condor, die geheim sowie ohne Uniformen und deutsche Hoheitszeichen eingesetzt wurde und 1937 die Stadt Guernica bombardierte – ein terroristisches Verbrechen gegen die Zivilbevölkerung, das Pablo Picasso in seinem berühmten Bild *Guernica* als schreiende Anklage festgehalten hat.

Ebenfalls 1936 gab Sartre seine Abhandlung über *Das Imaginäre* heraus, die von der Phänomenologie Husserls geprägt ist und ein basales anthropologisches Problem (die Vorstellungskraft) zu ihrem Inhalt hat. Außerdem begann er damals an der Roman-Tetralogie *Die Wege der Freiheit* zu schreiben, deren vierter Band allerdings Fragment geblieben ist.

La guerre drôle – der komische Krieg Wie sehr Sartre in jenen Jahren von politischer Wachheit und nüchterner Urteilskraft noch entfernt war, lässt ein Brief offenkundig werden, der an seine damalige Freundin Louise Védrine gerichtet war, und in dem er der Empfängerin wie auch sich selbst Beruhigung in Bezug auf die sich zuspitzende Eskalation in Deutschland und Europa zu vermitteln suchte:

> „Hab Vertrauen. Hitler kann unmöglich einen Krieg anzetteln bei der Einstellung der deutschen Bevölkerung. Das ist Bluff. Man geht vielleicht bis zur allgemeinen Mobilmachung, aber jetzt ist der richtige Moment, Dich an den Satz zu erinnern – der zu seiner Zeit übrigens unglücklich war: Mobilisierung heißt nicht Krieg (Sartre 1988)."

Nur wenige Stunden, nachdem Sartre diese Briefzeilen verschickt hatte, ließ Hitler am Morgen des 1. September 1939 Polen überfallen; mit diesem offiziell als bloße Strafaktion bezeichneten Waffengang wurde der Zweite Weltkrieg ausgelöst, der beinahe sechs Jahre dauerte und nicht zu ermessendes Leid sowie weit über 60 Millionen Tote als Opfer hinterließ.

Frankreich erklärte mit Großbritannien zwei Tage nach dem deutschen Überfall auf Polen dem Deutschen Reich den Krieg; für Sartre war dies gleichbedeutend mit seinem Einberufungsbefehl zum französischen Heer. Zunächst war er im Elsass stationiert, wo er in seiner Meteorologen-Funktion viel freie Zeit hatte. Er wurde, wie er selbst sagte, zum Kriegsgewinnler, indem er täglich fast zwanzig Seiten Text für seine Bücher und Abhandlungen entwarf. Dazu kamen Briefe an de Beauvoir sowie an manche junge Geliebte.

Tag für Tag saß Sartre im Mannschaftsraum, umgeben von kartenspielenden, diskutierenden und nicht selten auch betrunkenen Soldaten, und schrieb seine Texte. Man respektierte seine Schriftstellerexistenz, und teilweise wurde sie auch ein wenig bewundert. Ein Hauptmann allerdings fragte ihn

4 Jean-Paul Sartre – das Sein mit der Schlinge der Sprache einfangen

kritisch, was er denn da alles schreibe. Als Sartre erwiderte, dass es sich um einen Roman handele, wollte der Hauptmann wissen, ob darin Frauen in eindeutigen Situationen vorkämen (*les femmes sont-elles baisées?*). Nachdem Sartre dies bestätigte, war's der literaturbeflissene Offizier zufrieden und zog ab.

An der Front zwischen Deutschland und Frankreich war lange *la guerre drôle*, der komische Krieg zu beobachten. Die Armeen belagerten sich dabei diesseits und jenseits des Rheins, und ... es geschah nichts. Langsam gewöhnten sich beide Seiten an diese Untätigkeit und glaubten und hofften, sie würde wohl dauernd. Im Mai 1940 jedoch schlugen die Deutschen los und besiegten Frankreich in nur sechs Wochen. Sartre war in keine der Kampfhandlungen verwickelt; seine Einheit wurde *in globo* gefangengenommen, nachdem sich einige ihrer Offiziere vorsorglich von ihr abgesetzt hatten. Im August 1940 wurde der Autor mit vielen anderen in ein Kriegsgefangenenlager bei Trier überstellt, wo er fast ein Jahr lang blieb.

Die neue Situation war zunächst schwierig und besserte sich jedoch für Sartre, der leidlich gut deutsch sprach, nachdem er als Dolmetscher fungieren konnte. Er freundete sich mit einigen Priestern an, die derart gebildet waren, dass er mit ihnen lebhaft diskutieren konnte; für sie und andere Gefangene hielt er Vorträge etwa über Rilke, Malraux, Heidegger. Aufgrund dieser Aktivitäten wurde er den Künstlern zugeteilt, die von den Deutschen sogar ein kleines Gehalt bekamen, weil sie die Gefangenen bei guter Stimmung halten sollten.

Als Weihnachten 1940 in Sicht kam, schlug Sartre den Priestern vor, er wolle ein Mysterien-Spiel schreiben, mit dem die Mitternachtsmesse abschließen könne. Da die meisten begeistert waren, machte Sartre seine ersten Erfahrungen als Bühnenautor. Er verfasste ein Stück mit dem Titel *Bariona oder Der Sohn des Donners*. Dieses Schauspiel griff zurück auf den 24. Dezember in der Zeit von Christi Geburt in der Gegend von Bethlehem. Die Römer hielten damals das Land besetzt, drückten es mit gewaltigen Steuern und übten bisweilen Terror aus.

Bariona ist ein Mann, der als Dorfoberhaupt von der Geburt Christi hört und vermutet, dass dieses angebliche Gotteskind die Bevölkerung zur Unterwürfigkeit verleiten wird. Daher macht er sich auf, um das Christuskind zu töten. Er trifft auf die Heiligen drei Könige und wird dadurch umgestimmt. Denn nunmehr dämmert ihm, dass vielleicht eine neue Religion ins Leben gerufen wird, die durch die Predigt der Demut und der Unterwürfigkeit das Römische Reich zerrütten kann.

So bejaht Bariona das Christentum aus Feindschaft gegenüber den Römern, und in gewisser Weise predigt dieses erste Stück Sartres bereits den Geist der Revolte. Unterschwellig vermittelte es seinem Publikum, dass man immer Möglichkeiten des Widerstandes gegen Herrschaft jeglicher Art besitzt – was seinerzeit sehr leicht als die Herrschaft der Deutschen über Frankreich sowie die französischen Kriegsgefangenen interpretiert werden konnte. Eigentümlicherweise war der deutsche Zensor mit dem Stück einverstanden; Sartre schrieb später über *Bariona*, dass die Deutschen den Gesandten Roms in Jerusalem als die Engländer in ihren Kolonien (und damit natürlich auch das gesamte Stück) komplett missverstanden und daher gegen die Aufführung von *Bariona* nichts einzuwenden hatten.

Das Stück wurde an den Weihnachtstagen 1940 uraufgeführt und hatte, da sich unter den Gefangenen halbprofessionelle Schauspieler befanden, durchaus Erfolg; Sartre selbst spielte den König Balthasar. Den einzelnen Rollen legte er manche Gedanken ins Gemüt, die erst später in seiner Philosophie ausführlich erläutert wurden. So belehrte er sein Publikum, dass der Mensch eine Zukunft habe, solange er nicht den Mut verliere. Darüber hinaus sei jeder für sich selbst verantwortlich; auch das Motiv der Freiheit tauchte in *Bariona* bereits auf:

> „Balthasar (zu Bariona): Du sagtest mir vorhin, dass Gott nichts vermag gegen die Freiheit des Menschen, und das ist wahr. Aber wie denn? Eine neue Freiheit wird sich in den Himmel erheben wie ein großer eherner Pfeiler ... (Sartre 1991)."

Bariona wurde vom Publikum gut aufgenommen, und Sartre hatte die Genugtuung zu sehen, dass er durch die Bühne unmittelbar auf Menschen einwirken konnte. Um seine Theologenfreunde zufriedenzustellen, nahm er an der Messe teil und sang im frommen Chor mit. Als er später seinen Atheismus zum zentralen Inhalt seiner Lehre machte, verwiesen manche auf *Bariona* und meinten, in diesem Stück habe der Autor gezeigt, dass er religiöse Restbestände in sich trage. Sartre hatte das Mysterienspiel jedoch genutzt, um unter der Maske des biblischen Erzählers seine revoltierend-philosophische Botschaft an den Mann zu bringen.

1941 gelang Sartre die Flucht aus dem Gefangenenlager, und er kehrte nach Paris zurück. Dort gründete er die Widerstandsgruppe *Sozialismus und Freiheit*, die jedoch nur kurze Zeit aktiv war und sich bald auflöste. Diese Widerstandsgruppe bestand aus recht unterschiedlichen Mitgliedern: Radikalisten, bedingungslosen Anhängern von Attentaten, nachdenklichen Intellektuellen (etwa Merleau-Ponty), überzeugten Marxisten, dilettantischen Bombenbastlern, Flugblattverfassern und Plakateklebern. Was alle Mitglieder dieser Gruppierung vereinte war ihre feste Überzeugung, gegen die deutschen Besatzer ebenso wie gegen die französischen Kollaborateure vorgehen zu wol-

4 Jean-Paul Sartre – das Sein mit der Schlinge der Sprache einfangen

len und zu müssen; über das Wie des Widerstands wurde allerdings heftig gestritten, und daher war der agilen Truppe nur eine kurze Zeitspanne des aktiven Eingreifens im Rahmen der *Résistance* vergönnt: „Unsere kleine Einheit, aus dem Enthusiasmus geboren, bekam das Fieber und starb ein Jahr später, weil sie nicht wusste, was tun (Sartre 1988)."

Das Sein, das Nichts und Der Ekel Im von den deutschen Truppen besetzten Paris arbeitete Sartre unverdrossen weiter an philosophischen und literarischen Texten. 1943 erschien sein erstes Hauptwerk *Das Sein und das Nichts*; zuvor konnte er das Theaterstück *Die Fliegen* (1943) beenden – ein Drama, dessen Aussage wie eine Aufforderung an die französischen Landsleute wirkte, die eigene Freiheit zu wagen. Daneben schloss er das Filmdrehbuch *Das Spiel ist aus* (1947) ebenso wie das Stück *Geschlossene Gesellschaft* (1944) ab.

Nach der Befreiung von Paris im Sommer 1944 ließ sich Sartre, der inzwischen von seiner Schriftstellerei lebte, aus dem Schuldienst entlassen. Zusammen mit Merleau-Ponty gründete er die Zeitschrift *Les Temps Modernes*; der Titel erinnerte an Charlie Chaplins berühmten Film *Moderne Zeiten* (1936). Die Begegnung mit Merleau-Ponty geriet zur Initialzündung für das, was Sartre später ein „Zerwürfnis, das nicht stattgefunden hat, unsere Freundschaft" genannt hat. In ihrer Beziehung dominierten lange Zeit Gemeinsamkeiten und gegenseitige literarische, politische, künstlerische und philosophische Befruchtung. Sartre und Merleau-Ponty standen sich damals derart nahe, dass sie die jeweiligen Leitartikel des anderen beinahe blind mittrugen; sie wurden deshalb lediglich mit einem *T.M.* (*Temps Modernes*) unterzeichnet.

In den Nachkriegsjahren wurde Sartre zu *dem* tonangebenden französischen Intellektuellen. 1946 veröffentlichte er *Der Existenzialismus ist ein Humanismus*; zusammen mit *Das Sein und das Nichts* bildete dieser Text das philosophische Fundament für jene populär gewordene Lebens- und Weltanschauung, die man Existenzialismus nannte. Sartre war über diesen Ismus nicht glücklich, da er seine Gedankenwelt als strenge Philosophie ansah. Eine seiner Kernaussagen bestand darin, dass der Mensch zufällig in die Verhältnisse seiner Existenz hineingeboren wird und aktiv versuchen muss, seinem Dasein einen Sinn zu geben.

In *Das Sein und das Nichts*, untertitelt mit *Versuch einer phänomenologischen Ontologie*, rollte Sartre mit den Mitteln der Phänomenologie die Seinsfrage auf. Er unterschied zwei Seinsweisen, wobei er sich der Terminologie von Hegel bediente, nämlich das An-sich-Sein und das Für-sich-Sein. Der erstere Begriff bezeichnete bei Hegel die materielle Welt als kompakt, ohne Innerlichkeit und ohne Beziehung zu sich selbst. Sartre charakterisierte das An-sich-Sein entsprechend lakonisch:

> „Tatsächlich ist das Sein sich selbst opak, eben weil es von sich selbst erfüllt ist. Das drücken wir besser aus, wenn wir sagen, *das Sein ist das, was es ist* (Sartre 1993)."

Sehr anders jedoch ist nach Sartre das Für-sich-Sein beschaffen. Als menschliches Bewusstsein ist es im Gegensatz zum An-sich-Sein nicht opak (undurchdringlich, fest, dicht), sondern luzide (klar, durchsichtig, zart, zerbrechlich). Das Für-sich weiß um sich und erlebt eine innere Entwicklung. Es ist dauernd bezogen auf das An-sich-Sein, das seine Existenzbasis ist – jedes Für-sich wird, obwohl es eine eigene Seins-Region darstellt, stets durch ein An-sich bedingt. Die Welt (das An-sich) kann ohne das menschliche Bewusstsein bestehen; umgekehrt aber braucht das Für-sich die Welt, da es nur als Bezogen-Sein auf sie existiert.

Sartre nannte das Für-sich einen Riss im Sein, eine Art Nichts, das zu allen Objekten materieller, biologischer, psychischer Natur eine Distanz aufweist. Das Für-sich, das Bewusstsein, *ist* nicht (so wie etwa die Dinge sind) – es *existiert*, denn es hält immer Distanz zum Sein und auch zu sich selbst. Das Für-sich ist zwar frei, weist aber im Vergleich zum An-sich einen Seins-Mangel auf. Dies führt dazu, dass das Für-sich stets Seins-Begierde kennt, die nie wirklich befriedigt wird. Es ist daher verständlich, dass der Mensch am liebsten für-sich (also frei) *und* an-sich (also unzerstörbar) wäre. Diese Kombination von Attributen kommt der Überlieferung nach jedoch nur Gott zu, und so erklärt sich die Formulierung Sartres, der Mensch sei „grundlegend Begierde, Gott zu sein."

Weil das menschliche Bewusstsein in der Regel die Qualitäten des Luziden aufweist, war es für Sartre nicht verwunderlich, wenn es dem kompakten An-sich-Sein gegenüber Empfindungen von Angst, Ohnmacht oder Überdruss entwickelt. Letzterer bildete den Ausgangspunkt für den Roman *Der Ekel*, der mittels epischer Methoden jene Existenzdeutung bieten sollte, wie sie in *Das Sein und das Nichts* auf philosophischer Ebene realisiert wurde.

Die Hauptperson des Romans, der Schriftsteller Antoine Roquentin, scheint die Hauptaussagen von *Das Sein und das Nichts* vorauszuahnen. Er erlebt existenzielle Krisen, die ihn darin bestärken, das Dasein als sinnwidrig zu empfinden. Die ganze bürgerliche Gesellschaft um ihn her hat sich in einem unbefriedigenden *Status quo* eingerichtet; selbst die Natur erscheint Roquentin als wenig attraktiv und sinnvoll. Angesichts der Fülle der Naturschönheiten überfallen ihn merkwürdige Distanz- und Ekelempfindungen vor der

4 Jean-Paul Sartre – das Sein mit der Schlinge der Sprache einfangen

belebten Materie. Er sieht einen Kastanienbaum, und dabei wird ihm deutlich, dass die Natur an wuchernden Existenzen überquillt, denen das menschliche Bewusstsein in seiner Fragilität nicht gewachsen ist:

„Die Wurzel des Kastanienbaums bohrte sich in die Erde, genau unter meiner Bank. Ich erinnerte mich nicht mehr, dass es eine Wurzel war. Die Wörter waren verschwunden und mit ihnen die Bedeutung der Dinge, ihre Verwendungsweisen, die schwachen Markierungen, die die Menschen auf ihrer Oberfläche eingezeichnet haben … Die Vielfalt der Dinge, ihre Individualität waren nur Schein, Firnis. Dieser Firnis war geschmolzen, zurück blieben monströse und wabbelige Massen, ungeordnet – nackt, von einer erschreckenden und obszönen Nacktheit (Sartre 1981)."

Diesen Ekelaffekt Roquentins erhob Sartre analog der Angst bei Heidegger in den Rang einer Grundbefindlichkeit des Daseins, worin die *Conditio humana* erkennbar wird. Ekel ist die Antwort auf das Faktum, dass der Mensch in der Welt heimatlos und ungeborgen ist – oder in Sartres Worten: „Das Sein ist *zuviel*." Es überwältigt das Bewusstsein, das bei der Menge von Erscheinungen des An-sich an wuchernde Klebrigkeit erinnert wird. Weil aber das Für-sich stets Freiheit ist und bleiben will, sind ihm alle Formen der Arretierung in Situationen zuwider – es ekelt sich.

Nun könnte man meinen, dass ein Meiden von Situationen die Freiheit des Für-sich garantiert. Sartre verwies jedoch darauf, dass sich Freiheit nur innerhalb von Situationen ereignet. Situation ist definiert als Verschränkung des Einzelnen mit den Mitmenschen und der Welt. Wer phobisch Situationen umgeht, wähnt sich lediglich frei, kann aber Freiheit niemals realisieren:

„So ahnen wir langsam das Paradox der Freiheit: es gibt Freiheit nur *in Situation*, und es gibt Situation nur durch die Freiheit. Die menschliche Realität begegnet überall Widerständen und Hindernissen, die sie nicht geschaffen hat; aber diese Widerstände und Hindernisse haben Sinn nur in der freien Wahl und durch die freie Wahl, die die menschliche Realität *ist* (Sartre 1993)."

Es gibt im Leben der Menschen jedoch immer wieder Situationen, die ihnen als zu bedrängend, klebrig, einengend erscheinen, als dass sie sich mit ihnen anfreunden könnten. Wenn sie aufgrund des Widrigkeitskoeffizienten nicht in der Lage sind, die Verhältnisse zu verändern, bleibt ihnen nach Sartre der Ausweg in die Fantasie: „Der Mensch gleicht entweichendem Gas, er strebt hinaus ins Imaginäre" (Sartre 1971). Menschen kennen Formen der Fantasietätigkeit, die vom Tag- und Nachttraum über illusionäre Verkennung bis zum künstlerischen Schöpfertum, zu Kunst und zur Ästhetik reichen – die Sartre in *Das Imaginäre* (1940) souverän erläutert hat.

Herrschaft, Knechtschaft und der Blick Für ihn stand fest, dass diese Themen mit der menschlichen Fantasie und ihrem Freiheitsspielraum verknüpft sind. Seit jeher spricht man vom Möglichkeitssinn des Menschen: Weil wir imaginieren können, eröffnen sich uns die Freiheitsgrade des Vorstellens und kreativen Schaffens. Kunst bedeutete für Sartre eine produktive, originelle Antwort auf die Zufälligkeit des Seins. Das Kunstwerk erscheint als etwas Freies, Notwendiges in einer unfreien und kontingenten (zufälligen) Umgebung; seine Substanz spiegelt, wenn es echt, ursprünglich gelingt, die Freiheit und Selbstbestimmung des Künstlers wider.

Die Kunsttheorie Sartres mündet in die Aufforderung, dass Menschen ihrem Authentizitätsmangel des Alltags entrinnen sollen. Kunstschaffende kämpfen oft gegen Erstarrungen und Kollektivismen an; sie wollen die Welt so sehen, hören und empfinden, wie es ihrer Individualität entspricht. Weil ihnen die Maßstäbe der Majorität nicht selten ein Gräuel sind, gaben sie für den Autor Modelle ab für ein Menschsein, das sich in Freiheit selbst entwirft und neu erschafft.

Eine weitere Variante menschlicher Freiheit wird nach Sartre in der Fähigkeit des Für-sich zur Verneinung offenkundig. Das Bewusstsein kann Fragen stellen, zweifeln, Skepsis entwickeln oder ergreifend nein sagen. Anders als alle anderen Lebewesen, die auf die Reize ihrer Umwelt immer nur bejahend reagieren, verfügt der Mensch über die Möglichkeit des Negierens oder (wie Sartre es ausdrückte) des Nichtens. Die Verneinung ist eine Erscheinungsform des Nichts, und das Für-sich wirkt daher wie eine Lücke im ansonsten fest geschlossenen An-sich der Welt. Sartre charakterisierte in diesem Zusammenhang das Bewusstsein sinngemäß mit der Formel: „Es nistet im Herzen des Seins wie ein Wurm im Apfel."

Eine andere Konsequenz der Freiheit besteht in der Notwendigkeit, Entwürfe für unsere eigene Existenz wählen zu müssen. Sartre zufolge ist der Mensch im Gegensatz zu Tieren und Pflanzen durch die Geburt wesensmäßig nicht vollständig festgelegt. Es besteht ein zugegebenermaßen kleiner Spielraum der Entscheidung, wer und wie wir in unserem Dasein sein und werden wollen. Dieser Aufgabe der Selbstgestaltung begegnet der Mensch bereits in den ersten Lebensjahren. Lange bevor er als Erwachsener rationale Entscheidungen trifft, hat er als Kind intuitiv einen bildhaft-emotionalen Plan vorschweben, wie er später sein Dasein bestehen könnte. Diese Urwahl findet auf einer prälogischen und nonverbalen Ebene statt; sie legt nahe, dass der

4 Jean-Paul Sartre – das Sein mit der Schlinge der Sprache einfangen

Mensch zuerst existiert, um nach und nach mittels seines Handelns zu entscheiden, welche Essenz er seiner Existenz verleiht:

> „Der atheistische Existentialismus … erklärt: Wenn Gott nicht existiert, so gibt es zumindest ein Wesen, bei dem die Existenz der Essenz vorausgeht, ein Wesen, das existiert, bevor es durch irgendeinen Begriff definiert werden kann, und dieses Wesen ist der Mensch oder … das Dasein. Was bedeutet hier, dass die Existenz der Essenz vorausgeht? Es bedeutet, dass der Mensch erst existiert, auf sich trifft, in die Welt eintritt, und sich erst dann definiert … Der Mensch ist nichts anderes als das, wozu er sich macht (Sartre 2000)."

Sartres Anthropologie kennt keine fixierte menschliche Natur. Das Wesen des Menschen ist weder festgelegt noch unabänderlich; vielmehr schafft jeder Mensch seine eigene Essenz und entwirft sich damit modellhaft für seine Mitmenschen. Dem Philosophen zufolge darf man anerkennen, dass jeder den Aufbau seiner Persönlichkeit in verantwortlicher Weise mitgestaltet. Trotz der vielen zufälligen epochalen, sozialen, ökonomischen, biologischen und familiären Determinanten nehmen wir zu allen Gegebenheiten unserer Existenz stets Stellung und formen uns damit selbst. Daher sollten Menschen niemals nur die Macht der Umstände anklagen oder beschwören, wenn sie bei sich Mängel oder Deformationen im Aufbau von Persönlichkeit und Charakter bemerken oder wenn ihr Lebenslauf nicht ihren Wünschen entspricht.

Greifen sie diesbezüglich zu Argumenten wie Vererbung, ungute Erziehung, widrige Umstände, undurchschaubare Beeinflussung durch schicksalhafte Mächte oder die Ungunst der Mitmenschen, besteht der Verdacht, dass die Betreffenden womöglich sich selbst etwas vormachen. Sartre bezeichnete diese Lebenslügen auch als *mauvaise foi* (Unaufrichtigkeit); bei ihr wird die menschliche Wahlfreiheit mehr oder minder preisgegeben.

In seiner *Skizze einer Theorie der Emotionen* (1939) verwies Sartre auf eine spezielle Spielart von *mauvaise foi*: auf die Affekte. Wenn dem Einzelnen die Widerstände seiner Welt als unüberwindbar erscheinen, und wenn ihm der Mut und die Fähigkeiten fehlen, die Verhältnisse aktiv zu verändern, kann er immer noch *via* Emotionen die Welt zumindest in seinem Erleben magisch so lange modifizieren, bis sie zu seinen aktuellen Vorstellungen und Möglichkeiten zu passen scheint:

> „Emotionen werden wir einen abrupten Sturz des Bewusstseins ins Magische nennen. Oder, wenn man lieber will, es kommt zu einer Emotion, wenn die Welt der Utensilien abrupt verschwindet und an ihrer Stelle die magische Welt erscheint. Man darf also in der Emotion nicht eine vorübergehende Störung des

Organismus und des Geistes sehen, die das psychische Leben *von außen* durcheinander brächte … Die Emotion ist kein Vorfall, sie ist ein Existenzmodus des Bewusstseins (Sartre 1982)."

Als Adressaten von Emotionen gelten in der Regel die Mitmenschen, womit die soziale Welt in Sicht gekommen ist. In *Das Sein und das Nichts* widmete sich Sartre ausführlich diesem Thema und lieferte eine viel beachtete Sozialanthropologie, die von Medizinern (so etwa von Psychiatern und Psychotherapeuten) ebenso wie von Psychologen und Soziologen aufgenommen und weiterentwickelt wurde.

Unter der Überschrift *Das Für-andere* handelte der Autor auf über zweihundert Druckseiten viele Varianten der Zwischenmenschlichkeit ab. Manche Sartre-Experten meinen, dass es sich bei diesen Ausführungen um den Hauptteil von *Das Sein und das Nichts* handelt, in dem es dem Verfasser gelungen ist, alle Argumente des Solipsismus zu widerlegen und das Faktum der Zwischenmenschlichkeit als gewichtiges Anthropinon zu würdigen. Sartre ging von der Hegelschen Schilderung zwischenmenschlicher Beziehungen aus, die dieser in *Phänomenologie des Geistes* (1807) im Kapitel *Herrschaft und Knechtschaft* hellsichtig erörtert hat. Man nimmt an, dass Hegel seinerseits durch den Roman *Jakob, der Fatalist, und sein Herr* (1775) von Denis Diderot zu seinen Überlegungen angeregt wurde.

Hegel zufolge kommt es beim Zusammentreffen von Menschen unwillkürlich zu einem Kampf der Selbstbewusstseine der Beteiligten. Als überlegener Herr erweist sich in dieser Auseinandersetzung derjenige, dem die Freiheit wichtiger ist als das Leben. Umgekehrt gerät jeder in die Knechtrolle und damit in Situationen von Abhängigkeit und Unterlegenheit, wenn er sich partout ans Leben klammert und der Freiheit nur wenig Wert zuschreibt. Dieser Kampf um Überlegenheit ist nach Hegel überall anzutreffen. Lediglich in gelingenden Liebesbeziehungen gelten andere Gesetze: Liebe, so der Philosoph, ist die freiwillige Anerkennung des einen Bewusstseins durch das andere Bewusstsein und *vice versa*.

Sartre übernahm diese Hegelschen Gedanken, erweiterte sie um wesentliche sozialanthropologische Gesichtspunkte und erläuterte sie auf realitätsnahe und anschauliche Weise. Im Kapitel *Der Blick* führte er aus, dass sich jedermann als freies Subjekt und Mittelpunkt seiner Welt erlebt, solange er alleine ist. Sartre verwies als Beispiel auf die Situation eines einsamen Spaziergängers in einem Park: Er betrachtet die Schönheiten der Natur und entwickelt dabei Empfindungen von Souveränität und überlegenem Subjekt-Sein in Bezug auf die Welt.

4 Jean-Paul Sartre – das Sein mit der Schlinge der Sprache einfangen

Dieses Empfinden ändert sich, sobald ein anderer Mensch auftaucht. Wenn jener den einsamen Spaziergänger erblickt, ist dieser nicht mehr das alleinige Subjekt, sondern wird zum taxierten Objekt für den anderen. Die Rollen von Subjekt und Objekt wurden jählings vertauscht, und mit ihnen das Erleben von Macht, Mittelpunktstellung und Dominanz. Es kommt zum „Auslaufen" des eigenen Subjekt-Seins hin zum Pol des anderen Subjekts und damit zu einer Art Entfremdung (*aliénation*).

Erblickt ein Subjekt irgendwelche Objekte, sind damit meist Beurteilungen und Bewertungen verbunden, und nicht selten resultieren aus dem Blick Abwertung oder Entwertung. Im Zusammentreffen zweier oder mehrerer Personen geht es deshalb stets um die Frage, wer die Subjektrolle erobert und wer sich in die Objektrolle schicken muss. Diese Spannung und dieses Ringen um die Rolle des freien und blickenden Subjekts durchzieht die gesamte Welt des Sozialen. Um nicht selbst zum Objekt, zum Es und zum bloßen Ding vergegenständlicht zu werden, versucht daher jeder, möglichst rasch den anderen zu verobjektivieren:

„Die Objektivierung des Anderen ist … eine Verteidigung meines Seins, das mich gerade von meinem Sein für Andere befreit, indem es dem Andern ein Sein für mich verleiht (Sartre 1993)."

Beispiele für diese Dynamik finden sich im Sozial- und Kulturleben der Menschen zuhauf. Man denke nur daran, dass in vielen Religionen ein Verbot besteht, sich ein Bild der Gottheit zu machen – das Bild würde den Gott zum betrachteten Objekt machen und damit seine absolute Subjektrolle relativieren. In früheren und leider auch in manchen heutigen Gesellschaften war und ist es des Weiteren üblich, dass sich Sklaven, Diener, Frauen und Kinder in der Öffentlichkeit nur mit gesenktem Blick bewegen durften und dürfen – damit wurden und werden sie als Objekte definiert, ohne dass ihnen im Gegenzug die Möglichkeit eröffnet worden wäre oder wird, selbst in die Rolle eines blickenden Subjekts zu schlüpfen.

Vor allem in Liebesbeziehungen und in Freundschaften wird jedoch der Andere zu einem Du, dessen Fremdheit und Freiheit mit Sympathie und Zustimmung betrachtet wird. Man reduziert ihn nicht auf seinen Ist-Bestand und seine realen oder vermeintlichen Defizite, sondern räumt ihm Möglichkeiten von Wachstum und Entwicklung ein. Sartre betonte, dass nur die wechselseitige Gewährung von Freiheit ein dauerhaft liebendes Miteinander begründet:

„In der Liebe will der Liebende … für den Geliebten ‚alles auf der Welt' sein: Das bedeutet, dass er sich auf die Seite der Welt stellt; er ist das, was die Welt zusammenfasst und symbolisiert, er ist ein *Dieses*, was alle anderen ‚Dieses' umschließt, er ist *Objekt* und willigt ein, es zu sein. Doch andererseits will er das Objekt sein, in dem sich zu verlieren die Freiheit des Andern einwilligt, das Objekt, in dem der andere sein Sein und seinen Seins-Grund als seine sekundäre Faktizität zu finden einwilligt (Sartre 1993)."

Eros, Sexus und der Leib Selten ergeben sich zwischenmenschliche Beziehungen, in denen die Beteiligten freiwillig bereit sind, ihre Freiheit durch ein Gegenüber begrenzen zu lassen. Viel häufiger trifft man auf die hinlänglich bekannten Herr-Knecht- oder Subjekt-Objekt-Relationen, die zu vielfältigen Konflikten zwischen den Menschen führen und das Dasein außerordentlich verkomplizieren.

Eine weitere Erschwerung des menschlichen Lebens bedeutet das Faktum, dass jedes Bewusstsein untrennbar mit seinem Leib verknüpft ist. Dieser bildet als ein An-sich-Sein das materiell-biologische Fundament, auf welchem das Für-sich-Sein existiert. Es ist den Menschen seit jeher schwergefallen, sich mit dieser Situation zu arrangieren. Seit den Anfängen der Geschichte gibt es den Kampf gegen den Leib, als ob dieser ein Feind der Seele und des Bewusstseins wäre. Der eigene Körper mit seinen Bedürfnissen und Eigengesetzlichkeiten wurde und wird häufig als Zumutung oder Kränkung für das stolze und vermeintlich autonome Für-sich-Sein erlebt und entsprechend herablassend behandelt. Dass das menschliche Bewusstsein von so banalen Molekülen wie Blutsalzen, Fetten, Kohlenhydraten und Proteinen abhängen soll und sogar fundiert wird, hat *Homo sapiens* bis heute kaum verwunden.

Die Medizin kennt seit langem das Krankheitsbild der Magersucht, der Anorexia nervosa. Dabei weigern sich bevorzugt junge Mädchen beharrlich, Nahrung zu sich zu nehmen, selbst wenn sie einen massiven Gewichtsverlust in Kauf nehmen. Als ein Motiv neben anderen für ihr Verhalten findet man bei vielen Betroffenen, dass sie damit ihrer Ablehnung von Materie, Körperlichkeit und Natur (An-sich-Sein) sowie der angeblichen Autonomie ihres Bewusstseins (Für-sich-Sein) Ausdruck verleihen. Überträgt man diese Befunde auf die gesamte Menschheit, gelten in gewisser Weise viele Menschen als magersüchtig im Sinne von Entwertung der leiblich-organismischen Basis ihrer Existenz bei gleichzeitiger maßlos-hybrider Überschätzung ihrer Bewusstseinsmöglichkeiten, die sie als beinahe unbegrenzt und unabhängig einschätzen.

4 Jean-Paul Sartre – das Sein mit der Schlinge der Sprache einfangen

Dies traf analog auf nicht wenige Denker der Vergangenheit zu, die in ihren philosophischen Schriften der Ratio des Menschen breiten Raum zugestanden haben, seinen Leib hingegen völlig oder weitgehend vernachlässigten. Umso höher ist daher Sartres Leistung zu würdigen, der in *Das Sein und das Nichts* den Leib im vollen Umfang einer phänomenologischen Betrachtungsweise zugänglich gemacht hat. Weder Husserl noch Heidegger hatten sich an diese Aufgabe herangewagt. Parallel zu Sartre war es in Frankreich vor allem Merleau-Ponty, der mit ähnlicher Entschiedenheit den menschlichen Organismus in den Rang eines philosophischen Topos erhoben hat.

Seit *Das Sein und das Nichts* wurden zahlreiche weitere Studien über den Leib sowie sein Verhalten und seine Anomalien veröffentlicht. Sartres Beschreibungen der Leiblichkeit umfassen Analysen zu Schmerz, Müdigkeit, Schlaf und in Andeutungen auch zu somatischen Krankheiten. Besonders in Krankheitszuständen bemerken Menschen ihren Leib und beginnen, über ihn nachzudenken oder sich (in Maßen) mit ihm zu beschäftigen. Normalerweise aber haben wir, solange wir gesund sind, wenig Veranlassung, unser biologisches Fundament zum Thema von Reflexionen zu machen:

„Das Bewusstsein (von dem) Körper ist lateral und retrospektiv; der Körper ist das *Unbeachtete*, das ‚mit Stillschweigen Übergangene', und doch ist er das, was das Bewusstsein *ist*; es ist sogar nichts anderes als Körper, der Rest ist Nichts und Schweigen (Sartre 1993)."

In *Theorie der Emotionen* hatte Sartre darauf verwiesen, dass in Notlagen der Existenz für die Betreffenden die Möglichkeit besteht, die anstehenden Probleme durch Mobilisation von Affekten auszuklammern oder zu lösen. Bei diesem (wie Sartre es nannte) magischen Vorgang kommt es zu einer Regression in den Leib. Greift der Mensch auf seine Leiblichkeit zurück und wird affektiv, erhöht sich sein subjektives Machtpotenzial. Außerdem erleichtert dies die Durchsetzung von Eigeninteressen im sozialen Raum, da Affekte aufgrund der starken Beteiligung des gesamten Organismus die Mitmenschen beeindrucken. Ähnliches beobachten wir bei Krankheiten, in denen sich der Körper in den Vordergrund des Erlebens schiebt. Aus einem unbeachteten, stillschweigenden Leib wird ein lärmiges und nicht zu übersehendes Geschehen, das in den Fokus der Aufmerksamkeit für das eigene Bewusstsein wie auch für dasjenige der anderen rückt. Alleine dadurch kann ein in seinem Selbstwert wankender Mensch etwas stabilisiert werden.

Doch nicht nur in Situationen wie Krankheit, Müdigkeit und Schmerz bemerken wir, dass wir leibhaftig sind. Daneben bedeutet die Sexualität eine exquisite und – falls sie gelingt – überwältigend schöne Möglichkeit, sich der eigenen und der Körperlichkeit des anderen zu vergewissern. In *Das Sein und das Nichts* widmete sich Sartre dieser Thematik in gebührend intensivem Ausmaß. Für ihn war der Sexus in die leib-seelische Kommunikation zweier Menschen eingebettet. Das Du bedeutete ihm kein vorrangiges Sexualobjekt, sondern eine Person, der wir uns liebend und begehrend zuwenden. Weil verschiedene Qualitäten des Gegenübers unsere Bewunderung erregen, verspüren wir den Wunsch, uns ihm auf möglichst allen Ebenen unseres Seins und damit auch auf der leiblichen zu nähern.

Dem Koitus ist in der Regel die Zärtlichkeit vorgeordnet, welche die in die Welt verstreute Aufmerksamkeit der Beteiligten in ihren Körper zurückholen will. Sartre schilderte anschaulich, wie durch Streicheln, Küsse, Umarmungen der Weltkontakt des Für-Sich beider Sexualpartner eingeschränkt wird und dadurch nach und nach ihr Bewusstsein im Leib versinkt. Hinzu kommen bei der Sexualität die Phänomene von körperlicher Nacktheit und Begierde, die von Sartre als magisch eingeordnet wurden. Der eigene Leib wird im sexuellen Akt eingesetzt, um im Sexualpartner Leidenschaften zu wecken, die bei ihm umso größer werden, je mehr er spürt, dass auch sein Gegenüber die Freiheit des Für-sich-Seins aufgibt und stattdessen ganz Leib (An-sich-Sein) wird. Höhepunkt dieses sich gegenseitig in die Körperlichkeit Lockens ist der Orgasmus, den die Franzosen zu Recht als *petite mort* (kleinen Tod) bezeichnen, da sich in ihm das Für-sich-Sein für kurze Zeit im An-sich-Sein verliert.

Viel beachtet wurde auch Sartres Theorie der Paraphilien, die in mancherlei Aspekten von der psychoanalytischen Lehre abweicht. Für Sartre bedeuten die sexuellen Deviationen ein Ausweichen vor der totalen Kommunikation auf leib-seelischer Ebene. Weil ängstliche, selbstunsichere Menschen das Subjekt-Sein des Partners eventuell kaum ertragen, reduzieren sie unbewusst dessen Person-Sein. Zu diesem Zweck wünschen oder verlangen oder erzwingen sie in der jeweiligen Sexualpraxis ein mehr oder minder umfängliches Objekt-Sein des Partners.

Sartre demonstrierte die Tragweite seines Konzepts, indem er verschiedene sexuelle Deviationen wie Sadismus, Masochismus, Exhibitionismus, Voyeurismus auf die in ihnen enthaltenen existenziellen und sozialen Motive hin untersuchte. Bei diesen Paraphilien konnte er zeigen, wie sehr in ihnen eine Ich-Du-Beziehung Modifikationen erfährt. Die sexuelle Ekstase entsteht dabei als Beimengung und Ausdruck von Allmachtgefühlen zweier Subjekte, die aus Angst vor dem Objekt-Werden dialogische Formen der Zärtlichkeit und des Sexus (etwas) hintanstellen.

Überlegungen zur Judenfrage In den folgenden Jahren veröffentlichte Sartre am laufenden Band philosophische Traktate, Theaterstücke, Filmdrehbücher, Romane und Essays zu den verschiedensten Themen. 1947 etwa gab

4 Jean-Paul Sartre – das Sein mit der Schlinge der Sprache einfangen

er seine Studie über *Baudelaire* sowie die Essaysammlung *Situationen* heraus. Nebenbei hielt er viele Vorträge, in denen er seine atheistische Existenzphilosophie erläuterte. In Genf, der Stadt des Reformators Calvin, eröffnete er eine dort zu haltende Rede mit der schlichten Feststellung: *Dieu n'existe pas* (Gott existiert nicht).

1946 publizierte Sartre den Essay *Überlegungen zur Judenfrage*, dessen erster Teil bereits 1945 in *Les Temps Modernes* erschienen war. Mit diesem Text war er einer der ersten Intellektuellen Europas, die sich nach dem Holocaust öffentlich mit dem Genozid an den Juden sowie generell mit dem schon seit Jahrhunderten wiederholt auftretenden Antisemitismus auseinandersetzte. Dabei griff Sartre sowohl auf seine philosophischen Positionen (Existenzphilosophie) als auch auf sozialpsychologische und anthropologische Perspektiven zurück.

In gewisser Weise hatte sich der Autor bereits Ende der 1930er-Jahre mit dem Thema des Antisemitismus und darüber hinaus mit den Themen von Rassismus, Chauvinismus und autoritärem Charakter (Theodor W. Adorno) befasst. In der Erzählung *Kindheit eines Chefs* (1939) zeichnete Sartre den Weg eines Jungen und späteren Adoleszenten nach, der aufgrund seiner Identitätszweifel und massiven Unsicherheit anfällig für autoritär-aggressive Ideologien wird und sich schließlich als rechtsradikal-antisemitisch herausstellt; damit weist er beste weltanschauliche Voraussetzungen auf, das Unternehmen seines Vaters als Chef zu leiten.

Die Hauptfigur der Erzählung, Lucien Fleurier, ist ein schüchterner, feminin erzogener Junge, der als Sohn eines Fabrikbesitzers große Mühe hat, eine eigene männliche Identität zu entwickeln. Gleichzeitig spürt er, dass er seinem Vater nachfolgen, Chef von dessen Fabrik werden und in den Status eines Bourgeois einrücken soll. Die Pubertät potenziert seine Ängste und Zweifel, und er stellt fest: „Wer bin ich? Ich sehe den Schreibtisch an, ich sehe das Heft an. Ich heiße Lucien Fleurier, aber das ist nur ein Name… Ich weiß nicht, das hat keinen Sinn (Sartre 1985)."

Als Lucien die Bekanntschaft mit dem Schüler Lemordant macht, empfindet er diesen als imponierenden Kerl mit Selbstbewusstsein. Es kostet Lucien keinerlei Überwindungen, seine Unterschrift unter ein antisemitisches Pamphlet zu setzen, das ihm von Lemordant vorgelegt wird, und er erlebt Stolz und das Gegenteil seiner bisherigen Unsicherheiten, Ängste und Zweifel, als er seinen Namen in einer Zeitung liest, die den antisemitischen Appell abgedruckt hat. Zunehmend gerät Lucien in den Einflussbereich reaktionärer und antisemitischer Menschen, und bald schließt er sich den Camelots, einer rechtsradikalen Gruppierung an. Er hat Antisemitismus und Rassismus als narzisstische Abwehrmechanismen gegen seine inneren Ängste und Unsicherheiten entdeckt, und jetzt weiß er ziemlich genau, wer und was er ist: Nichtjude, Mitglied der guten und richtigen Rasse sowie voll- oder sogar überwertiger Repräsentant der Nation.

Lucien Fleurier ist das Musterbeispiel eines zutiefst verunsicherten und mit massiven Selbstzweifeln geplagten Menschen, der als Ausweg aus seiner Not auf kollektiv verfügbare und auf seit langem „bestens bewährte" Identitätsangebote zurückgreift – was ihm prompt Persönlichkeitsstabilisierung und Angstfreiheit beschert. Von nun an kann er ideologisch abgesichert und beglaubigt skrupellos Macht und Gewalt anbeten sowie Ohnmächtige und Rechtlose zu Opfern machen. Lucien löst seine Identitätsprobleme, indem er sich einer faschistischen und rassistischen Ideologie hingibt.

Dass solche Menschen kein Einzelfall sind, sondern in Gesellschaft und Politik oft einflussreiche Positionen einnehmen, machte Sartre auch in *Überlegungen zur Judenfrage* zum Gegenstand seiner Kritik – wobei er davor warnte, Antisemitismus lediglich als eine Ansicht oder Meinung gelten zu lassen: „Er ist vor allem eine *Leidenschaft*" (Sartre 1994). Menschen leben hinsichtlich ihrer Ich-Identität oftmals ähnlich wie Lucien Fleurier, und dementsprechend fragil und erschütterbar imponiert ihr Selbstwertempfinden. Angst, Unsicherheit und fundamentale Fragwürdigkeit des Daseins begleiten sie ständig als *Basso continuo*, und um diesen Generalbass nicht laut und hörbar werden zu lassen, greifen sie häufig zu einem Trick – sie übertragen ihre existenziellen Nöte schlicht auf andere: „Er (der Antisemit) hat gewählt, ganz draußen zu sein, sich niemals sich selbst zuzuwenden, nichts anderes zu sein als die Angst, die er anderen einflößt" (Sartre 1994).

Nach Sartre handelt es sich bei antisemitisch eingestellten Menschen um Individuen, deren Denken, Empfinden, Handeln in einer aggressiven Leidenschaft gründet: im Hass. Dieser richtet sich nicht nur gegen die diskriminierte Minderheit (in der Regel die Juden), sondern auch gegen Vernunft, Fortschritt, Innovation, Demokratie, Liberalität und Pluralität. Von einem autonomen Gewissen kann man beim Antisemiten kaum sprechen. Was er allenfalls besitzt, ist ein zwanghafter Konformismus, wobei er stolz darauf ist, dass er sich damit in Übereinstimmung mit weiten Kreisen der maßgeblichen und herrschenden Schichten oder aber der schweigenden Majorität befindet:

> „Er ist der Mensch der Massen; so klein er auch sein mag, vorsichtshalber duckt er sich noch, um nicht aus der Herde herauszuragen und sich plötzlich selbst gegenüberzustehen. Er hat sich zum Antisemiten gemacht, weil man das nicht ganz allein sein kann. Der Satz: „Ich hasse die Juden" gehört zu denen, die man in der Gruppe ausspricht; indem man ihn ausspricht, schließt man sich … einer Gemeinschaft an: derjenigen der Mittelmäßigen (Sartre 1994)."

4 Jean-Paul Sartre – das Sein mit der Schlinge der Sprache einfangen

Als basalen Grundzug antisemitischer Weltbilder vermutete Sartre das Bedürfnis von Menschen, vor ihren Zeitgenossen als fehlerlos, angstfrei, souverän, expansiv dastehen zu wollen. Alles, was Menschen menschlich macht – Neigungen, Impulse und Bedürfnisse, Fantasien, Affekte, Überlegenheitsattitüden, Schwächen –, all das soll im Juden kondensiert und konzentriert vorhanden sein und bekämpft werden. Juden als „Bazillus, Infektionsherd, Luftverschmutzer" bedeuten für Antisemiten ein ökologisches Risiko und pathogenes Prinzip; wollen sie gesund sein, scheinen sie gezwungen, das Jüdische nicht nur zu meiden, sondern sogar zu eliminieren:

> „Wir sind jetzt in der Lage, den Antisemiten zu verstehen. Er ist ein Mensch, der Angst hat. Nicht vor den Juden, gewiss: vor sich selbst, vor seinem Bewusstsein, vor seiner Freiheit, vor seinen Trieben, vor seiner Verantwortung, vor der Einsamkeit, … vor allem – außer vor den Juden … Der Antisemitismus ist die Furcht vor dem Menschsein. Der Antisemit ist der Mensch, der ein unbarmherziger Felsen, ein reißender Sturzbach, ein verheerender Blitz – alles, nur kein Mensch ist (Sartre 1994)."

Die antisemitische Identität speist sich aus zwei Bewegungen: Die eine Bewegung richtet sich gegen jüdische Mitbürger und alles Jüdische schlechthin; die andere ist gegen Persönlichkeitsaspekte der Antisemiten selbst gerichtet: gegen ihre eigenen, verdrängten Neigungen, Bedürfnisse, Impulse, Triebe, Affekte, Schwächen und damit gegen jene Phänomene, die als das Fremde in ihnen (uns) erlebt werden. Antisemitismus ist der ressentimentgeladene Kampf gegen diese *Terra incognita*, geführt mit den schäbigsten, unredlichsten Mitteln, die man sich vorstellen mag: als Stellvertreterkrieg gegen Juden, die die Rolle des ganz anderen für uns übernehmen und dafür büßen (siehe hierzu auch Decker et al. 2024).

Königin Albemarle oder Der letzte Tourist Wir dürfen uns Sartre als einen Schriftsteller, Intellektuellen und Philosophen vorstellen, der sowohl äußerlich (im Hinblick auf seine Gestaltung des Lebens) als auch innerlich (in Bezug auf seine emotionalen, sozialen, intellektuellen Bewältigungsressourcen) als ausgesprochen quecksilbrig, expansiv, zielstrebig und raumgreifend imponierte. Außerdem war er ein überaus reisefreudiger Mensch, der einen gehörigen Teil seines Lebens „außer Haus" verbracht hat. Zu seinem Nomadentum passt, dass er über weite Phasen seines Daseins nicht einmal eine eigene Wohnung besaß, mehr oder minder aus Koffern lebte und in Hotelzimmern logierte.

Sartre war nicht nur in Sachen Philosophie, Literatur, Gesellschaftskritik ein unruhiger Geist; auch die konkrete Realisierung seines Alltags wies Bewegungen und Veränderungen *en masse* auf. Oft genug diktierten ihm die tagespolitischen Ereignisse die Stationen seiner Lebenstour, die ihn von Algerien bis in die USA, von China bis in die Tschechoslowakei, von Polen bis weit in die Sowjetunion führte. Der *Workaholic* Sartre machte so gut wie nie Urlaub im Sinne von Muße und Entspannung; seine Reiseaktivitäten dienten eigentlich immer irgendeinem Zweck, ob politischer, sozialer oder literarischer Natur.

Eine der wenigen Ausnahmen bildete seine italienische Reise im Herbst 1951, als er ein Buchprojekt – *Saint Genet, Komödiant und Märtyrer* (1952), eine Studie von beinahe Tausend Seiten Umfang – beendet hatte und noch kein anderes Projekt dringlich war. Das Ungewöhnliche an diesem Unternehmen bestand für den Passanten Sartre darin, sich wie ein Tourist durch Italien zu bewegen. Er hatte keinen Auftrag, kein fixes Ziel und keinen Plan, und nicht einmal die Frage, ob, und wenn ja, mit welchem Thema er sich denn während der kommenden Wochen beschäftigen wollte, war für diesen Schriftsteller *par excellence*, der ohne Stift und Blatt Papier nicht leben mochte, geklärt.

Seine Reise brachte Sartre nach Rom, Neapel, Capri, Venedig. Während seiner Passagen notierte er unaufhörlich seine Eindrücke auf kleine Zettel, Fetzen Papier, später in gebundene Hefte. Im Herbst 1951 fuhr ein Sartre durch Italien, dem das Leben *per se* ein Wert geworden war, ohne dass es in reflektierende, Philosophie heischende Sprache verwandelt werden musste. Gerüche, der Wind, das Wetter, die Stille, das Wasser, Musik, die Kunstwerke Tintorettos, Essen und Trinken, Glockengeläut, die Antike – alles ließ Sartre gelten, wie es das uralte Spiel von Natur und Kultur hervorgebracht und für gut befunden hat, ohne dass er es einer Kritik oder Theorie unterworfen hätte.

Dieser Sartre erinnert an den Nietzsche des *amor fati*, dem kein Vorwärts und kein Rückwärts in den Sinn kam, wenn er die Erde, diesen einmaligen Einfall des Kosmos, genoss und erlebte. Und er erinnert an den Rilke der *Duineser Elegien*, der das hohe Lied des großen Ja zu singen wusste, obschon ihm klar vor Augen stand, dass er ein Vergänglicher war. Sartre hat in seinem Schriftstellerdasein nie Lyrik verfasst – bis auf diese Aufzeichnungen seiner italienischen Reise, die nach seinem Tod unter dem Titel *Königin Albemarle oder Der letzte Tourist* (1991) herausgegeben wurden.

Das Italien im Herbst 1951 sah einige Wochen lang einen Sartre, der beinahe lyrisch geworden war und sich an den Moment des Daseins hingeben konnte, ohne dauernd Vergangenes oder Zukünftiges als Flucht vor der

4 Jean-Paul Sartre – das Sein mit der Schlinge der Sprache einfangen

Gegenwart bedenken und ins Feld führen zu müssen. In der Schilderung von Venedig wird diese Form der Hingabe besonders deutlich:

„Venedigs Tristesse ist wie eine bestimmte sanfte und durchdringende Kälte, die einen langsam, aber sicher bis in die Knochen erstarren lässt. Warum? Es gibt hier nicht mehr Elend als anderswo, oder man sieht es jedenfalls nicht. Nichts Hässliches. Sanfte und sichere Schönheiten, das Wasser, die Palazzi, die Gemälde. Das Leben ist leicht … Man gibt sich hin (Sartre 1994)."

Ohne große Theorien oder Abhandlungen zu zitieren, notierte Sartre *al fresco*, quasi in den noch feuchten Kalk hinein, seine Gedanken und Überlegungen, die er von den Steinen und Leinwänden abzulesen schien, wie Musiker ihre Noten vom Blatt spielen. Neben melodischer Schönheit und Anmut entstand dabei vor allem auch eine sprudelnde Lebendigkeit, die man an manchen seiner anderen Texte schmerzlich vermisst.

Die italienische Reise Sartres zeigt ihn uns als *l'homme méditerranéen*, als einen Menschen, der das Jetzt jubelnd genießt. Sinn, Wert und Bedeutung suchte der Philosoph während der Wochen im Süden nicht in historisch-gesellschaftlichen Theorien und Modellen, sondern in den alltäglichen Begebenheiten, im *Caffè Greco*, in einer Gondel, im zufälligen Arrangement mit den Menschen, auf die er traf, oder in den überraschenden Perspektiven und Blicken, die in den Straßen und Palästen Roms oder Venedigs auf ihn zu warten schienen.

Sinn, Wert und Bedeutung entstehen oft, wenn Menschen das Naheliegende und Selbstverständliche der Welt, der Mitmenschen und ihrer Kultur erkennen, wobei Reisende – weil für sie Dinge und Verhältnisse nicht als selbstverständlich erscheinen – prädestiniert sind für derartiges Erleben und Wahrnehmen. Es ist daher ein Irrtum von Touristen zu glauben, sie könnten in der Fremde ähnlich viele Sinn- und Bedeutungszusammenhänge wahrnehmen, wenn sie denn wie die Einheimischen dort lebten, als wenn sie sich auf der Durchreise befinden.

Der Perspektivwechsel als Voraussetzung für die Wahrnehmung von neuen Sinnpartikeln und Bedeutungsverweisen verändert auch die Dimensionen des bisher Gewohnten. Das Kleine wird groß und das Große wird klein, das angeblich Wichtige wird peripher, und das anscheinend Unwesentliche schiebt sich in den Mittelpunkt des Interesses – so erleben manche Touristen ihre Reise, und solche Effekte hat auch Sartre bei sich bemerkt und beschrieben:

„Das Menschengeschlecht – oder, wer weiß, der historische Prozess – schrumpft zu einem kleinen, begrenzten Wimmeln im Raum und in der Zeit. Von irgendwo außerhalb der Zeit und des Raumes sehe ich es in seiner Gesamtheit … Die Gegenwart ist, was ich berühre, sie ist das Werkzeug, das ich handhaben kann, ist das, was auf mich einwirkt oder was ich verändern kann (Sartre 1994)."

Totalität von Wörtern, Menschen, Kosmos und Kultur Diese Gegenwart berührte Sartre in den 1950er-Jahren wiederholt und derart nachhaltig, dass es zu einer nochmals gesteigerten Politisierung in seinem Leben kam. Zusammen mit de Beauvoir bereiste er eine Reihe von Ländern, um sich vor Ort über politische und gesellschaftliche Verhältnisse zu informieren. Dabei wandte er sich zunehmend dem Marxismus und Kommunismus zu, was ihm die Kritik auch wohlwollender Freunde einbrachte. Die Freundschaften mit Albert Camus wie auch mit Maurice Merleau-Ponty zerbrachen an den unterschiedlichen politischen Einschätzungen der Protagonisten, die vor harten gegenseitigen Entwertungen und Verletzungen nicht Halt machten. Nach dem frühen Tod der beiden hat Sartre seinen ehemaligen Freunden jedoch großherzige Nachrufe gewidmet.

Sartres Annäherung an den Kommunismus hatte sich seit langem angebahnt. 1946 war *Materialismus und Revolution* erschienen, worin der Autor manchen Materialisten der Vergangenheit seine Reverenz erwies. 1958 folgte *Marxismus und Existenzialismus* – ein Text, in dem Sartre seine Existenzphilosophie und die marxistische Lehre fusionieren wollte. In seinem 1960 erschienenen zweiten Hauptwerk *Kritik der dialektischen Vernunft* schließlich versuchte er, marxistische Dialektik mit der existenzialistischen Freiheitsidee zu verbinden.

Neben den schriftstellerischen Aktivitäten sah man Sartre damals als konkret politisch Handelnden auf den Straßen und Plätzen vieler Länder der Erde. Er engagierte sich für die Unabhängigkeit Algeriens und für die gesellschaftlich-kulturellen Veränderungen in China und Kuba. Seinen Protest gegen die UdSSR vernahm man immerhin nach dem Ungarn-Aufstand 1956; ansonsten war er dem Stalinismus gegenüber bemerkenswert unkritisch eingestellt. Ende der 1960er-Jahre nahm er am Russell-Tribunal teil, wo die Kriegsverbrechen der USA in Vietnam angeprangert wurden.

Trotz seiner dauernden Reisen und politischen Verpflichtungen kam Sartres Schriftstellerei damals nicht zu kurz. Mitte der 1950er-Jahre begann er mit seiner monumentalen, zuletzt auf fünf Bände angewachsenen Flaubert-Biografie, die ihn beinahe zwei Jahrzehnte lang beschäftigen sollte. Viel konziser und eleganter geriet ihm seine Autobiografie *Die Wörter* (1964), in der er mit einer neuartigen Darstellungsweise seine Kindheit als Hineinwachsen in die Welt der Sprache und Kultur interpretierte.

4 Jean-Paul Sartre – das Sein mit der Schlinge der Sprache einfangen

Der Begriff der Autobiografie darf im Zusammenhang mit *Die Wörter* durchaus hinterfragt werden. Recht eigentlich betrachtet, beschrieb Sartre in seinem Text lediglich die ersten zehn Jahre seines Lebens, und auch dieses erste Jahrzehnt wird nicht von den äußeren Ereignissen her reflektiert, sondern hinsichtlich der inneren Einstellungen, Haltungen und Vorlieben geschildert; insbesondere das Lesen und das Schreiben des Knaben stehen im Zentrum des autobiografischen Berichts.

Des Berichts? Sartre selbst äußerte in *Die Wörter* wiederholt Zweifel an seinen Erinnerungen wie auch an der Redlichkeit seiner Beschreibungen; bei der Lektüre dieses Buches ist man jedenfalls gut beraten, manche Details als ausschmückende und fantasievolle Erzählungen einzuordnen und sich ansonsten kritisch zu fragen, welche Ereignisse der Autor alle *nicht* erwähnt hat:

> „Was ich soeben geschrieben habe, ist falsch. Ist richtig. Ist weder falsch noch richtig, wie alles, was man über diese Verrückten schreibt, über die Menschen. Ich habe die Tatsachen so genau mitgeteilt, wie mein Gedächtnis es zuließ. Aber wie weit glaubte ich eigentlich an mein Delirium? (Sartre 1983)."

Einigermaßen wahrheitsgemäß scheinen jedoch Sartres Schilderungen seiner frühen Leseerfahrungen zu sein. In der Bibliothek des Großvaters jedenfalls tat er so, als studiere er als Knabe bereits Klassiker wie Corneille, Flaubert oder Victor Hugo – ein Blättern in den Folianten, das ihn in den Augen der Erwachsenen zum heftig beklatschten Wunderkind werden ließ, und von dem er später bekannte: „Ich lebte über mein Alter, wie man über seine Verhältnisse lebt (Sartre 1983)."

Die Geschichte seiner Kindheit interpretierte Sartre nicht nur als ein grandios frühzeitiges Hineinwachsen in Sprache und Kultur. Verbunden damit war auch die Genese einer langanhaltenden Neurose, die sich bis weit ins Erwachsenenleben hinein bemerkbar machte, und die der Autor selbst als bitteren und süßen Wahn, als Größenidee sowie als eine Ersatzreligion (bei Abwesenheit anderer religiöser Inhalte) bezeichnet hat.

Sich von den Größenideen (Genie, Wunderkind, frühreifer Dichter) sowie von den kulturellen Göttern seiner Kindheit (die Klassiker der griechisch-antiken und der französischen Geistesgeschichte) zu emanzipieren, fiel Sartre nicht gerade leicht. Da er von Kindesbeinen an vorrangig zwei Bewältigungsstrategien eingeübt hatte, nämlich zu lesen und zu schreiben, war er überzeugt davon, dass er damit über einen, wenn nicht *den* verlässlichen Zugang zur Welt und zum Dasein verfügte, der seine Organminderwertigkeiten ebenso wie seine relative Einsamkeit im großelterlichen Haushalt kompensieren konnte:

„Schreiben bedeutete, ... dass man ... die lebenden Dinge mit der Schlinge der Sätze einfing. Wenn ich die Wörter geschickt kombinierte, so verfing sich das Objekt in den Zeichen, und ich konnte es halten (Sartre 1983)."

Im Grunde hielt ich mich in der Tat für unsterblich (Sartre 1983) Spätestens in den 1960er-Jahren wurde offenkundig, dass Sartres Lebensstil Züge von Selbstzerstörung aufwies. Alkohol- und Aufputschmittelmissbrauch, Überarbeitung, Kettenrauchen und opulente Mahlzeiten hatten seinem Körper dauerhafte Schäden zugefügt. Neben der Augenkrankheit entwickelten sich bei ihm Durchblutungsstörungen, erhöhter Blutdruck, Herzrhythmusstörungen sowie neurologische Ausfälle. Trotz angeschlagener Gesundheit reduzierte er sein Arbeitspensum nicht.

1964 wurde Sartre der Literaturnobelpreis verliehen, den er zum Erstaunen der Weltöffentlichkeit ablehnte. Offiziell gab er an, er wollte sich keinesfalls institutionalisieren lassen. Außerdem befürchtete er, dass im Rahmen des damals virulenten Kalten Krieges die Preisverleihung einem politischen Kalkül gefolgt war. Ob es etliche Jahre später aus dem Umkreis Sartres tatsächlich eine Anfrage an das Nobelpreiskomitee gegeben hat, inwiefern das Preisgeld im Nachhinein an den notorisch geldbedürftigen Sartre ausbezahlt werden könnte (was nicht geschah), bleibt als Anekdote, Legende oder üble Nachrede unbeantwortet.

1968 kam es vor dem Hintergrund weltweiter Studentenunruhen auch in Frankreich zu heftigen Zusammenstößen zwischen revoltierenden jungen Leuten und der Staatsgewalt. Sartre engagierte sich lebhaft aufseiten der Rebellierenden, gab eine revolutionäre Zeitung heraus und ging zusammen mit de Beauvoir auf die Straße, um sein Blatt zu verkaufen und um zu demonstrieren. Schon früher sollte er bei einer Kundgebung (im Hinblick auf den Algerienkonflikt) festgenommen werden, wobei jedoch der damalige Staatspräsident Charles de Gaulle mit den oft zitierten Worten intervenierte: „Einen Voltaire verhaftet man nicht!"

1971 erschien endlich das Riesenfragment von Sartres Flaubert-Monografie, der er den Titel *Der Idiot der Familie* gab. Auf insgesamt über 3000 Druckseiten breitete der Verfasser seine schier unbegrenzten Kenntnisse in Psychoanalyse, Soziologie, Historiografie, Philosophie, Literatur und Politik aus. Wie die meisten Bücher Sartres verkauften sich auch die fünf Bände von *Der Idiot der Familie* bestens; ob sie von den vielen Käufern auch gelesen wurden, darf bei ihrem Umfang bezweifelt werden.

In *Der Idiot der Familie* wollte Sartre mithilfe der existenziellen Psychoanalyse (bereits in *Das Sein und das Nichts* entwickelt und erläutert) den Charak-

4 Jean-Paul Sartre – das Sein mit der Schlinge der Sprache einfangen

ter und Lebensstil sowie allfällige neurotische Störungen Flauberts lückenlos aus seiner Sozialisation erklären. Das Wertvolle an diesem Riesenwerk war die konsequent durchgehaltene Zusammenschau von individueller Neurose des Dichters und kulturell-gesellschaftlicher Neurose der Epoche.

Die letzten Jahre Sartres waren eine persönliche Tragödie. Er war fast völlig invalid, erblindet und beinahe vollständig auf fremde Hilfe angewiesen, um auch nur die allereinfachsten Verrichtungen des Daseins zu vollbringen. Zum Glück kümmerten sich neben de Beauvoir einige seiner früheren Schüler und Geliebten um ihn. Trotz seiner Behinderungen versuchte er weiter, politisch und geistig präsent zu bleiben. Er beteiligte sich an Pressekonferenzen, gab Interviews und erläuterte seine Ansichten zu Politik, Geschichte und Kultur in langen Gesprächen, die aufgezeichnet und veröffentlicht wurden.

Sartre starb 1980 in Paris. Wie sehr er zu einer Ikone im französischen wie auch im internationalen Geistesleben geworden war, wurde zu seinem Begräbnis offenkundig. Mehr als 50.000 Menschen folgten dem Leichenzug, der noch einmal eindrücklich demonstrierte, dass hier ein *maître à penser* (Meisterdenker) zu Grabe getragen wurde.

Die Fliegen Als Sartre Bühnenwerke schrieb, ging es ihm nicht um Poesie; vielmehr wollte er mit den Theaterstücken seine philosophischen Gedanken wie auch seine Weltanschauung und seine Kommentare zum Zeitgeschehen und zur Politik zum Ausdruck bringen. In ihnen spricht Sartre eine für das breite Publikum verständliche Sprache, was man von seinen denkerischen Hauptwerken nicht immer behaupten kann. Ähnlich wie bei seinem Weihnachtsspiel *Bariona oder Der Sohn des Donners* versuchte Sartre auch in seinen weiteren Schauspielen, Dramen und Drehbüchern, Grundgedanken seiner Philosophie mithilfe anderer Medien als lediglich mit Büchern oder Vorlesungen zu verbreiten.

Dabei war ihm bewusst, dass Theater oder Film anderen Darstellungsgesetzen gehorchen als eine philosophische Abhandlung, ein Roman und eine Erzählung oder eine essayistische Auseinandersetzung mit den diversen ethischen, ästhetischen und anthropologischen Fragestellungen. Um ein Theater- oder Filmpublikum für eine Aufführung zu gewinnen, braucht es einen spannungsgeladenen Plot, der auf eine Klimax zusteuert. Außerdem tut es Not, dass sich die Zuschauer mit einzelnen Protagonisten auf der Bühne oder im Film identifizieren können und ihr Schicksal möglichst hautnah miterleben – nur so sind kathartische, emotional bewegende Effekte beim Publikum auszulösen, die ihrerseits wieder zu kritischer Reflexion und Erkenntnisprozessen beitragen.

Obwohl Jahrzehnte nach seinem Tod Sartre vorwiegend als Philosoph sowie als Essayist, Romancier und Novellist gelesen und rezipiert wird und seine Dramen nur selten auf den Spielplänen europäischer Schauspielhäuser zu finden sind, lohnt es, diese Seite seines Oeuvres näher zu betrachten. In manchen seiner Schauspiele kommen die politischen Positionierungen des Autors sehr direkt und zugespitzt zum Tragen und ergänzen seine breit angelegten philosophischen Traktate und Gedankenketten – so zu Themen wie Freiheit, Situation, Wahl und Entwurf:

> „Wenn es wahr ist, dass der Mensch in einer gegebenen Situation frei ist und dass er in dieser Situation und durch sie sich wählt, dann muss man im Theater einfache menschliche Situationen zeigen und Freiheiten, die in diesen Situationen gewählt werden. Der Charakter kommt danach, wenn der Vorhang gefallen ist. Er ist nur die Verhärtung der Wahl ... Das Bewegendste, was das Theater zeigen kann, ist das Entstehen eines Charakters, der Augenblick der Wahl, der freien Entscheidung, durch die sich eine Moral und ein ganzes Leben engagiert (Sartre 1979)."

Als erstes Beispiel dafür wähle ich Sartres Drama *Die Fliegen*. Dieses Stück entstand 1943 und wurde im Sommer desselben Jahres im Pariser *Théâtre de la Cité* uraufgeführt. Frankreich war damals im Zweiten Weltkrieg von den Deutschen besetzt; die Franzosen litten massiv sowohl unter dem Terror der Besatzungsmacht wie auch unter dem Regime des Marschalls Pétain. Das Vichy-Regime kollaborierte mit den Deutschen und wurde deshalb von vielen Franzosen als verräterisch und destruktiv erlebt, entsprechend abgelehnt oder sogar bekämpft.

Sartre kommentierte diese bedrückende Situation mit seinem Theaterstück *Die Fliegen*. Darin bot er eine Bearbeitung der antiken *Orestie* als existenzialistischen Aufruf zur Revolte. Die Fabel war so geschickt ins antike Gewand eingekleidet, dass die Zensur, die das Kulturleben in Frankreich überwachen sollte, die Botschaft kaum verstand und entsprechend nicht intervenierte. Die meisten Zuschauer waren jedoch für die Aussagen Sartres empfänglich und konnten nachvollziehen, dass er sie mit seinem Schauspiel aus der Lethargie der Niederlage aufrütteln und zum Widerstand ermutigen wollte.

Die *Orestie* des Aischylos wurde 458 v.u.Z. erstmals aufgeführt; sie galt und gilt als wichtigste griechisch-antike Dramentrilogie und hat die von Blutrache sowie von Vater- und Muttermord geprägte Familiengeschichte des Herrscherhauses der Atriden zu ihrem Inhalt:

Agamemnon, der König von Mykene, setzt sich an die Spitze des griechischen Heeres, das gegen Troja aufzubrechen gedenkt, um Helena (die von

4 Jean-Paul Sartre – das Sein mit der Schlinge der Sprache einfangen

Paris entführt und nach Troja gebracht worden war) zurückzuholen. Da die Winde ungünstig stehen, opfert er – um die Götter willig zu stimmen – seine Tochter Iphigenie (die aber von der Göttin Artemis gerettet wird). Klytämnestra, die Gattin Agamemnons, schwört ob dieser frevelhaften Tat ihres Gatten blutige Rache, und als dieser zehn Jahre später vom Kriegszug gegen Troja heimkehrt, erdolcht sie zusammen mit ihrem Geliebten Ägist den siegreichen König. Elektra und Orest, Geschwister von Iphigenie, beschließen daraufhin, den Vater Agamemnon zu rächen und ermorden einige Zeit später ihre Mutter und deren Geliebten.

Soweit die Handlung des antiken Dramas, das Sartre als Vorlage für sein eigenes Schauspiel wählte. Bei ihm wird die Stadt Argos seit dem Mord Klytämnestras und Ägists an Agamemnon von einer Fliegenplage heimgesucht. Das ist ein Symbol für die Rachegöttinnen, die keinen Mord ungesühnt lassen. Dem Volk wird eingeredet, dass es eine diffuse Schuld gegen die Götter auf sich geladen habe. Nach der Meinung der Priester umschweben die Toten die Lebenden; auch sie klagen an und verfolgen ihre pietätlosen Angehörigen.

In diese verdüsterte Stadt kehrt Orest nach langen Jahren der Abwesenheit unerkannt zurück. Seine Schwester Elektra, die schon immer auf seine Rückkehr gehofft hat, verbündet sich mit ihm, um den Vater zu rächen. Jupiter jedoch – die Götter stehen wie fast immer auf der Seite der irdischen Machthaber – will Orest von seinem Plan abbringen, worauf dieser aber verkündet, dass ihn „die Freiheit getroffen habe wie ein Blitz." Dementsprechend beugt er sich nunmehr weder vor den Göttern noch vor deren Repräsentanten auf Erden; in einem bewegenden Dialog des Stückes emanzipiert sich Orest vielmehr von Jupiter:

> „Ich *bin* meine Freiheit. Kaum dass du mich geschaffen hast, habe ich dir schon nicht mehr gehört ... Plötzlich ist die Freiheit über mich gekommen und hat mich durchdrungen, die Natur hat von mir abgelassen, und ich hatte kein bestimmtes Alter mehr, und ich habe mich ganz allein gefühlt mitten in deiner kleinen glückseligen Welt wie einer, der seinen Schatten verloren hat; und nichts mehr war im Himmel, weder Gutes noch Böses, noch jemand, der mir Befehle geben konnte ... Denn ich bin ein Mensch, Jupiter, und jeder Mensch muss seinen Weg erfinden. Der Natur graust vor dem Menschen, und du, du, Souverän der Götter, auch dir graust vor den Menschen ... Ich hasse dich nicht. Was haben wir miteinander gemein? Wir können wie zwei Schiffe aneinander vorübergleiten, ohne uns zu berühren (Sartre 1991)."

Ägist und Klytämnestra werden von Orest getötet, der seinerseits der Gewalt der Erinnyen (der Rachegöttinnen) anheimfällt, die ihn durch Schuldgefühle ruinieren wollen. Er lässt jedoch seine tapfere Tat nicht im Stich, und die Gewissensbisse gewinnen keine Macht über ihn. Man soll allerdings nicht meinen, dass die Freiheit des handelnden Menschen eine leicht zu tragende Last ist. Nach Sartre ist sie stets mit Einsamkeit und Verantwortung verbunden, die sich vor allem in Grenz- und Konfliktsituationen als herausfordernd erweisen. Der Philosoph betonte, dass ein Theaterdichter just jene Grenz- und Konfliktsituationen auf die Bühne bringen soll:

> „Mir scheint, dass es die Aufgabe des Dramatikers ist, zwischen solchen Grenzsituationen die zu wählen, die am besten seine Sorgen ausdrückt, und sie dem Publikum als die Frage darzulegen, die sich bestimmten Freiheiten stellt (Sartre 1979)."

Da nach Sartre die Menschen regelrecht „zur Freiheit verurteilt" und von ihr und ihren Imperativen nach Entscheidung, Verantwortungsübernahme, Wahl, Entwurf in vielen Fällen überfordert sind, neigen nicht wenige dazu, ihrem Freisein auf unredlichen Mogel- und Fluchtwegen (*mauvaise foi*) zu entrinnen. Die Einzelnen haben oftmals deutlich zu wenig geübt, innerhalb ihrer Daseinssituationen die potenziellen Freiheitsgrade zu erkennen und zu realisieren – nicht so allerdings Orest, über den Sartre im Nachhinein schrieb:

> „Orest ist frei für das Verbrechen und frei für die Zeit nach dem Verbrechen: Ich habe ihn als Opfer der Freiheit gezeigt, so wie Ödipus das Opfer seines Schicksals ist … Denn die Freiheit ist nicht irgendeine abstrakte Fähigkeit, über den Menschen zu schweben: Sie ist das absurdeste und unerbittlichste Engagement. Orest wird seinen Weg fortsetzen, ohne Rechtfertigung, ohne Entschuldigung, ohne Hilfe, allein. Wie ein Held. Wie jeder Beliebige (Sartre 1991)."

Eine wesentliche Botschaft seines Stückes, so Sartre, an seine Landsleute war, die Attentate der Résistance gegen die deutsche Wehrmacht während und auch nach der Zeit des Zweiten Weltkriegs nicht mit selbstgefälliger Reue oder mit Scham- und Schuldaffekten zu versehen, sondern ohne Gewissensbisse die Verantwortung dafür zu übernehmen. Emotionen wie Reue, Scham- und Schuldaffekt beziehen sich in der Regel fast immer auf Vergangenes, auf bereits geronnene Faktizität und verhindern nicht selten ein vernunftbegabtes sowie die Zukunft ins Auge fassendes Denken und Handeln. Statt solch passiver Emotionen plädierte Sartre für eine aktive, nach vorne gerichtete und das Veränderbare ins Auge fassende Form der Verantwortungsübernahme.

4 Jean-Paul Sartre – das Sein mit der Schlinge der Sprache einfangen

Geschlossene Gesellschaft Ebenfalls aus der Besatzungszeit stammt das Stück *Geschlossene Gesellschaft* (1944). Auch hierin hat Sartre wieder seine Philosophie integriert, eingehüllt in dramatische Sequenzen, die ihre Publikumswirkung nicht verfehlen. Mit diesem Stück begab er sich auf die Spuren Arthur Schopenhauers, der behauptet hatte, man brauche keine Hölle nach dem Tode – die Welt sei an sich schon ein Inferno, und die lieben Mitmenschen sorgen dafür, dass es jedem auf Erden mehr oder minder höllisch ergehe. In Sartres verkürzter Fassung lautete die Formel: „Die Hölle, das sind die anderen (Sartre 1986)."

Das Stück entstand im Herbst 1943 innerhalb von nur zwei Wochen. Sartre hatte Albert Camus gebeten, die Rolle des Joseph Garcin (ein intellektueller Deserteur) zu spielen und gleichzeitig Regie zu führen. Camus war damit einverstanden, und die ersten Proben fanden in Simone de Beauvoirs Hotelzimmer statt. Nachdem aber Olga Kosakiewicz-Barbezat (sie sollte eine Frauenrolle übernehmen) verhaftet wurde, sich außerdem große materielle Schwierigkeiten einstellten und sich Konflikte mit Sartre abzeichneten (siehe u. a. de Beauvoir 1969), zog Camus sich zurück. Das Schauspiel wurde erst 1944 uraufgeführt und publiziert.

In *Geschlossene Gesellschaft* kommen drei Tote zusammen und werden in einem Hotelzimmer eingeschlossen: eine attraktiv aussehende Kindsmörderin (Estelle Rigault), der Intellektuelle und Scheinrevoluzzer Joseph Garcin sowie eine an Gasvergiftung verstorbene, lesbisch orientierte Frau (Ines Serrano). Außerdem gibt es noch einen Diener, der als „Kellner" bezeichnet wird, und der sich nur wenig um das „Wohlergehen der Gäste" kümmert.

Die drei Toten haben zwar nichts von Feuer, Schwefeldämpfen und höllischem Personal zu befürchten, doch sie bereiten sich nach und nach ihre Höllenqualen höchstselbst. Zunächst versuchen alle drei, voreinander Komödie zu spielen. Nach Sartre ist jeder Mensch eine Art Schauspieler und spielt vor den anderen eine Rolle, in der er sich in jener Gestalt zeigt, die er in den Augen der anderen sein will. Im Jenseits jedoch ist diese Schauspielerei noch schwerer durchzuhalten als im Diesseits. Der Blick der Anderen, den der Autor schon in *Das Sein und das Nichts* so ingeniös beschrieben hatte, durchdringt die Maskerade und entlarvt jeden in seiner kläglichen Realität; hier beginnen bereits die Höllenstrafen.

In *Geschlossene Gesellschaft* müssen die drei Toten einander nur ihre jeweilige individuelle Wahrheit entgegenhalten, um sich und das jeweilige Gegenüber zu quälen und gequält zu werden. Da sie durch ein Fenster noch ins verlorene Leben zurückschauen können, wollen sie sich emotional und intellektuell stabilisieren durch das Andenken, das ihre Angehörigen an sie bewahrt haben. Aber mit dieser Strategie ist nicht viel auszurichten, denn die Lebenden vergessen die Toten bald, und sodann wird das Fenster zur Welt für sie zugemauert.

Sartres Alternativen zur Botschaft vieler Religionen, wonach wir nach unserem Tod ewig im Himmel auf eine schöne, heile Welt blicken oder ein paradiesisches Dasein führen können, sind überaus ernüchternd. Unsterblichkeit war für ihn ein leeres Wort und ein träumerisch-illusionärer Wahn; er scheint wie Max Scheler auf die Frage, ob der Mensch unsterblich sei, geantwortet zu haben: „Gewiss, aber nicht sehr lange!"

Wer tot ist, kann an seiner gelebten Existenz keine Retuschen mehr anbringen oder sich nicht mehr mit der Vorstellung trösten, in seinem zukünftigen Dasein zu reüssieren. Unser letzter Atemzug beschließt den Konjunktiv und damit unseren Möglichkeitsraum, und somit wird aus dem Fakultativum unseres Existierens das Faktum unserer biografischen Essenz:

GARCIN: Man ist, was man will.
INES: Beweis es, beweis, dass es kein Traum war. Nur Taten entscheiden über das, was man gewollt hat.
GARCIN: Ich bin zu früh gestorben. Man hat mir nicht die Zeit gelassen, meine Taten auszuführen.
INES: Man stirbt immer zu früh – oder zu spät. Und nun liegt das Leben da, abgeschlossen; der Strich ist gezogen, fehlt nur noch die Summe. Du bist nichts anderes als dein Leben (Sartre 1986).

Im Rückblick auf sein Stück betonte Sartre später, dass nicht wenige Menschen solche wie die eben zitierten toten Atmosphären bereits während ihrer Lebenszeit zu gewärtigen haben. Wenn Individuen keine emotionalen, sozialen Entwicklungen mehr bei sich registrieren und auch ihre Intellektualität stagniert, laufen sie Gefahr, in einen Status der existenziellen Petrifikation (Versteinerung) zu verfallen. Häufig lässt sich bei ihnen eine quasi-abgestorbene Existenzform bereits lange prämortal beobachten – eine Existenzform, die nicht selten mit *mauvaise foi*, also mit Unaufrichtigkeit und Mogeleien begleitet ist. Diese machen sich umso störender und aufdringlicher bemerkbar, je mehr die Einzelnen in Beziehungen mit anderen Menschen leben, in denen ein hohes Maß an Nicht-Authentizität dominiert:

„Ich will sagen, wenn die Beziehungen zu anderen verquer, vertrackt sind, dann kann der andere nur die Hölle sein. Warum? Weil die anderen im Grunde das Wichtigste in uns selbst sind für unsere eigene Kenntnis von uns selbst. Wenn wir über uns nachdenken, wenn wir versuchen, uns zu erkennen, benutzen wir im Grunde Kenntnisse, die die andern über uns schon haben ... Was ich auch über mich sage, spielt das Urteil anderer hinein. Was ich auch in mir fühle, das Urteil anderer spielt hinein (Sartre 1986)."

Die schmutzigen Hände Diese sozialanthropologischen Aspekte bezüglich des Einflusses unserer Mitmenschen auf das eigene Selbstverständnis und Identitätserleben spielen auch im Drama *Die schmutzigen Hände* (1948) eine Rolle. Nach dem Zweiten Weltkrieg hatte sich Sartre dem Kommunismus angenähert und bald darauf erkannt, dass es sich bei dessen seinerzeitigen politischen Vertretern um höchstproblematische Freunde handelte, die ihn als „nützlichen Idioten" im Kalten Krieg zu verwenden gedachten. In Auseinandersetzung mit derartigen Freunden schrieb der Philosoph *Die schmutzigen Hände* – ein Schauspiel, das bei seinem Erscheinen viel Aufsehen erregte.

Das Drama spielt in einem fiktiven Staat namens Illyrien, der kommunistisch-sozialistisch orientiert ist. Hugo, ein junger Intellektueller und Bourgeois, erhält von Vertretern des radikalen Flügels der kommunistischen Partei den Auftrag, Privatsekretär beim Parteiführer Höderer zu werden, um diesen zu beschatten und notfalls zu eliminieren. Höderer nämlich verfolgt eine gesellschaftlich-politische Linie, mit der die radikalen Führer in der Partei keineswegs einverstanden sind: Er beabsichtigt, zusammen mit liberal-konservativen Kräften aus dem Pentagon zu verhindern, dass die Rote Armee in Illyrien einmarschiert und dabei ein Blutbad anrichtet.

Als junger Intellektueller, der sich über möglichst radikale Ansichten von seiner Abstammung aus der Bourgeoisie emanzipieren will, vertritt Hugo seinem Chef Höderer gegenüber ideologische Positionen der reinen (kommunistischen) Lehre. Außerdem vertraut er voll und ganz der Partei, die im Zweifel immer im Recht zu sein scheint, und deren Vorgaben er bis in den Tod hinein gewillt ist zu befolgen. Höderers politische Ansichten hingegen sind merklich von Pragmatismus und Skepsis geprägt:

„Wie du auf deine Lauterkeit hältst, mein Junge! Was für eine Angst du hast, dir die Hände schmutzig zu machen. Also gut, bleibe rein! Aber was kommt denn dabei heraus? Und was willst du hier bei uns? Reinheit ist eine Idee für Fakire und für Mönche. Ihr anderen, ihr Intellektuellen und ihr bürgerlichen Anarchisten, macht euch einen Vorwand daraus, um überhaupt nichts zu tun. Nichts tun, unbeweglich dastehen, die Ellbogen angelegt. Handschuhe an den Händen. Ich habe schmutzige Hände. Bis zu den Ellbogen hinauf. Ich habe meine Hände in Dreck und Blut getaucht. Und wenn? Meinst du, man kann regieren und kinderrein bleiben dabei? (Sartre 1961)."

Hugo erhält von der obersten Parteiführung schließlich den definitiven Auftrag, Höderer zu liquidieren. Er hat ihn aber inzwischen kennen- und schätzen gelernt, sodass ihm der Mord fast unmöglich erscheint. Da sich aber zwischen seiner Frau Jessica und Höderer eine libidinöse Beziehung anbahnt, und Hugo die beiden in einer eher harmlosen Intimsituation überrascht (Jessica und Höderer küssen sich), tötet er schließlich aus Eifersucht den von ihm bewunderten Parteichef.

Hugo wird verhaftet und kommt ins Gefängnis, aus dem er nach einiger Zeit entlassen wird. Beim Aufsuchen seiner ehemaligen Gesinnungsfreunde erfährt er, dass die Partei inzwischen Höderers politische Linie doch für die richtige hält. Als Mitwisser dieser Winkelzüge steht Hugo nun selbst auf der Liste von Personen, die eliminiert werden sollen. Noch könnte er sich retten, wenn er sich gegenüber der Parteileitung glaubwürdig als „verwendungsfähig" zu erkennen gibt. Dazu aber ist Hugo nicht bereit. Er geht dem Mordkommando mit einer leichten Verbeugung entgegen und erklärt sich als: „nicht verwendungsfähig" (Sartre 1961). Dann fällt der Vorhang, und den Zuschauern bleibt es immerhin erspart, der unausbleiblichen Liquidation Hugos auf der Bühne beizuwohnen.

Die bürgerliche Kritik Ende der 1940er-Jahre war begeistert über dieses angeblich antikommunistische Stück, sodass Sartre sich genötigt sah, öffentlich zu erklären: „Mein Stück steht oberhalb der Politik!" Damit wollte er zum Ausdruck bringen, dass er im Grunde ein Problem der politischen Philosophie und Ethik und nicht der Zeitumstände behandelt hatte. Die Skrupellosigkeit und unfassbare Inhumanität des Stalin-Regimes in der UdSSR waren im Drama aber unverkennbar mit gemeint, und viele im Theater- und Lesepublikum zogen Verbindungslinien und Parallelen zwischen dem Parteimord auf der Bühne und Stalins beauftragtem Meuchelmord an Leo Trotzki (1940) in Mexiko. Sartres eigene politisch-ethische Haltung bringt im Stück am ehesten Höderer auf den Punkt, der sich entschieden gegen jegliche Formen menschenverachtender Aktionen positioniert:

> „Wenn man die Menschen nicht liebt, kann man nicht für sie kämpfen … Ich liebe sie, so wie sie sind. Mit all ihren Schweinereien, Minderwertigkeiten. Ich liebe ihre Stimmen und ihre warmen Hände, die nach etwas greifen, … und ihren ängstlichen Blick und den verzweifelten Kampf, den sie jeder für sich gegen den Tod führen, und die Angst. Für mich bedeutet das etwas: ein Mann mehr oder weniger auf der Welt. Er ist eine Kostbarkeit (Sartre 1961)."

Das Spiel ist aus Reinheit hat etwas vom Tode, meint Höderer-Sartre an einer Stelle in *Die schmutzigen Hände* – so wie alle Spielarten von Fanatismus,

4 Jean-Paul Sartre – das Sein mit der Schlinge der Sprache einfangen

radikal-unverrückbarer Überzeugung und Fundamentalismus den Keim von Vernichtung und Gewalt und damit des Todes in sich tragen. Wer Prinzipien, Ziele und Zwecke, aber nicht die Menschen liebt, bewegt sich potenziell auf einer sterilen Bahn; und sobald darauf dann politische Macht fußt, zeigt sich nicht selten die fratzenhafte Kehrseite der Sterilität: die thanatische Destruktivität.

Unter anderen diese Motive finden sich auch in *Das Spiel ist aus* – ein Drehbuch, das als politische Stellungnahme ebenso wie als metaphysisches Drama gelesen werden kann. Der Text entstand 1943 und wurde als Drehbuch 1947 publiziert; im selben Jahr erschien bereits eine sehr eindrückliche Verfilmung von Jean Delannoy (1908–2008).

In *Das Spiel ist aus* kommt Sartres philosophische Position zum Tragen, dass der Mensch prinzipiell frei ist, diese Freiheit jedoch durch das bereits gelebte Leben sowie durch die äußeren Bedingungen der Handlung oftmals nahezu vollständig konsumiert wird. Als Beispiel dafür erzählte der Philosoph ein ernstes Märchen für Erwachsene.

Der Arbeiterführer Pierre Dumaine wird kurz vor dem Ausbruch einer von ihm geleiteten Revolte von einem Verräter niedergeschossen. Zur gleichen Zeit wird die Minister-Gattin Ève Charlier von ihrem Gatten vergiftet, da dieser ihre jüngere Schwester Lucette für sich gewinnen will. Beide Toten leben als schattenhafte und körperlose Seelen weiter und vernehmen die imperative Aufforderung, sich in die *Rue Laguénésie* (Straße des Ursprungs) zu begeben.

Die Seelen von Ève Charlier und Pierre Dumaine kommen nun im Jenseits, in der Straße des Ursprungs an. Dort erwartet sie eine ältere Dame, die in einem dicken Folianten blättert und den beiden erklärt, dass sie und warum sie tot sind. Außerdem erläutert sie ihnen, dass sie sich als Tote auch weiterhin unter den Lebenden bewegen dürfen, ohne allerdings – da sie über keinen Körper mehr verfügen – aktiv ins Geschehen der Lebenden eingreifen zu können oder von ihnen wahrgenommen zu werden. Das Sartresche Jenseits ist auch in weiterer Hinsicht menschenfreundlich konzipiert. Es erlaubt etwa Liebespaaren, die durch Zufall im Leben nicht zueinander fanden und doch zusammengepasst hätten, eine befristete Rückkehr in die mundane Wirklichkeit – wobei es (so erläutert es die alte Dame aus der *Rue Laguénésie* den beiden) manche Auflagen zu beachten gilt:

„Falls auf Grund eines Irrtums, für den einseitig die Direktion verantwortlich ist, ein Mann und eine Frau, die füreinander bestimmt waren, sich zu ihren Lebzeiten nicht begegnet sind, so können sie unter bestimmten Bedingungen die Erlaubnis, auf die Erde zurückzukehren, erbitten und erhalten, um dort ihre Liebe zu verwirklichen und das gemeinsame Leben zu führen, das ihnen unrechtmäßigerweise vorenthalten worden war (Sartre 1952)."

Unter die bestimmten Bedingungen fällt vor allem, dass Ève Charlier und Pierre Dumaine vorerst nur für einen Probetag ins körperliche Leben zurückkehren dürfen und sich während dieser 24 Stunden uneingeschränkt vertrauen und allen Widrigkeiten zum Trotz lieben sollen. Misslingt dergleichen, müssen sie zurück ins Jenseits und ins Reich der Schatten.

Beinahe scheint es so, als ob Pierre Dumaine und Ève Charlier ein Glück in ihrer Liebe finden könnten. Doch ähnlich wie im Mythos von Orpheus und Euridice sind beide zuletzt nicht in der Lage, sich den Vorgaben gemäß einen Tag lang zu lieben. Pierre Dumaine wird neuerlich vom Fieber des Arbeiteraufstands gepackt, und er meint, seine Kameraden schützen zu müssen, da die Truppen des Regenten bereits zusammengezogen sind und die Aufständischen niederkartätschen werden. Es ist kein Wunder, dass Pierre seinen revolutionären Freunden beistehen will und Ève für ihre letzte Stunde der gemeinsamen Probezeit verlässt. Auch sie ist in einer ähnlichen Lage. Als Schatten hatte sie gesehen, wie ihr Gatte ihre Schwester umgarnt und bald Erfolg haben wird. Daher will sie Lucette retten, macht sich auf zum Haus der Charliers und vergisst dabei ihren Geliebten.

Die Situation eskaliert unter anderem, als Pierre auf Ève im Haus der Charliers trifft und dort die ungleiche soziale Herkunft – er war Arbeiterführer und sie lebte als Gattin eines Ministers in der Bourgeoisie – ebenso wie die ungelösten Konflikte der beiden offenkundig werden. Beide Liebenden versäumen ihre kostbare Zeit mit hilflos-vergeblichen Eingriffen ins Reale und mit missglückter Kommunikation; nach 24 Stunden sterben beide erneut und vernehmen den unerbittlichen Ruf des Zurück ins Schattenreich. Sie haben nicht bestanden, weil sie ihre Liebe für ganz andere Ziele und Zwecke preisgegeben haben:

„Das Spiel ist aus, sehen Sie. Man kann den Lauf der Kugel nicht aufhalten." – „Ich habe sie geliebt, Ève …" – „Nein Pierre. Das glaube ich nicht." – „Ich habe Sie von ganzem Herzen geliebt", versichert er. – „Na ja, vielleicht. Aber was hat das jetzt noch zu bedeuten? (Sartre 1952)."

Der Mangel und das Theatrum mundi Neben den eben erwähnten Dramen hat Sartre noch weitere Schauspiele verfasst: *Die respektvolle Dirne* (1946); *Tote ohne Begräbnis* (1946); *Der Teufel und der liebe Gott* (1951); *Nekrassow* (1955); *Die Eingeschlossenen von Altona* (1959); *Die Troerinnen des Eu-*

ripides (1965). In fast allen seinen Dramen zeigte Sartre, dass er aus seinem politischen Schlummer, in dem er sich in seinen jungen Jahren gewiegt hatte, endgültig erwacht war. Er wollte teilnehmen an der Politik der Epoche und an den Freiheitsbewegungen, die das 20. Jahrhundert erschütterten. Ich strebe keine Vollständigkeit hinsichtlich seines Bühnenschaffens an, und daher belasse ich es bei meiner Auswahl an Stücken, um an ihnen Sartres politische Haltung und Intention aufzuzeigen.

Als der noch junge Sartre zusammen mit Simone de Beauvoir sein Credo als Schriftsteller zu formulieren versuchte, entschieden sich die beiden für die Parole, Zeugen ihrer Zeit sein zu wollen. Diesem Ideal ihrer Adoleszentenjahre sind sie entschieden nachgekommen, und beide sind ihrer leidvollen und lieblosen Epoche dabei nichts schuldig geblieben. Wachen Geistes verfolgten sie die Schicksale des Jahrhunderts und erhoben ihre kritische Stimme gegen Massenverführung, gegen Unfreiheit, Unvernunft und Diktatur, gegen jeglichen Quietismus und das Sich-Abfinden mit dem bestehenden Unrecht:

> „Es ist die Aufgabe des Schriftstellers, von allem zu sprechen, das heißt, von der Welt als Objektivität als auch von der Subjektivität, die sich ihr entgegenstellt, im Widerspruch zu ihr steht. Der Schriftsteller soll über diese Totalität Aufschluss geben, indem er sie restlos aufdeckt. Darum muss er von sich selber sprechen, und das hat er ja auch immer getan, mehr oder minder gut, mehr oder minder vollständig, aber doch immer (Sartre 1977)."

Auch von der Bühne her dozierte Sartre suggestiv seine Philosophie der Freiheit und seine politische Idee der Verantwortung, die sich aus Situationen der Freiheit ergibt. Dabei bot er das eindrückliche Beispiel eines Philosophen, der neben den eminent spekulativen Fähigkeiten auch noch ein herausragender Schriftsteller und Dramatiker war. In der Philosophiegeschichte gibt es kaum ein Analogon für eine solche Doppelbegabung. Man muss schon auf Platon zurückgehen, der zunächst ein Dichter von Bühnenstücken war; als er jedoch Schüler von Sokrates wurde, vernichtete er alle seine Dramen, da ihm eine solche literarische Tätigkeit für einen Philosophen als unwürdig erschien. Zum Glück war Sartre nicht dieser Meinung.

Neben den Möglichkeiten, die Philosophie Sartres ebenso wie seine Romane, Erzählungen, Dramen, Abhandlungen und Drehbücher mit immensem Gewinn zu rezipieren, überzeugt der französische Denker meiner Ansicht nach auch heute noch durch sein gelebtes Leben, das als unbedingtes Bekenntnis zu menschlicher Freiheit und Verantwortung verstanden werden kann. Selbst wenn er im Hinblick auf die Beurteilung politischer Situationen und gesellschaftlicher Prozesse großen Irrtümern unterlag (so vor allem in Bezug auf den Kommunismus in seiner real existierenden Form in der UdSSR sowie in China), blieb die gezeigte Stoßrichtung seines Engagements eine humanistische:

> „Ich stand vier Jahre lang den Kommunisten nahe, aber meine Ideen waren nicht die ihren, und sie wussten es. Sie benutzten mich, ohne sich zu kompromittieren, sie ahnten, dass ich bei einem Ereignis wie Budapest ‚umfallen' würde – was dann auch geschah. Objektiv mag es ein wichtiger Wendepunkt gewesen sein, aber subjektiv war es keiner; ich hatte ziemlich klare Vorstellungen, und ich habe sie nicht aufgegeben, als ich den Kommunisten nahestand (Sartre 1977)."

Eine lange schon im Humanismus kolportierte Überzeugung lautet, dass es keine Mächte über oder unter dem Menschen gibt, die sein Schicksal bestimmen. Weder Götter noch Dämonen lenken sein Geschick – er selbst ist Maß und Münze seines Daseins. Sartres Leben und Werk wirken wie eine Bestätigung dieser Sätze. Dieser *petit homme* dachte groß im Hinblick auf das Recht und auf die Chancen des Menschen, seine Existenz autonom und in Maßen frei zu gestalten. Eine, wenn nicht *die* zentrale Idee seiner existenzialistischen Anthropologie lautet daher, dass jeder Mensch mit Entwürfen, Wahl und Handlungen seinem Dasein Sinn, Wert und Bedeutung verleiht und Vorschläge unterbreitet, wie die Essenz, das Wesen eines Menschen, beschaffen sein könnte.

Diese leitende Idee findet sich auch in den meisten Dramen Sartres wieder. In ihnen geht es nicht nur um die Explikation einzelner philosophischer Begriffe und Konstrukte oder um die politische Stellungnahme zu konkreten gesellschaftlichen oder historischen Ereignissen und Prozessen. Darüber hinaus zielte Sartre mit den Schauspielen auf die Problematisierung der Totalität von Menschen und ihrer Welt ab, wie sie bereits im barocken *Theatrum mundi* intendiert war:

> „Es geht um den Menschen – der zugleich *ein Agent* und *ein Akteur* ist –, der sein Drama hervorbringt und spielt, indem er die Widersprüche seiner Situation bis zum Zerspringen seiner Person oder bis zur Lösung seiner Konflikte durchlebt. Ein Theaterstück – ein episches wie die von Brecht oder ein dramatisches – ist heute die angemessenste Form, den Menschen in Aktion zu zeigen, das heißt, den Menschen überhaupt. Und die Philosophie erhebt den Anspruch, sich von einem anderen Gesichtspunkt aus mit diesem Menschen zu beschäftigen. Deshalb ist das Theater philosophisch und die Philosophie dramatisch (Sartre 1979)."

4 Jean-Paul Sartre – das Sein mit der Schlinge der Sprache einfangen

Der Begriff und das Konzept des *Theatrum mundi* geht vor allem auf die Epoche des Barocks zurück. Oftmals wird in diesem Zusammenhang Calderón de la Barcas *Das große Welttheater* (1645) zitiert, bei dem der Gott sich ein köstliches Drama gönnt: Die Welt wird zur Bühne, auf der die Menschen als Schauspieler ihr ewig gleiches Spiel – das Leben – zur Aufführung bringen. Irgendwann jedoch ruft der Tod die Spieler von der Bühne ab, und der allmächtige Spielleiter erlaubt sich seine kritischen Bemerkungen zum Dargebotenen, die vom gnädigen Applaus bis hin zur höllischen Verdammnis reichen.

Die Theatralisierung des Daseins erfuhr unter Ludwig XIV. (1638–1715) eine überaus konsequente Umsetzung: Er selbst inszenierte sich als Sonnenkönig und seinen Hofstaat als ein immerwährendes Fest, das sich bisweilen noch den Luxus erlaubte, sich in manchen Stücken von Molière potenziert widergespiegelt zu erleben. Der *Siècle de la lumière* ebenso wie die Französische Revolution sorgten für ein entschiedenes Ende dieser sonnenköniglichen Aufführungen.

Zu Beginn des 20. Jahrhunderts griff Hugo von Hofmannsthal auf das Motiv des *Theatrum mundi* zurück: In seinem *Jedermann* (1911) wird das Treiben der Welt zum metaphorischen Spiel, das ähnlich wie bei Calderón den Inszenierungsideen des großen Regisseurs gehorcht und von ihm auch jederzeit beendet werden kann. Das Leben wird im *Jedermann* zum metaphysischen Drama, ausgerichtet auf ein eschatologisches Heil, das allerdings nur allzu leicht verspielt wird und deshalb – insbesondere vor der Kulisse des Salzburger Doms und des nahen Petersfriedhofs – nicht nur wohlige, sondern auch schaurige Empfindungen beim Publikum auszulösen imstande ist. Man kann Karl Kraus verstehen, wenn er diesbezüglich über den „großen Welttheaterschwindel" von Salzburg polemisierte und lakonisch dazu anmerkte: „Ehre sei Gott in der Höhe der Preise."

Sartre hätte Karl Kraus wohl in Bezug auf Calderon und Hugo von Hofmannsthal Recht gegeben – und dennoch stellte er sich mit seinen Schauspielkonzepten in die Tradition des *Theatrum mundi*, allerdings in einer strikt säkularisierten Denk- und Lesart. Für ihn bedeuteten seine Dramen den Versuch, die Totalität der Welt möglichst umfassend zu begreifen und auf der Bühne wiederzugeben und damit die menschlichen Existenzgestaltungen als Rollen, Masken und Inszenierungen zu verstehen; wohlgemerkt als Rollen, Masken, Inszenierungen, die dem Einzelnen selbst wie auch dem Kollektiv zufallen und überlassen sind, und für die es keinen *Deus ex machina*, keine Regisseure und Oberspielleiter, keine Kondukteure und Rezeptionisten braucht und gibt:

„Das Spiel steht am Ursprung der Welt. Es gibt *Welt* (das heißt intime Beziehung zwischen der menschlichen Gesellschaft und der Natur), wenn kollektive Konventionen die Spielregeln festsetzen. Das einzige Resultat dieser Konventionen, die absurd und grundlos sind, besteht darin, die menschliche Aktivität auf allen Gebieten in ein Ballett zu verwandeln (Sartre 1982)."

Diesen Gedanken, das menschliche Sein als dauerndes Spiel, als permanentes Ballett anzusehen, dessen Regeln und Choreografie niemand anderer als eben die Menschen selbst zu verantworten haben, finden wir bereits in Sartres erstem Hauptwerk *Das Sein und das Nichts* (1943). Hier beschreibt er ausführlich, wie etwa ein Kellner nicht nur so tut, als sei er ein Kellner – vielmehr geht der Kellner voll und ganz in seiner Rolle auf, ja, er *ist* Kellner, obwohl er das Kellner-Sein nicht als sein inneres, immer schon vorhandenes Wesen in sich trägt: „Er spielt Kellner *sein*. Darin liegt nichts Überraschendes: Das Spiel ist eine Art Sich-zurecht-Finden und Erkunden. Das Kind spielt mit seinem Körper, um ihn zu erforschen, um eine Bestandsaufnahme davon zu machen; der Kellner spielt mit seiner Stellung, um sie zu *realisiere*n (Sartre 1993)."

So betrachtet, spielt eine jede und ein jeder von uns andauernd diverse Spiele, Mensch zu werden und zu sein. Der Grundüberzeugung Sartres gemäß geht die Existenz unserer Essenz stets voraus, und im Entwurf, in der Wahl, der Kontingenz, in der Entscheidung für oder gegen eine Haltung, Meinung, Einstellung, Handlung realisieren wir uns minütlich, stündlich, täglich jeweils neu und in sehr geringem Maße frei. Wir alle sind Mitspieler auf dieser gigantischen Bühne des *Theatrum mundi* mit seinen stets wechselnden Kulissen und Mitschauspielern.

Die Totalität von Menschen, Kosmos und Kultur zu erfassen – das war Sartres Lebensmotto, Lebensinhalt, Lebensbegierde, die sich auf sein eigenes Dasein wie auch auf dasjenige seiner Mitmenschen bezog, und die sich als Reaktionen und Antworten auf den grundsätzlichen Seins-Mangel verstehen lassen, der sich in jedem einzelnen Menschen wie auch zwischen den Menschen und ihrer Welt meldet und ereignet. Das Zuwenig, der Mangel, das Minus kann sich dabei auf Materielles (Besitz, Ressourcen) ebenso wie auf Körperlich-Biologisches (eigener Leib, Nahrung), Seelisches (Selbstwert, Stimmung, emotionale Balance), Soziales (Anerkennung, Wertschätzung, Akzeptanz des Anderen und durch die Anderen), Politisches (gesellschaftliche Teilhabe, Sicherheit) oder auch Geistig-Kulturelles beziehen (Bildung im allerweitesten Sinne):

„Dagegen ist der Mangel – als reale und ständige Spannung zwischen dem Menschen und der Umgebung und zwischen den Menschen untereinander –, der in

4 Jean-Paul Sartre – das Sein mit der Schlinge der Sprache einfangen

jedem Falle über die grundlegenden Strukturen Aufschluss gibt (Techniken oder Institutionen): nicht, dass er sie als eine reale Kraft hervorgebracht hätte, sondern weil sie in der *Umwelt des Mangels* von Menschen geschaffen worden sind, deren Praxis eben diesen Mangel verinnert, um ihn zu überwinden (Sartre 1967)."

Zur möglichst totalen Erfassung der Wirklichkeit mit all den eben angedeuteten Mangelsituationen war es für Sartre gleichgültig, ob Menschen in seiner nächsten Nähe (wie Simone de Beauvoir und andere Freunde) oder anonym weitentfernt irgendwo auf dem Globus existierten, und ob sie ihm als Zeitgenossen oder als längst Verblichene, als prominente Künstler (z. B. Flaubert, Baudelaire, Mallarmé) oder als unbekannte Nobodys situativ begegneten und zur literarisch-intellektuell-sozial-emotionalen Herausforderung gerieten.

In seinen Romanen, Erzählungen und Dramen entwarf Sartre Figuren, an denen er die Totalität des Einzelnen und seiner Welt exemplarisch entwerfen und demonstrieren wollte. Begonnen bei der Gestalt des Bariona (aus dem gleichnamigen Weihnachtsspiel), dem der Autor situative Momente des Widerstands und der Revolte zugestand, über die antik-mythischen Figuren des Orest, der Elektra, der Klytämnestra (in: *Die Fliegen*) bis hin zu Pierre Dumaine und Ève Charlier (in: *Das Spiel ist aus*) und noch weit darüber hinaus reichen die unauslotbar vielen Möglichkeiten der Mensch-Werdung und des Mensch-Seins.

In ihren Handlungen, Verfehlungen, Hemmungen erweisen sich diese Bühnenfiguren wie alle Menschen und keine Menschen: feige, klug, mutig und ängstlich; einander verratend und einander vertrauend; rachsüchtig, milde und vergebend; sich suchend, findend, verlierend; kleinlich-eng und dann doch wieder großzügig-grenzenlos-würdevoll; destruktiv bis zur Selbstvernichtung und konstruktiv bis zur unfassbaren Güte; authentisch bis zur Selbstverleugnung und mit Unredlichkeit und *mauvaise foi* versehen bis zur Lüge; politisch wach und bereit zum äußersten Engagement und apolitisch bis zum Quietismus. Und für alle diese Haltungen, Taten und Emotionen zeigt uns Sartre relevante Ursachen, Gründe, Motive und Determinanten sowie die in diesen Situationen stets auch vorhandenen, obschon häufig minimalen Freiräume des Entscheidens und Verhaltens:

„Wir können uns ohne Schwierigkeiten vorstellen, dass ein Mensch, obwohl er von seiner Situation vollkommen bedingt ist, ein Zentrum irreduzibler Nichtdeterminiertheit sein kann. Dieses Stück Unvorhersehbarkeit, das sich vom gesellschaftlichen Feld abhebt, ist das, was wir Freiheit nennen, und die Person ist nichts anderes als ihre Freiheit (Sartre 1978)."

In seiner *Antigone* lässt Sophokles bereits im 5. Jahrhundert v.u.Z. den Chor über Möglichkeiten des Mensch-Seins inklusive des menschlichen Frei- und Spielraums für Entscheidungen räsonieren, die im 20. Jahrhundert unter dem Signum des Existenzialismus von Sartre bedacht wurden. Bei Sophokles heißt es:

> „Vielgestaltig ist das Ungeheure, und nichts / ist ungeheurer als der Mensch; … / In der Kunst der Erfindung jenseits aller / Erwartungen schöpferisch, / schreitet er bald zum Schlechten, bald zum Guten (Sophokles 2013)."

Sartre hätte darauf wohl schulterzuckend zugestimmt und dann repliziert: „Ich habe Menschen erlebt, gute und böse – die Bösen sind übrigens nur böse in Bezug auf bestimmte Ziele –, ich habe geschrieben, ich habe gelebt, es gibt nichts zu bedauern" (Sartre 1977).

Literatur

Sartre, J.-P.: Die Wörter (1964), Reinbek bei Hamburg 1983, S. 45
Aron, R.: Gespräch mit Jean-Paul Sartre, zit. n. Hayman, R.: Jean-Paul Sartre – Leben und Werk, München 1988, S. 152
Sartre, J.-P.: Brief an Louise Védrine (31. August 1939), in: Autobiographische Schriften, Briefe, Tagebücher – Briefe an Simone de Beauvoir 1926–1939, Reinbek bei Hamburg 1988, S. 282
Sartre, J.-P.: Bariona oder Der Sohn des Donners – Ein Weihnachtsspiel (1940), Reinbek bei Hamburg 1991, S. 78
Sartre, J.-P.: Über Merleau-Ponty (1961) in: Sartre über Sartre, Gesammelte Werke, Reinbek bei Hamburg 1988, S. 64
Sartre, J.-P.: Das Sein und das Nichts (1943), Reinbek bei Hamburg 1993, S. 42
Sartre, J.-P.: Der Ekel (1938), Reinbek bei Hamburg 1981, S. 197f.
Sartre, J.-P.: Das Sein und das Nichts (1943), Reinbek bei Hamburg 1993, S. 845f.
Sartre, J.-P.: Sartre über Sartre (1969), in: Das Imaginäre, Reinbek bei Hamburg 1971, S. 25
Sartre, J.-P.: Der Existenzialismus ist ein Humanismus (1946), in: Der Existentialismus ist ein Humanismus und andere philosophische Essays, Reinbek bei Hamburg 2000, S. 149f.
Sartre, J.-P.: Skizze einer Theorie der Emotionen (1939), in: Die Transzendenz des Ego – Philosophische Essays 1931–1939, Reinbek bei Hamburg 1982, S. 315f.
Sartre, J.-P.: Das Sein und das Nichts (1943), Reinbek bei Hamburg 1993, S. 483
Sartre, J.-P.: Das Sein und das Nichts (1943), Reinbek bei Hamburg 1993, S. 644
Sartre, J.-P.: Das Sein und das Nichts (1943), Reinbek bei Hamburg 1993, S. 583
Sartre, J.-P.: Die Kindheit eines Chefs (1939), Reinbek bei Hamburg 1985, S. 125

4 Jean-Paul Sartre – das Sein mit der Schlinge der Sprache einfangen

Sartre, J.-P.: Überlegungen zur Judenfrage (1946), Reinbek bei Hamburg 1994, S. 10
Sartre, J.-P.: Überlegungen zur Judenfrage (1946), Reinbek bei Hamburg 1994, S. 17
Sartre, J.-P.: Überlegungen zur Judenfrage (1946), Reinbek bei Hamburg 1994, S. 17
Sartre, J.-P.: Überlegungen zur Judenfrage (1946), Reinbek bei Hamburg 1994, S. 35f.
Decker, O. et al.: Antisemitismus als individuelles Ressentiment und gesellschaftliches Sediment, in: Diess.: Vereint im Ressentiment, Gießen 2024, S. 133ff.
Sartre, J.-P.: Königin Albemarle oder Der letzte Tourist (1991), Reinbek bei Hamburg 1994, S. 172
Sartre, J.-P.: Königin Albemarle oder Der letzte Tourist (1991), Reinbek bei Hamburg 1994, S. 246
Sartre, J.-P.: Die Wörter (1964), Reinbek bei Hamburg 1983, S. 53
Sartre, J.-P.: Die Wörter (1964), Reinbek bei Hamburg 1983, S. 53
Sartre, J.-P.: Die Wörter (1964), Reinbek bei Hamburg 1983, S. 139
Sartre, J.-P.: Die Wörter (1964), Reinbek bei Hamburg 1983, S. 151
Sartre, J.-P.: Für ein Situationstheater, in: Mythos und Realität des Theaters, Reinbek bei Hamburg 1979, S. 40
Sartre, J.-P.: Die Fliegen (1943), Reinbek bei Hamburg 1991, S. 181ff.
Sartre, J.-P.: Für ein Situationstheater, in: Mythos und Realität des Theaters, Reinbek bei Hamburg 1979, S. 41
Sartre, J.-P.: Über Die Fliegen (1973), in: Die Fliegen, Reinbek bei Hamburg 1991, S. 190
Sartre, J.-P.: Geschlossene Gesellschaft (1944), Reinbek bei Hamburg 1986, S. 59
de Beauvoir, S.: In den besten Jahren (1960), Reinbek bei Hamburg 1969, S. 706
Sartre, J.-P.: Geschlossene Gesellschaft (1944), Reinbek bei Hamburg 1986, S. 56f.
Sartre, J.-P.: Über Geschlossene Gesellschaft (1965), in: Geschlossene Gesellschaft (1944), Reinbek bei Hamburg 1986, S. 61
Sartre, J.-P.: Die schmutzigen Hände (1948), Reinbek bei Hamburg 1961, S. 165
Sartre, J.-P.: Die schmutzigen Hände (1948), Reinbek bei Hamburg 1961, S. 188
Sartre, J.-P.: Die schmutzigen Hände (1948), Reinbek bei Hamburg 1961, S. 166
Sartre, J.-P.: Das Spiel ist aus (1947), Reinbek bei Hamburg 1952, S. 68f.
Sartre, J.-P.: Das Spiel ist aus (1947), Reinbek bei Hamburg 1952, S. 136
Sartre, J.-P.: Selbstporträt mit siebzig Jahren – Interview mit Michel Contat (1975), in: Sartre über Sartre – Autobiografische Schriften, Reinbek bei Hamburg 1977, S. 190
Sartre, J.-P.: Selbstporträt mit siebzig Jahren – Interview mit Michel Contat (1975), in: Sartre über Sartre – Autobiografische Schriften, Reinbek bei Hamburg 1977, S. 214
Sartre, J.-P.: Literatur als Engagement für das Ganze – Interview mit Madeleine Chapsal (1960), in: Was kann Literatur? Interviews, Reden, Texte 1960–1976, Reinbek bei Hamburg 1979, S. 11
Sartre, J.-P.: Saint Genet, Komödiant und Märtyrer (1952), Reinbek bei Hamburg 1982, S. 200
Sartre, J.-P.: Das Sein und das Nichts (1943), Reinbek bei Hamburg 1993, S. 140

Sartre, J.-P.: Kritik der dialektischen Vernunft – Theorie der gesellschaftlichen Praxis (1960), Reinbek bei Hamburg 1967, S. 134

Sartre, J.-P.: Vorstellung von Les Temps Modernes (1945), in: Der Mensch und die Dinge – Aufsätze zur Literatur 1938–1946, Reinbek bei Hamburg 1978, S. 167

Sophokles: Antigone, Ode über den Menschen, in: Nichts als der Mensch – Beobachtungen und Spekulationen aus 2.500 Jahren, hrsg. von Georg Brunold, Berlin 2013, S. 25

Sartre, J.-P.: Selbstporträt mit siebzig Jahren – Interview mit Michel Contat (1975), in: Sartre über Sartre – Autobiografische Schriften, Reinbek bei Hamburg 1977, S. 246

5

Um einen Bertolt Brecht von innen bittend

Wenn Biografen, Literaturwissenschaftler, Germanisten über Bertolt Brecht, sein Leben, seine Stücke und Gedichte schreiben und dozieren, entstehen Dutzende verschiedener Bilder dieses Menschen: zärtlich-vulgärer Lyriker; zynischer Don Juan; rebellischer Dramatiker; politischer Intellektueller; triebhafter Halodri und fürsorglicher Clanvorsitzender; gnadenloser Plagiator und begnadeter Regisseur; Mischung aus Ignatius von Loyola und einem römischen Konsul in Bayern – die Urteile, Meinungen, Klischees über B.B. sind Legion.

Thomas Mann, im Gegensatz zu Brecht seinen Platz als Dichter und Schriftsteller im Bürgertum einnehmend, sprach von ihm als vom Scheusal mit Talent; Walter Benjamin schätzte Brecht so sehr, dass er ihm mehrmals ins Exil nachreiste; Max Frisch schrieb voll zarter Hochachtung über die Begegnungen mit dem Passanten in Zürich nach dem Zweiten Weltkrieg.

Da ich eine tiefenpsychologisch-anthropologische Perspektive wähle, um mich der Person und dem Werk Brechts zuzuwenden, gehe ich den Fragen nach seinen inneren Antrieben und Motiven, nach Charakter, Lebensstil und Werdens-Gesetz nach. Mit dem Innen ist kein weltloser, verschlossener, den eigenen emotionalen Nabel betrachtender Brecht gemeint; im Gegenteil: Ähnlich wie Ortega y Gasset dies in seinem Essay *Um einen Goethe von innen bittend* beschrieben hat, ist mit dem Innen die Auseinandersetzung Brechts mit seiner Welt gemeint:

„Leben heißt aus sich herausgreifen – sich verwirklichen. Das vitale Programm, mit dem ein jedes Ich unabänderlich identisch ist, drückt und drängt die Umstände, um sich in ihnen Platz zu schaffen. Diese Einheit von dramatischer Dynamik zwischen den beiden Elementen, Ich und Welt, ist das Leben (Ortega y Gasset 1978)."

Bertolt Brecht (B.B.), sein Körperselbst und sein vitales Programm Es geht mir um eine verstehende Annäherung an das vitale Programm, mit dem Brecht die vielen Herausforderungen des Daseins bestehen wollte. Als determinierende Faktoren für dieses vitale Programm, für ein Daseinsgesetz gelten einerseits die sozialen Rahmenbedingungen, in die ein Jemand hineingeboren und sozialisiert wird, und andererseits der eigene Organismus sowie das eigene Temperament, mit denen der Betreffende auf seine Umwelt antwortet.

In ein Paradies wurde er jedenfalls nicht hineingeboren, als Bertolt Brecht 1898 Augsburger Luft entgegenschlug – eher schon in bürgerliche Verhältnisse und in eine Welt schwäbisch-tüchtiger Geschäftigkeit. Der Vater stammte aus kleinen Verhältnissen und war als Direktor einer prosperierenden Papierfabrik weit nach oben gekommen. Die Mutter galt neben der Robustheit ihres Gatten als grazilerer, manchmal ins Elegante changierender Kontrapunkt. Auch ihr haftete keine über sie selbst hinausdeutende Idee, kein utopischer Horizont an.

Die Ehe der Eltern war alles andere als konfliktarm. Sophie Brecht (die Mutter) war kränklich und besuchte oft wochenlang die Kuranstalten in Bayern. Sie vertrat eine protestantische Weltanschauung mit nur sparsam angedeuteter Sinnlichkeit. Berthold Brecht (der Vater) war dagegen katholisch sozialisiert und kompensierte den Mangel an emotionaler Zuwendung und körperlicher Präsenz seiner Gattin, indem er ab 1910 eine Affäre mit Marie Röcker begann, die als Hausdame und Köchin bei den Brechts angestellt war. Neben den Eltern und dem um zwei Jahre jüngeren Bruder Walter zählte zum Hausstand außerdem ein Dienstmädchen.

Man sieht: intellektuelle, künstlerische, politische wie soziale Utopien standen Bertolt Brecht in seiner Familie wie auch in seiner Vaterstadt weder 1898, zum Zeitpunkt seiner Geburt, noch während seiner Kinder- oder Jugendtage Pate. Die Stadt Augsburg war kein Sozialgebilde, dem man eine dynamische und beherzte Bewegung hin zu den Ideen der Moderne des 20. Jahrhunderts hätte attestieren mögen. Umso überraschender lesen sich daher die Zeilen eines Schulaufsatzes, den Brecht als 16-Jähriger verfasst hat. Die Schüler sollten sich darin mit dem Vers von Horaz *Dulce et decorum est pro patria mori* (süß und ehrenvoll ist es, für das Vaterland zu sterben) befassen; der junge Brecht meinte dazu keck und provokant:

„Der Ausspruch, dass es süß und ehrenvoll sei, für das Vaterland zu sterben, kann nur als Zweckpropaganda gewertet werden. Der Abschied vom Leben fällt immer schwer, im Bett wie auf dem Schlachtfeld, am meisten gewiss jungen Menschen in der Blüte ihrer Jahre. Nur Hohlköpfe können die Eitelkeit so weit treiben, von einem leichten Sprung durch das dunkle Tor zu reden, und auch dies nur, solange sie sich weit ab von der letzten Stunde glauben. Tritt der Knochenmann aber an sie selbst heran, dann nehmen sie den Schild auf den Rücken und entwetzen, wie des Imperators feister Hofnarr bei Philippi, der diesen Spruch ersann (Brecht 1988)."

Dass dieser Schulaufsatz, der dem überall grassierenden Chauvinismus und der allgemeinen Kriegsbegeisterung diametral entgegenstand, beinahe zur Relegation des Schülers Bertolt Brecht geführt hätte, überrascht nicht. Erstaunlich scheint vielmehr, woher Brecht die Kraft und Kühnheit zugewachsen war, einen dermaßen der Meinung der Majorität zuwiderlaufenden Standpunkt formulieren und diesen auch noch der schulischen Öffentlichkeit gegenüber vertreten zu können. Hier zeichnet sich der eigenwillig-revoltierende Bert Brecht ab, um dessen Wesen und Entwicklung als eigenständiger und kritischer Intellektueller es mir geht.

B.B. und sein Larvendasein: *„Ich bin ein Provisorium und muss Sprungweite haben, ich wachse noch."* (Brecht 1975). Auf Bildern aus seiner Kindheit und Jugend, ja auch noch als junger Erwachsener macht Bertolt Brecht einen ziemlich zartgliedrig-schmalen, schlaksigen, asthenisch-leptosomen Eindruck. Zu dieser körperlichen Konstitution gesellten sich während seiner Gymnasialzeit ein ärztlich bescheinigter Herzfehler sowie weitere Krankheiten, die aus ihm ein kränkelnd-nervöses Kind werden ließen, das zusammen mit der ebenfalls kränkelnden Mutter etliche langwierige Sanatoriumsaufenthalte zu gewärtigen hatte.

Bei diesem Herzfehler handelte es sich um die Schädigung einer Herzklappe (Aortenklappe) wohl als Spätfolge wiederholt auftretender Streptokokken-Infektionen. Diese nehmen ihren Ausgangspunkt häufig von den Tonsillen (Rachenmandeln), gehen mit Fieberschüben einher (rheumatisches Fieber genannt) und führen als Autoimmunreaktion bisweilen zur entzündlichen Besiedelung der Herzinnenwand (Endokarditis), insbesondere an den Rändern der Herzklappen. Zu Brechts Kindheit und Jugend gab es noch keine Antibiotika, sodass diese Streptokokken-Bakterien-Infekte bei weitem nicht so effektiv wie heutzutage behandelt werden konnten.

Neben dem Herzen können noch andere Organe Ziel der autoimmunologischen Entzündungsreaktion werden. Bei Brecht muss man aufgrund seiner Symptome davon ausgehen, dass auch das Gehirn und hier das Gebiet der Basalganglien von Autoantikörpern attackiert wurde. Das daraus resultierende Krankheitsbild nennt man Chorea minor oder Morbus Sydenham (Erstbeschreiber); dabei beklagen die Betreffenden Hyperkinesien, also überschießende motorische Bewegungsmuster. Von außen betrachtet imponieren die Patienten als übernervös, aufgeregt, fratzenhaft, was nicht selten dazu beiträgt, dass sie schüchtern-ängstlich ihre Symptome zu verbergen suchen oder aber aus ihrer Not eine Tugend machen und mit Fratzen und weitausholenden Bewegungen ihre Mitmenschen erschrecken.

In seiner Kindheit und Jugend beantwortete Brecht seine Beschwerden und das daraus resultierende Körpererleben bevorzugt mit ängstlicher Besorgtheit sowie mit Anlehnungsbedürfnissen an seine Mutter. Atemnot, Herzrhythmusstörungen, Schwindel, körperliche Schwäche führten dazu, dass er nachts häufig stundenlang wach lag und beinahe panisch auf seine Körpersensationen lauschte. Mit Anbruch der Pubertät jedoch wandelte sich das Antwortmuster Brechts auf seine morbide Lebenssituation radikal. Nicht mehr ein phobisch-vermeidendes, sondern im Gegenteil ein kontraphobisches, maßlos-expansives Verhalten galt nun als seine Hauptstrategie, seiner umfassend empfundenen Organminderwertigkeit (Alfred Adler) Paroli zu bieten. So manche kess im Mundwinkel platzierte Zigarre, so mancher kühne Ledermantel, Brechts Sportbegeisterung (fürs Boxen oder für schnelle Wägen) und so manche in Fäkalsprache gegossene machohaft-sexistische Bemerkungen seiner frühen Mannesjahre dürfen als übermächtig zur Schau getragene Kompensationsbewegungen angesichts der körperlichen Verfassung der Kindheit mit den dabei ausgelösten Inferioritätsempfindungen verstanden werden. Neben den somatischen Einschränkungen aufgrund seiner Kränklichkeit erlebte B.B. in seiner Umgebung auch atmosphärisch-weltanschauliche Begrenzungen:

> „Ich habe das Licht der Welt im Jahr 1898 erblickt. Meine Eltern sind Schwarzwälder. Die Volksschule langweilte mich 4 Jahre. Während meines 9jährigen Eingeweckt-Seins an einem Augsburger Realgymnasium gelang es mir nicht, meine Lehrer wesentlich zu fördern (Brecht 1983)."

In dieser Situation der körperlichen Limitierungen wie auch des seelisch-geistigen Eingeweckt-Seins wählte Brecht neben den provokanten Männlichkeitsattitüden einen Ausweg, wie ihn Jean-Paul Sartre für Gustave Flaubert (und für sich selbst) beschrieben hat – den Weg ins Imaginäre: „Der Mensch gleicht entweichendem Gas, er strebt hinaus ins Imaginäre" (Sartre 1971). Diese Bewegung meinte Sartre bei vielen Künstlern und Schriftstellern bemerkt zu haben, mit der sie die kleinbürgerliche Wirklichkeit mit ihren Zumutungen und Absurditäten um sich her transzendieren wollten und zu geistig-kulturellen Architekten einer anderen, schöneren, freieren, gerechteren Welt werden konnten. Auf dem Weg in die Sphären des Geistes, der Fantasie und der Kultur erwies sich Brecht als emsiger Autodidakt. Er wurde ein Alles-Leser, der vom Schundroman bis zu den Klassikern verschlang, was ihm in die Hände gelangte.

Zu seiner Lektüre zählten Autoren wie Rimbaud, Villon, Verlaine, Zola, Büchner, Hamsun, Hauptmann, vor allem aber Frank Wedekind, mit dem er sich einige Jahre lang identifizierte. Er kannte Shakespeare, Marlowe, Shaw, Swift, die deutschen Klassiker (Brecht ließ sich als Jugendlicher in einer leerstehenden Dichternische des Augsburger Stadttheaters als neuer Schiller ablichten, obgleich er *Wallensteins Lager* im Unterricht als „Oktoberfest mit Bockbierausschank" bezeichnet hatte), Nietzsche, Rilke und Dostojewski, Tolstoi, Strindberg, Nestroy wie auch die Dichter der römischen Antike. Einigen dieser geistigen Mentoren ist Brecht sein Leben lang treu geblieben. Als Brecht Anfang der 1950er-Jahre ein Landhaus in der Nähe Berlins in Buckow gefunden hatte, meinte er darüber: „Haus und Umgebung in Buckow ist ordentlich genug, dass ich wieder etwas HORAZ lesen kann" (Brecht 1993).

Der junge Brecht assimilierte jedoch nicht nur; früh schon, mit vierzehn Jahren, brachte er eigene Produkte – Satiren, Glossen, Balladen, Gedichte, Geschichten – unter die Leute. Eine Schachzeitung (*Die lustigen Steinschwinger*) und eine Schülerzeitung (*Die Ernte*) waren die ersten Foren für ihn, die hektografiert für 10, 20 Pfennige verkauft wurden. Es folgten die *Augsburger Neuesten Nachrichten* und die *München-Augsburger Abendzeitung*, in denen Brecht Kriegsgedichte veröffentlichen konnte, denen mehr Skepsis denn Kriegsbegeisterung, viel mehr Schilderung des grausamen Elends denn des Heroentums innewohnten. Wie schon bei seinem skandalumwitterten Schulaufsatz bezog Brecht auch bei der Lyrik seiner Jugend eigene Standpunkte, die sich merklich von der Kriegseuphorie seiner Umwelt unterschieden. In einem Brief an Caspar Neher, seinen Jugendfreund, der sich später als Bühnenbildner bei Inszenierungen Brechts und als Maler einen Namen machte, schrieb der 20-jährige Brecht bezüglich seiner Pläne, Vorhaben und Entwürfe als Dichter:

> „Und ich stelle mich auf meine Füße und spucke aus und habe das Neue satt und fange mit dem Arbeiten an und dem ganzen Alten, mit dem 1000mal Erprobten und mache, was ich will, auch wenn ich Schlechtes will. Und ich bin Materialist und ein Bazi und ein Proletarier und ein konservativer Anarchist, und ich schreibe nicht für die Presse, sondern für mich und für Dich und die Japaner (Brecht 1983)."

Erste konkrete Schritte hin zum anarchistischen Proletarier, der macht, was er will, unternahm Brecht auf dem Gebiet der Dichtung mit seinem bekannten Frühwerk, dem *Baal* (1918). In dieser Gestalt, dem syrischen Erdgott in seiner unersättlichen Lust auf Vitalität sehr ähnlich, hat Brecht einen eigenen Konflikt eindrücklich thematisiert: das Verhältnis des Individuums zum Kollektiv, des Einzelnen und seiner Ansprüche zu den Vielen und ihren Notwendigkeiten. Und dieser Gestalt verlieh er all jene körperlichen, psychosozialen und geistigen Qualitäten, die er in seiner Kindheit so schmerzhaft vermisste – insbesondere eine grenzen- und rücksichtslose Umsetzung von Expansionsimpulsen jeglicher Art.

B.B., die Frauen und die Treue zur dritten Sache 1917 hatte Brecht, dem die Augsburger Daseinsdimensionen zu eng geworden waren, in München Quartier bezogen und studierte *pro forma* Medizin. Sein eigentliches Interesse aber galt der Entwicklung seiner dichterisch-künstlerischen Ambitionen und eines Lebensstils, der die bürgerlichen Konventionen hinter sich gelassen haben und stattdessen der Vitalität und Authentizität seiner Person Raum zur Entfaltung bieten sollte.

Ein oft beschrittenes Experimentierfeld für einen sinnlich-unkonventionellen Lebensvollzug bedeuteten für Brecht seine Liebesbeziehungen. 1916 bereits hatte er noch in Augsburg die Arzttochter Paula Banholzer kennen und lieben gelernt. Sein energisches Werben um Paula, die er Bi oder Bittersweet nannte, führte zum Erfolg: ab 1918 waren Bidi (so bezeichnete Brecht sich selbst) und Bi ein Paar. Ein Jahr darauf wurde den beiden der Sohn Frank geboren, der (weil sowohl die Eltern von Paula wie auch Brechts Vater mit dem unehelichen Enkel nichts zu schaffen haben wollten) in einem kleinen Dorf bei Pflegeeltern aufwuchs. Obwohl Bidi und Bi zusammenbleiben wollten und sich gegenseitig ihre Attraktivität bescheinigten, verliebte sich Brecht einige Monate später in die Schauspielerin Marianne Zoff, die recht bald von Brecht schwanger wurde und ihm die Tochter Hanna gebar. Brecht versprach Marianne ebenso wie Paula die Ehe, und den daraus resultierenden Konflikt löste er einer Anekdote zufolge für ihn typisch:

„In A. liebte Herr B. eine Frau und versprach ihr die Ehe. Als er später in die Nachbarstadt M. zog, lernte er eine andere Frau kennen und versprach ihr ebenfalls die Ehe. Die beiden Frauen erfuhren voneinander, trafen sich in einem Café in M. und besprachen ihre Lage. Sie fingen Herrn B. vor dem Theater ab und drangen in ihn, sich zu entscheiden: Wen von uns willst du nun heiraten? Herr B. antwortete bescheiden und ernst: Beide (Müller und Semmer 1980)."

Wie zusammengehörig sich Brecht mit Paula trotz der Beziehung zu Marianne Zoff (der noch viele andere folgen sollten) in jenen Jahren gefühlt haben mag, spiegelt das kleine Gedicht *Gleichklang* wider, das Brecht rückblickend im Jahre 1954 über Bidi und Bi verfasst hat. In ihm spürt man etwas von dem zarten und verbindlichen Liebhaber, der er bei aller Polygamie und Polyamorie eben auch war:

„Bidi in Peking / Im Allgäu Bi / Guten, sagt er / Morgen, sagt sie (Brecht 1981)."

Den Gleichklang der Seelen, der ihm als Ideal einer Liebesbeziehung in jenen Jahren schon präsent gewesen sein mag, konnte und mochte Brecht damals und auch später nicht in die Form einer Ehe oder eheähnlichen Beziehung einfließen lassen. Er kannte die Sorge vor einengender Festlegung und schrieb (bezüglich Marianne Zoff, aber auch bezogen auf andere Frauen und seine damalige wie auch spätere Lebenssituation), er könne nicht heiraten, „… denn ich bin ein Provisorium und muss Sprungweite haben, ich wachse noch" (Brecht 1975).

Was Brecht mit Sprungweite gemeint haben mag, zeigte sich bei den folgenden Liebesbeziehungen immer wieder. Kaum war die Ehe mit Marianne Zoff trotz aller Vorbehalte geschlossen, lernte Brecht Dora Mannheim und etwas später Helene Weigel kennen, die innert weniger Jahre zur dritten Mutter seiner Kinder und ab 1929 zu seiner zweiten Ehefrau avancierte. Parallel und sequenziell dazu unterhielt er sexuelle Beziehungen zuerst mit Paula Banholzer und Marianne Zoff, später mit Ruth Berlau, Elisabeth Hauptmann, Margarete Steffin, Isot Kilian und weiteren Mitarbeiterinnen.

Der Begriff der Mitarbeiterin wurde von Brecht bei vielen Geliebten verwendet und war tatsächlich so gemeint. Neben einer sexuellen und emotionalen suchte Brecht in der Regel stets eine von einer gemeinsamen dritten Sache geprägte Arbeitsbeziehung. Indem er Frauen wie seine männlichen Mitarbeiter an vielen Projekten beteiligte, ihre Initiativen und Anregungen schätzte sowie literarische, künstlerische, intellektuelle und organisatorische Beiträge von ihnen als Teil eines Kollektivwerks dankbar ins eigene Oeuvre integrierte (siehe hierzu: Kebir 1987; 1997; Stern 2000), definierte er sie für sich weit über die Rolle von Sexualpartnerinnen hinaus. Oder, wie Brecht selbst es einmal in einem Brief an seine dänische Geliebte Ruth Berlau formuliert hat, um der Beziehung zu ihr, die in affektiv stürmisches Fahrwasser geraten war und die ihn zunehmend bedrängte, wieder Richtung und Orientierung zu geben:

> „Es gibt wieder die dritte Sache, und das Persönliche und Private tritt wieder zurück. Die dritte Sache ist der Sozialismus, und wichtig ist, was wir für den Sozialismus auf dieser Stufe und in diesen Jahren tun können, konkret … In der Zukunft gibt es nicht mehr Tribute (die geschuldet werden), sondern Geschenke (die gern gegeben sind), keine Bedingungen mehr, nur noch Bitten. Keiner schuldet keinem etwas, jeder schuldet alles der dritten Sache (Brecht 1983)."

Dass diese vielfältigen, immer wieder neuen Liebes- und Arbeitsbeziehungen nicht ohne zwischenmenschliche Komplikationen abliefen, überrascht nicht. Besonders von Ruth Berlau, die Brecht Lai-Tu nannte, ist bekannt, wie sehr sie auf andere Frauen in Brechts Nähe mit Eifersucht reagierte. Neben Helene Weigel war Berlau jene Frau, mit der Brecht am längsten (über zwei Jahrzehnte) eine enge, intime und intensive Arbeits- und Liebesbeziehung unterhielt. Die literarisch-künstlerisch überaus talentierte Schauspielerin und Journalistin hatte den Dichter 1933 in seinem dänischen Exil kennengelernt, war ihm nach Amerika und später dann nach Ostberlin gefolgt und bereicherte seine Dramen wie auch seine Lyrik mit eigenen Beiträgen. In ihrem zart, anrührend und anerkennend verfassten Erinnerungsbuch *Brechts Lai-Tu* hat Ruth Berlau mehrmals ihre emotionalen Verwerfungen in der Beziehung mit Brecht angedeutet; im Nachwort schildert Hans Bunge, langjähriger Dramaturg am Berliner Ensemble und Leiter des Brecht-Archivs, die Kalamitäten, die Brechts distanziertes Verhalten und Berlaus Affekte darauf hervorriefen:

> „Sie hat Brecht mit unmäßiger Eifersucht gequält … Sie hat Brecht sogar geschlagen. Sie betrank sich immer häufiger in ihrer Ausweglosigkeit und gab die Schuld daran Brecht. Mehrmals musste sie psychiatrisch behandelt werden … (Bunge 1985)."

Solche Konsequenzen seines Lebenswandels hat Brecht nicht intendiert. Kritisch anzumerken bleibt jedoch, dass er sie als eventuelle Folgen auch nicht antizipierte, wenn sich ihm eine neue Liebelei als Gelegenheit bot; oder wenn er wieder einmal frühere Versprechungen an die Geliebten vergessen zu haben schien. Und weiter darf kritisch überlegt werden, inwiefern ihm die Unruhe dieser vielen parallelen und sequenziellen Beziehungen nicht nur (wie er selbst es beurteilte) ein Plus an Produktivität bescherte, sondern möglicherweise mit dazu beigetragen hat, ihn für ernsthaftere Erkrankungen und damit letztlich für einen frühzeitigen Tod anfälliger werden zu lassen.

Dass es im Brecht-Clan nicht häufiger zu Hauen und Stechen kam, lag nicht unerheblich an Brecht selbst, der mit Höflichkeiten und Aufmerksamkeiten dafür sorgte, dass sich stets mehrere Frauen gleichzeitig von ihm umworben, gebraucht, gemeint fühlen konnten. Daneben bewies aber vor allem Helene Weigel enorme Langmut und Großzügigkeit im Umgang mit dem Dichter, dem sie zeitlebens große Sprungweite zugestand, und dessen Eskapaden sie mit nie versiegender Toleranz ertrug. Ihr fiel der wichtigste Part zu in seinem eigentümlichen Wechsel zwischen Polygamie, Polyamorie, kollektivkünstlerischer Produktivität und Treue, so wie er sie verstand: als Festhalten an den literarisch-politischen Aufgaben und an jenen Menschen, die sich wie er mit diesen Aufgaben in hohem Maße identifizierten.

Ehe, Familie, Monogamie blieben für Brecht stets (klein-)bürgerliche Festungen, die er ein ums andere Mal berannte, und denen er immer wieder das *Carpe diem* seiner Lust und Eroberungsbegierde entgegensetzte. In manchen seiner Schriften entsteht darüber hinaus jedoch der Eindruck, dass er damit nicht nur gegen die Vorstellungen von Moral und Sitte, sondern auch gegen das Faktum von Begrenzt-Sein und Vergänglichkeit der menschlichen Existenz überhaupt rebellieren wollte. Im Sonett *Entdeckung an einer jungen Frau* wird dieser Aspekt besonders betont:

„Des Morgens nüchterner Abschied, eine Frau / Kühl zwischen Tür und Angel, kühl besehn. / Da sah ich: eine Strähn in ihrem Haar war grau / Ich konnt mich nicht entschließen mehr zu gehn. / Stumm nahm ich ihre Brust, und als sie fragte / Warum ich Nachtgast nach Verlauf der Nacht / Nicht gehen wolle, denn so war's gedacht / Sah ich sie unumwunden an und sagte: / Ist's nur noch eine Nacht, will ich noch bleiben / Doch nütze deine Zeit; das ist das Schlimme / Dass du so zwischen Tür und Angel stehst. / Und lass uns die Gespräche rascher treiben / Denn wir vergaßen ganz, dass du vergehst. / Und es verschlug Begierde mir die Stimme (Brecht 1981)."

B.B. und die Vitalität: Der böse Baal wird asozial In seinem frühen literarischen Schaffen hat sich Brecht besonders im *Baal* (1918), seinem ersten Theaterstück, dem Thema der ungezügelten Vitalität zugewandt. Baal fordert für sich und seine Lebensbewegungen unbedingten Freiraum. Dabei bleibt es für ihn nicht aus, mit Repräsentanten der Ordnung (Kirche, Staat, Militär) und der bürgerlichen Moral in Dissens zu geraten und als wüster Rohling ausgestoßen zu werden. Der *Baal* gehört neben *Trommeln in der Nacht* und *Im Dickicht der Städte* zu den eruptiven und ungebärdigen Frühwerken Brechts

(Hans Mayer bezeichnete sie als anarchistische Aufwallungen), die in relativ kurzer Zeit und beinahe schubartig entstanden. Dass *Baal* jedoch, wie Brecht selbst einmal geäußert haben soll, aufgrund einer Wette mit seinem Freund Georg Pflanzelt innerhalb von vier Tagen geschrieben worden sei, gehört in den Bereich der Legendenbildung.

In die Figur Baal sind etliche Vor- und Gegenbilder, programmatische Ideen, Impressionen und Kritiken sowie Brechts eigene damalige Situation eingeflossen. So finden sich in diesem maitollen Burschen Züge von Villon und Verlaine wieder, Rousseaus Forderung nach Versöhnung des Menschen mit der Natur klingt ebenso an wie Nietzsches Beschreibungen des Menschen als das nicht festgestellte Tier und als Übermensch. Nicht zuletzt denkt man bei Baal auch an Max Stirners Buch *Der Einzige und sein Eigentum* (1844), in dem der Linkshegelianer die Ansprüche und Rechte des Individuums allen Sozietäten gegenüber radikal verteidigte. Und schließlich bricht sich in der Figur des Baal Brechts eigen gespürte Vitalität und Lust auf Leben überaus energisch Bahn. Im *Choral vom großen Baal*, der dem Stück vorangestellt ist, werden wesentliche Züge dieses Bacchanten zusammengefasst, bei dem Natur und Kultur so wenig miteinander verschmolzen sind, dass er für die zivilisierte Gesellschaft kaum tragbar scheint:

> „Als im weißen Mutterschoße aufwuchs Baal / War der Himmel schon so groß und still und fahl / Jung und nackt und ungeheuer wundersam / Wie ihn Baal dann liebte, als Baal kam … / Ob es Gott gibt oder keinen Gott / Kann, so lang es Baal gibt, Baal gleich sein. / Aber das ist Baal zu ernst zum Spott: / Ob es Wein gibt oder keinen Wein. / Gibt ein Weib, sagt Baal, euch alles her / Lasst es fahren, denn sie hat nicht mehr! / Fürchtet Männer nicht beim Weib, die sind egal: / Aber Kinder fürchtet sogar Baal … / Seid nur nicht so faul und so verweicht / Denn Genießen ist bei Gott nicht leicht! / Starke Glieder braucht man und Erfahrung auch: / Und mitunter stört ein dicker Bauch … (Brecht 1969)."

Hier revoltiert ungestüm und wild und maßlos das Individuum, ein Ich gegen die Konventionen von Mitwelt und Sozietät; Natur und Trieb melden ihre Ansprüche gegen Sitte, Anstand und Benimmregeln an; die kulturell Zivilisierten, Gehemmten, Eingefriedeten holen sich ihr Leben in der Hemmungslosigkeit zurück; und zuletzt versprechen Ausschweifung und grenzenloser Genuss Kompensation von Verzicht und verkürztem Daseinsgefühl. Diesem Baal, einem verwahrlosten Schauspieler, Zuhälter, Poeten, Trunkenbold und bisweilen trotz allem feinfühligen Liebhaber, hat Brecht konsequent Sigmund Freuds Lustprinzip aufs Panier geschrieben: Lust, die nur sich selber will;

Kraft, die richtungslos nach Widerstand und Aufgaben sucht, und Lebensgier, die ihre Grenzen nicht kennt; – so singt und säuft und spielt und hurt sich Baal durch die Szenen des Stücks, um schließlich, wie Brecht dies in einem Gedicht über Francois Villon ausgemalt hat, selbst am Tode noch ein sinnliches Gefallen zu finden:

> „Als er die Viere streckte und verreckte / Da fand er spät und schwer, dass auch dies Strecken / schmeckte (Brecht 1981)."

Brecht hat seinem Erstling, der 1923 bei seiner Uraufführung in Leipzig für Skandal und Tumulte sorgte, im Unterschied zu anderen seiner Frühwerke immer die Treue gehalten. 1954, inzwischen selbst etwas weiser geworden im Umgang mit den eigenen Leidenschaften wie auch mit den Reaktionen der Gesellschaft darauf (die er jetzt mit einer deutlich politischeren Optik betrachtete) und mit seiner Mitwelt, urteilte Brecht über *Baal*:

> „Das Stück *Baal* mag denen, die nicht gelernt haben, dialektisch zu denken, allerhand Schwierigkeiten bereiten. Sie werden darin kaum etwas anderes als die Verherrlichung nackter Ichsucht erblicken. Jedoch setzt sich hier ein Ich gegen die Zumutungen und Entmutigungen einer Welt, die nicht eine ausnutzbare, sondern nur eine ausbeutbare Produktivität anerkennt ... Die Lebenskunst Baals teilt das Geschick aller anderen Künste im Kapitalismus: sie wird befehdet. Er ist asozial, aber in einer asozialen Gesellschaft ... Ich gebe zu (und warne): dem Stück fehlt Weisheit (Brecht 1969)."

B.B. und die Formen: Leben und Drama werden episch Eng verknüpft mit Brechts Vitalität, Sprungkraft, Lust auf Leben und Provokation sowie seinem drängenden Bedürfnis, Konventionen aller Art hinter sich lassen zu wollen, war sein Hang, bestehende Formen kritisch zu hinterfragen und beiseitezuschieben. Geronnenes und scheinbar Unumstößliches gerieten für ihn oftmals zur Herausforderung, es zu Liquidem und Neuem umzuformen. Dabei kam es zu widersprüchlichen, teilweise spätpubertären Haltungen (z. B. die Zähne nicht zu putzen), die seiner körperlichen Gesundheit neuerliche Schädigungen (Infekte) zumutete.

Brechts Äußeres ließ sich nicht leicht auf einen Nenner bringen: scheinbar Schmuddelig-Achtloses am Aussehen wechselte mit Ausgewählt-Gediegenem (er legte nicht nur bei seinen Frauen, sondern eine Zeitlang auch bei sich selbst großen Wert darauf, gute englische Stoffe und Tuche zu tragen), Askese und Luxus lagen bei ihm manchmal nah beisammen, Proletarisch-Einfaches war von Bohemehaft-Verspieltem, Streng-Klargeordnetes von Künstlerisch-Fantasievollem durchsetzt. Er spielte Figuren und Gestalten, ohne mit deren Geschichten wirklich identisch zu sein; er besaß viele Masken, hinter denen er Tieferes verbarg; und er wurde daher von nicht wenigen als ein fragwürdiges Individuum angesehen – wozu er selbst gerne und mit großem Eifer seinen Beitrag leistete:

> „Ich bin zu den Leuten freundlich. Ich setze / Einen steifen Hut auf nach ihrem Brauch. / Ich sage: es sind ganz besonders riechende Tiere / Und ich sage: es macht nichts, ich bin es auch. / In meine leeren Schaukelstühle vormittags / Setze ich mir mitunter ein paar Frauen / Und ich betrachte sie sorglos und sage ihnen: / In mir habt ihr einen, auf den könnt ihr nicht bauen (Brecht 1981)."

Weder im privaten noch im gesellschaftlichen Rahmen benahm sich Brecht so, wie man es von ihm erwartet hätte. So provozierte er in seiner späteren Rolle als marxistisch-sozialistischer Intellektueller und Dichter immer wieder Parteigänger wie auch Gegner. Man hielt ihm vor, dass er sich 1928 als bereits bekannter, am Sozialismus orientierter Schriftsteller von der österreichischen Autofirma Steyr für ein Werbegedicht einen Wagen schenken ließ. Nachdem Brecht wenige Monate später mit dem Wagen verunglückte, ließ er sich mit dem demolierten Auto fotografieren und publizierte dazu eine Erklärung, dass man in einem Steyr-Wagen durchaus Unfälle zu überleben vermag. Postwendend erhielt er von Steyr ein neues Gratisauto überreicht. Auf ähnliche Kritik stieß es, als der Sozialist Bert Brecht im Nachkriegsberlin Anfang der 1950er-Jahre in Weißensee eine leerstehende großbürgerliche Villa bezog. Max Frisch allerdings hat in seinen Erinnerungen an Brecht diese Kritik als ungerechtfertigt bezeichnet:

> „Das Gerücht, dass Brecht, von den Russen in einen Palast gesetzt, wie ein Großfürst hause inmitten der Armut von Ost-Berlin und dass die Weigel kostbare Antiquitäten aus der armen Zone käuflich erbeutet habe, fand ich, wie erwartet, nicht bestätigt. Eine Villa wie tausend andere in Berlin: unzerstört, nur etwas vernachlässigt in einem verlotterten Garten, geräumig und, wenn ich mich richtig erinnere, fast teppichlos (Frisch 1972)."

Schon in seiner Münchner Zeit, bevorzugt aber dann in Berlin (ab 1924) und später in der Emigration (ab 1933) verfolgte Brecht einen eigenwilligen Lebensstil wie auch einen sehr eigenen Stil der Produktion und Inszenierung von Dramen. Dieser Stil und diese Methode sind unter den Stichworten „Verfremdungseffekt" sowie „episches Theater" bekannt geworden.

5 Um einen Bertolt Brecht von innen bittend

Seit Aristoteles, der in seiner Poetik eine für das Abendland erste Theorie der Ästhetik und Dramaturgie formuliert hat, zeichnen ein Drama und seine Struktur mehrere Merkmale aus: Einheit von Raum und Zeit, Kausalität der Handlungsfolge, verflochtene Szenentechnik, Stringenz zwischen Konflikt, Katastrophe und Lösung. Dramen, die diese Merkmale nicht aufweisen (z. B. die Historien von Shakespeare), werden bezüglich ihrer Struktur als nichtaristotelisch bezeichnet. Büchner, Ibsen, Tschechow oder Strindberg, Hauptmann und Wedekind haben mit ihren Dramen schon vor Brecht den Rahmen aristotelischer Dramaturgie gesprengt.

Großen Einfluss auf die zukünftige Gestaltung des Brechtschen Theaters nahm in Berlin Erwin Piscator, der das Proletarische Theater am Nollendorfplatz leitete. Bei Piscator sah Brecht erstmals Ansätze eines pädagogischen, aufklärerischen, wissenschaftlichen und politisch-weltanschaulichen Theaters. Ausgehend von den Versuchen Piscators unternahm Brecht in den Jahren 1924 bis 1933 vielfältige Anläufe zur Formulierung und Umsetzung einer eigenen Theatertheorie. Ihm schwebte ein Theater vor, das einerseits unterhaltsam und vergnüglich wie eine Sportveranstaltung sein und andererseits politische und gesellschaftskritische Erkenntnisse vermitteln sollte. Diese verschiedenen Aspekte schienen Brecht am ehesten in einer epischen Form zum Tragen zu kommen. In den *Anmerkungen zur Oper Aufstieg und Fall der Stadt Mahagonny* (1930) skizzierte Brecht tabellarisch die Unterschiede zwischen der tradierten und seiner epischen Form des Dramas:

Dramatische Form des Theaters	Epische Form des Theaters
handelnd	erzählend
verwickelt den Zuschauer in eine Bühnenaktion	macht den Zuschauer zum Betrachter, aber
verbraucht seine Aktivität	weckt seine Aktivität
ermöglicht ihm Gefühle	erzwingt von ihm Entscheidung
Suggestion	Argument
Empfindungen werden konserviert	bis zu Erkenntnissen getrieben
der Zuschauer steht mittendrin	der Zuschauer steht gegenüber
der unveränderliche Mensch	der verändernde Mensch
Spannung auf den Ausgang	Spannung auf den Gang
eine Szene für die andere	jede Szene für sich
Geschehen linear	Geschehen in Kurven
der Mensch als Fixum	der Mensch als Prozess
Denken bestimmt das Sein	Sein bestimmt das Denken (Brecht 1977)

Mit dem epischen Theater entwickelte Brecht Mittel und Methoden, um politisch, aufklärerisch, pädagogisch, gesellschaftskritisch zu wirken. Erarbeitet hat er diese an Stücken wie *Mann ist Mann* (1924/26), *Dreigroschenoper* (1928), *Aufstieg und Fall der Stadt Mahagonny* (1928/29), *Der Jasager und der Neinsager* (1929/30), *Die heilige Johanna der Schlachthöfe* (1929/30) oder *Die Rundköpfe und die Spitzköpfe* (1932/34). Oft geschah dies gegen den Widerstand von Schauspielern, Intendanten, Kritikern oder auch des Publikums, die jedoch letztlich vor Brechts Impertinenz die Waffen strecken mussten. Ungewohnt für Akteure wie Zuschauer waren die V-Effekte (V=Verfremdung), die unkritisch-einfühlende Identifizierungen der Betrachter mit dem Geschehen auf der Bühne verhindern sollten:

> „Eine verfremdende Abbildung ist eine solche, die den Gegenstand zwar erkennen, ihn aber doch zugleich fremd erscheinen lässt ... Das lange nicht Geänderte nämlich scheint unveränderbar. Allenthalben treffen wir auf etwas, das zu selbstverständlich ist, als dass wir uns bemühen müssten, es zu verstehen ... Das Theater ... muss sein Publikum wundern machen, und dies geschieht vermittels einer Technik der Verfremdung des Vertrauten (Brecht 1977)."

Die Verfremdung des Vertrauten hat Brecht als wichtiges Stilmittel seiner Dramen entwickelt; zugleich war dieses Motiv auch für seine eigene Person von einiger Relevanz. Brecht verstand Aufgaben, Projekte, Pläne, Beziehungen als Anreiz, sich mit Haut und Haar in die jeweilige Situation einzulassen. Nicht ein Zuwenig (wie bei vielen Menschen), eher ein Zuviel an Hingabe und Verströmen an die Welt zeichnete seinen Lebensstil aus. Schilderungen seiner Jugendfreunde ebenso wie seiner Geliebten und Mitarbeiter belegen, dass Rückzug und das Sich-rar-oder-sparsam-Machen, das retentiv-phlegmatische Element Brechts Sache nicht waren.

Für Schriftsteller, Dichter, Künstler bedeutet dieses Sich-Verströmen beinahe eine *Conditio sine qua non* der Produktivität und Originalität. Nur schwer lässt sich ein anankastisch-geiziger, an sich haltender, misstrauischer Mensch imaginieren, dem Künstlerisches aus der Feder fließt. Kunst erfordert großzügige und freigebige Bewegungen hin auf die Mitmenschen und eine (bessere) Welt – oder sie entsteht nicht. Brecht kannte dieses Gesetz des Schaffens und hat es willig in sein Dasein integriert. Gleichzeitig registrierte er die Gefahren dieser Lebensweise (Gefahr des Sich-Verlierens, rasch Verbrennens) und suchte nach Strategien der Eindämmung.

Eventuell können deshalb die lyrischen wie die dramatischen Form- und Stileigentümlichkeiten, die Brecht entwickelt und forciert hat, nicht nur durch eine literaturwissenschaftliche, sondern auch durch eine tiefenpsychologische Brille betrachtet werden. Sowohl bei seinen Gedichten wie auch bei seinen Dramen hat der Dichter wiederholt Methoden der Distanzierung und Verfremdung angewandt, die nicht nur für Leser und Zuschauer, sondern auch für ihn selbst zum Übungsfeld für Reflexion, Retentivität und Kontrolle seines Lebensstils geworden sind.

Max Frisch mag Ähnliches an Brecht wahrgenommen haben, als er in seinem Tagebuch über ihn schrieb: „Brecht muss die Sentimentalität sehr gekannt haben, und was nur von ferne hätte ein Gefälle dahin haben können, verbannte er ... Nur im Gedicht, also unter artistischer Kontrolle, war gestattet, was Brecht sonst durch Witz und Gestik isolierte: Gefühle" (Frisch 1972). Mit seinen V-Effekten verunmöglichte Brecht dem Publikum und im übertragenen Sinne auch sich selbst ein verschmelzendes emotionales Eins-Werden mit allfälligen Situationen auf der Bühne wie auch in seinem Dasein. Diese Verfremdungsexerzitien galten neben den dramaturgisch-theatertheoretischen Aspekten bewusst-unbewusst wahrscheinlich mindestens ebenso sehr der Gangart und dem Charakter Brechts, der damit wohl versuchte, seine Hingabetendenzen an Menschen und Situationen etwas zu zügeln.

B.B. und die Politik: Der Jasager und der Neinsager Kaum ein Schriftsteller oder Dichter hat sich und sein Schaffen derart politisch verstanden wie Bert Brecht; im 20. Jahrhundert lässt sich zum Vergleich eventuell die Biografie und das Werk Jean-Paul Sartres heranziehen. Dabei war dem jungen Brecht das Zeug zum *Zoon politikon* nicht in die Wiege gelegt worden; auch diese Seite seiner Persönlichkeit musste er sich nach und nach erobern und aneignen. Aus seiner Münchner Zeit (1917–1924) beispielsweise ist bekannt, dass er sich nur zögerlich auf die damals aktuellen tagespolitischen Themen einließ. Als er 1920 in Berlin den Kapp-Putsch erlebte, fuhr er mit dem nächsten Zug nach München zurück und saß abends im Kabarett bei seinem humoristischen Mentor Karl Valentin, wo er sich eigenem Bekunden nach vor Lachen wälzte. Erst als Brecht Mitte der 1920er-Jahre nach Berlin übergesiedelt war, wurde er zu *dem* deutschsprachigen politischen Schriftsteller schlechthin.

Waren die Stücke *Im Dickicht der Städte* (1922) sowie *Trommeln in der Nacht* (1920/22) – die Premiere dieses Stückes an den Münchner Kammerspielen hatte Brecht über Nacht berühmt gemacht und brachte ihm den Kleist-Preis 1922 ein – noch dem Baalschen Duktus verwandt und waren von Empfindungen, Affekten und Impulsen ihres Autors geprägt, flossen in die Berliner Dramen *Mann ist Mann* (1924) oder *Joe Fleischhacker* (Fragment) nationalökonomische, soziologische und marxistische Überlegungen mit ein. Die wenig später folgenden Lehrstücke (*Der Jasager und der Neinsager*, 1929/30, *Die Maßnahme*, 1930, *Die Rundköpfe und die Spitzköpfe*, 1932/34) oder die *Dreigroschenoper* (1928) und *Die heilige Johanna der Schlachthöfe* (1929/30) behandeln Fragen und Probleme, die die Umsetzung sozialistischer Ideen in konkrete Politik aufwerfen, und für deren Überwindung kommunistische Utopien und Ideologien formuliert worden sind.

Das Parabelstück *Mann ist Mann*, das (so der Untertitel) *Die Verwandlung des Packers Galy Gay in den Militärbaracken von Kilkoa im Jahre 1925* zum Inhalt hat, geriet Brecht zu einem sozialpsychologisch-anthropologischen Lehrtext. Ähnlich angelegt wie eine wissenschaftliche Untersuchung, stellte er im Drama Thesen auf, die er mithilfe des Handlungsverlaufs beweisen oder widerlegen wollte.

Eine zentrale These des Stücks handelt von der fast grenzenlosen Formbarkeit respektive Deformierbarkeit des Menschen durch gesellschaftliche Strukturen und Institutionen. Von Galy Gay wird behauptet: „So einer verwandelt sich eigentlich ganz von selber. Wenn ihr den in einen Tümpel schmeißt, dann wachsen ihm in zwei Tagen zwischen den Fingern Schwimmhäute. Das kommt, weil er nichts zu verlieren hat" (Brecht 1968). Und tatsächlich erfährt Galy Gay im Laufe des Stücks am eigenen Leib den Prozess der Entindividualisierung und Verwandlung in eine menschliche Kampfmaschine und in einen Soldaten, der von den Meinungen, Vorstellungen, Befehlen eines dubiosen Kollektivs abhängig ist. Als Verfremdungseffekt angelegt, kommentiert die Witwe Begbick diesen Deformierungsprozess:

> „Herr Bertolt Brecht behauptet: Mann ist Mann. / Und das ist etwas, was jeder behaupten kann. / Aber Herr Bertolt Brecht beweist auch dann / Dass man mit einem Menschen beliebig viel machen kann. / Hier wird heut Abend ein Mensch wie ein Auto ummontiert / Ohne dass er irgend etwas dabei verliert ... / Und wozu er auch immer umgebaut wird / In ihm hat man sich nicht geirrt. / Man kann, wenn wir nicht über ihn wachen / Ihn uns über Nacht auch zum Schlächter machen (Brecht 1968)."

Die Beziehungen des Individuums zur Gemeinschaft, des Einzelnen zum Kollektiv, des Privaten zu einer öffentlichen und umfassenden Idee oder Ideologie rücken als zentrale Themen und Probleme in den Mittelpunkt auch anderer Lehrstücke. In *Der Jasager* (1929/30) wird ein Junge von seinem Lehrer und einigen Studenten auf eine gefährliche Tour durchs Gebirge mitgenommen, um Medizin für erkrankte Bewohner ihrer Stadt zu besorgen. Unterwegs stellt sich heraus, dass der Junge den Strapazen nicht gewachsen ist. Um ihre Mission nicht zu gefährden, schlagen ihm Lehrer und Mitstudenten vor, im Gebirge zurückzubleiben, selbst wenn dies seinen Tod bedeutet. Dem stimmt der Junge zu und opfert sich.

Dieselbe Thematik spielt in *Die Maßnahme* (1930) eine Rolle. Vier Agitatoren müssen sich vor einer Gerichtsinstanz, der Partei, wegen der Tötung eines jungen Genossen verantworten. Sie berichten von der Ungeduld und Naivität des jungen Genossen, der die Armut und das Elend seiner Umgebung direkt und sofort lindern wollte, während die Agitatoren das Elend noch kulminieren lassen wollen, um eine revolutionäre Stimmung zu erzeugen und genügend Kämpfer auf ihre Seite ziehen zu können. Da der junge Genosse sich vom Vorsatz, sogleich zu handeln, nicht abbringen lässt, und er durch seine Aktivitäten zur Gefahr für andere und die gemeinsame Sache wird, greifen die Agitatoren zur Maßnahme und töten ihren Genossen, nicht ohne vorher sein Einverständnis für diese Tötung eingeholt zu haben. Ähnlich wie im *Jasager* opfert sich auch in *Die Maßnahme* der Genosse, um einer überpersönlichen Idee (Partei, Revolution, Kommunismus) Genüge zu tun.

Die Rigorosität, mit der Brecht in den beiden Stücken für eine Ideologie und ihre Durchsetzung Partei ergreift, wird in zeitgleich verfassten Stücken konterkariert. In *Der Neinsager* (1929/30) wie auch in *Das Badener Lehrstück vom Einverständnis* (1929) verwendete er dialektische Argumentationsketten, die dem Einzelnen im Vergleich zum Kollektiv einen ebenbürtigen Platz einräumen. Nicht immer liegt die Wahrheit auf Seite der Idee oder des Kollektivs; stets muss geprüft werden, ob den Ansprüchen und Vorstellungen des Individuums nicht viel mehr Humanität und Progressivität eignen als denen einer Partei oder Ideologie. *Der Neinsager* ist als Gegenstück zum *Jasager* konzipiert. Bei gleicher Ausgangssituation spitzt sich der Konflikt mit dem Jungen, dem Lehrer und den Studenten zu; im *Neinsager* jedoch argumentiert der Knabe (und mit ihm Brecht) entgegengesetzt zum *Jasager*:

„Der Knabe: Die Antwort, die ich gegeben habe, war falsch, aber eure Frage war falscher. Wer a sagt, der muss nicht b sagen. Er kann auch erkennen, dass a falsch war ... Ich brauche ... einen neuen großen Brauch, den wir sofort einführen müssen, ... den Brauch, in jeder neuen Lage neu nachzudenken (Brecht 1966)."

Diesen Brauch, in jeder neuen Lage stets neu nachzudenken und den Verkrustungen und unmenschlichen Erstarrungen ideologischer Systeme vorzubeugen, hat Brecht in den kommenden Jahren für sich ebenso wie für seine Umgebung propagiert. Er hat damit die kulturanalytisch-gesellschaftskritischen Potenziale des Sozialismus weitaus ernster genommen als viele hauptamtliche Sozialisten und Marxisten. Ihm galt das Individuum und dessen Freiheit als Garant für eine Form des Sozialismus, der zwar die Veränderung und Verbesserung der Welt als Ziel deklariert, dabei aber nicht die Adressaten der Veränderung – konkrete, zufrieden und in Frieden leben wollende Menschen – aus den Augen verliert. Das politische wie individuelle Credo Brechts spricht der Schlusschor im *Badener Lehrstück vom Einverständnis*:

> „Einverstanden, dass alles verändert wird / Die Welt und die Menschheit / Vor allem die Unordnung ... / Habt ihr die Welt verbessert, so / Verbessert die verbesserte Welt. / Gebt sie auf! ... Habt ihr die Welt verbessernd die Wahrheit vervollständigt, so / Vervollständigt die vervollständigte Wahrheit. / Gebt sie auf! ... / Habt ihr die Wahrheit vervollständigend die Menschheit verändert, so / Verändert die veränderte Menschheit. / Gebt sie auf! ... / Ändernd die Welt, verändert euch! / Gebt euch auf! (Brecht 1966)."

B.B. wird erfolgreich: Dreigroschenoper und Die heilige Johanna der Schlachthöfe Die neu gewonnenen politischen Standpunkte und die veränderten Formen und Methoden des epischen Theaters ließ Brecht nicht nur in Lehrstücke, sondern auch in Publikumsrenner wie die *Dreigroschenoper* (1928), *Aufstieg und Fall der Stadt Mahagonny* (1928/29) oder auch *Die heilige Johanna der Schlachthöfe* (1929/30) einfließen. Mit der *Dreigroschenoper*, die 1928 am Schiffbauerdamm-Theater in Berlin ihre Uraufführung erlebte, eroberte sich Brecht weite Teile des Publikums – ein Umstand, der ihn an der Qualität des Stückes ernsthaft zweifeln ließ.

Die *Dreigroschenoper* entstand als Umarbeitung einer jahrhundertealten Oper, der *Beggars Opera* von John Gay, vermischt mit neuen Songs, komponiert von Kurt Weill, und mit diversen Balladen, deren Urheberschaft bei genauerem Besehen in Frankreich (bei François Villon) anzusiedeln war. Weil Brecht die Übersetzung der Balladen ohne Namensnennung übernommen hatte, trug ihm dies den Vorwurf des Plagiators ein. Der Theaterkritiker Alfred Kerr, der notorisch an Brechts Arbeit Kritikwürdiges suchte und fand, war diesbezüglich federführend. Brecht, der eher von der kollektiven und nicht von der individuellen Entstehung von Kulturgütern überzeugt war, wehrte sich gegen diese Vorwürfe (er hatte Herrn Ammer als den Übersetzer nicht namentlich erwähnt) mit dem Verweis auf seine grundsätzliche Laxheit in Fragen geistigen Eigentums.

Der Handlungsablauf der *Dreigroschenoper* ist sozial- und gesellschaftskritisch angelegt. Der Räuber Macheath, genannt Mackie Messer, kaschiert erfolgreich seine kriminellen Neigungen und Taten durch bürgerliche Wohlanständigkeit. Dies gelingt überraschend gut: Mackie Messer wird zunehmend bürgerlich, ohne auf seine kriminellen Machenschaften verzichten zu müssen. Das Bürgertum eröffnet ihm neue und sozial durchaus tolerierte Möglichkeiten der Kriminalität und der Ausbeutung. Letztendlich hängt Macheath seinen Beruf als Straßenräuber an den Nagel und wechselt unter Beibehaltung seiner kriminellen Absichten, aber unter Anerkennung der kapitalistischen Bereicherungsmethoden, ins Bankfach über:

„Was ist ein Dietrich gegen eine Aktie? Was ist ein Einbruch in eine Bank gegen die Gründung einer Bank? Was ist die Ermordung eines Mannes gegen die Anstellung eines Mannes? (Brecht 1973)."

Das Stück, dem recht schneidende Kritik am Bürgertum und dessen häufig doppelbödig-verlogener Moral bescheinigt werden kann, wurde von eben jenem Bürgertum begeistert und delektierend aufgenommen. Einzelne, von Weill vertonte Songs (etwa der Kanonen-Song oder das Lied der Seeräuber-Jenny) gerieten zu Schlagern und Gassenhauern, das Hurenmilieu zum guten Ton und zur Mode und kritische Passagen zum Gaudium. Die Oper wurde zum Kondensat der *Roaring Twenties*, dem durch Beifallsbekundung die gesellschaftskritische Spitze genommen war.

Nicht so einfach konnte mit der *Heiligen Johanna der Schlachthöfe* verfahren werden – das Stück ist sperriger, publikumsfeindlicher. Außerdem fließen in den Handlungsverlauf immer wieder ökonomische Überlegungen von Karl Marx zur Entwicklung der modernen Industrie ein, die einen Verfremdungseffekt darstellen und die problemlose Identifikation mit dem Geschehen auf der Bühne verhindern. Brecht hat in die Figur der Heiligen Johanna historische und dramatische Gestalten inkludiert – so das Bauernmädchen Jeanne d'Arc sowie Schillers *Die Jungfrau von Orleans*. Wie ihre Vorbilder versucht Brechts Johanna, den Armen und Hilflosen durch ihren Kampf befreiende Erlösung zu vermitteln. Die gütige Menschenliebe des Mädchens Johanna Dark jedoch, das als Mitglied der Heilsarmee, später dann als proletarische Heldin durch die Fleischfabriken Chicagos zieht, den Arbeitslosen und Zukurzgekommenen helfen will und gerade aufgrund ihres Engagements den wohlgenährten Fleischkönigen und Preisspekulanten zum Vorteil gereicht, ist zum Scheitern verurteilt.

Brechts *Heilige Johanna der Schlachthöfe* wurde bisweilen als Parabelstück über die ungewollt-naive Schädlichkeit der damaligen Sozialdemokratie interpretiert. Ähnlich wie Johanna Dark verfolgten viele Sozialdemokraten zu Brechts Zeiten hehre Ideale, ohne ihre Urteile und ihr Handeln auf die seinerzeitigen politisch-gesellschaftlichen Verhältnisse, also auf den militant-brutalen Faschismus und Nationalsozialismus einzustellen. Nur ein marxistisch-kämpferischer Sozialismus sei, so Brecht, in der Lage, nicht lediglich (wie die Heilige Johanna) Gutes zu wollen, sondern auch zu schaffen:

„Nichts werde gezählt als gut, und sehe es aus wie immer, als was / wirklich hilft, und nichts gelte als ehrenhaft mehr als was / diese Welt endgültig ändert: sie braucht es. / Wie gerufen kam ich den Unterdrückern! / Oh, folgenlose Güte! Unmerkliche Gesinnung! / Ich habe nichts geändert. / Schnell verschwindend aus dieser Welt ohne Furcht / sage ich euch: / Sorgt doch, dass ihr die Welt verlassend / nicht nur gut wart, sondern verlasst / eine gute Welt! (Brecht 1977)."

B.B. spürt: Das Fleisch schlägt auf in den Städten und die Trommeln schlagen mit Macht Die kommenden Jahre bis zur Machtergreifung Hitlers sollten Brecht in seiner Einschätzung nicht nur der deutschen Sozialdemokratie Recht geben. Weite Bereiche des Bürgertums, aber auch der Arbeiterschaft und ihrer Parteien erlagen dem Faszinosum der braunen Stiefel. Anders als zu Beginn der 1920er-Jahre sah und beurteilte Brecht das Ende der Weimarer Republik mit kühler, ungetrübt scharfer Nüchternheit. Die Diagnose bezüglich der politischen Verhältnisse Anfang der 1930er-Jahre bewirkte bei ihm, dass er hinsichtlich der therapeutischen Schritte keine Zweifel aufkommen ließ. Als im Februar 1933 der Reichstag und wenige Tage später seine Bücher brannten, zögerte Brecht keinen Augenblick: Zusammen mit seiner Familie ging er ins Exil und suchte zuerst in Dänemark, Schweden, Finnland und später dann in den USA Zuflucht.

Brecht hatte allen Grund zu emigrieren. Seiner Stücke wegen, die Ende der 1920er-Jahre entstanden und aufgeführt wurden, wie auch seiner Lyrik wegen war Brecht den Nationalsozialisten zunehmend ein Dorn im Auge geworden. Außerdem war Brecht seit 1929 mit Helene Weigel, die jüdischer Abstammung war, verheiratet. 1930 war ihnen die gemeinsame Tochter Maria Barbara geboren worden; beide wären aufgrund ihrer Abstammung gefährdet gewesen. Darüber hinaus sorgte sich Brecht um viele seiner Freunde und Mitarbeiter, die sich zum Teil als Kommunisten bezeichneten, und die aufgrund ihrer Weltanschauung in akuter Gefahr waren.

So überrascht es nicht, dass neben den Familienangehörigen auch Mitarbeiterinnen (Elisabeth Hauptmann, Margarete Steffin) zur Exiltruppe zählten, die mit Brecht im März 1933 über Prag, Österreich und die Schweiz bis nach Dänemark flüchtete. In Skovsbostrand, einem kleinen Ort in der Nähe von Svendborg auf der Insel Fünen, fanden Brecht und die Seinen für die nächsten Jahre eine relativ sichere und komfortable Bleibe. In den *Svendborger Gedichten* hat sich der Dichter wiederholt mit der Situation der Flucht und der Nähe zu Deutschland auseinandergesetzt:

„Ein Ruder liegt auf dem Dach. Ein mittlerer Wind / Wird das Stroh nicht wegtragen. / Im Hof für die Schaukel der Kinder sind / Pfähle eingeschlagen. / Die Post kommt zweimal hin / Wo die Briefe willkommen wären. / Den Sund herunter kommen die Fähren. / Das Haus hat vier Türen, daraus zu fliehn. (Brecht 1981)."

Die *Svendborger Gedichte*, die zwischen 1933 und 1938 entstanden, lesen sich wie exakte, hellsichtige Prognosen dessen, was 1939 und danach in Deutschland und Europa grausamste Wirklichkeit wurde: Verfolgung, Konzentrationslager, Krieg, Rassenwahn. Verglichen mit den Gedichten der *Hauspostille* (1927), die die erste umfangreichere Sammlung Brechtscher Lyrik darstellte, sind die Gedichte aus dem dänischen Exil in einem schärferen, pointierteren, sparsameren Ton gehalten. Ihre Spannung wächst aus dem Nebeneinander politischer Ereignisse und persönlicher Empfindungen, die bisweilen in eine einzige Strophe zusammengebändigt werden:

„Was sind das für Zeiten, wo / Ein Gespräch über Bäume fast ein Verbrechen ist / Weil es ein Schweigen über so viele Untaten einschließt! (Brecht 1981)."

Brecht dachte im Traum nicht daran, in diesen Zeiten zu schweigen oder lediglich über Bäume zu sinnieren. Im Gegenteil: Hitler, seine Schergen und Kumpane wie auch deren kriegstreibende, menschenverachtende Politik wurden immer wieder Themen seiner Lyrik. Dabei bediente sich Brecht nicht selten des beißenden Spotts und der sarkastisch-makabren Ironie – beispielsweise in den Gedichten über *Die Sorgen des Kanzlers* oder über den *Trost vom Kanzler*:

„*Die Sorgen des Kanzlers* – Alle erfahren: der kommende Krieg / Lässt den Kanzler nicht schlafen. / Wie wäre es / Wenn der Kanzler sich Schlaf gönnte und / Es käme kein Krieg? (Brecht 1981) *Trost vom Kanzler* – Nach schweren Schicksalsschlägen / Pflegt der Kanzler durch eine große Rede / Seine Anhänger wieder aufzurichten. / Auch der Schnitter, heißt es / Liebt die aufrechten Ähren (Brecht 1981)."

Brecht nannte Hitler, der als junger Mann vergeblich Kunstmaler werden wollte, in seinen Gedichten verächtlich den Anstreicher. Ihm war klar, dass der Anstreicher Krieg und Untergang bedeuten und seiner Megalomanie ein Absturz ins Bodenlose folgen würde. Die Verabschiedung der Nürnberger Rassengesetze kommentierte Brecht in Balladenform, und auch dieser Kommentar – beispielsweise in Form der *Ballade von der Judenhure Marie Sanders*

(1935) – lässt seinen Verfasser als einen nüchtern-realistischen Beobachter erscheinen, der sehr früh schon das ABC des Nationalsozialismus bis zu dessen Omega von Auschwitz durchzubuchstabieren verstand: „Das Fleisch schlägt auf in den Vorstädten / Die Trommeln schlagen mit Macht / Gott im Himmel, wenn sie etwas vorhätten / Wäre es heute Nacht" (Brecht 1981).

Doch nicht nur der Lyriker Brecht wurde im Exil zum ohnmächtig-mächtigen *Zoon politikon*, dessen unabhängige, kritische, warnende Stimme zunehmend zu einem Qualitätsmerkmal deutschsprachiger Exilliteratur wurde. Der Dramatiker in ihm wandte sich ebenfalls dem politischen Tagesgeschehen zu, ohne jedoch in demselben völlig aufzugehen. Die Zeitläufte damals fungierten als Stichwortgeber, die Brecht als Material und Themen für seine Stücke nutzte. Die Kommentare, die er zu diesen Problemen formulierte, haben zum Teil heute noch Bestand, und die Dramen, die er damals entwarf – *Furcht und Elend des Dritten Reiches* (1935/38), *Die Gewehre der Frau Carrar* (1937), *Leben des Galilei* (1938/39), *Der gute Mensch von Sezuan* (1938/39), *Mutter Courage und ihre Kinder* (1939), *Herr Puntila und sein Knecht Matti* (1940), *Der aufhaltsame Aufstieg des Arturo Ui* (1941), in den USA dann *Schweyk im Zweiten Weltkrieg* (1943) sowie *Der kaukasische Kreidekreis* (1944/45) – verbrachten ihn in den Stand eines Klassikers der Moderne. Diese enorme Produktivität, die Brecht in seinem dänischen, später dann auch in seinem schwedischen, finnischen, amerikanischen Exil an den Tag legte, ist erstaunlich, wenn man bedenkt, dass er fast alle seine Stücke damals für die Schublade schrieb; sie hatten wenig Chancen, in absehbarer Zeit zur Aufführung zu gelangen.

B.B., der Faschismus und der Krieg: Wer das Wissen trägt, der darf nicht kämpfen Der Nationalsozialismus, die Flucht, das Exil, der Krieg haben in Brecht mächtige Erschütterungen und Zweifel hervorgerufen – andererseits mobilisierten sie bei ihm alle vorhandenen Kräfte sowie seinen unbeugsamen, schon in Augsburger Jugendtagen verspürten Willen, mit den Waffen des Geistes, als Dichter, Autor und Intellektueller gegen das gigantische Verbrechen der Hitlerei anzukämpfen:

> „In mir streiten sich / Die Begeisterung über den blühenden Apfelbaum / Und das Entsetzen über die Reden des Anstreichers. / Aber nur das zweite / Drängt mich zum Schreibtisch (Brecht 1981)."

Statt eines resignativ-deprimierten Duktus schlug Brecht im Exil kämpferische Töne an, statt einer möglichen Abwendung von Deutschland erfolgte eine energische Hinwendung zum Schicksal seiner Heimat und Europas. Bei aller Abscheu und Verachtung für die gesellschaftlichen Verhältnisse in Deutschland empfand Brecht in Dänemark Verantwortung, wachsende Sorge, tiefes Mitleid für die Menschen auf dem Kontinent. Zu Recht fühlte er durch Hitlers Barbarei die Kultur Europas und das Leben von Millionen Menschen bedroht.

Auf Fünen griff Brecht wie später auch in Schweden, Finnland, den USA und nach dem Krieg in der Schweiz auf seine seit früher Jugend an geübte Tugend der Teamarbeit zurück. Anders als Benjamin, Zweig, Tucholsky und weitere Exilanten blieb Brecht zwar stets Einzelner, nie aber wurde er Einzelkämpfer. Immer verstand er es, Mitarbeiterinnen und Freunde um sich zu sammeln, denen er lehrender und lernender Mittelpunkt wurde, deren Anregungen und Kritik er für das eigene Schaffen nutzte und mit denen zusammen er Texte, Stücke, Pamphlete verfasste. Die Arbeit im Ensemble und die intensiven Kontakte untereinander stabilisierten Brecht intellektuell und emotional und körperlich enorm – ein Faktum, das für die relative Ausgeglichenheit Brechts große Relevanz besaß.

Ein weiterer Grund, warum Brecht mit den Widrigkeiten des Exils einigermaßen souverän umzugehen vermochte, liegt im Lebensstil und Bewegungsgesetz seiner Person verborgen. Brecht war nie ein sesshafter oder etablierter Mensch gewesen; im Gegenteil: Heimatlosigkeit, Aufbruch, Leben aus Koffern, permanentes Sich-Verwandeln, Neuanfang, Auf-dem-Sprung-Sein, Wachsen waren ihm als Motive seines Daseins mehr als vertraut. Und auch in der von ihm lange Zeit favorisierten dialektischen Methode des Denkens, Fühlens kehrt das Motiv der Ruhelosigkeit und des andauernden Veränderns wieder.

Im Grunde war Brecht zeitlebens Emigrant, begonnen bei seiner Augsburger Kindheit und Jugend bis hin zu seinem letzten Aufenthaltsort Ostberlin und DDR, die ihm alles andere denn eine Heimat werden sollte. Im Bild des Laotse auf dem Weg in die Emigration, eines der wichtigsten Gedichte Brechts aus dem Jahre 1938, werden sein eigenes Wesen, seine Ideale, seine Gangart als Passant eindrücklich wiedergegeben: Der weise Laotse (Brecht), unterwegs mit einem Knaben und dem Ochsen, produziert und hinterlässt auf seiner Reise, im Vorübergehen und immer in Bewegung, Weisheit und Erkenntnisse. Eine dieser Erkenntnisse, für Brechts eigenes Leben programmatisch und seine eigene Utopie untermauernd, lautet:

„Dass das weiche Wasser in Bewegung / Mit der Zeit den mächtigen Stein besiegt. / Du verstehst, das Harte unterliegt … (Brecht 1981)."

Angesichts der Härte der politischen Verhältnisse waren von Brecht Zuversicht, Mut und Geduld im Übermaß gefordert, um dem eigenen Handeln die Potenzen des weichen Wassers in Bewegung zuschreiben zu können. Ein Stück, von dem Brecht überzeugt war, es würde mit der Zeit den mächtigen Stein besiegen, handelt vom *Leben des Galilei* (1938/39). In diesem Drama schildert Brecht die historische und persönliche Situation des Galileo Galilei, der Anfang des 17. Jahrhunderts die Korrektheit des damals neuen kopernikanischen Weltbildes, das der Sonne statt der Erde eine zentrale Stellung im All zuschrieb, nachgewiesen hat. Mit seinen Forschungen geriet er in Konflikt mit der offiziellen Lehre der katholischen Kirche, die ihn unter Androhung eines Ketzerprozesses mit bekanntem Ausgang (Giordano Bruno war auf dem Scheiterhaufen verbrannt worden) zum „freiwilligen" Widerruf zwang.

In die Figur des Galilei hat Brecht auch sein eigenes und das Verhalten vieler anderer Intellektueller angesichts der nationalsozialistischen Unterdrückung von Wahrheit und Kultur einfließen lassen. Im Stück vertritt Galilei unterschiedliche Standpunkte, je nachdem, wie sehr er selbst bedroht ist und sein Leben in Gefahr wähnt. Anfänglich argumentiert er, bezogen auf einen möglichen Widerruf seiner Erkenntnisse: „Wer die Wahrheit nicht weiß, der ist bloß ein Dummkopf. Aber wer sie weiß und sie eine Lüge nennt, der ist ein Verbrecher" (Brecht 1963).

Als dann im Jahre 1633 die Inquisition den inzwischen weltbekannten Forscher nach Rom beordert, um ihm eine Revision seiner Lehren abzuverlangen, sind die Schüler und Anhänger Galileis davon überzeugt, dass ihr Lehrer alles tun würde, nur eines nicht: widerrufen! Umso enttäuschter reagieren sie, als der Widerruf Galileis bekannt wird. Sie wenden sich von ihm ab, und Galilei lebt viele Jahre unter Hausarrest im inneren Exil. Vor seinem Tod besucht ihn sein ehemaliger Schüler Andrea, der die Reaktion Galileis ebenfalls nicht verstanden und sich enttäuscht gezeigt hat. Als ihm nun (1642) sein alter, halberblindeter Lehrer die Früchte seiner inneren Emigration und wissenschaftlichen Tätigkeit des letzten Jahrzehnts (die *Discorsi*) zeigt, ist Andrea tief beschämt. In dem Alterswerk hatte Galilei die Summe seiner Forschungen und Erkenntnisse gezogen und so bahnbrechende Ergebnisse wie die Fallgesetze oder auch die Entstehung der Wurfparabel formuliert. Andrea erkennt deren Reichweite und versteht nun erst die Aufgabe des Intellektuellen, Wissen und Kultur auch über raue Zeiten hinwegzuretten:

> „Wer das Wissen trägt, der darf nicht kämpfen; noch die Wahrheit sagen; noch einen Dienst erweisen; noch nicht essen; noch die Ehrungen ausschlagen; noch kenntlich sein. Wer das Wissen trägt, hat von allen Tugenden nur eine: dass er das Wissen trägt … (Brecht 1977)."

B.B. und die Mission des Dichters in widrigen Zeiten Brechts Leben im Exil wurde wiederholt mit Fragen nach dem Wesen einer galileischen Daseins- und Weltanschauung konfrontiert: Was heißt Wahrheit? Wie und mit welchen persönlichen und charakterlichen Eigenschaften lässt sich Wahrheit suchen und gefundene Wahrheit über Eiszeitepochen hinweg erhalten? Wie und wem schließlich teilt man welche Ergebnisse zu welchem Zeitpunkt mit? Wer trägt die Konsequenzen einer Wahrheit: derjenige, der sie ausspricht? oder derjenige, dem sie gilt? In einem Zeitungsbeitrag für das *Pariser Tageblatt* aus dem Jahre 1934 nahm Brecht zu diesen Problemen ausführlich Stellung:

> „Was ist die Mission des Dichters in der heutigen Zeit? Auf diese Frage habe ich nur die Antwort: der Dichter soll die Wahrheit schreiben … So ist es z.B. nicht unwahr, dass Stühle Sitzflächen haben und der Regen von oben nach unten fällt. Viele Dichter schreiben Wahrheiten dieser Art… Um Gutes zu sagen, muss man gut hören können und Gutes hören. Die Wahrheit muss mit List gesagt und mit List gehört werden (Brecht 1993)."

Eine galileisch-kluge Haltung legte Brecht nicht nur bezüglich des Faschismus im eigenen Land an den Tag. Als 1936 in Spanien fünf Monate nach dem Wahlsieg der Linksparteien General Franco, seine Truppen und faschistische Helfershelfer aus Deutschland und Italien gegen die republikanische Regierung putschten und gegen das eigene Volk zu den Waffen griffen, eilten viele Sozialisten und Kommunisten – unter ihnen auch Ruth Berlau – auf die iberische Halbinsel, um das spanische Volk in seinem Kampf gegen den zukünftigen Diktator zu unterstützen. Brecht hingegen verhielt sich getreu des eben erwähnten Zitats: Er versuchte, das Wissen (z.B. über den Spanischen Bürgerkrieg sowie seine Ursachen und Konsequenzen) weiterzutragen, ohne persönlich vor Ort die Waffe in die Hand zu nehmen. Das Stück *Die Gewehre der Frau Carrar* (1937) sollte die Solidarität mit den spanischen Widerstandskämpfern fördern und zugleich die beschämende Nichteinmischungspolitik der westlichen Demokratien bloßstellen.

Viel bekannter als Frau Carrar wurde eine andere Brechtsche Muttergestalt, die sich ebenfalls in die Händel des Krieges involviert sah: Mutter Courage. Das Stück *Mutter Courage und ihre Kinder*, das 1939 entstand (Brecht war inzwischen vor den deutschen Truppen von Fünen auf die schwedische Insel Lidingö geflüchtet) und 1941 in Zürich seine Premiere erlebte, gehört mit zu den populärsten seiner Bühnenwerke. Anders als Frau Carrar bleibt jedoch der Marketenderin Courage ein Erkenntnisprozess im Stück vorenthalten; statt Mutter Courage sollte das Publikum sehend und erkennend reagieren.

Mutter Courage zieht als Marketenderin mit einem Planwagen und zusammen mit ihren drei Kindern – dem kühnen und klugen Sohn Eilif, dem dummen, aber redlichen Sohn Schweizerkas sowie der stummen Tochter Kattrin – hinter den Schlachten, Regimentern, Armeen des Dreißigjährigen Krieges her. Verschlagen, listig, tollkühn und skrupellos, reagiert sie auf Sieg oder Niederlage immer unter der Maßgabe, Geschäfte und Gewinne daraus zu schlagen. Nichts fürchtet sie so sehr wie den Frieden, der ihre Existenzgrundlage bedrohen und sie an den Rand des Ruins verbringen könnte. Daher argumentiert sie: „Ich lass mir den Krieg ... nicht madig machen. Es heißt, er vertilgt die Schwachen, aber die sind auch hin im Frieden. Nur, der Krieg nährt seine Leut' besser." Und weiter singt sie:

> „Und geht er über deine Kräfte / Bist du beim Sieg halt nicht dabei. / Der Krieg ist nix als die Geschäfte / Und statt mit Käse ists mit Blei. / Das Frühjahr kommt. / Wach auf, du Christ! / Der Schnee schmilzt weg, die Toten ruh'n / Und was noch nicht gestorben ist, / Das macht sich auf die Socken nun! (Brecht 1963)."

Um ihren Schnitt zu machen, geht die Courage so manches Risiko ein. Schließlich gerät sie in Situationen, in denen sie das Leben ihrer Kinder aufs Spiel setzt und ... verliert! Sowohl der tollkühne Eilif wie auch der dummredliche Schweizerkas zollen dem Krieg ihren Tribut. Zuletzt wird auch die stumme Kattrin erschossen, weil ihre Mutter sie wegen aussichtsreicher Geschäfte nicht beaufsichtigen konnte. Im letzten Bild des Stückes sehen wir die Marketenderin, wie sie trotz des Verlusts ihrer Kinder dem nächsten Regiment nachzieht, weiter auf ihren Gewinn hoffend:

> „Wenn man die Großkopfigen reden hört, führens die Krieg nur aus Gottesfurcht und für alles, was gut und schön ist. Aber wenn man genauer hinsieht, sinds nicht so blöd, sondern führn die Krieg für Gewinn. Und anders würden die kleinen Leut wie ich auch nicht mitmachen (Brecht 1963)."

Ebenso sarkastisch-realistisch wie einst Karl Kraus in seinem Antikriegsdrama *Die letzten Tage der Menschheit* (1915–1922) lässt Brecht in *Mutter Courage* einen Feldprediger auftreten und über Vor- und Nachteile des Krieges schwadronieren. Einem einfachen Schreiber, dem der Dreißigjährige Krieg langsam über wird und der vom Frieden und von seinem Zuhause schwärmt, hält der Feldprediger mit Verve und überzeugenden Argumenten entgegen:

> „Im Krieg kannst du auch kacken wie im tiefsten Frieden, und zwischen dem einen Gefecht und dem anderen gibts ein Bier, und sogar auf dem Vormarsch kannst du ein'n Nicker machen, aufn Ellbogen, das ist immer möglich, im Straßengraben ... Dir mag ein Bein abgeschossen werden, da erhebst du zuerst ein großes Geschrei, als wärs was, aber dann beruhigst du dich oder kriegst Schnaps, und am End hüpfst du wieder herum, und der Krieg ist nicht schlechter dran als vorher. Und was hindert dich, dass du dich vermehrst inmitten all

dem Gemetzel, hinter einer Scheun oder woanders, davon bist du nie auf die Dauer abzuhalten, und dann hat der Krieg deine Sprösslinge und kann mit ihnen weiterkommen (Brecht 1963)."

Ebenfalls noch im dänischen Exil entstand *Der gute Mensch von Sezuan* (1938–1940) – ein dialektisch angelegtes Drama, an dem besonders Margarete Steffin und Ruth Berlau mitgearbeitet haben. Angesichts der globalen Verhältnisse in Europa war die anthropologische Grundfrage dieses Stückes (ist der Mensch von Natur gut oder böse?) verständlich und die Antwort Brechts darauf (der Mensch ist, was die Sozietät, ihre Wirtschaft, Kultur oder Unkultur aus ihm machen) nachvollziehbar.

Das Stück spielt in der chinesischen Provinz Sezuan – eine Gegend, die für jede andere Region der Erde steht. Drei Götter machen sich auf, einen guten Menschen zu suchen, und finden diesen in der Prostituierten Shen Te, die ihnen Nachtasyl gewährt. Die Götter entlohnen Shen Te dafür fürstlich, sodass sie sich einen Laden kaufen und damit ihre wirtschaftliche Unabhängigkeit erobern kann. Weil sie den Göttern versprochen hat, zukünftig altruistisch zu leben, bietet sie manch anderen Menschen ebenfalls ihre Unterkunft an – von denen sie jedoch bald ausgenutzt wird. Daraufhin schlüpft Shen Te in die Rolle und Maske ihres Vetters Shui Ta, der als skrupelloser, harter, durchsetzungsstarker Mann die Obdachlosen vertreibt.

Diese Polarität – Shen Te als gütige, mitfühlende, hilfsbereite Philanthropin und Shui Ta als ausbeuterischer und auf den eigenen Vorteil bedachter Misanthrop – bestimmt die Dynamik des Dramas, ohne dass es dafür eine Lösung gäbe. Die drei Götter verschwinden zum Ende des Stückes in ihre himmlischen Gefilde und lassen die Menschen auf der Bühne und im Zuschauerraum allein mit sich und ihren (unseren) Problemen:

„Wir stehen selbst enttäuscht und sehn betroffen / Den Vorhang zu und alle Fragen offen … / Soll es ein andrer Mensch sein? Oder eine andere Welt? / Vielleicht nur andere Götter? Oder keine? … / Sie selber dächten auf der Stelle nach / Auf welche Weis dem guten Menschen man / Zu einem guten Ende helfen kann. / Verehrtes Publikum, los, such dir selbst den Schluss! / Es muss ein guter da sein, muss, muss, muss! (Brecht 1964)."

B.B. als Hegelianer: Herr Puntila und sein Knecht Matti Schon 1940 änderte Brecht neuerlich seinen Exilort. In Finnland hoffte er, sich und den Seinen leichter als in Schweden ein amerikanisches Visum beschaffen zu können. Vier Monate lebte er auf dem Gut Marlebäck, welches der finnischen Dichterin Hella Wuolijoki gehörte; dort entwarf er das Volksstück *Herr Puntila und sein Knecht Matti* (1940) – für viele die einzige Komödie, die Brecht je geschrieben hat.

Im *Puntila* erzählt Brecht die Geschichte eines finnischen Gutsherrn, der nur im betrunkenen Zustand menschlich wirkt und immer dann, wenn die Nüchternheit ihn überfällt, zu einem Ausbund an Ungerechtigkeit und Brutalität gerät. Mit Matti, seinem Knecht und Schofför, unterhält Puntila je nach Alkoholpegel ein zugewandt freundschaftliches bis sadistisches Verhältnis. Zum Schluss jedoch emanzipiert sich Matti und verlässt seinen Herrn Puntila:

> „Die Stund des Abschieds ist nun da / Gehab dich wohl, Herr Puntila. / Der Schlimmste bist du nicht, den ich getroffen / Denn du bist fast ein Mensch, wenn du besoffen. / Der Freundschaftsbund konnt freilich nicht bestehn / Der Rausch verfliegt. Der Alltag fragt: Wer wen? … s'wird Zeit, dass deine Knechte dir den Rücken kehren. / Den guten Herrn, den finden sie geschwind / Wenn sie erst ihre eignen Herren sind (Brecht 1963)."

Das Thema Herr und Knecht hatten vor Brecht vor allem Denis Diderot mit seinem Roman *Jacques der Fatalist und sein Herr* (1765/1784) sowie G.W.F. Hegel im Kapitel über Herrschaft und Knechtschaft in *Phänomenologie des Geistes* (1807) abgehandelt. Ebenso wie Diderot beschrieb Hegel die Beziehung zwischen Herr und Knecht als eine dialektische: Beide kämpfen wie Puntila und sein Knecht Matti um die Anerkennung des jeweils anderen, und beide – auch der Herr – sind von dieser Anerkennung durch das Gegenüber abhängig.

Parallel zu *Herr Puntila und sein Knecht Matti* schuf Brecht allerdings noch ein zweites Stück in Finnland, das bedeutend weniger humoristisch konzipiert ist und stattdessen einen direkten und dennoch künstlerisch hochstehenden Kommentar zu totalitären Herrschaftsformen, zum Faschismus sowie zu Demagogen und ihrem Publikum abgibt: *Der aufhaltsame Aufstieg des Arturo Ui* (1941). Für jeden, der das Stück sah oder las, war unschwer zu erkennen, dass es sich bei Arturo Ui um Hitler und dessen Machtübernahme in Deutschland handelte. Arturo Ui agiert in dieser Historienfarce (so bezeichnete Brecht selbst sein Drama) wie einst Al Capone im Gangstermilieu und zieht mittels Gewalt sowie mittels demagogischer Propaganda immer mehr Wirtschaftsbosse sowie kleine und große Leute auf seine Seite.

Auf seinem Weg nach oben an die Hebel der Macht wird offenkundig, welch windige Gestalt Arturo Ui alias Hitler war – und wie leicht er hätte verhindert werden können, wenn nicht diejenigen, die ihn nach oben hievten, zusammen mit den vielen, die ihm zujubelten, dem irrwitzig-destruktiven Spiel Vorschub geleistet hätten. Der Aufstieg des Arturo Ui war mitnichten unaufhaltsam – man hätte nur mit nüchternem Blick und klarem Verstand eine adäquate Diagnose der lächerlich-substanzlosen, leeren Figur erstellen müssen (Charlie Chaplin gelang dies mit *Der große Diktator*), und Hitler wäre im Kabinett für mittelmäßige Politkarikaturen gelandet. Weil Brecht um den eklatanten Mangel an Denk- und Urteilsvermögen seiner Landsleute und der Menschen generell wusste, setzte er zum Schluss des Stückes eine Warnung an alle Nachgeborenen und Überlebenden:

> „Ihr aber lernet, wie man sieht, statt stiert / Und handelt, statt zu reden noch und noch. / So was hätt' einmal fast die Welt regiert! / Die Völker wurden seiner Herr, jedoch / Dass keiner uns zu früh da triumphiert – / Der Schoß ist fruchtbar noch, aus dem das kroch (Brecht 1967)."

Als im Mai 1941 Finnland mit deutschen Divisionen überrollt wurde, reisten der Dichter, seine Familie und einige Mitarbeiter über Moskau nach Wladiwostok, um sich dort zur Überfahrt in die USA einzuschiffen. Für Brecht kam es keineswegs infrage, die Sowjetunion als Emigrationsland in Anspruch zu nehmen. Das Moskau der Schauprozesse, in dem viele gewärtig sein mussten, aus abstrusen Motiven heraus verhaftet und eventuell ermordet zu werden, war Brecht in seiner ganzen Willkür und Erbärmlichkeit nicht verborgen geblieben. Umso schmerzlicher hat er es empfunden, dass er gezwungen war, eine seiner engsten Mitarbeiterinnen, Margarete Steffin, wegen deren schwerer Krankheit (Tuberkulose) auf der Flucht in Moskau zurücklassen zu müssen. Um ihren Verlust hat Brecht lange getrauert:

> „Mein General ist gefallen / Mein Soldat ist gefallen / Mein Schüler ist weggegangen / Mein Lehrer ist weggegangen / Mein Pfleger ist weg / Mein Pflegling ist weg… / Seit du gestorben bist, kleine Lehrerin / Gehe ich blicklos herum, ruhelos / In einer grauen Welt staunend / Ohne Beschäftigung wie ein Entlassener (Brecht 1981)."

B.B. in der neuen Welt: Schweyk und Azdak glauben an die neuen Zeiten Die „kleine Lehrerin" Margarete Steffin war nicht die Einzige, die Brecht zu betrauern hatte. In seinem Gedicht *Die Verlustliste* (1941) werden noch die Freunde Walter Benjamin und Karl Koch genannt, die sich auf der Flucht vor Hitlers Schergen suizidierten; ungewiss war das Schicksal Caspar Nehers und vieler anderer.

Mit Ungewissheit und Trauer verließen Brecht und die Seinen 1941 den alten Kontinent. Wenige Wochen später bezogen sie in Kalifornien in Santa Monica, einem kleinen Ort in der Nähe von Hollywood, ein Haus, das ihnen die kommenden sechs Jahre Unterschlupf gewährte. Brecht schätzte den *American Way of Life* sowie die Hollywood- und Broadway-Atmosphären keineswegs. Angesprochen auf seinen neuen Wohnort, betonte er immer wieder, er habe sich Kalifornien nicht ausgesucht und ihm fehle das nötige Geld, um anderswo sein Glück zu versuchen.

Umso wichtiger war es für Brecht, sich auf alte Tugenden und Strategien zu besinnen. Wie in den Jahren zuvor, wurde Brecht in den USA wieder Zentrum eines Kreises vorrangig deutscher Emigranten, zu denen sich auch einige amerikanische Freunde gesellten. Nach etlichen Monaten hatte er Kontakt zu Lion Feuchtwanger, Fritz Kortner, Fritz Lang, Max Reinhardt, Hanns Eisler, Paul Dessau, Thomas und Heinrich Mann, Herbert Marcuse, Günther Anders, Alfred Döblin, Ernst Bloch, Arnold Schönberg, Max Horkheimer, Theodor W. Adorno, George Grosz und Oskar Maria Graf aufgenommen. Hinzu kam eine Arbeitsbeziehung zum Schauspieler Charles Laughton, mit dem Brecht den *Galilei* in englischer Sprache inszenierte, und die Freundschaft mit Charles Chaplin, mit dem er sich ähnlich wie in seiner Münchner Zeit mit Karl Valentin wesensverwandt fühlte.

Dieses dichte Netz von Beziehungen und Freundschaften ermöglichte es Brecht, trotz widriger äußerer Umstände neue Arbeitsprojekte in Angriff zu nehmen. Es entstanden einige Filmentwürfe, von denen allerdings nur der Film *Hangmen also die* (1943) unter der Mitregie von Fritz Lang realisiert wurde. Daneben widmete sich Brecht der Übersetzung älterer Texte (*Dreigroschenroman*; *Furcht und Elend des Dritten Reiches*; *Galilei*) sowie der Ausarbeitung zweier neuer Stücke: *Schweyk im Zweiten Weltkrieg* (1943) und *Der kaukasische Kreidekreis* (1944/45).

In der Figur des Schweyk und dessen Haltung zu Obrigkeiten, Krieg, Verfolgung hatte Brecht ein Modell geschaffen, in das die Erfahrungen des letzten Jahrzehnts eingeflossen waren, und das für ihn Orientierung für die kommende Zeit bedeuten sollte. Den Schelmenroman *Die Abenteuer des braven Soldaten Schwejk*, der von Jaroslav Hasek als satirisch-antimilitaristische Antwort auf den Ersten Weltkrieg verfasst worden war, rechnete Brecht zu den außerordentlichsten Büchern des 20. Jahrhunderts.

Brechts Schweyk, der Hitlers Feldzug durch Europa mitmacht und bei Bedarf auch kommentiert, trifft auf Hitler und erlebt vor Stalingrad in den Schneefeldern Russlands die Ratlosigkeit seines Führers. Im Norden reicht ihnen der Schnee bereits bis ans Kinn, im Süden häufen sich Berge von Toten, im Osten steht die Rote Armee. Auf Schweyks Vorschlag, den Krieg sein zu lassen und nach Hause zu gehen, reagiert Hitler resigniert mit dem Satz: „Da steht mein deutsches Volk. Da kann ich nicht hin." Dieses Eingeständnis der völligen Hilflosigkeit macht Schweyk nicht stumm; seine Antwort auf Hitler lautet vielmehr: „Und ich sags dir ganz offen, dass ich nur noch nicht weiß / Ob ich auf dich jetzt schieß oder fort auf dich scheiß (Brecht 1965)."

Das Stück endet mit dem *Lied von der Moldau*, in dem noch einmal Argumente für das kluge Überleben und geduldige Warten auf die besseren Zeiten als Werte und Tugenden des braven Soldaten Schweyk anklingen. Als ob Brecht nach über zehn Jahren Emigration seinen eigenen Mut bestärken und sich seiner Hoffnung versichern wollte, heißt es im Schlusslied:

„Am Grunde der Moldau wandern die Steine / Es liegen drei Kaiser begraben in Prag. / Das Große bleibt groß nicht und klein nicht das Kleine. / Die Nacht hat zwölf Stunden, dann kommt schon der Tag. / Es wechseln die Zeiten. Die riesigen Pläne / Der Mächtigen kommen am Ende zum Halt. / Und gehn sie einher auch wie blutige Hähne / Es wechseln die Zeiten, da hilft kein Gewalt. / Am Grunde der Moldau wandern die Steine / Es liegen drei Kaiser begraben in Prag. / Das Große bleibt groß nicht und klein nicht das Kleine. / Die Nacht hat zwölf Stunden, dann kommt schon der Tag (Brecht 1965)."

Auch der Dorfrichter Azdak im *Kaukasischen Kreidekreis*, äußerlich ein Opportunist und in der Kunst des Mimikry bestens bewandert, weiß um seinen Glauben an eine bessere Zeit an einem besseren Ort. Für diese Überzeugung arbeitet er mit List und Verschlagenheit, Weisheit und Tücke.

Im Staat Grusinien wird dessen Gouverneur Georgi Abaschwili aufgrund eines Aufstandes der Fürsten des Landes hingerichtet; seine Frau flieht und lässt ihren kleinen Sohn Michel allein zurück. Die Magd Grusche nimmt sich des Knaben an und zieht Michel unter zeitweiser Gefährdung des eigenen Lebens und ihres Glücks an Sohnesstatt auf. Zur selben Zeit wird der Dorfschreiber und Lump Azdak wegen seiner schlagfertigen Bauernschläue auf den Richterstuhl gehoben. In seinem Amt fällt Azdak durchaus ungewöhnliche Urteile, die stets auf eine Rehabilitierung der Benachteiligten und Kleinen sowie ein Schröpfen der Großen abzielen, auch wenn dabei nicht selten das Recht gebeugt werden muss.

Schließlich wird Azdak mit dem Fall des kleinen Michel betraut, dessen leibliche Mutter wieder aufgetaucht ist, und die nun von Grusche ihren Sohn zurückfordert. Grusche, die sich als die eigentliche Mutter Michels ansieht, weigert sich, der Forderung der Gouverneursfrau Folge zu leisten, und es kommt zum Prozess. Die Anwälte der Gouverneursfrau pochen zuerst auf die Blutsbande, dann auf die mit Michel verknüpfte Erbschaft – Grusche hält mit ihren Entbehrungen und ihrer Erziehung des Kindes dagegen. Weil eine Entscheidung über die Mutterschaft für Azdak nicht so ohne weiteres möglich ist, lässt er mit dem Kind die Probe im Kreidekreis durchführen:

> „Azdak: Ich werd eine Probe machen. Schauwa, nimm ein Stück Kreide. Zieh einen Kreis auf den Boden. Stell das Kind hinein! Klägerin und Angeklagte, stellt euch neben den Kreis, beide! Fasst das Kind bei der Hand. Die richtige Mutter wird die Kraft haben, das Kind aus dem Kreis zu sich zu ziehen (Brecht 1962)."

Die Probe wird zweimal durchgeführt; jedes Mal zieht die Gouverneursfrau das Kind zu sich, während Grusche unbeteiligt zusieht und ruft, sie könne ihren Michel nicht zerreißen. Zuletzt spricht Azdak der Grusche das Kind zu mit der Begründung, ihre Haltung sei die einzig mütterliche. Nach diesem Urteil ward Azdak nicht mehr gesehen: „Aber das Volk Grusiniens vergaß ihn nicht und gedachte noch / Lange seiner Richterzeit als einer kurzen / Goldenen Zeit beinah der Gerechtigkeit" (Brecht 1962).

B.B. und die Neue Zeit: Schlage die Trommel und fürchte dich nicht und küsse die Marketenderin Bei seinem letzten großen Auftritt in den USA, einem Verhör vor dem Ausschuss für unamerikanische Betätigung in Washington im Herbst 1947, zeigte Brecht ein Verhalten und eine Einstellung, die seinem Schweyk, Azdak oder Galilei zur Ehre gereicht hätten. Man warf ihm Kollaboration mit kommunistischen Intellektuellen und Künstlern vor, worauf Brecht mit List und Witz die Wahrheit sagte (oder auch verschwieg), sodass er zum Schluss die Lacher auf seiner Seite und die meisten Ausschussmitglieder zumindest nicht gegen sich hatte. Obwohl das Verhör für Brecht einigermaßen glimpflich verlaufen war, verließ er wenige Tage später die USA, deren offiziöse politische Gesinnung ihm zunehmend missfiel.

Zurück in Europa machte Brecht zuerst nahe bei Zürich Station. Er nahm Kontakt mit Max Frisch und Friedrich Dürrenmatt auf und gewann Therese Giehse für zukünftige Inszenierungen. In Zürich entstanden wichtige Vorarbeiten zu *Die Tage der Commune* (1948), einem Stück über das Schicksal der Pariser Kommune 1871, sowie zum *Kleinen Organon für das Theater* (1948), einem Text über die Theatertheorie Brechts. Beide Arbeiten deuteten bereits auf sein zukünftiges Betätigungsfeld im Theater am Schiffbauerdamm in Ostberlin hin.

Der inzwischen 50-jährige Dichter wählte Ende der 1940er-Jahre ganz bewusst die DDR und Ostberlin als neuen Lebensmittelpunkt, da er von den künstlerischen und pädagogischen Möglichkeiten, die ihm Ostberlin verhieß, ebenso angezogen war wie vom gesellschaftspolitischen und sozialen Ehrgeiz, den er dort vermutete. Bald gründete Brecht zusammen mit Helene Weigel das Berliner Ensemble; neben altbekannten Mitarbeitern wie Elisabeth Hauptmann, Ruth Berlau, Ernst Busch, Paul Dessau, Caspar Neher, Hanns Eisler stießen neue Schauspieler, Schüler, Künstler, Mitarbeiter und Geliebte zu Brecht und Helene Weigel, die beide zum zentripetalen Mittelpunkt des Ensembles gerieten: Käthe Reichel, Isot Kilian, Erwin Strittmatter, Hans Bunge, Peter Palitzsch, Käthe Rülicke, Therese Giehse, Ekkehard Schalk, Benno Besson, Giorgio Strehler und andere arbeiteten und inszenierten von nun an eng mit ihnen zusammen.

Für Brecht wurde das BE (*Berliner Ensemble*) zum Modell für ein Theater der Zukunft, in dem seine Vorstellungen, Fantasien, gesellschaftskritischen, sozialen und pädagogischen Erkenntnisse und Überlegungen so präzise und direkt wie noch nie in seinem Leben in (Bühnen-)Realität umgesetzt werden konnten. Zumindest auf der Bühne erfüllte sich der Traum des Augsburger Jungen Bertolt Brecht nach Entwurf und Gestaltung einer besseren und anderen Welt, die sich der Suche nach Lösungen für soziale und politische Probleme annehmen sollte, und für die er dreißig Jahre lang dichterische Vorarbeiten und Entwürfe gefertigt hatte.

Neben der Theaterarbeit gilt es, die Sammlungen von Lyrik zu erwähnen, die Brecht in jenen Jahren publizierte, darunter vor allem die *Buckower Elegien* (1953) und die *Kriegsfibel* (1955). Besonders die *Buckower Elegien,* benannt nach einem kleinen Ort am Schermützelsee östlich von Berlin, in dem Brecht die letzten Jahre seines Lebens ein Sommerhaus bewohnte und sich Raum für Lektüre, Reflexion, kleinere schriftliche Arbeiten schuf, spiegeln einen Autor wider, der beginnend weise wirkt. Das Ungebärdige der Jugend amalgamierte er mit der pädagogischen Intention eines 55-Jährigen und die anarchische Sinnlichkeit mit der abgeklärten Distanziertheit eines unbestechlich werdenden Intellektuellen.

Brecht war inzwischen berühmt, geehrt und ausgezeichnet worden, und ihm wurde, ohne dass er genau wusste, was er denn falsch gemacht hatte, der Nationalpreis der DDR sowie der internationale Stalin-Friedenspreis der Sowjetunion verliehen. Unbeeindruckt vom Rummel um seine Person und von den Versuchen, ihn mittels Preisen und Lobreden in einen bequemeren Zeitgenossen zu verwandeln, dichtete er in den *Buckower Elegien* wie einer, der sehr wohl wusste, mit welch simplen und verlogenen Mechanismen in der DDR die braune Vergangenheit bewältigt wurde:

„Da war eine Zeit / Da war alles hier anders. / Die Metzgerfrau weiß es. / Der Postbote hat einen zu aufrechten Gang. / Und was war der Elektriker? (Brecht 1981)."

B.B., die neuen Zeiten und die Ungeduld des Wartens Wie sehr die neuen Zeiten noch Konturen der alten Zeiten zeigten, wie sehr der Schoß von Autoritarismus, Militarismus, Nationalismus und vorurteilsbedingter Dummheit tatsächlich noch fruchtbar war, blieb Brecht keineswegs verborgen. Desillusionierend muss es für ihn gewirkt haben, selbst auf dem Gebiet der deutschen Ostzone, in jenem Staat, der sich dem Sozialismus und damit freiheitlich-humanistischen, sozialen Idealen verschrieben hatte, auf Pervertierungen dieser Ideale *en masse* zu stoßen. Es klang bei Brecht schon 1938, als ob er SED-Genossen der frühen 1950er-Jahre beschrieb:

„Da sind die Unbedenklichen, die niemals zweifeln. / Ihre Verdauung ist glänzend, ihr Urteil unfehlbar. / Sie glauben nicht den Fakten, sie glauben nur sich. Im / Notfall / Müssen die Fakten dran glauben. Ihre Geduld mit sich selber / Ist unbegrenzt. Auf Argumente / Hören sie mit dem Ohr des Spitzels (Brecht 1981)."

Im Nachkriegsdeutschland sah sich Brecht in der entstehenden DDR wieder mit Politikern und Parteigenossen konfrontiert, denen erneut unfehlbare Urteile und eine überaus glänzende Verdauung attestiert werden mussten. Neben kulturell Hoffnungsvollem wie Peter Huchels Zeitschrift *Sinn und Form*, Walter Felsensteins *Komische Oper*, neben Ernst Bloch und Hans Mayer etablierte sich in der DDR vor allem die Diktatur des Kleinbürgertums. Funktionäre, Beamte und Bürokraten schwangen sich auf, mit ihren Krämerseelen den Geist von Sozialismus, Freiheit, Aufklärung und Humanismus dem Verdauungsniveau eines Walter Ulbricht anzupassen.

Dass sich vor diesem Hintergrund die Demonstrationen des 17. Juni 1953 ereigneten, die sich zum Generalstreik und zigtausendfachen Misstrauensvotum gegen das Regime und die Partei weiteten, überraschte nicht. Die Regierung griff zuletzt auf die Bruderhilfe sowjetischer Panzer zurück, um ihre Macht zu erhalten. Brecht solidarisierte sich mit den berechtigten Forderungen der Streikenden und formulierte eine ziemlich stringente Lösung für die Probleme, die am 17. Juni offenbar geworden waren:

„Nach dem Aufstand des 17. Juni / Ließ der Sekretär des Schriftstellerverbands / In der Stalinallee Flugblätter verteilen / Auf denen zu lesen war, dass das Volk / Das Vertrauen der Regierung verscherzt habe / Und es nur durch verdoppelte Arbeit / Zurückerobern könne. Wäre es da / Nicht doch einfacher, die Regierung / Löste das Volk auf und / Wählte ein anderes? (Brecht 1981)."

Brecht war in den Monaten nach dem 17. Juni in gedämpft-elegischer Stimmung. Die Umwandlung der alten in die neuen Zeiten, der fällige *Radwechsel*, erfolgte für ihn, für seine Gangart und produktive Ungeduld als zu langsam oder gar nicht. Wie seine Philosophengestalt Laotse, dessen Leben er als andauernde Bewegung hin auf immer neue Ziele und Horizonte entworfen hatte, erlebte auch er die vertane, verrinnende, ungenutzte Zeit als kaum zu ertragen:

> „Ich sitze am Straßenrand / Der Fahrer wechselt das Rad. / Ich bin nicht gern, wo ich herkomme. / Ich bin nicht gern, wo ich hinfahre. / Warum sehe ich den Radwechsel / mit Ungeduld? (Brecht 1981)."

Mit welcher Ungeduld hätte Brecht wohl (hätte er länger gelebt) auf den Aufstand der Ungarn im Herbst 1956 und die Niederwerfung mit den Panzern Chruschtschows reagiert? Welche Elegien hätte er zu verfassen gehabt, wäre er noch Zeitzeuge des Prager Frühlings und seiner Zerschlagung durch die Armeen der Bruderländer gewesen? Wie hätte das Wort Solidarität aus seinem Munde geklungen, als 1980 den Forderungen der gleichnamigen Gewerkschaft mit dem Ausnahmezustand in Polen begegnet wurde? Für alle diese Ereignisse ist Brecht zu früh gestorben.

Vom frühen Tod des Bertolt Brecht Brecht starb im August 1956 im Alter von nur 58 Jahren. Die Gründe für diesen frühen Tod beschäftigen die Biografen immer wieder aufs Neue, wobei meist die diversen Risikofaktoren für die tödlich endende Herzerkrankung des Dichters erörtert werden. Eine sehr ausgewogene Darstellung der verschiedenen biomedizinischen Erkrankungen des Dichters, begonnen bei den Streptokokken-Infektionen seiner Kindheit bis zu den zuletzt letal endenden massiven Herz- und Nierenproblemen, findet sich in Stephen Parkers Biografie *Brecht* (2014, deutsch 2018) (Parker 2018).

In den Monaten vor seinem Tod war Brecht aller Wahrscheinlichkeit nach an einer neuerlichen und akut exazerbierten Endokarditis (Herzinnenhautentzündung) erkrankt. Diese Entzündung hat ihn wochen- und monatelang in der körperlichen und geistigen Leistungsfähigkeit enorm eingeschränkt, ohne dass Brecht diesem Umstand immer Rechnung getragen hätte. Zusammen mit der Vorschädigung der Aortenklappe hatte die Entzündung eine merkliche Einschränkung der Pumpkraft seines Herzens (eine Herzinsuffizienz) zur Folge, die sich als Luftnot, Schwäche, Schwindel und Herzrhythmusstörungen bemerkbar machte. Hinzu kam Brechts Nierenleiden (Nierensteine), das sich in den ersten Monaten 1956 verschlechterte, als ein Arzt bei ihm einen Eingriff an den ableitenden Harnwegen vorgenommen hatte und es dabei zu einer Verschleppung von Bakterien in den Urogenitaltrakt gekommen war. Manche Ärzte, darunter Koryphäen der Charité, stellten entweder Fehldiagnosen oder bagatellisierten Brechts Befinden (bei Berühmtheiten keine Seltenheit), obwohl dieser über Wochen und Monate schwerkrank wirkte und ihn mehrfach Todesahnungen plagten.

Neben diesen körperlichen lassen sich bei Brecht jedoch auch psychosoziale und weltanschaulich-geistige Risikofaktoren diagnostizieren, die dazu beigetragen haben, dass aus seinen körperlichen Herz- und Nierenerkrankungen eine bittere und frühzeitig-tödliche Realität erwuchs. Brecht ereilte sein Tod als biologisches Geschehen, das im Rahmen seiner Biografie, seiner Gangart und Lebensplanung sowie seines Daseinsstils und Daseinsgesetzes verstanden werden kann. Eingangs habe ich die körperliche Konstitution des jungen Bertolt Brecht als zartgliedrig, asthenisch, kränkelnd charakterisiert. Auf dieser schmalen biologischen Basis hat bereits der jugendliche und später dann der erwachsene Schriftsteller vielfältige Kompensationsmechanismen entwickelt, um eine weitausholende, expansive und sthenische soziale und geistige Existenz zu führen.

Die Begrenzungen seines Organismus beantwortete und transzendierte er mit immenser intellektueller Beweglichkeit, und die Bedürfnisse und Ansprüche seines Körpers nach Anlehnung, Schonung, Mäßigung, Ruhe wurden vom Knaben noch adäquat oder mit Angst, vom jugendlichen und erwachsenen Bert Brecht hingegen überwiegend abschlägig oder kontraphobisch beschieden. Sein Leib hatte sich seiner Lebensbewegung, dem ewigen, raschen Passantentum, unterzuordnen.

Für dieses Daseinsgesetz, dem jede Fixierung, Statik, einengende Festlegung der Sprungweite (gleichgültig, ob in Liebesbeziehungen oder aber in künstlerisch- weltanschaulichen Fragen) ein Gräuel bedeutete, war Brecht bereit, einen hohen Preis zu bezahlen. Soziale und emotionale Heimat im herkömmlichen Sinne sowie etabliertes Insidertum oder eine tiefverwurzelte, eingesessene Lebensart verbat er sich ebenso wie Phasen länger anhaltenden Rückzugs. Beinahe immer soll von ihm etwas Hellwaches, Kontaktfreudiges, Quecksilbrig-Systolisches ausgegangen sein; die Diastole oder das Phlegmatisch-Retentive waren ihm lange Jahre über unvertraut. Nach und nach erst hat er diese Qualitäten des Lebens (in Buckow) beginnend geahnt und zu erobern versucht. In dem späten Gedicht *Vergnügungen* (um 1954) beschrieb er den erwünschten Wechsel von Systole und Diastole:

„Der erste Blick aus dem Fenster am Morgen / Das wiedergefundene alte Buch / Begeisterte Gesichter / Schnee, der Wechsel der Jahreszeiten / Die Zeitung / Der Hund / Die Dialektik / Duschen, Schwimmen / Alte Musik / Bequeme Schuhe / Begreifen / Neue Musik / Schreiben, Pflanzen / Reisen / Singen / Freundlich sein (Brecht 1981)."

Gleichzeitig fehlten ihm für diesen wie selbstverständlich klingenden Wechsel von Anspannung und Entspannung, von *Otium* (Muße) und *Negotium* (Nicht-Muße, Arbeit) die Fertigkeiten von Abgrenzung und Rückzug. Besonders in seinen Berliner Jahren nach dem Exil, als er ein gefragter Schriftsteller und Intellektueller wurde, kostete es ihn enorme Mühe, sich von der Fülle kulturpolitischer, theatralischer, organisatorischer Aufgaben zu distanzieren, um sich stattdessen der Sorge um sich, der Nachdenklichkeit, dem kreatürlichen Nichtstun oder der Ausarbeitung neuer Pläne und Ideen zuzuwenden. Seit er in Berlin in der Chausseestraße, in der Nähe des Theaters am Schiffbauerdamm, Quartier bezogen hatte, habe er – so schrieb Brecht in einem Brief an seinen Verleger Suhrkamp – die „jungen Leute noch öfter auf dem Hals, sie kommen in Rabenschwärmen, aber Sie wissen, ich bin dafür" (Brecht 1983).

Halb entsprach es seinem selbstgesteckten Ziel und Ideal, als Schriftsteller und Theatermann auch Lehrer, Mentor und Erzieher für die nachrückende Generation zu sein – schließlich hatte er eine solche Rolle und Funktion bereits bei seinen Freunden der Kinder- und Jugendjahre eingeübt; und schließlich war Brecht in der Tat ein begnadeter Didaktiker, der den intellektuell-künstlerischen Nachwuchs in die Geheimnisse des epischen Theaters ebenso exzellent einführen konnte wie in die großen Linien der europäischen Geistes- und Kulturgeschichte.

Halb jedoch bedeutete das Erlebnis des Gefragt-Seins und Gebraucht-Werdens auch eine wesentliche Stabilisierung von Brechts Selbstwertempfinden. Wer als Lehrer von jungen, wiss- und lernbegierigen Menschen umgeben ist, vergewissert sich dadurch immer wieder neu des eigenen Wertes. Darüber hinaus ermöglichte Brecht der Umgang mit Jüngeren, das eigene Älterwerden besser zu ertragen: Die Jungen repräsentieren das lebendige Abenteuer der Zukunft, wohingegen Älterwerdende für sich alleine zunehmend mit den Erinnerungen an längst vergangene Abenteuer von früher konfrontiert sind. Des Weiteren übertönten die jüngeren Mitarbeiterinnen um Brecht mit ihrer häufig erotischen Ausstrahlung die leisen, bedrängenden Melodien und den Geschmack des Thanatischen, Morbiden, die zu steten Begleitern im Dasein des Schriftstellers geworden waren.

Wohl wissend um den lebensstilbedingten Mangel an Abgrenzung und Rückzug und ahnend, dass er damit seinem Körper und seiner Gesundheit auf Dauer keinen sonderlichen Dienst erweisen würde, hat Brecht (zu) spät Versuche unternommen, diesem Manko abzuhelfen. Ein Zettel, den er an die Türe seines Arbeitszimmers in Buckow außen angeheftet hatte, zeugt von diesen Impulsen und zugleich von den diesbezüglichen Ambivalenzen des Dichters:

> „In Erwägung, dass ich nur ein paar Wochen im Jahr für mich arbeiten kann / In Erwägung, dass ich, arbeitend, auf meine Gesundheit achten muss / In Erwägung, dass bei dem Schreiben von Stücken … jede menschliche Stimme im Haus oder vor / dem Haus eine willkommene Ausrede für eine Unterbrechung bildet / habe ich beschlossen, mir eine Sphäre der Isolierung zu / schaffen und benutze dazu das Stockwerk mit meinem / Arbeitszimmer und den kleinen Platz vor dem Haus, begrenzt / durch Gewächshaus und Laube. / Ich bitte, diese Regelung nicht als allzu bindend aufzufassen. / Prinzipien halten sich am Leben durch ihre Verletzung (Brecht 1978)."

Ein analoges Schreiben hätte Brecht auch in Bezug auf manche Liebesbeziehungen verfassen dürfen. Auf einen ersten Blick imponiert sein Liebesleben Don Juan-haft, wobei neben dem Erobern von Frauen (wer eroberte eigentlich wen?) Brecht oftmals eine eigentümliche Form von „Treue" ihnen gegenüber entwickelte. Sieht man jedoch genauer zu, wiederholte sich bei seinen Geliebten jenes Daseinsmuster, das bei ihm auch in anderen Lebensbereichen dominierte: ein Zuviel an Selbsthingabe und ein Zuwenig an Selbstbewahrung – wobei Selbsthingabe und Selbstbewahrung noch um den Begriff der Selbstdurchsetzung ergänzt werden darf.

Bei Brecht waren Selbsthingabe und Selbstdurchsetzung ausgeprägt vorhanden – die Selbstbewahrung hingegen war verglichen mit den anderen Existenzmodi zu gering entwickelt. Dies machte sich bei vielen seiner Liebesabenteuer bemerkbar, sodass es ihm kaum möglich war, sich rechtzeitig und effektiv abzugrenzen. Statt emotionaler Heimat boten diese Beziehungen oftmals unstete Ruhelosigkeit oder vereinsamende Grenzenlosigkeit; statt sich zu gewinnen, zu finden, zu bewahren (ein Wunsch, der hinter vielen neuen Liebesaffären stecken mochte) hatte Brecht bisweilen die gegensätzliche Möglichkeit des Sich-Verlierens zu gewärtigen.

Ein hohes Maß an Selbsthingabe bei gleichzeitig eventuell gering vorhandener Selbstbewahrung ist nicht selten auch bei jenen Menschen zu beobachten, die sich mit Idealismus und Enthusiasmus einer Weltanschauung oder Ideologie zuwenden – gleichgültig, ob es sich dabei um eine mythologisch-religiöse oder aber säkular-religiöse Weltanschauung handelt. Im Falle Brechts ist bekannt, dass er zwar die Religion seiner Kindertage (Protestantismus der Mutter, Katholizismus des Vaters) energisch kritisierte, zugleich aber lange mit den säkular-religiösen Inhalten eines marxistisch tingierten Sozialismus geliebäugelt hat. Für diese Weltanschauung und Ideologie hat Brecht sich in vielerlei Hinsicht engagiert, obschon er immer wieder seine sehr eigenen Interpretationen eines sozialistischen Gesellschaftssystems formulierte, in denen Skepsis und Kritik dem realexistierenden Sozialismus und Kommunismus gegenüber spürbar waren. Bei allen Fragezeichen aber, mit denen Brecht der sozialistischen Ideologie zu Leibe rückte, überwogen bei ihm letztlich doch die Bewunderung und Hingabe an jene Werte, Ideen und Ideale, die den Sozialismus für viele Menschen und auch für ihn so faszinierend erscheinen ließen.

Wie sehr Brecht an den (sozialistischen) Zielsetzungen und Idealen seiner Jugend und jungen Erwachsenenjahre auch noch im Alter festgehalten und sie zu verwirklichen getrachtet hat, wird an einigen seiner letzten Gedichte deutlich. Zeitlebens wollte Brecht sein Dasein verstanden wissen als Weitergabe von Kunst, Literatur und Lebensphilosophie, von Wissen, Klugheit und Güte, Humanität und Humor sowie von sozialer Gerechtigkeit und individueller Freiheit. Aufklärende Veränderung und verändernde Aufklärung waren die Pole, zwischen denen er als Schriftsteller, Intellektueller, Lehrer und Theatermann, als Lyriker und Dramatiker oszillierte, und von denen er hoffte, sie würden sein Lebenswerk schlussendlich charakterisieren:

> „Ich benötige keinen Grabstein, aber / Wenn ihr einen für mich benötigt / Wünschte ich, es stünde darauf: / Er hat Vorschläge gemacht. Wir / Haben sie angenommen. / Durch eine solche Inschrift wären / Wir alle geehrt (Brecht 1981)."

Jeder von uns trägt gleichsam ein Daseinsgesetz in sich, demgemäß wir uns in den Situationen des Lebens verhalten, und das zur meist unbewussten Orientierung in den Wechselfällen unserer Existenz dient. Dieses Daseinsgesetz, von Alfred Adler als *Patterns of Behavior*, Charakter oder Lebensstil bezeichnet, wurde zeitgleich mit Adler von Hugo von Hofmannsthal bedacht, der in seinem *Buch der Freunde* bedauernd feststellte: „Wenn ein Mensch dahin ist, nimmt er ein Geheimnis mit sich: wie es ihm, gerade ihm – im geistigen Sinn zu leben möglich gewesen sei" (Hofmannsthal 1985).

Bezogen auf Bertolt Brecht dürfen wir annehmen, dass ihm die eigenwillige und von außen betrachtet widersprüchliche Art seiner Lebensgestaltung gestattete, jenes literarische Oeuvre zu schaffen, das ihn zu einem Klassiker der

Moderne werden ließ. Dieses Geheimnis, wie es ihm im geistig-kulturell-politischen Sinne zu leben möglich war, liegt zwischen den Polen von Ängstlichkeit und kontraphobischem Verhalten, provokantem Individualismus und Sorge um die Sozietät, ungehemmter Sinnlichkeit und hohem Arbeitsethos, Organminderwertigkeit (Krankheiten) und künstlerischen Höchstleistungen (Kompensationen) verborgen. Für Brecht trifft zu, was für uns alle gilt: Das vitale Programm und die dramatische Dynamik zwischen Ich und Welt, unser Daseinsgesetz und das letztlich daraus resultierende Leben sind derart komplex, einzig und individuell, dass es von keinem zweiten gelebt und auch von uns selbst kaum je wiederholt werden könnte.

Literatur

Ortega y Gasset, J.: Um einen Goethe von innen bittend (1932), in: Gesammelte Werke Band III, Stuttgart 1978, S. 273f.
Brecht, B.: Schulaufsatz zum Thema *Dulce et decorum est* ... (1916), zit. n. Hecht, W. (Hrsg.): Brecht – Sein Leben in Bildern und Texten, Frankfurt am Main 1988, S. 21
Brecht, B.: Tagebuch-Eintrag angesichts der Beziehung mit und der Schwangerschaft von Marianne Zoff (24. März 1921), in: Tagebücher 1920–1922, Frankfurt am Main 1975, S. 98
Brecht, B.: Brief an Herbert Jhering (Oktober 1922), in: Briefe 1913–1956, Berlin 1983, S. 80f.
Sartre, J.P.: Sartre über Sartre (1969), in: Das Imaginäre, Reinbek bei Hamburg 1971, S. 25
Brecht, B.: Arbeitsjournal 1942–1955, Frankfurt am Main 1993, S. 585
Brecht, B.: Brief an Caspar Neher (Juni 1918), in: Briefe 1913–1956, Berlin 1983, S. 44f.
Müller, A. und Semmer, G.: Geschichten vom Herrn B. – Gesammelte Brecht-Anekdoten, Leipzig 1980, S. 11
Brecht, B.: Gleichklang (1954), in: Die Gedichte, Frankfurt am Main 1981, S. 1023
Brecht, B.: Tagebuch-Eintrag (24. März 1921), in: Tagebücher 1920–1922, Frankfurt am Main 1975, S. 98
Kebir, S.: Ein akzeptabler Mann? – Streit um Bertolt Brechts Partnerbeziehungen, Berlin 1987
Kebir, S.: Ich fragte nicht nach meinem Anteil – Elisabeth Hauptmanns Arbeit mit Bertolt Brecht, Berlin 1997
Stern, C.: Männer lieben anders – Helene Weigel und Bertolt Brecht, Berlin 2000
Brecht, B.: Brief an Ruth Berlau (März 1950), in: Briefe 1913–1956, Berlin 1983, S. 603

Bunge, H.: Nachwort, in: Berlau, R.: Brechts Lai-Tu – Erinnerungen und Notate von Ruth Berlau, hrsg. von Hans Bunge, Darmstadt 1985, S. 319
Brecht, B.: Entdeckung an einer jungen Frau (1925), in: Die Gedichte, Frankfurt am Main 1981, S. 160f.
Brecht, B.: Baal (1918/1955), in: Baal – Der böse Baal der asoziale. Texte, Varianten, Materialien, Frankfurt am Main 1969, S. 11ff.
Brecht, B.: Vom Francois Villon (1918), in: Die Gedichte, Frankfurt am Main 1981, S. 39
Brecht, B.: Bei Durchsicht meiner ersten Stücke (1954), in: Baal – Der böse Baal der asoziale. Texte, Varianten, Materialien, Frankfurt am Main 1969, S. 110f.
Brecht, B.: Vom armen B.B. (1922), in: Die Gedichte, Frankfurt am Main 1981, S. 261
Frisch, M.: Tagebuch 1966–1971, Frankfurt am Main 1972, S. 40
Brecht, B.: Anmerkungen zur Oper Aufstieg und Fall der Stadt Mahagonny (1930), in: Versuche, Heft 1–4, Frankfurt am Main 1977, S. 103f.
Brecht, B.: Kleines Organon für das Theater (1948), in: Versuche, Heft 12–15, Frankfurt am Main 1977, S. 124f.
Frisch, M.: Tagebuch 1966–1971, Frankfurt am Main 1972, S. 38
Brecht, B.: Mann ist Mann (1924/26), Frankfurt am Main 1968, S. 37
Brecht, B.: Mann ist Mann (1924/26), Frankfurt am Main 1968, S. 44
Brecht, B.: Der Neinsager (1929/30), in: Lehrstücke, Reinbek bei Hamburg 1966, S. 17
Brecht, B.: Das Badener Lehrstück vom Einverständnis (1929), in: Lehrstücke, Reinbek bei Hamburg 1966, S. 195f.
Brecht, B.: Dreigroschenoper (1928), Frankfurt am Main 1973, S. 94
Brecht, B.: Die heilige Johanna der Schlachthöfe (1929/30), in: Versuche, Heft 5–8, Frankfurt am Main 1977, S. 93f.
Brecht, B.: Zufluchtsstätte (um 1937), in: Die Gedichte, Frankfurt am Main 1981, S. 720
Brecht, B.: An die Nachgeborenen (um 1938), in: Die Gedichte, Frankfurt am Main 1981, S. 723
Brecht, B.: Die Sorgen des Kanzlers (1937), in: Die Gedichte, Frankfurt am Main 1981, S. 711
Brecht, B.: Trost vom Kanzler (1938), in: Die Gedichte, Frankfurt am Main 1981, S. 713
Brecht, B.: Ballade von der Judenhure Marie Sanders (1935), in: Die Gedichte, Frankfurt am Main 1981, S. 641f.
Brecht, B.: Schlechte Zeit für Lyrik (1939), in: Die Gedichte, Frankfurt am Main 1981, S. 744
Brecht, B.: Legende von der Entstehung des Buches Taoteking auf dem Weg des Laotse in die Emigration (1938), in: Die Gedichte, Frankfurt am Main 1981, S. 661
Brecht, B.: Leben des Galilei (1938/39), Frankfurt am Main 1963, S. 81

Brecht, B.: Geschichten vom Herrn Keuner (1930), in: Versuche, Heft 1–4, Frankfurt am Main 1977, S. 26
Brecht, B.: Dichter sollen die Wahrheit schreiben (1934), in: Brecht für Anfänger und Fortgeschrittene, hrsg. von Siegfried Unseld, Frankfurt am Main 1993, S. 323ff.
Brecht, B.: Mutter Courage und ihre Kinder (1939), Frankfurt am Main 1963, S. 75
Brecht, B.: Mutter Courage und ihre Kinder (1939), Frankfurt am Main 1963, S. 36
Brecht, B.: Mutter Courage und ihre Kinder (1939), Frankfurt am Main 1963, S. 68
Brecht, B.: Der gute Mensch von Sezuan (1938–1940), Frankfurt am Main 1964, S. 144
Brecht, B.: Herr Puntila und sein Knecht Matti (1940), Frankfurt am Main 1963, S. 129f.
Brecht, B.: Der aufhaltsame Aufstieg des Arturo Ui (1941), in: Gesammelte Werke 4, Stücke 4, Frankfurt am Main 1967, S. 1835
Brecht, B.: Nach dem Tode meiner Mitarbeiterin M.S. (1941), in: Die Gedichte, Frankfurt am Main 1981, S. 826ff.
Brecht, B.: Schweyk im Zweiten Weltkrieg (1943), Frankfurt am Main 1965, S. 105
Brecht, B.: Schweyk im Zweiten Weltkrieg (1943), Frankfurt am Main 1965, S. 105f.
Brecht, B.: Der kaukasische Kreidekreis (1944/45), Frankfurt am Main 1962, S. 117
Brecht, B.: Der kaukasische Kreidekreis (1944/45), Frankfurt am Main 1962, S. 120
Brecht, B.: Vor acht Jahren (1953), in: Die Gedichte, Frankfurt am Main 1981, S. 1013
Brecht, B.: Lob des Zweifels (um 1938), in: Die Gedichte, Frankfurt am Main 1981, S. 626f.
Brecht, B.: Die Lösung (1953), in: Die Gedichte, Frankfurt am Main 1981, S. 1009f.
Brecht, B.: Der Radwechsel (1953), in: Die Gedichte, Frankfurt am Main 1981, S. 1009
Parker, St.: Brecht (2014), Frankfurt am Main 2018
Brecht, B.: Vergnügungen (um 1954), in: Die Gedichte, Frankfurt am Main 1981, S. 1022
Brecht, B.: Brief an Peter Suhrkamp (März 1954), in: Briefe 1913–1956, Berlin 1983, S. 676
Brecht, B.: Zettel an Brechts Arbeitszimmer (um 1954), in: Brecht, hrsg. von Werner Hecht, Frankfurt am Main 1978, S. 276
Brecht, B.: Ich benötige keinen Grabstein (um 1955), in: Die Gedichte, Frankfurt am Main 1981, S. 1029
Hofmannsthal, H. von: Buch der Freunde (1922), Frankfurt am Main 1985, S. 38

Teil IV

Wir sind verwoben in die Geschichten der erzählten Welt

6

George Orwell – eine Kassandra der Moderne?

Der Blick in die Zukunft ist für Menschen von alters her wichtig gewesen. Aus der Antike stammen die Rollen und Funktionen des Sehers und Weissagers. So erzählt uns die griechische Mythologie von Teiresias, dem blinden, alten Priester, der über die Gabe verfügte, seinen Mitmenschen die zukünftigen Schicksale vorauszusagen. Er kleidete seine Voraussagen aber in solch sibyllinische Formulierungen, dass die meisten Betroffenen mit ihnen herzlich wenig anzufangen wussten.

Eine ebenfalls weissagende Rolle nahm Kassandra ein, wobei ihre Prognosen in der Regel düster eingefärbt waren. Der Gott Apollon hatte sie, weil sie sich ihm verweigerte, dazu verflucht, dass keiner, der ihre Zukunftsszenarien hörte, diesen Glauben schenkte. Als tragische Heldin sah Kassandra hellsichtig das kommende Unheil voraus und warnte ihre Mitmenschen davor – allein, diese Warnungen verhallten ungehört.

Derartige Prognosen, oft als Kassandra-Rufe bezeichnet, gab und gibt es auch in unserer Zeit. Als Hellseher und Weissager, der in vielen seiner Texte nicht nur bestehende, sondern auch kommende Übel beschrieben hat, galt und gilt George Orwell (1903–1950). Vor allem mit der Dystopie *Neunzehnhundertvierundachtzig* (1949) wurde Orwell weltberühmt.

Biografisches I Orwell, dessen bürgerlicher Name Eric Blair war, wurde 1903 als Sohn des britischen Kolonialoffiziers Richard Blair in Motihari (Bengalen, Indien) geboren. Sein Vater war Angestellter in der Kolonialverwaltung und hatte in Indien Ida Mabel Limouzin geheiratet, die aus einer französischen Holzhändlerfamilie stammte. Nach der Geburt des Sohnes Eric ging

Frau Blair zusammen mit dessen Schwestern nach England, wo sie die Kinder besser aufziehen konnte als in Indien. Der Gatte hingegen blieb vorerst (bis 1911) in Fernost und besuchte seine Familie nur ab und an.

Seine Schulzeit verbrachte Orwell auf englischen Internaten – zuerst auf der *Preparatory School St. Cyprians* nahe Eastbourne in Sussex und später auf der Eliteschule Eton in der Grafschaft Berkshire. Insbesondere seine Zeit in *St. Cyprians* erlebte er schikanös und entwürdigend; mit bisweilen gnadenlosem Drill wurden die Schüler auf ihre Aufnahmeprüfungen in höhere Schulen (wie etwa in Eton) vorbereitet respektive dressiert. Auch in Eton hat Orwell eigenem Bekunden nach nur wenig gelernt. Mit 19 Jahren ging er nach Indien und diente bis 1927 bei einer Polizeitruppe in Burma. Seine Aufgabe bestand (so Orwell) darin, die Bevölkerung zum Gehorsam gegenüber den britischen Kolonialherren anzuhalten.

Nach Europa zurückgekehrt, lebte Orwell etwa zwei Jahre lang in Paris, wo er sich – entgegengesetzt zu den gesellschaftlichen Strebungen, die er an englischen Internaten wie auch während des Polizeidienstes in Indien empfunden hatte – auf der sozialen Rangleiter nach unten und nicht nach oben orientierte. Von nun an mischte er sich unter Arme, Kleinkriminelle, *Outlaws*, fahrendes und schlichtes Volk, lernte deren Welten kennen und sich in ihnen zu behaupten. Da seine kargen Ersparnisse aufgebraucht waren, verdingte er sich eine Weile als Tellerwäscher in einem Pariser Grand Hotel:

„Ich schuftete in einer engen kleinen Höhle, einer Kombination aus Anrichte und Spüle, die direkt zum Essraum hinausging. Neben dem Abwasch musste ich die Essen für die Kellner holen und ihnen servieren; die meisten unter ihnen waren so unerträglich anmaßend, dass ich mehr als einmal meine Fäuste gebrauchen musste, um für gewöhnliche zivilisierte Zustände zu sorgen." (Orwell 1991)

In Paris meldete sich das erste Mal Orwells Lungenerkrankung derart drastisch, dass er gezwungen war, sich in einem Krankenhaus behandeln zu lassen. Schon als Kind hatte er wiederholt an Infekten der Lunge gelitten, und es steht zu vermuten, dass sich bei ihm spätestens seit dieser Zeit Bronchiektasen (Erweiterungen der Luftwege) entwickelten. Diese Lungenschädigung führte zusammen mit den häufig aufreibenden Lebensumständen Orwells (oftmals in feuchten Räumen; jahrelang kriegerische Verhältnisse um ihn her; Nikotin- und Alkoholabusus) letztlich zu einer Tuberkuloseinfektion, an der er 1950 gestorben ist.

Ende 1929 ging Orwell nach London, wo er den Pauperismus noch intensiver als in Paris am eigenen Leib erlebte. Zeitweise hauste er wie die Stadtstreicher um den *Trafalgar Square* in lausigen Notunterkünften, wo er für nur wenige Pennys übernachten und einen Tee trinken konnte. So sehr sich Orwell auch mit anderen Obdachlosen identifizierte, so sehr fiel er doch unter ihnen auf, weil er als einziger ein Buch (z. B. von Balzac: *Eugénie Grandet*) mit sich führte und darin las.

Im Sommer 1931 arbeitete er eine Weile als Hopfenpflücker – eine Tätigkeit für Saisonarbeiter und Tagelöhner, die einige wenige Shillings einbrachte. Nicht recht viel besser wurde er als Aushilfslehrer und Betreuer eines invaliden Jugendlichen bezahlt. Zwischendrin hielt er sich gerne in der Bermondsey-Bibliothek im Südosten von London auf, wo er lesen und zunehmend auch schreiben konnte.

Die frühen Texte Orwells waren vorrangig journalistischer Natur; eine allererste Publikation gelang ihm 1931 mit *The Spike* (Der Stachel). Diese Beschreibung eines Londoner *Workhouse* (Armenhaus) wurde im Periodikum *New Adelphi* publiziert, in dem beispielsweise auch Katherine Mansfield oder D.H. Lawrence veröffentlicht hatten. Der Text Orwells wurde in sein Buch *Erledigt in Paris und London* (1933) mit aufgenommen, wobei er hier das erste Mal sein Pseudonym George Orwell (als Autor, der den Snobismus von Eric Blair hinter sich lassen wollte?) verwendete. Verlegt wurde das Buch von Victor Gollancz (1897–1967), einem britisch-jüdischen, entschieden sozialistisch eingestellten Verlagsleiter.

Nachdem Orwell noch etwa ein Jahr lang in der Buchhandlung *Booklover's Corner* im Londoner Stadtteil Hampstead mitgearbeitet hatte, konnte und wollte er ab 1935 als freier Schriftsteller leben. Kurz nacheinander erschienen dann zwei Romane von ihm: *Eine Pfarrerstochter* (1935) sowie *Die Wonnen der Aspidistra* (1936). Der letztere Text handelt von einem Möchtegern-Schriftsteller, der sich ganz der Kunst widmen will und aufgrund seiner finanziellen Kalamitäten dabei grandios scheitert. Zum Schluss heiratet er und kauft sich als Sinnbild einer bürgerlichen Existenz eine langweilige Zimmerpflanze (Aspidistra). Wie ideologie- und gesellschaftskritisch Orwell den Roman angelegt hatte, wird unter anderem an jenen Passagen deutlich, in denen er – den ersten *Korinther-Brief* von Paulus persiflierend – den Kapitalismus als Religion der Neuzeit und die Anbetung des Geldes aufs Korn nimmt:

„Wenn ich mit Menschen- und Engelszungen redete und hätte des Geldes nicht, so wäre ich ein tönend Erz … Das Geld ist langmütig und freundlich; es eifert nicht, treibt nicht Mutwillen, es blähet sich nicht … Nun aber bleibt Glaube, Hoffnung und Geld, diese drei; aber das Geld ist das größte unter ihnen (Orwell 1983)."

Biografisches II Im selben Jahr 1935 lernte Orwell seine zukünftige Gattin Eileen O'Shaughnessy kennen. Diese 29-jährige Frau stammte aus irisch-katholischer Familie und hatte in Oxford Psychologie studiert, ohne allerdings ihren Abschluss des Studiums zu realisieren. Sie war „hochintelligent und schlagfertig, besaß einen bissigen Humor und zeigte sich bald sehr angetan von dem großgewachsenen, kränklichen, erfolglosen Romanautor mit dem wilden dunklen Haarschopf … und den klaren, oft exzentrischen Ansichten" (Solnit 2022).

Zusammen mit ihr lebte Orwell von 1936 bis 1940 in einem kleinen Cottage in Wallington, einem Dorf in der Grafschaft Hertfordshire nördlich von London; in der Dorfkirche des Ortes heirateten die beiden. Orwell hatte einen Garten angelegt, um Obst und Gemüse zu ernten; im Erdgeschoß seines Hauses war ein kleiner Gemischtwarenladen eingerichtet, in dem sich die Dorfbewohner bei Bedarf mit dem Allernötigsten versorgen konnten.

Das karg-idyllische Landleben, das einem Brief Eileen O'Shaughnessys zufolge zeitweise von heftigen Auseinandersetzungen, wochenlangem Regen, schimmelig gewordenen Lebensmitteln und von den Kaninchen gefressenen Brokkoli geprägt war, währte nicht lange. Ende des Jahres 1936 zog es Orwell und wenige Wochen später auch seine Gattin nach Spanien, um als Zeitungsreporter im Bürgerkrieg aufseiten der Republikaner über die Truppen des Generalissimus Franco (dieser hatte den Putsch gegen die Spanische Republik angeführt) zu berichten.

Unterstützung erfuhr Franco von italienischen und deutschen Faschisten (z. B. der Legion Condor), wohingegen die Sowjetunion unter Stalin überaus halbherzig-lässig die Republikaner begünstigte; insbesondere die libertär-anarchistischen Impulse und Konzepte vieler spanischer Sozialisten und Republikaner waren den verbohrt-ideologischen und dogmatisch-kommunistischen Überzeugungen der Bolschewiki ein mächtiger Dorn im Auge.

Orwell, der sich wie andere Schriftsteller und Intellektuelle (z. B. André Malraux, Ernest Hemingway, Arthur Koestler, Ernst Busch, Ludwig Renn, Egon Erwin Kisch, Erich Arendt, Simone Weil) an den Internationalen Brigaden als Freiwilliger und Berichterstatter beteiligte, war wie viele weitere Spanienkämpfer von Hause aus liberal eingestellt. Er selbst bezeichnete sich als Tory-Anarchisten (als an Werten und Traditionen orientiert); und der mit ihm befreundete Dichter Stephen Spender (1909–1995) meinte einmal über ihn: „Kommunist war er vor allem deshalb nicht, weil die Kommunisten keine Kommunisten waren, George Orwell aber schon."

Nachdem Orwell kurzzeitig einer halb-anarchistischen Miliz mit engem Kontakt zur *Independent Labour Party* zugeordnet war, wurde er 1937 schwer verwundet (Halsdurchschuss) und musste einige Monate in einem Lazarett zubringen. In der Zwischenzeit war diese Miliz ins Fadenkreuz von Stalinisten geraten, und Orwell tat gut daran, sich nach seiner halbwegs erfolgten Genesung mit seiner Frau nach Frankreich abzusetzen und dann nach England zurückzukehren. In Wallington nahm er wieder seine Schriftstellerarbeit auf und fertigte einen gewichtigen Text über *Mein Katalonien* (1938) an. Darin positionierte er sich entschieden gegen den Kommunismus Stalinscher Couleur im Spanischen Bürgerkrieg – wohl wissend, dass auch ihm dabei nur ein Teil der historischen Wahrheit zugänglich war.

Orwells kommunismuskritische Einschätzungen trugen dazu bei, dass sich der damals prorussisch eingestellte Victor Gollancz weigerte, den Text von *Mein Katalonien* in seinem Verlag erscheinen zu lassen. Derselbe Victor Gollancz hatte Orwell im Jahr vor dessen Spanien-Abenteuer jedoch angeboten, eine Reportage über die sozialen und wirtschaftlichen Verhältnisse in den Industrieregionen Nordenglands zu verfassen. Der Autor reiste daraufhin nach Wigan, einem Bergbauort zwischen Liverpool und Manchester, und wurde dort mit Massenarbeitslosigkeit und sozialer Verelendung konfrontiert. In seinem Bericht *Der Weg nach Wigan Pier* (1937) schilderte er unverblümt die skandalösen Verhältnisse, auf die er dort stieß – so etwa hinsichtlich der Wohnungsnot.

Man konnte nachvollziehen, wenn verarmte Urlauber damals davon sprachen, sie machten wohl Ferien am Wigan Pier. Neben einer ungeschönten Beschreibung dieser an den Frühkapitalismus erinnernden Verhältnisse überlegte Orwell in dem Text, warum der Sozialismus in Großbritannien trotz solcher riesigen gesellschaftlichen Probleme keine Massenbewegung geworden war. Als Ursachen dafür benannte er die Verschrobenheit, die ideologische Orthodoxie sowie die Abgehobenheit vieler Vertreter des Sozialismus, die das konkrete Leben der Menschen (etwa in Wigan) aus den Augen verloren hatten. Solche Gedanken zusammen mit der Stalinismus-Kritik in *Mein Katalonien* brachten es mit sich, dass Orwell Ende der 1930er-Jahre nicht nur von der englischen Polizei aufgrund seiner angeblich kommunistischen Aktivitäten, sondern mindestens so sehr auch von der Labour-Presse und damit von Personen aus seiner ursprünglichen linken politisch-gesellschaftlichen Heimat mit zunehmendem Argwohn beäugt und beurteilt wurde.

Biografisches III Ende der 1930er-Jahre hatten Mussolini, Franco, Hitler, Stalin in Europa den Totalitarismus bis zu jener Schwelle getrieben, die ab dem Herbst 1939 den Zweiten Weltkrieg bedeutete. Orwell reagierte darauf einerseits publizistisch und veröffentlichte Texte, die sich äußerst kritisch mit dem faschistischen und bolschewistischen Bellizismus und Imperialismus sowie mit der weitverbreiteten Appeasement-Politik vieler linksliberaler Intellektueller auseinandersetzte. Was die Person sowie die Politik Hitlers anbelangte, hatte er sich von Anfang an keine Illusionen erlaubt; in *The New English Weekly* konnte man im März 1940 eine konzise Einschätzung Hitlers und seiner Expansionspläne aus der Feder von Orwell lesen, bei der er den kommenden Überfall der Deutschen auf Russland (trotz des Hitler-Stalin-Pakts) voraussagte.

1940 erschien im Verlag von Victor Gollancz eine neue Essaysammlung von Orwell mit dem Titel *Im Inneren des Wals*. In den Jahrzehnten danach wurde die Zusammensetzung der einzelnen Texte mehrfach verändert, und inzwischen kann man in der deutschsprachigen Ausgabe (Zürich 1975) auch Abhandlungen aus den späteren 1940er-Jahren lesen. Eine davon trägt die Überschrift *Warum ich schreibe* (1946) und befasst sich mit dem Stil und den Inhalten der Schriften Orwells – also letztlich mit autobiografischen Themen des Autors:

> „Ich halte es in einer Epoche wie der unsrigen für sinnlos, sich einzubilden, dass man als Schriftsteller politische Probleme umgehen kann. Jeder behandelt sie in der einen oder anderen Form. Die Frage ist nur, auf welcher Seite man steht und wie man sie anpackt. Und je klarer man sich der eigenen politischen Voreingenommenheit bewusst ist, desto größer ist die Chance, politisch zu wirken, ohne seine ästhetische und geistige Integrität zu opfern … Gute Prosa ist wie eine Fensterscheibe … Bei einem Rückblick auf mein Werk stelle ich fest, dass meine Bücher immer dann leblos geworden sind, wenn ihnen eine *politische* Absicht fehlte und ich mich in gedrechselte Passagen, nichtssagende Sentenzen, schmückende Beiworte und ganz allgemein in Geschwafel verlor (Orwell 1975)."

Nichtssagendes Geschwafel wollte Orwell auch zukünftig keineswegs von sich geben, und dementsprechend substanziiert und seriös wirken daher seine Reportagen aus den letzten Kriegstagen, die er in Deutschland und Österreich vom März 1945 an bis in den Spätherbst desselben Jahres als Journalist für den *Observer* erstellte. In diesen Texten begegnet man einem Berichterstatter, der ohne Hassaffekte und ohne triumphierende Siegerpose die teilweise völlig *zerstörten* Städte (Köln, Nürnberg) und ihre ebenso *verstörten* Bewohner (das deutsche „Herrenvolk") beschreibt:

> „Es ist eine seltsame Vorstellung, dass dies die Leute sind, die zeitweise ganz Europa vom Kanal bis zum Kaspischen Meer beherrscht haben und womöglich auch unsere Insel hätten erobern können … Die Propaganda … hat uns dazu veranlasst, sie uns hochgewachsen, blond und arrogant vorzustellen. Was man

in Köln tatsächlich sieht, sind kleine, dunkelhaarige Menschen, offensichtlich von derselben Rasse wie auf der anderen Seite der Grenze in Belgien, und überhaupt nicht außergewöhnlich (Orwell 2021)."

Orwell unterbrach seine Reportagetätigkeit nur kurz, als er Ende März 1945 die erschütternde Nachricht erhielt, dass seine Gattin Eileen infolge einer Narkose bei einer Unterleibsoperation in England verstorben war. Etwa ein Jahr zuvor hatte das Paar einen elternlosen Knaben adoptiert, und diesen Sohn (die Eltern nannten ihn Richard Horatio) musste Orwell nunmehr alleine großziehen – wobei sich der Autor als überaus zugewandter Vater erwiesen haben soll. Nach der Beerdigung seiner Gattin übergab Orwell das Kind einer befreundeten Frau und kehrte auf den Kontinent zur weiteren Berichterstattung zurück. Er war nicht der Mensch, der seine Trauer kommuniziert hätte – seine Tuberkulose jedoch flackerte erneut auf.

Biografisches IV Manche Kollegen und Biografen von George Orwell waren und sind der Meinung, dass dieser Autor nur wenige Produktionsmittel benötigte, um erfolgreich schreiben zu können: ausreichend Tabak, englischen Tee, Bleistifte oder eine funktionierende Schreibmaschine. Doch zumindest für einen Roman, besser für *den* Roman, der Orwell bald nach seinem Erscheinen berühmt werden ließ, darf und muss noch ein weiterer wesentlicher „Umstand" seiner Genese Erwähnung finden: Eileen, die Gattin Orwells. Im Gegensatz zu vielen seiner anderen Texte entstand *Animal Farm* (1945) in enger Kooperation mit ihr.

Den Plan zu dieser satirischen Fabel, oder besser gesagt: zu einem entlarvenden Text über den Stalinismus, Bolschewismus und Kommunismus, trug Orwell bereits seit seinen Erlebnissen im Spanischen Bürgerkrieg in sich. Bei aller diesbezüglichen hellsichtigen Kritik, die in ihm seit der zweiten Hälfte der 1930er-Jahre reifte, war ihm allerdings lange Zeit nicht klar, in welcher Form er diese so zum Ausdruck bringen konnte, dass seine Leser die Stoßrichtung seiner Kritik – sie sollte nicht nur gegen den Stalinismus, sondern gegen alle Formen von Totalitarismus und Inhumanität gerichtet sein – adäquat verstanden.

Modelle für eine derartig kritische Auseinandersetzung gab es damals bereits einige: Ignazio Silone hatte 1938 *Die Schule der Diktatoren – Ein Lehrbuch für alle, die ernsthaft versuchen, die Männer, die Ideen und die Geschehnisse unserer Zeit zu erkennen* publiziert; André Gide war bereits zwei Jahre zuvor 1936 nach einem Aufenthalt in der UdSSR desillusioniert zurückgekehrt und hatte die Impressionen im Text *Zurück aus Sowjet-Russland* zusammengefasst;

1940 schließlich war von Arthur Koestler dessen Roman *Sonnenfinsternis* erschienen, in dem der Autor auf verschlüsselt-fiktionale Art die Ereignisse der Moskauer „Säuberungsprozesse" in den Jahren 1936 bis 1938 aufgezeichnet und dabei die perfide Dynamik zwischen dem Einzelnen (im Roman: der Volkskommissar Rubaschow) und dem politischen System (Stalinismus, Bolschewismus) transparent gemacht hatte.

Am meisten überzeugte Orwell dabei Koestlers Form des politischen Romans, wobei ihm – hier kommt seine Frau Eileen mit ins Spiel – eine mindestens ebenso fiktionale, aber deutlich witziger-satirische Form der Darstellung vorschwebte. Auf die Idee, seine Diagnosen des Sowjet-Totalitarismus als Tiermärchen zu erzählen, verfiel Orwell, als er zufällig einem zehnjährigen Jungen dabei zusah, wie dieser einem riesigen Karrengaul, den er einen schmalen Pfad entlangtrieb, jedes Mal die Peitsche gab, sobald das Pferd Anstalten machte, umzukehren:

> „Mir kam der Gedanke, dass wir über die Tiere keine Macht mehr hätten, sobald sie sich ihrer Kraft bewusstwürden, und dass die Menschen die Tiere so ziemlich auf dieselbe Weise ausbeuten, wie die Reichen das Proletariat ausbeuten (Orwell 2021)."

Ab dem Winter 1943/44 arbeitete Orwell täglich an dem Manuskript für *Animal Farm*, und seit dieser Zeit las Eileen O'Shaugnessy nachts jeweils das, was ihr Mann tagsüber geschrieben hatte. Die Biografen berichten, dass Eileen Blair von dem entstehenden Text, besonders von der fabelhaften Ausgestaltung, begeistert und ihrerseits für Rhythmus und Tonfall mancher Passagen mitverantwortlich war. Außerdem sind die meisten Orwell-Experten davon überzeugt, dass viele witzig-satirische Bezeichnungen und Dialoge dieses Tiermärchens auf den Einfluss von Eileen Blair zurückzuführen sind.

Obschon das Manuskript bereits 1944 fertiggestellt war, dauerte es bis Mitte 1945, bis sich ein Verleger fand, der es wagte, *Animal Farm* zu publizieren. Die Absagen von Verlagsleitern, etwa von Victor Gollancz, waren auf den damaligen Zeitgeist zurückzuführen. 1944/45 galten in der westlichen Welt der Alliierten die UdSSR unter Stalin sowie die Rote Armee als wichtige, erfolgreiche, opferbereite Kämpfer gegen die faschistischen Achsenmächte; eine wie auch immer geartete Kritik an ihnen und ihren politischen Verhältnissen kam einem Tabubruch gleich. Wie zugespitzt die Verhältnisse seinerzeit waren, kann man erahnen, wenn man bedenkt, dass die Gattin des Verlegers Frederic Warburg, die dem Kommunismus nahestand, mit Scheidung drohte, sollte ihr Mann das Manuskript Orwells zur Veröffentlichung annehmen – wozu er sich zuletzt dennoch entschlossen hat.

In *Farm der Tiere* erzählt Orwell die Geschichte einer Idee (Kommunismus) und ihrer Umsetzung in konkrete, oftmals schauerliche Realität (in Russland nach der Revolution 1917). Einzelne Tiere übernehmen dabei die Rolle von ehemaligen oder seinerzeit noch lebenden Philosophen, Ideologen, Revolutionären, Politikern: Old Major, ein preisgekrönter Eber, steht für Marx und Lenin; der Berkshire-Eber Napoleon repräsentiert Josef Stalin; der weiße Eber Schneeball stellt Leo Trotzki dar; das kleine, dickliche Schwein Petzwutz agiert wie der Denunziant Molotow; die drei Pferde Boxer, Kleeblatt und Molly stehen für die drei sozialen Klassen der Arbeiter (Boxer), Mittelschicht (Kleeblatt) und Bourgeoisie (die eitle Molly, der es immer nur um ihre Schleifen im Haar geht).

Neben den Tieren kommen in *Animal Farm* auch Menschen vor: in Mr. Jones wird Zar Nikolaus II. gespiegelt; Mr. Frederick steht für Adolf Hitler; Mr. Pilkington präsentiert die westlichen Alliierten; in Mr. Whymper charakterisierte Orwell jene Intellektuellen, die sich damals vom real existierenden Sozialismus blenden ließen. Daneben gibt es noch Schafe (unkritische Mitläufer), Hühner (die Landarbeiter), Katzen (die russische Mafia), die Ziege Muriel (sie kann immerhin lesen) sowie den Esel Benjamin (ein alter und weiser Skeptiker). Die Hunde stellen die persönliche Leibwache Napoleons dar, und der Rabe steht für die orthodoxe Kirche.

Schon zu Beginn des Märchens, als die Tiere ihren Farmer Mr. Jones (den Zaren) vertreiben und selbst die Herrschaft über ihre Farm übernehmen, lernen sie ihre Hymne, die *Internationale* der Tiere, die so etwas wie die Ideale und utopischen Ziele der neuen Herrschaftsform zu ihrem Inhalt hat. Old Major, der im Märchen (wie ehemals Lenin) bald stirbt und keinen Einfluss mehr auf den weiteren Verlauf der Revolution nehmen kann, singt das Lied seinen Genossen vor:

> „Tiere Englands, Tiere Irlands, / Erdentiere weit und breit, / Horcht auf meine Freudenbotschaft / Von der goldnen Zukunftszeit. / Eines Tages wird man stürzen / Aller Menschen Tyrannei, / Und auf Englands grünen Weiden / Grasen Tiere sorgenfrei ... (Orwell 2021)."

Wie solch hehre Ziele erreicht werden sollen, ist nach dem Tod von Old Major immer wieder Thema heftiger Auseinandersetzungen, vor allem zwischen den beiden Ebern Napoleon und Schneeball. Immerhin einigen sich anfangs alle noch auf sieben Gebote, die eine Art Grundgesetz und Verhaltenskodex für die Farm der Tiere bedeuten sollen: 1) Was auf zwei Beinen geht, ist ein Feind. 2) Was auf vier Beinen geht oder Flügel hat, ist ein Freund. 3) Kein Tier soll Kleidung tragen. 4) Kein Tier soll in einem Bett schlafen. 5)

Kein Tier soll Alkohol trinken. 6) Kein Tier soll ein anderes Tier töten. 7) Alle Tiere sind gleich (Orwell 2021).

Es dauert nicht lange, und erste Ungereimtheiten und Konflikte kommen obenauf. Die Futterrationen werden eigentümlich eingeteilt, Milch verschwindet, die Arbeit auf der Farm wird eher härter und umfangreicher als früher, und es etablieren sich Hierarchien mit dazu assoziierten Privilegien. Das siebte Gebot wird zunehmend willkürlich interpretiert, sodass einige Tiere (z. B. Napoleon, Petzwutz) gleicher als die anderen Gleichen gelten. Außerdem schwingen sich Napoleon und Petzwutz zusammen mit Schneeball auf, den Gang der Ereignisse und die dafür nötigen Opfer der Mit-Tiere vorherzusagen und festzulegen.

Nach einiger Zeit tragen etliche Tiere (die Nomenklatura) Kleidung, schlafen in Betten und trinken Alkohol, indes die Mehrheit der anderen Tiere gezwungen wird, sich an die sieben Gebote zu halten. Weil insbesondere Napoleon, der heftige Konflikte mit Schneeball um den weiteren Weg für die *Animal Farm* auszutragen hat, sich nach und nach von Schneeball wie auch von dessen Anhängern bedroht fühlt, baut er zu seinem Schutz mit den Hunden eine Art Geheimpolizei (Tscheka, GPU) auf; wenig später erfolgen die ersten Hinrichtungen, angeblich, um auf der Farm eine drohende Konterrevolution zu verhindern:

„Als das von den Hinrichtungen ausgelöste Entsetzen ein paar Tage danach abgeklungen war, erinnerten sich einige Tiere – oder glaubten sich zu erinnern –, dass das sechste Gebot lautete: ‚Kein Tier soll ein anderes Tier töten.' Und auch wenn sich alle hüteten, das in Hörweite der Schweine oder Hunde anzusprechen, hatten sie doch das Gefühl, dass die Hinrichtungen damit nicht in Einklang zu bringen waren. Klee bat Benjamin, ihr das sechste Gebot vorzulesen, und als der es wie gewohnt ablehnte, sich in solche Angelegenheiten einzumischen, holte sie Muriel. Muriel las ihr das sechste Gebot vor. Es lautete: ‚Kein Tier soll ein anderes Tier töten, *wenn es keinen Grund gibt*.' Irgendwie waren die letzten fünf Wörter aus dem Gedächtnis der Tiere verschwunden (Orwell 2021)."

Auch im Kontakt mit den Farmnachbarn ergaben sich Fragen über Fragen. Eine Weile wurde diskutiert, ob man an Mr. Frederick Bauholz der Farm verkaufen solle. Napoleon erklärte stolz, dass es dazu nie und nimmer kommen werde – schließlich sei Mr. Frederick ein Todfeind für die Farmbewohner. Kurze Zeit später jedoch gab es einen Kaufvertrag (Hitler-Stalin-Pakt); Mr. Frederick wurde zum Freund und Mr. Pilkington zum Erzfeind der *Animal Farm* deklariert. Und wieder wenige Tage darauf erwies sich das Geld von Mr.

Frederick (für das Bauholz) als gefälscht, und deshalb musste dieser nun neuerlich vom Propagandaapparat (Eber Petzwutz) als Todfeind taxiert werden. Zum Ende des Märchens hin bittet Klee ihren Freund Benjamin, ihr noch einmal die sieben Gebote vorzulesen, die an der Stirnwand der großen Scheune geschrieben standen:

„Benjamin war ausnahmsweise bereit, seine Regel zu brechen, und las ihr vor, was an der Mauer geschrieben stand. Es gab nur noch ein einziges Gebot. Es lautete: ALLE TIERE SIND GLEICH, ABER MANCHE TIERE SIND GLEICHER ALS ANDERE. Danach war nichts Befremdliches mehr daran, dass die Schweine, die am nächsten Tag die Arbeit auf der Farm beaufsichtigten, allesamt Peitschen in den Vorderklauen trugen (Orwell 2021)."

Als *Animal Farm* im August 1945 erschien, war die öffentliche Reaktion und Kritik darauf durchaus schon von den ernsten Irritationen mitgeprägt, die Stalins Politik gegenüber den Westalliierten nach dem Ende des Zweiten Weltkriegs hervorrief. Hier zeichnete sich bereits der kommende Kalte Krieg zwischen Ost und West ab, und von der vormaligen kritiklosen Bejahung der UdSSR während der Kriegsjahre war nur noch wenig übriggeblieben.

Orwells Text wurde rasch als antisowjetische und antikommunistische Parabel gelesen und einseitig als kritischer Kommentar zu den totalitär-inhumanen Machenschaften des Stalinismus und Bolschewismus interpretiert. Orwell selbst betonte jedoch mehrfach, dass er mit seinem Roman einer Skepsis allen totalitären Systemen gegenüber Ausdruck verleihen wollte: „Natürlich sollte es vor allem eine Satire auf die russische Revolution sein. Aber es hat auch eine umfassendere Bedeutung, insofern ich zum Ausdruck bringen wollte, dass *diese Art* von Revolutionen … nur zu einem Austausch der Herrschenden führt" (Orwell 1993).

So sehr sich Orwell mit diesem Zitat davon distanzierte, als ein Intellektueller zu gelten, der lediglich den Kommunismus kritisch beurteilen wollte, so sehr war er darauf bedacht, eine analoge Haltung dem Faschismus gegenüber einzunehmen. So darf man jedenfalls seine Auffassung einordnen, die er in dem recht lapidaren Satz zusammenfasste, der allen Totalitarismen eine entschiedene Absage erteilt: „Die Sünde beinahe aller Linken von 1933 an war es, dass sie antifaschistisch zu sein suchten, ohne antitotalitär zu sein" (Orwell 1988).

Es ist fraglich, inwiefern diese grundsätzlichen skeptisch-kritischen Gedanken Orwells zu den totalitären politischen Systemen ganz gleichgültig welcher Spielart beim Lesepublikum tatsächlich verfangen haben. Die Verkaufszahlen von *Animal Farm* übertrafen jedenfalls komplett die Erwartungen des Autors, und schon kurze Zeit nach der Erstpublikation in England waren 25.000 Exemplare verkauft; noch überraschender war der Erfolg in den USA, wo innert vier Jahren beinahe 600.000 Exemplare verkauft wurden. *Animal Farm* ist inzwischen zum Long- und Bestseller avanciert und in Dutzende Sprachen übersetzt. In manchen Ländern wurde dieser Text sogar als Schullektüre in den Lehrplänen verankert, ohne damit die Immunität von Schülern und zukünftigen Wahrberechtigten gegen autoritative und totalitäre Herrscher und Herrschaftsformen flächendeckend und auf lange Dauer gestärkt zu haben.

Biografisches V Nach dem Tod seiner Gattin Eileen und nach der Publikation von *Animal Farm* verspürte Orwell den Wunsch, für sich und den Sohn Richard Horatio einen neuen Lebensmittelpunkt zu suchen. Eine solche Suche war auch deshalb notwendig geworden, weil im Zweiten Weltkrieg die Wohnung Orwells von einer V1-Rakete ziemlich zerstört worden war.

Im Herbst 1945 besuchte der Autor zum ersten Mal die Hebriden-Insel Jura, westlich von Schottland im Atlantik gelegen. Dort besaß David Astor (1912–2001), der Zeitungsverleger des *Observer* und ein enger Freund Orwells, ein kleines Haus in Barnhill, einem Flecken ohne Strom und ohne Telefon. Der nächste größere Ort war sieben Meilen entfernt – dazwischen gab es Torf, Heide, Moor. Astor hatte Orwell angeboten, das Haus für einen Ferienaufenthalt zu nutzen – der Dichter hingegen war von der Abgeschiedenheit Barnhills ebenso wie von der herben Schönheit der Landschaft derart angetan, dass er den Plan entwickelte, auf Jura eine ländliche Zuflucht für den Rest seines Lebens zu finden, wo er zusammen mit seinem Sohn und einer Haushälterin oder einer zweiten Gattin wohnen könnte.

Im Frühsommer 1946 unternahm Orwell etliche Anläufe, eine Gefährtin zu finden, die bereit war, mit ihm ein derart karges und einfaches Leben auf dieser Hebriden-Insel zu führen. Von mindestens drei Frauen ist bekannt, dass er ihnen sehr direkt und unverhohlen Heiratsanträge unterbreitete (Anne Popham, Celia Paget, Sonia Brownell), die teilweise regelrecht tragisch anrührend gewirkt haben müssen, ohne allerdings zum Ziel zu führen:

> „Im Grunde frage ich Sie, ob Sie die Witwe eines Schriftstellers sein möchten. Falls es nämlich mehr oder weniger bei der jetzigen Situation bleibt, dann wäre das insofern attraktiv, als Sie wahrscheinlich Tantiemen bekommen würden ... Falls mir noch zehn Jahre bleiben, werde ich wohl noch drei lohnende Bücher in mir haben, abgesehen von kleineren Arbeiten, aber ich möchte Ruhe und Frieden haben und einen Menschen, der mich gernhat (Orwell 1993)."

Doch weder Anne Popham noch Celia Paget noch Sonia Brownell gingen (vorerst) auf Orwells bisweilen sehr linkisch wirkende Werbungs- und Annäherungsversuche ein. Zwar imponierte der Dichter manchen Frauen aufgrund seiner weltanschaulichen und intellektuellen Souveränität, seiner emotionalen Differenziertheit und seiner milden, toleranten Art des zwischenmenschlichen Umgangs. Die asketische Härte und Disziplin seiner sonstigen Daseinsgestaltung allerdings müssen für die meisten Frauen herausfordernd bis distanzierend gewirkt haben. Sonia Brownell aber, die zuletzt doch noch einer Heirat mit Orwell zustimmte und ihn als seine Witwe drei Jahrzehnte überlebt hat, behauptete, er sei privat viel heiterer gewesen, als die meisten ihn aus der Ferne einzuschätzen pflegten. Dies bestätigte auch sein Freund Arthur Koestler: „Er war Pessimist, genau wie ich. Ich fand seine Gegenwart daher nicht bedrückend, sondern anregend."

Den Sommer 1946 über und ab dem Frühjahr 1947 dann kontinuierlich lebte Orwell auf Jura, wobei auch sein Sohn Richard und seine Schwester Avril bei ihm wohnten. Die Letztere machte sich als Köchin und Haushälterin unersetzlich, sodass ihr Bruder sich bevorzugt der Schriftstellerei widmen konnte. Noch 1946 entstanden etwa 50 Seiten eines neuen Romans, den Orwell vorerst mit dem Arbeitstitel *Der letzte Mensch in Europa* versehen hatte; später formulierte er diesen in den uns allen bekannten Titel *Nineteen Eighty-four* (1984) um.

Das einfache Leben in Barnhill begeisterte Orwell einerseits sehr: Er bewegte sich gerne in der Natur, unternahm zum Teil abenteuerliche Ausflüge mit einem kleinen Boot auf dem Meer rund um Jura, fischte und versuchte sich wie schon in den Jahren zuvor im Gemüseanbau. Immer wieder lud er Freunde und Bekannte aus London ein, ihn in seinem Hebriden-Domizil zu besuchen, wobei er jeweils einschränkend betonte, dass sie die letzten Meilen bis zu seinem Haus zu Fuß zurückzulegen hätten und auf schweres Gepäck verzichten sollten – schließlich verfügte er lediglich über ein klappriges altes Motorrad, auf dem sich nur leichte Taschen transportieren ließen.

Andererseits bedeutete das Cottage Barnhill vor allem im Herbst und Winter eine mächtige Herausforderung für den Dichter. Das Haus erwies sich als dauernd reparaturbedürftig und zugleich als kaum beheizbar – von behaglichem Komfort ganz zu schweigen. Hinzu kam das überwiegend feuchte Klima auf Jura; Richard, der Sohn Orwells, bestätigte nach dem Tod des Vaters, dass es auf den Hebriden durchschnittlich an zwei von drei Tagen kontinuierlich regnete und es deshalb nur wenige Gelegenheiten gab, den Torf (das bevorzugte Heizmaterial) überhaupt zu trocknen. Dementsprechend gering und – besonders für Orwells angegriffene Lunge – ungesund war die Wärme-Ausbeute.

So verwundert es nicht, dass der Autor aufgrund seiner angeschlagenen Gesundheit 1948 für längere Zeit eine Klinik in Glasgow aufsuchen musste. Die dort durchgeführte Diagnostik ergab einen durch Tuberkulose schwer geschädigten linken Lungenflügel, und Orwell widerfuhr das große Glück, zu den ersten Kranken zu gehören, die mit dem seinerzeit neu entwickelten Antibiotikum Streptomycin behandelt wurden.

Nach etwa drei Monaten wurde Orwell aus der Klinik entlassen und stürzte sich – wen wundert es – sofort wieder auf sein Romanprojekt. Eine erste Version hatte er Ende 1947 abgeschlossen, wobei er fand, dass große Teile des Manuskripts komplett überarbeitet und neu geschrieben werden mussten. Unter Hintanstellen seiner überaus labilen Gesundheit arbeitete Orwell täglich wie ein Besessener an seinem Roman, von dem er ahnte, dass es sein Meister- und zugleich aber auch sein letztes großes Werk werden würde.

Im Dezember 1948 konnte Orwell das bereinigte und von ihm selbst abgetippte Manuskript an den Verlag schicken. Da es wieder zu Lungenblutungen gekommen war, begab sich der Dichter erneut in ein Sanatorium, dieses Mal nach Cranham in der Nähe von London. Anfang 1949 besuchte ihn sein Verleger Frederic Warburg im Sanatorium und besprach mit ihm die Details der Veröffentlichung von *1984*. In den Wochen darauf korrigierte ein völlig kraftloser, ausgezehrter George Orwell die Druckfahnen des Romans, der Mitte des Jahres erscheinen konnte. Bereits wenige Wochen nach der Publikation und den ersten begeisterten Rezensionen zeichnete sich ab, dass *1984* ein Welterfolg werden würde.

Kurze Zeit nach der Veröffentlichung von *1984* erhielt Orwell im Sanatorium von Cranham noch weiteren Besuch: Sonia Brownell (1918–1980), der er Jahre zuvor einen Heiratsantrag unterbreitet hatte, und die er von ihrer früheren Mitarbeit bei der Zeitschrift *Horizon* her kannte, meldete sich bei dem inzwischen berühmten Schriftsteller und erkundigte sich nach seinem Befinden. Orwell hatte jahrelang schon Gefallen an der attraktiven und lebensfrohen Frau gefunden, die mit ihrer expansiven Art die Gunst von Künstlern (Lucien Freud, Pablo Picasso) ebenso wie von Philosophen (Maurice Merleau-Ponty) zu erobern wusste.

Als Orwell nun erneut mit Sonia Brownell zusammentraf, wiederholte er seinen Antrag, woraufhin diese (überraschenderweise?) zustimmte. Im Dezember 1949 heiratete das Paar in einem Krankenzimmer einer Londoner Klinik. Der Dichter versprach sich von der Heirat einen erotischen Aufschwung und einen eventuell günstigeren Genesungsverlauf seiner Tuberkulose. Darüber hinaus war ihm an einer tüchtigen Nachlassverwalterin für seine Schriften und Romane gelegen, und in einer solchen Funktion schätzte er Sonia Brownell durchaus korrekt und passend ein. Diese hingegen profitierte vom hohen Bekanntheitsgrad ihres Gatten und von den nicht unerheblichen Tantiemen für seine Bücher, die sie nach seinem Tod als Erbin und kompetente Nachlassverwalterin erhalten hat. Orwell starb Anfang 1950 in einem Londoner Krankenhaus. Die Vorbereitungen, den Schwerkranken in ein Schweizer Sanatorium für Lungen-Patienten zu verlegen, hatten sich erübrigt.

Neunzehnhundertvierundachtzig I Schenkt man den Forschungsergebnissen von Anthropologen, Psychologen, Soziologen, Philosophen Glauben, ist der Mensch das einzige Lebewesen, das weit in die Zukunft vorausdenken und planen kann. Experimente mit Orang-Utans, aber auch mit Raben und anderen Tierarten haben gezeigt, dass manche von ihnen (vor allem die Primaten) Pläne etwa für den darauffolgenden Tag aushecken und umsetzen. Ob es allerdings darüber hinaus ein Vorstellungsvermögen von Zukunft (im Sinne von Jahre, Jahrzehnte umfassenden Perioden) bei ihnen gibt, scheint fraglich.

Menschen hingegen sind potenziell in der Lage, ihr persönliches wie auch das Dasein ihrer Zeitgenossen bis hin zum Faktum von Limitierung und eigenem Tod zu imaginieren; manche stellen sich sogar die Verhältnisse nach ihrer individuellen Lebensspanne vor. Die von Philosophen, Anthropologen, Psychologen wiederholt als exquisit für den *Homo sapiens* beschriebene Eigenschaft der Weltoffenheit bezieht sich auch auf die zeitliche Dimension seiner Existenz: Menschen sind nicht nur weltoffen, sondern auch zeitoffen. In ihre Gegenwart ragt immer weit Zurück- wie auch weit in der Zukunft-Liegendes hinein, und insbesondere das Zukünftige erregt lange schon das neugierige Interesse von vielen.

So kennt die Kulturgeschichte seit Jahrtausenden einzelne Menschen oder auch Institutionen, die sich um die Vorhersage der individuellen wie kollektiven Zukunft bemühten. Man denke an die griechische Antike mit den weisen Sehern (Teiresias, Kassandra), den Verlautbarungen von Sibyllen (Wahrsagerinnen mit sibyllinischen Aussagen) oder den Orakelsprüchen von Priesterinnen, etwa des Orakels von Delphi. Daneben haben sich in den letzten Jahrhunderten Religionen und religiöse Heilslehren als fantasiebegabte Agenturen für Zukunftsszenarien erwiesen und ihren Anhängern paradiesische (oder auch höllische) Verhältnisse am Ende ihrer Geschichte verheißen.

Solche Szenarien subsumiert man unter den Begriff der *Eschatologie*, also unter eine prophetische Lehre von den letzten Dingen (so die direkte Übersetzung), die die Hoffnungen von Einzelnen, Gruppen, Sozietäten auf Erlösung und Vollendung aufgreift und in mehr oder minder konkrete Zukunftsbilder einfließen lässt. In den letzten einhundert Jahren haben sich neben den religiösen zunehmend säkulare Eschatologien (Kommunismus, Totalitarismus, Faschismus) etabliert, ohne dass die Versprechungen der jeweiligen Heilslehren (z. B. Herrschaft des Proletariats oder Reinheit der Rasse) Realität geworden wären – im Gegenteil: Sie haben wesentlich dazu beigetragen, aus dem 20. Jahrhundert ein Zeitalter der grausam-inhumanen Extreme (Eric Hobsbawm (Hobsbawm 1995)) werden zu lassen.

Die eschatologischen Erwartungen, Wünsche, Hoffnungen und Verheißungen haben oftmals utopischen Charakter. Unter Utopien versteht man Entwürfe von Gesellschaftsordnungen mit fiktivem Charakter. Wie die Übersetzung des Begriffs nahelegt, handelt es sich um einen *ou topos*, einen Nicht- oder Nirgend-Ort. Doch hat bereits Thomas Morus, der in der Schrift *Vom besten Zustand des Staates oder von der neuen Insel Utopia* (1516) diesen Terminus in die Debatte einführte, darauf hingewiesen, dass man diesbezüglich auch von einem *eu topos*, einem guten Ort sprechen könnte. Einen solch fiktiv-guten Ort entwarf auch Tommaso Campanella (1568–1639) mit seinem Buch *Der Sonnenstaat* (1602).

In die Schar der skeptisch gestimmten Utopisten ist dagegen Jonathan Swift (den George Orwell enorm schätzte) mit *Gullivers Reisen* (1726) sowie Voltaire mit *Candide* (1759) einzuordnen, wohingegen im 19. Jahrhundert die Zuversichtlichen unter den Utopisten literarisch wieder die Oberhand gewannen (Robert Owen mit *The Social System*, 1820; Étienne Cabet mit *Reise nach Ikarien*, 1842; Friedrich Engels mit *Entwicklung des Sozialismus von der Utopie zur Wissenschaft*, 1880). Bei Letzterem schlagen die utopischen Schilderungen sogar in konkrete und angeblich wissenschaftlich fundierte Handlungsanweisungen um.

Wie sehr aus *ou topos* ein *dys topos* werden kann, mussten im 20. Jahrhundert vor allem die Völker Europas leidvoll erfahren; Millionen Menschen kamen im Gefolge und aufgrund von totalitären Versprechungen ums Leben. Die Utopie einer klassenlosen Gesellschaft und einer Herrschaft des Proletariats hat sich als ebenso widersinnig-inhuman-destruktiver Totalitarismus erwiesen wie die faschistischen Utopien (z. B. mit dem Ziel der reinen Rasse) in Deutschland, Spanien, Italien und anderswo.

Diese wahnwitzigen Entwicklungen wurden im 20. Jahrhundert von manchen Schriftstellern eindrücklich kommentiert respektive von ihnen vorhergesagt. Drei Autoren sind in diesem Zusammenhang besonders erwähnenswert: der russische Autor Jewgenij Samjatin (1884–1937) mit seinem Roman *Wir* (1924); Aldous Huxley (1894–1963) mit seiner Dystopie *Brave New World* (1932) sowie George Orwell mit *Animal Farm* (1944) und *Nineteen Eighty-Four* (1949).

Orwell kannte sowohl den Text von Samjatin als auch den Roman von Huxley. Spuren dieser Dystopien finden sich in *1984*, wobei Orwell den Hedonismus, der bei Huxley als wesentlich für die totalitäre Manipulation von Menschen geschildert wird, in den politischen Konsequenzen als weniger relevant erachtete. Nicht so sehr smarte Methoden (Drogen, Tranquilizer, Hormone), sondern hart-brutale Sadismen, wie etwa Arthur Koestler sie in *Sonnenfinsternis* (1940) beschrieben hatte, schienen Orwell den Totalitarismus am adäquatesten zu charakterisieren.

Neunzehnhundertvierundachtzig II Womit wir zu Orwells Roman kommen. Anders als bei vielen anderen *Science-Fiction*-Texten üblich verlegte der Autor die Handlung und die Rahmenbedingungen seines Werks nicht in weitentfernte Zeiten und Zonen, sondern relativ dicht an seine Gegenwart (35 Jahre nach Publikation des Romans) und mitten nach Europa (England). Neben einer dystopischen Note erhielt der Text damit auch einen tagespolitisch-aktuellen Diagnosecharakter – eine Qualität, die von Orwell durchaus gewollt und beabsichtigt war.

Eigenen Aussagen zufolge trug der Dichter das Thema von *Nineteen Eighty-four* bereits seit seinen Erlebnissen im Spanischen Bürgerkrieg in sich. Damals hatte er sich vorgenommen, eine grundsätzliche Kritik am Totalitarismus zu verfassen, die sich nicht nur auf den Bolschewismus und Sowjet-Kommunismus oder auf den Faschismus und Nationalsozialismus, sondern auf jegliche Formen und zukünftigen Spielarten von totalitärer Herrschaft beziehen sollte.

Als überzeugter Sozialist war Orwell zwar sein ganzes Erwachsenenleben über an einer Veränderung der gesellschaftlichen Verhältnisse in Großbritannien und Europa und weltweit interessiert. Wofür er in dieser Hinsicht jedoch niemals zu begeistern war, das waren und sind jene religiösen oder säkularen Heils- und Erlösungsversprechen, die den Menschen Gleichheit, Freiheit und Brüderlichkeit für morgen versprechen und dafür heute den Opfergang und die Eliminierung von Millionen und Abermillionen Individuen fordern und durchsetzen.

Nineteen Eighty-Four sollte ein Roman werden, der wie eine große Warnung vor solchen totalitären Überlegungen und Experimenten wirkt. Die Sowjetunion unter Stalin gehörte dabei ebenso wie die faschistischen Regime in Europa oder wie alle zukünftigen autoritativ-autokratischen Herrschaftsformen weltweit zu den von Orwell kritisierten politischen Phänomenen. Angesichts des unsäglichen Leids, das die utopischen Erzählungen im 20. Jahrhundert mit verursacht haben, ist man dem Dichter zufolge gut beraten, allen Totalitarismen mit unerschütterlich-standhafter, zäher Skepsis zu begegnen.

Eschatologische Zukunftsvisionen haben in der Geschichte der Menschheit überwiegend zu Destruktivität und Inhumanität beigetragen – ganz gleichgültig, ob sie religiöser oder säkularer Natur gewesen sind.

In *Nineteen Eighty-Four* schildert Orwell einen komplett durchorganisierten Überwachungsstaat, der sich als der Große Bruder geriert und seine Bürger mit systematischer Gehirnwäsche und *fake news* zu willigen Gefolgsleuten und dumpf-willenlosen Automaten macht. *Big Brother is watching you* – so lautet eine der fundamentalen Gewissheiten in diesem Staat, dessen Propaganda von einem Wahrheitsministerium mit Formulierungen wie „Krieg bedeutet Frieden / Freiheit ist Sklaverei / Unwissenheit ist Stärke" (Orwell 1984) umgesetzt wird, und der mittels *Neusprech* und *Doppeldenk* auch noch den allerletzten Rest von Rationalität und *Common sense* beim Einzelnen wie bei Gruppierungen auszuradieren imstande ist.

Der Held des Romans heißt Winston Smith; wir befinden uns in London einige Jahre nach der Großen Revolution. Diese hat den Großen Bruder an die Macht gebracht und mit ihm ein totalitäres Regime, das dauernd Kriege auf dem Erdball führt und die Bevölkerung des Inselreichs ausbeutet und verdummt. Eine perfekte Technik mit Tausenden von Televisoren ermöglicht es, dass jedermann stets mit Propaganda infiltriert sowie beobachtet und kontrolliert wird. Längst schon gibt es keine Privatsphäre mehr; alle Individuen gehören vollständig dem Kollektiv, das es übernommen hat, die Menschen zur angeblichen Freiheit zu führen – eine Freiheit, die in einer fernen Zukunft liegt, und für die vorerst alle Untertanen unter einer ausgeklügelten Knechtschaft leben müssen.

Drei Machtkomplexe – Ozeanien, Eurasien und East-Asia – haben die Welt unter sich aufgeteilt und führen ständig Krieg miteinander. Die Gesellschaft in Ozeanien, wozu England gehört, ist in drei Klassen aufgeteilt. Es gibt eine innere Partei, die als politisch-intellektuelle Elite an der Herrschaft ist. Sie umfasst zwei Prozent des Volkes; an ihrer Spitze steht der Große Bruder, dem man Allwissenheit, Allmacht sowie Allgüte (also die Prädikate Gottes) zuschreibt. Der Große Bruder begibt sich nie an die Öffentlichkeit; sein Bild ist dagegen überall zu sehen, und er genießt religiöse Verehrung.

Wo es einen Gott gibt, muss es auch einen Teufel geben. Das ist der angebliche Kollektivfeind Emmanuel Goldstein (an Trotzki und die amerikanische Anarchistin Emma Goldstein erinnernd). Goldstein wird zu einem dämonischen Widersacher aufgebaut, der für alle Missstände verantwortlich gemacht wird, und den alle Menschen Ozeaniens hassen müssen. Der Führungskaste (also der inneren Partei) angegliedert ist eine äußere Partei, die aus dreizehn Prozent des Volkes besteht. Diese Hilfskräfte dienen der herrschenden Gruppe, um die übrige Bevölkerung (die *Proles*) zu indoktrinieren und irrezuführen.

6 George Orwell – eine Kassandra der Moderne?

Zu diesem Zwecke wurde ein gigantischer Verwaltungs- und Polizeiapparat aufgebaut. Es gibt ein Wahrheitsministerium, an dem in gewaltigen Lettern die grandiosen Weisheiten zu lesen sind: Krieg bedeutet Frieden; Freiheit ist Sklaverei; Unwissenheit ist Stärke! Mit solchen Parolen werden die Bürger erzogen, gedrillt und programmiert. Kinder werden daraufhin geschult, ihre Umgebung (auch die Familie) auszuspionieren und bei der Partei anzuzeigen; besonders geschätzt sind jene jugendlichen Pioniere, die die eigenen Eltern des mangelnden Konformismus bezichtigen und deren Verurteilung zu Gefängnis oder Todesstrafe herbeiführen.

Das Regime hat die Liebe abgeschafft; die Parteimitglieder zeugen wohl Kinder, aber sie verlieben sich nicht mehr, da ihre ganze Sympathie und Leidenschaft der Partei gehört. Der Staat befindet sich im Niedergang, dafür aber siegt er an allen Fronten, wie ausführliche Radio- und Televisionsprogramme beweisen. Da an den fernen Fronten gekämpft wird, darf niemand in der Heimat Skepsis oder Ungeduld verbreiten oder gar Forderungen stellen; jeder muss zufrieden sein, sonst wird er vaporisiert – was so viel wie Todesstrafe oder Vernichtung bedeutet.

Winston Smith gehört der äußeren Partei an und ist ein belangloser Mitarbeiter des Wahrheitsministeriums. Man hat ihm die Aufgabe zugeschanzt, die Geschichte dauernd umzuschreiben, damit der Große Bruder recht hatte, recht hat und auch in Zukunft recht haben wird. Alte Meldungen aus Zeitungen werden eliminiert und Bücher werden immer neu gedruckt, damit sie dem labyrinthischen Lauf der Politik des Staates und seiner Führer gerecht werden. Wahrheit gibt es nicht mehr und soll es nicht mehr geben – stattdessen wird täglich neu bestimmt, was als wahr gilt; diese Neubestimmung erstreckt sich auch auf die Vergangenheit.

Winston funktioniert reibungslos, bis er eines Tages auf die Idee verfällt, ein Tagebuch zu schreiben. Er hat bei einem Antiquar im Proles-Quartier altmodische Schreibutensilien erstanden, die in ihm nostalgische Erinnerungen an sein früheres Leben wecken – vor allem an seine Mutterbeziehung, bei der er Warmherzigkeit und Solidarität erlebt hat. Da in ihm Gefühle für veraltete Werte wie Individualität, Aufrichtigkeit, Gerechtigkeit, Güte und Schönheit aufsteigen, gerät er ins kritische Reflektieren, wobei er die Gesellschaftsordnung zunehmend als fragwürdig und inhuman empfindet.

So zweifelt Winston mit der Zeit an den ihm aufgetragenen berufsmäßigen Wahrheitsfälschungen, beteiligt sich nur noch halbherzig an verordneten Hasswochen und sieht mit Abscheu die Kriegsberichterstattungen, in denen der Tod unzähliger Feinde gezeigt wird. Eine unerlaubte Liebschaft mit einer Parteigenossin namens Julia und der Versuch einer Konspiration gegen die Staatsgewalt bringt Winston schließlich zu Fall. Nachdem er bei einer Liebesnacht *in flagranti* ertappt wird, verbringt man ihn in Geheimkeller, wo gefoltert und umerzogen wird.

Das nun folgende Martyrium der beiden Liebenden erinnert an Furchtbarkeiten der Gestapo- und Tscheka-Methoden. Winston unterliegt einer Gehirnwäsche, die mit elektrischer Folter und Persuasion verbunden ist. Nach einer gewissen Zeit ist er endlich in der Lage, den Großen Bruder vorbehaltlos und von Herzen zu lieben; er hat alle Einwände gegen ihn vergessen und nun weder die Kraft noch die Einsicht, um Opposition zu empfinden oder diese zu praktizieren. Man kann ihn als geheilt entlassen, wiewohl es Usus ist, auch geheilte Genossen zu vaporisieren, da man nie wissen kann, ob sie nicht rückfällig werden.

Während der Behandlung Winstons durch O'Brien, einem Mitglied der inneren Partei, der die Mitglieder der äußeren Partei auf ihre Gedankenverbrechen hin untersuchen und gegebenenfalls umziehen soll, kommt es nach grausamsten Folterszenen zu einer scheinbar entspannt wirkenden Unterhaltung und einem aufschlussreichen Dialog zwischen den beiden. Letzterer erlaubt Ersterem, ihm alle nur erdenklichen Fragen zu stellen, woraufhin Winston wissen will:

„‚Existiert der Große Bruder?' ‚Natürlich existiert er. Die Partei existiert. Der Große Bruder ist die Verkörperung der Partei.' (antwortet O'Brien) ‚Existiert er so, wie ich existiere?' ‚Sie existieren nicht', sagte O'Brien (Orwell 1984)."

Niemand existiert mehr in *Nineteen Eighty-Four*, und auch die Partei scheint eine Organisation lediglich von Pseudoexistenzen zu sein. Winston ist schließlich bereit zu glauben, dass zwei und zwei gleich fünf ist; es kostet ihn keine Anstrengung mehr, die Vernunft aufzugeben. Er trifft die ehemalige Geliebte wieder, von der er inzwischen erfahren hat, dass sie ihn angesichts der Folterknechte verraten hat; er ist nicht mehr imstande, etwas zu fühlen. Julia, deren Gesicht eine einzige Wüste geworden ist, ergeht es ebenso – von ihrer früheren Lebendigkeit und erotischen Ausstrahlung (von der die Orwell-Biografen meinen, dass dafür das Naturell Sonia Brownells Modell gestanden hat) ist ebenso wenig übriggeblieben wie von ihren intellektuellen und emotionalen Qualitäten.

Dafür aber können nun beide früher Liebende erfolgreich hassen und sich für die Destruktion begeistern. Siege an der eurasischen oder ostasiatischen Front beglücken die zerbrochenen Menschen und binden sie fester an den Großen Bruder, dem sie – wie sie wissen – alles zu verdanken haben. Zuletzt sind nicht nur die Gedanken Winston Smiths, sondern auch alle seine Emotionen „bereinigt": „Er hatte den Sieg über sich selbst errungen. Er liebte den Großen Bruder" (Orwell 1984).

Neunzehnhundertvierundachtzig III Soweit die summarische Inhaltsangabe des Romans, dessen detaillierte Lektüre auch deshalb lohnt, weil sein Autor selbst in die dystopischen Passagen immer wieder Szenen einer Hoffnung vermittelnden Mitmenschlichkeit eingestreut hat, die den Text bei aller punktgenauen und decouvrierenden Kritik am Totalitarismus keineswegs zu einem Manifest der puren Verzweiflung werden lässt. So wie das gesamte Werk Orwells ein merklicher Zug von skeptisch-pessimistischer Zuversicht durchzieht, spürt man als Leser auch von *Nineteen Eighty-Four*, dass der Dichter trotz aller Inhumanität in der Geschichte der Menschheit an das potenziell Menschliche im Menschen geglaubt hat.

Wohlgemerkt: Er glaubte an Individuen, nicht aber an Institutionen, Staaten, Ideologien – und dies doppelt nicht, sobald sich diese aufschwingen, im Besitz der Wahrheit zu sein und diese ihre Wahrheit als alleinseligmachende und relevante gegen Zweifel und Gegenargumente durchzusetzen.

Ähnlich wie er dies mit dem Wahrheitsministerium in *Nineteen Eighty-Four* beschrieben hat, registrierte er bei den totalitär und autoritativ regierten Staaten seiner Gegenwart, dass sie und wie sie die geschichtliche und gesellschaftlich-soziale Wahrheit im großen Stil mit Füßen traten. Statt redlicher Debatte über und Auseinandersetzung mit diversen Verfehlungen der Vergangenheit und mit himmelschreienden Defiziten der Jetztzeit dominierten bei ihnen Geschichtsklitterung und offenkundige Lügen – Phänomene, die heutzutage als *Fakenews* oder als „alternative Wahrheiten" bezeichnet werden:

> „Die von Totalitären organisierten Lügen sind nicht, wie oft behauptet wird, vorübergehende Hilfsmittel wie etwa die Kriegslist bei militärischen Operationen. Es sind integrierende Bestandteile des Totalitarismus, etwas, was weiterbestehen wird, auch wenn Konzentrationslager, Geheimpolizei sich nicht mehr als notwendig erweisen würden … Vom totalitären Standpunkt ist Geschichte eher etwas, das immer neu geschaffen statt gelehrt werden muss. Der totalitäre Staat ist praktisch eine Theokratie, und seine herrschende Klasse muss als unfehlbar erscheinen, um ihre Position zu behaupten (Orwell 1975)."

Als eine Hauptaufgabe von Künstlern, Medienleuten, Journalisten, Philosophen, Wissenschaftlern und Intellektuellen erachtete es Orwell, der Wahrheit – soweit sie denn dem Einzelnen zugänglich ist – zum Ausdruck und zum Durchbruch zu verhelfen. Schon während seines Engagements im Spanischen Bürgerkrieg hatte er massive Lücken einer wahrheitsgemäßen Berichterstattung bei seinen Kollegen bemerkt. Insbesondere die unter Intellektuellen weitverbreitete Bewunderung der angeblichen Errungenschaft in der UdSSR sorgte dafür, dass die millionenfachen Grausamkeiten der Stalin-Ära von westlichen Berichterstattern entweder nicht zur Kenntnis genommen oder bagatellisiert, beschönigt wurden. Von intellektueller Redlichkeit waren diese Berichterstatter jedenfalls meilenweit entfernt.

Mit *Nineteen Eighty-Four* wollte Orwell jener Hauptaufgabe von Intellektuellen nachkommen, die er auch in vielen seiner Essays beredt eingeklagt hat: entweder den Tatsachen zu ihrem Recht zu verhelfen, indem man sie ausspricht und in ihrer Werthaltigkeit respektive in ihrer Wertlosigkeit, Absurdität einordnend benennt; oder aber das eigene Nicht-Wissen und die eigene Ratlosigkeit im Hinblick auf die Wirklichkeit transparent zu machen. So zu tun, als wüsste man um die wahren Verhältnisse, ohne sie tatsächlich zu durchschauen, kommt einem Verrat an der Realität gleich und leistet totalitären und autoritativen Tendenzen Vorschub.

Das Erodieren von Fakten und wahren Begebenheiten kann in seinen Folgen für eine Sozietät und für das Gemeinwohl nicht drastisch genug ausgemalt werden. Was im privaten zwischenmenschlichen Bereich als Mogelei oder Lüge imponiert und eventuell zum Vertrauensschwund und Misstrauen zwischen den Betroffenen beiträgt, kann im öffentlichen Leben der Sozietät zu regelrechter Bindungslosigkeit und zur Vereinzelung ihrer Mitglieder führen. Eine gemeinsame, auf Tatsachen und nicht auf Wunschdenken oder paranoiden Feindbildern basierende Geschichte und Gegenwartssituation wirkt wie ein intellektuelles, emotionales und soziales Bindemittel zwischen den Bürgern eines Staates. Fehlt dergleichen oder wird dies systematisch durch Lügen, Vertuschungen, alternative Fakten, durch Verleumdungen von Wissenschaft und Philosophie, Missgunst sowie üble Nachrede in Frage gestellt, zerbricht irgendwann der kollektive Bezugsrahmen, innerhalb dessen sich Politik, öffentliche Debatte, Demokratie, Mehrheitsentscheidungen, Minderheitenschutz auf konstruktive und dialogische Weise ereignen.

Von daher ist es keine Bagatelle und kein zu vernachlässigendes Phänomen, wenn Parteien oder Sekten oder „Wutbürger", emotionalisierte Gruppierungen oder sogar die Herrschenden eines Staatswesens historische Gewissheiten oder wissenschaftliche Erkenntnisse negieren oder verhöhnen. Mit solchen Haltungen verunmöglichen sie einen rationalen zwischenmenschlichen Diskurs ebenso wie aufgeklärt-emanzipiertes Denken, das Winston sich *partout* erhalten möchte:

„Das Handgreifliche, das Einfache und das Wahre mussten verteidigt werden. Binsenwahrheiten sind wahr, daran wollte er festhalten! Die stoffliche Welt ist vorhanden, ihre Gesetze ändern sich nicht. Steine sind hart, Wasser ist nass, jeder Gegenstand, den man loslässt, fällt dem Erdmittelpunkt zu … *Freiheit ist die Freiheit zu sagen, dass zwei und zwei gleich vier ist. Sobald das gewährleistet ist, ergibt sich alles andere von selbst* (Orwell 1984)."

Menschen geraten in massivste Hilflosigkeit, Ohnmacht und Angst, sobald sie systematisch und über längere Zeit hinweg das Wahre als falsch und das Falsche als wahr erläutert bekommen. Nicht nur gibt es, wie Theodor W. Adorno dies in seinen *Minima Moralia* (1951) formuliert hat, kein richtiges Leben im falschen – es gibt auch kein solidarisches, menschliches, empathisches, behaglich-geborgenes Leben mehr. Alle banalen, einfachen Sicherheiten und alles Verlässliche haben ihre Gültigkeit verloren; stattdessen regiert bei Einzelnen und im Kollektiv das starke Bedürfnis nach Anlehnung an den Großen Bruder, an seine Wahrheiten und seine Macht, so simpel und unwahrscheinlich und falsch und unmenschlich er sich auch immer zu gerieren versteht. Die fast unlösbare Aufgabe, schreibt Adorno, besteht deshalb darin, sich weder von der Macht der anderen (des Großen Bruders oder der Partei oder einer wie auch immer gearteten Autorität) noch von der eigenen Ohnmacht dumm machen zu lassen (Adorno 1993).

Neunzehnhundertvierundachtzig IV Nicht zu verdummen, sondern im Gegenteil selbstständig denken, fühlen und handeln zu können, erfordert den einigermaßen souveränen und uneingeschränkten Gebrauch der Sprache. Denken, Fantasieren, Entwerfen, Planen, Urteilen, Wollen und in mancher Hinsicht auch Fühlen (nicht jedoch heftige Affekte) sind mit Begriffen, Worten, Sätzen assoziiert und können größtenteils nur sprachlich verwirklicht werden. Sprechen, Denken und Urteilen fallen häufig in eins, und Ludwig Wittgensteins Formulierung aus seiner *Logisch-philosophischen Abhandlung* (1921) – „Die Grenzen meiner Sprache bedeuten die Grenzen meiner Welt." (Wittgenstein 1989) – hat in den letzten einhundert Jahren zu Recht viel Zustimmung erfahren.

Umso perfider wirkt es, wenn (totalitäre) Staaten und ihre Lenker in den aktiven und passiven Wortschatz ihrer Bürger limitierend eingreifen und so deren Denken, Fühlen, Urteilen und Handeln massiv beeinflussen und beschneiden. Sehr bekannt geworden ist in dieser Hinsicht das Buch *Lingua Tertii Imperii (LTI)* des Romanisten Victor Klemperer, das – 1947 erschienen – die Sprache des Nationalsozialismus bis ins Detail darstellt und erläutert. Klemperer konnte zeigen, wie sich sowohl der Klang der deutschen Sprache (härter, metallischer) veränderte als auch diverse Begriffe (BdM = Bund deutscher Mädel; KdF = Kraft durch Freude; Reinheit des Blutes; Volk ohne

Raum; heldenhaft; gleichschalten; Gefolgschaft; körperliche Ertüchtigung; total) in den Jahren der faschistischen Herrschaft in Deutschland so in Umlauf kamen, dass diejenigen, die sie benutzten, zuletzt nicht nur bedeutend härter und metallischer dachten und fühlten als früher, sondern zuletzt auch dementsprechend handelten.

In *Nineteen Eighty-Four* ließ Orwell die Mitglieder der inneren Partei immer wieder neue Wörterbücher entwickeln, mit deren Hilfe sie den Wortschatz und damit das Denken, Fühlen, Handeln der Mitglieder der äußeren Partei sowie der Proles determinierten. Sie wussten und spürten: Wer die Sprache kontrolliert, kontrolliert schlussendlich das Innenleben der Menschen, ohne dass es dafür noch eine gesonderte Gedankenpolizei bräuchte. Denn wenn Worte und Begriffe fehlen, mangelt es irgendwann an Gedanken und Gefühlen und zuletzt auch an manchen Handlungen und Taten von Solidarität und gegenseitiger Wertschätzung:

> „Der Wortschatz A bestand aus den für das tägliche Leben benötigten Worten ... wie Essen, Trinken, Arbeiten, Anziehen, Treppensteigen, Eisenbahnfahren, Kochen und dergleichen. Er war fast völlig aus bereits vorhandenen Worten zusammengesetzt wie *schlagen, laufen, Hund, Baum, Zucker, Haus, Feld* – aber mit dem heutigen Wortschatz verglichen, war ihre Zahl äußerst klein und ihre Bedeutung viel strenger umrissen. Sie waren von jedem Doppelsinn und jeder Bedeutungsschattierung gereinigt. Es wäre ganz unmöglich gewesen, sich des Wortschatzes A etwa zu literarischen Zwecken oder zu einer politischen oder philosophischen Diskussion zu bedienen (Orwell 1984)."

Lyrisch-poetische, musikalische, magisch-verzaubernde, ästhetisierende Begriffe waren ebenso wie aufklärerische, emanzipierende oder wertorientierte Termini schlicht verboten oder obsolet – in den Wörterbüchern tauchten sie nicht mehr auf, und in Zeitungen, Zeitschriften, Verlautbarungen suchte man vergebens nach ihnen: „Worte wie *Ehre, Gerechtigkeit, Moral, Internationalismus, Demokratie, Wissenschaft* und *Religion* gab es ganz einfach nicht mehr ... Alle mit den Begriffen der Freiheit und Gleichheit zusammenhängenden Worte zum Beispiel waren in dem einzigen Wort *Undenk* enthalten" (Orwell 1984).

Analog zu den totalitären Regimen des 20. Jahrhunderts, die knackigzackige Abkürzungen gebrauchten, um enorm destruktive Sachverhalte verharmlosend auszudrücken (Nazi, Gestapo, Tscheka, Agitprop), verfuhren die Sprachschöpfer in *Nineteen Eighty-Four*. So lesen wir von *Miniwahr* (Wahrheitsministerium, in dem Wahrheit systematisch verfälscht wird), von *Engsoz* (Englischer Sozialismus), von *Minipax* (Friedensministerium, das permanent

Kriege plant und sie befehligt), *Lustlager* (Zwangsarbeitslager), *Prolefutter* (jene Lustbarkeiten und verlogenen Nachrichten, mit denen die Proles, also die Massen, abgespeist wurden). Jedem in der neueren deutschen Geschichte halbwegs Informierten wird zu derartigen Sätzen und Begriffen auch jene Aufschrift am Tor des Konzentrationslagers von Auschwitz in den Sinn kommen, die zum Ausdruck des inhumansten Zynismus geworden ist: „Arbeit macht frei."

Wir unterschätzen gemeinhin, wie sehr unsere intellektuellen und emotionalen und sozialen Fähigkeiten und Fertigkeiten von den sprachlichen Verhältnissen um uns her und schließlich auch von unseren persönlichen sprachlichen Möglichkeiten abhängen. Dies betrifft vor allem die inhaltlichen Aspekte, von denen im Roman deutlich wird, wie sehr es sich bei sehr vielen Bezeichnungen um eine regelrechte Sprachverwirrung handelt. Wenn ein Wahrheitsministerium für die systematische Verfälschung von Wahrheiten und ein Liebesministerium für Foltermethoden von „Gedankenverbrechern" zuständig ist, steht man als Gut- und Sprachgläubiger am Abgrund eines Sprach- und Weltchaos und fühlt sich zu Recht im Niemandsland von Sinnwidrigkeit und Bedeutungsverlust.

Ernst Cassirer, der in der *Philosophie der symbolischen Formen* (1923ff.) neben Technik, Kunst, Mythos, Wissenschaft auch die menschliche Sprache als eigenen Symbolbereich untersuchte, hat darauf hingewiesen, wie sehr bei ihr im günstigen Fall die Funktionen von Ausdruck, Darstellung, Bedeutung einander entsprechen. Das Empfinden von Heimat und Verlässlichkeit hinsichtlich des Sprachraums, in dem wir uns bewegen, stellt sich nur ein, wenn sich Kohärenz ergibt zwischen der inhaltlichen Bedeutung von Worten oder Sätzen sowie der Art und Weise, wie sie ausgedrückt und dargestellt werden.

In *Mythus des Staates* (1946) zeigte Cassirer, dass eben diese Kohärenz beim sprachlichen Symbolgebrauch während des Nationalsozialismus in Deutschland nicht gewährleistet war. Im Gegenteil: Die Sprache während der faschistischen Herrschaft veränderte sich im Sinne eines mythologischen Erlebens und eines Überwiegens ihrer magischen Funktionen. Daneben nahm die deutsche Sprache einen mechanistischen, gefühlskargen Klang an. Eng mit bestimmten Begriffen verknüpft waren die dröhnende und unmelodisch-schnarrende Stimme (Ausdruck) sowie die Riten (Darstellung), die den Faschismus zur mythologischen Bewegung machten. Vom Heil-Hitler-Gruß über die Ornamente und die Fackelumzüge bis hin zu den Massenaufmärschen überließ der Nationalsozialismus nichts dem Zufall, sondern plante penibel jene affektstimulierenden Bilder, die die Massen in Taumel und Verzückung versetzten.

Bei den sprachlichen Besonderheiten und „Qualitäten", die der Autor in *Nineteen Eighty-Four* dem Totalitarismus zuschrieb, handelt es sich – vergleicht man sie mit der Sprache des Dritten Reichs – keinesfalls um Übertreibungen. Termini wie germanische Rasse, Blut und Boden, Führer, Volk und Vaterland, der Lebensraum im Osten oder die Wacht am Rhein wurden mit ihrer diffusen Unbestimmtheit und harmlos klingenden Hülle von den nationalsozialistischen Herrschern scham- und mitleidlos dazu benutzt, barbarischste und inhumanste Inhalte in gigantischem Ausmaß unters Volk zu streuen; bei Orwell lesen wir entsprechend dazu:

> „Die einzelnen Worte ... gewannen noch an Ausdruckskraft, indem sie einander fast alle sehr ähnlich waren (Gutdenk, Minipax, Lustlager, Engsoz, Intusfühl, Denkpoli) ... Durch ihre Verwendung entwickelte sich ein rednerischer Stil, der zugleich zackig, hohltönend und monoton war (Orwell 1984)."

Neunzehnhundertvierundachtzig V Wo Worte, Begriffe, Beschreibungen fehlen, fehlen irgendwann auch Gedanken, Konzepte, Zusammenhänge; wo solche Ideen fehlen, mangelt es irgendwann auch an Sinn, Wert und Bedeutung; und wo derlei fehlt, mangelt es bald schon an differenzierten Gefühlen. An ihre Stelle treten in der Regel undifferenzierte Emotionen, die meist als Affekte in Erscheinung treten.

Nineteen Eighty-Four kann als Roman gelesen werden, der vom Verlust subtiler Wertaspekte und entsprechender Gefühle handelt – und als ein Roman, in dem dieser Verlust zu Affekten aller Art, vor allem zu Aggression, Destruktion und Hass, aber auch zu Angst und Paranoia führt. Insbesondere der Hass (auf Emmanuel Goldstein, auf den Kriegsgegner, auf Gedankenverbrecher etc.) wurde in Ozeanien für alle Bewohner zum Kardinal-Affekt, den sie täglich (z. B. als Zwei-Minuten-Hass) oder aber konzentriert während der sogenannten Hasswochen einzuüben und zu verstärken hatten:

> „Das Schreckliche an der *Zwei-Minuten-Hass-Sendung* war nicht, dass man gezwungen wurde mitzumachen, sondern im Gegenteil, dass es unmöglich war, sich ihrer Wirkung zu entziehen. Eine schreckliche Ekstase der Angst und der Rachsucht, das Verlangen, zu töten, zu foltern, Gesichter mit einem Vorschlaghammer zu zertrümmern, schien die ganze Versammlung wie ein elektrischer Strom zu durchfluten, so dass man gegen seinen Willen in einen Grimassen schneidenden, schreienden Verrückten verwandelt wurde (Orwell 1984)."

Orwell beschrieb den Hass wie auch andere Affekte sehr treffend hinsichtlich ihrer individual- und sozialpsychologischen sowie axiologischen (Axiologie =

Wertlehre) Ursachen und Konsequenzen. Das Ziel des Hassaffekts liegt in der Elimination des jeweiligen Hassobjekts – gleichgültig, ob es sich dabei um Einzelne (wie Goldstein) oder um ganze Kontinente und ihre Bewohner (wie etwa Eurasien oder East-Asia als Kriegsgegner mitsamt ihren Armeen und Bürgern) handelt. Derart massive Affekte wirken gemeinhin ansteckend bis zur Raserei und zum passageren Verlust jeglicher Rationalität und Vernunft.

Zugleich lösen solche immens destruktiven Affekte (und Handlungen) bei den Betreffenden im Gegenzug enorme Ängste bis hin zu paranoiden Überzeugungen aus. Wer andere mit maßlosem Hass und ebensolcher Destruktivität überzieht, muss damit rechnen, selbst nicht nur aktiv-handelndes Subjekt derartiger Affekte zu sein, sondern sich irgendwann in der Rolle eines passiv-erleidenden Objekts wiederzufinden, das die affektive Wucht dann am eigenen Leib verspüren muss.

Affekte wie Hass und Zerstörungswut einerseits sowie Angst und Paranoia andererseits können innert kurzer Zeit differenziert und empathisch fühlende und denkende Individuen in eine undifferenziert und irrational empfindende und nicht selten demensprechend handelnde Masse verwandeln. Herrschende in totalitären Staaten oder Politiker, die es darauf anlegen, ihr Staatswesen dem Totalitarismus anzunähern, induzieren häufig und wiederholt beiderlei Affektqualitäten bei den Bewohnern ihrer Länder – damit werden diese leicht manipulierbar und eventuell zu vollständig willenlosen Werkzeugen einer Führungsclique.

So sehr Einzelne sich im kollektiven Affekt als zugehörig zur konformen Masse und damit als mächtig und expansiv erleben, so sehr empfinden sie sich nach dem Abflauen der Affekte als vereinzelt und vereinsamt. Die affektive Verbindung stellt sich als ephemeres Phänomen heraus; die Kohärenz der Betreffenden fußte nicht auf Empathie oder Sympathie, sondern auf Imitationsverhalten und emotionaler Ansteckung. Sobald Hass, Wut oder Destruktionsimpulse in einer Massensituation weniger werden, beginnen Massen auseinanderzufallen, und die Einzelnen finden sich als alleingelassen und nicht selten rat- und orientierungslos wieder. In ihrem Buch *Elemente und Ursprünge totaler Herrschaft* (1951) hat Hannah Arendt dieses Phänomen als eine wesentliche Dynamik beschrieben, die generell in und nach Massensituationen wie auch in autoritativen und totalitären Staaten häufig zu beobachten ist:

„Verlassenheit entsteht, wenn … miteinander verbundene Menschen plötzlich auf sich selbst (zurückgeworfen werden) … In dieser Verlassenheit gehen Selbst und Welt, und das heißt echte Denkfähigkeit und … Erfahrungsfähigkeit, zugleich zugrunde (Arendt 2011)."

Die Verlassenheit war für Arendt eine Hauptursache für die Entstehung und leichte Verführbarkeit von Massen in totalitären Herrschaftssystemen. Verlassene, allein gelassene Menschen, die sich auf nichts und niemanden mehr stützen können, rotten sich leichter als die in sicheren Verhältnissen Lebenden zu Massen und zum Mob zusammen. Verzweiflung und kopflos-blinde Begeisterung sind dominierende Affekte, die dazu beitragen, aus Personen willige Gefolgsleute dubioser politischer Rattenfänger und Gehilfen von aggressiv-destruktiven Herrschenden werden zu lassen. Verlassenheit und die damit meist einhergehende Angst und existenzielle Unsicherheit mobilisiert die Massen, die in emotionalen Ausnahmezuständen nicht selten in der Lage sind, vernunftlos agierend selbst die wahnwitzigsten Pläne und angedeuteten Vorschläge ihrer demagogischen Führer (z. B. Erstürmung eines Capitols) in grausame Wirklichkeit zu transponieren.

Ähnlich angstmindernd wie rezidivierende massenpsychologische Situationen (z. B. die täglichen Zwei-Minuten-Hass-Sendungen) wirkt zumindest für gewisse Zeit das Empfinden, als Individuum einer *Ingroup* anzugehören und sich von den *Outsidern*, den Fremden, Anderen, Gegnern, Feinden abzugrenzen. Totalitären Regimen fällt es unter Verweis auf ihre jeweiligen Ideologien meist nicht schwer, derartige Feindbilder zu kreieren und aufrechtzuerhalten.

In *Nineteen Eighty-Four* sind es abwechselnd Eurasien und East-Asia, die sich als feindliche *Outsider* anbieten, wobei es völlig gleichgültig erscheint, welche der beiden Supermächte gerade als Hauptfeind an Nummer eins rangiert. So beginnt bei einer Großveranstaltung der Redner mit seiner Hasspolemik gegen Ostasien als Kriegsgegner, um nur einige Minuten später – soeben hatte man ihm einen Zettel mit aktuellen Neuigkeiten zugesteckt – umzuschwenken und Eurasien als Feind und Gegner zu attackieren: „Noch eine Minute, und die wilden Wutschreie brachen erneut aus der Volksmenge hervor. Die Hassdemonstration nahm genau wie vorher ihren Fortgang, nur dass die Zielscheibe sich geändert hatte" (Orwell 1984).

Neunzehnhundertvierundachtzig VI Bei so vielen und massiven Affekten wirkt es in *Nineteen Eighty-Four* geradezu erholsam auf Romanpassagen zu stoßen, bei denen keine destruktive und nihilistische oder sinnwidrige Emotionalität, sondern eine wohlwollend-anerkennende, ja sogar erotische Gefühlswelt im Vordergrund steht. Orwell hat solche Gefühlsqualitäten in die Beziehung zwischen Winston und Julia, teilweise aber auch in das Erleben von Winstons Umwelt (der Natur) und in manche seiner zwischenmenschlichen Begegnungen verlegt.

Ich habe bereits erwähnt, dass es den Gesetzmäßigkeiten Ozeaniens entsprach, Liebesbeziehungen sowohl hinsichtlich ihrer Emotionalität (Anerkennung, Würde, Zuneigung, gegenseitige Hilfe und Förderung, etc.) als auch in Bezug auf Intimität und Sexualität möglichst komplett zu untersagen. Zwar war das naturhafte Zeugen von Kindern noch erlaubt und galt als gewisser Wert, weil damit der Nachwuchs beispielsweise von Proleten gesichert war; die Tendenz ging aber dahin, möglichst viele Kinder durch künstliche Befruchtung zu zeugen. Kam es dennoch zu sexuellen Kontakten (zum Zwecke der Zeugung), sollten diese ohne übermäßige Zuneigung, ohne Erotik und Leidenschaft und ohne größeren Lustgewinn vonstattengehen:

> „Das Ziel der Partei war nicht nur, das Zustandekommen enger Beziehungen zwischen Männern und Frauen zu verhindern, die sie vielleicht nicht mehr übersehen konnte. Ihre wirkliche, unausgesprochene Absicht ging dahin, den sexuellen Akt aller Freude zu entkleiden … Der Geschlechtsakt selbst hatte als eine unbedeutende und leicht anrüchige Sache zu gelten, wie ein Klistier … Es gab sogar Organisationen wie die *Jugendliga gegen Sexualität*, die für das vollkommene Zölibat beider Geschlechter eintraten (Orwell 1984)."

Man kann sich fragen, welche Rolle Orwell der Sexualität in *Nineteen Eighty-Four* zugedacht hat; und ausgehend von der Sexualität: Warum Intimität, Erotik, Anmut und Ästhetik, Genuss und Lebensfreude in Ozeanien wie auch in den tatsächlich und real existierenden autoritativ-totalitären Staaten der Erde oftmals verpönt und regelrecht tabuisiert wurden und werden oder ein Schattendasein der bloßen Beliebigkeit führen?

In *Nineteen Eighty-Four* wagen sich Winston und Julia an gemeinsame Intimität und Sexualität, obwohl sie wissen, dass sie damit den Vorgaben der Partei massiv zuwiderhandeln. Dementsprechend diskret treffen sie sich in einem Versteck und genießen ihre gegenseitige Begierde, Lust und Leidenschaft. Sie entdecken jeder am anderen dessen sexual-moralische „Verderbtheit", und sie jubilieren über den Moment, in dem Julia die rote Schärpe der *Jugendliga gegen Sexualität* über einen Zweig schleudert und sich mit Winston zusammen ganz dem Moment hingibt.

Für Julia und Winston bedeutet Sexualität jedoch etwas Unterschiedliches. Julia wird von Orwell als die Lebenslustigere von beiden gezeichnet; sie holt sich in den Augenblicken von Erregung und Orgasmus all das an Vitalität und authentischem Selbsterleben, was sie in den Tausenden von Hassminuten und Parteiexerzitien zuvor an Selbstverlust erlitten hat. Winston hingegen als prinzipiell introvertierter und zum Grübeln neigender Mensch verknüpft ihre

Sexualität sofort mit Akten der Subversion und Revolte; womöglich, so räsoniert er, könnte über die Sexualität das ganze Regime attackiert und unterhöhlt werden.

Bei einem ihrer Treffen unterhalten sich Winston und Julia nicht nur über ihre persönlichen Sexualerfahrungen, sondern auch über die gesellschaftliche Funktion von Sexualität und Sexualunterdrückung. Dabei stellen sie fest, dass die Partei es zwar darauf anlegt, den Bewohnern von Ozeanien deren privates Sexualleben ziemlich zu vermiesen, zugleich aber großes Engagement darin zeigt, die Sexualität als Kraft, Trieb und Energie zu nutzen und für ihre Zwecke zu modifizieren. Sexuelle Enthaltsamkeit der Einzelnen bedeutet durchaus nicht kollektive sexuelle Karenz – im Gegenteil: „Dies ganze Auf- und Abmarschieren, Hurra-Brüllen und Fahnen-Schwenken ist weiter nichts als sauer gewordene Sinnlichkeit" (Orwell 1984).

Dass es sich für Orwell beim Thema der Sexualität keineswegs nur um einen Akt der Kopulation handelte, ist aufgrund seiner Biografie vielfach bezeugt. Und dass die mit der Sexualität assoziierten Themen von Sinnlichkeit, Erotik und Ästhetik, Begeisterung, Intimität, Zweisamkeit, Anerkennung, Individualität, Ich-Erleben und Selbstwertstabilisierung für totalitäre Regime in der Regel als viel störender, subversiver eingeordnet werden als eine lediglich triebhafte Vereinigung zweier Organismen, verdeutlichte der Autor mehrfach in *Nineteen Eighty-Four*.

So schildert er eine sexuell-intime Situation zwischen Winston und Julia, bei der sie neben Zärtlichkeiten auch ein Täfelchen Schokolade mit ihm teilt – wobei es sich um eine völlig ungewöhnliche, außerordentlich dunkelglänzende Schokolade handelt, die im Alltag Ozeaniens nicht erhältlich war: „Schokolade war gewöhnlich ein stumpfbraunes bröseliges Zeug, dessen Geschmack, sofern man ihn überhaupt beschreiben könne, dem Rauch eines Müllfeuers glich" (Orwell 1984). Das Täfelchen jedoch, das Julia mit ihm teilte, schmeckte exquisit, edel, vielschichtig, abenteuerlich und selten – Attribute, die für ihre Sexualität ebenso wie für ihre Beziehung Geltung beanspruchen durften, im totalitären Ozeanien jedoch nicht vorhanden waren.

Außerdem deutet das Teilen eines derart wertvollen Täfelchens Schokolade auf das Wesen gelingender Sexualität hin: Wir teilen Nähe, Lust und Leidenschaft, Zärtlichkeit und Intimität mit einem Du; wir verhelfen uns zu einem zeitweiligen Nachhausekommen im eigenen Leib; und wir teilen uns mit und tauchen ein in ein flirrend-erregendes, wortloses Gespräch. Zwei leibhaftige Freiheiten, fasziniert von der Magie ihrer nackten Gegenseitigkeit, verzichten nach und nach auf ihre Bewusstheit und suchen und finden im orgiastischen Taumel die *Petite Mort*, einen kleinen Tod – wie die Franzosen den Orgasmus nennen. Der Große Bruder und die Partei hingegen kannten nur *La Grande Mort,* den großen Tod von Hass, Krieg und Vernichtung.

In einer anderen Szene beschreibt Orwell die beiden Liebenden nach einem gemeinsamen Tête-à-Tête, bei dem es nicht nur zu Zärtlichkeiten, sondern auch zur gemeinsamen Lektüre eines verbotenen Buches (von Emmanuel Goldstein) gekommen war. Winston hat Julia etliche Seiten daraus vorgelesen, bis er bemerkt, dass sie (die er einmal spaßeshalber eine „Revolutionärin von der Taille abwärts" (Orwell 1984) genannt hat) eingeschlafen ist – woraufhin auch er einige Zeit behaglich schläft. Als beide wieder erwachen, sehen sie aus dem Fenster einer Frau im Hof zu, wie sie Wäsche aufhängt – und sind überrascht von deren herber Schönheit:

> „Zusammen blickten sie in einer Art Bezauberung hinunter auf die stämmige Gestalt. Wie er die Frau in ihrer charakteristischen Haltung betrachtete, ihre dicken Arme zur Wäscheleine emporgehoben, während ihre mächtigen, an eine Stute erinnernden Hinterbacken sich wölbten, kam es ihm zum ersten Mal zum Bewusstsein, dass sie schön war (Orwell 1984)."

Wer liebt, erkennt und anerkennt nicht nur im geliebten Du dessen Wertaspekte und Bedeutungshorizonte – er ahnt dergleichen auch in anderen Menschen, in der Natur, der Kunst und in vielen scheinbar banalen Alltagssituationen. Der liebende Blick (Ausdruck aus der *Ethik* Nicolai Hartmanns, 1926) ist seinen Möglichkeiten gemäß ein Werte freilegender Blick. Anders als im Zustand der Verliebtheit, bei der die Welt und das Du durch eine rosarote Optik betrachtet werden, handelt es sich beim liebenden Blick um eine realitätsnahe und manchmal sogar nüchterne Betrachtungsweise.

Warum nun aber die bei vielen autoritär-totalitären Staaten der Vergangenheit wie auch der Gegenwart auffällige Entwertung von Sexualität, Erotik und Intimität oder deren Perversion in massenpsychologisch-orgiastische Situationen? Orwell schilderte in *Nineteen Eighty-Four* beide Varianten, sowohl die unterdrückend-tabuisierend-strafende als auch die pervertierend-massenstimulierende. Mitten in eine erotisch-sinnliche Atmosphäre zwischen Winston und Julia hinein, bei der sie sich an den Gesang einer Drossel bei einem ihrer ersten Stelldicheins erinnern, zerbirst mit einem lauten Krachen ein Bild in dem Zimmer, das ihnen als geheimer Liebesort gedient hat, und von dem sie dachten, unentdeckt bleiben zu können. Hinter dem Bild wird ein Televisor sichtbar, und wenige Sekunden später stürmen Männer mit schwarzen Uniformen den Raum und knüppeln für die Liebenden (wie auch für uns Leser) jegliche Träume von Erotik im Totalitarismus erbarmungslos nieder.

Neunzehnhundertvierundachtzig VII Warum, so habe ich eben gefragt, wurden und werden Sexualität und Erotik, Anmut und Ästhetik, Genuss und Lebensfreude in den real existierenden autoritativ-totalitären Staaten der Erde beinahe regelhaft und systematisch missachtet, entwertet oder tabuisiert? Wie kommt es zu den pervertierten Formen von orgiastischer Ekstase der Massen im Totalitarismus, zu den reduktiven Formen von Sexualität als bloße Reproduktionszeremonie oder zu den zutiefst patriarchalisch-machtorientierten sexuellen Gepflogenheiten in nicht wenigen totalitären Regimen? Zur Beantwortung will ich etwas ausholen.

Als sich die überzeugte Feministin, Sozialistin und Volkskommissarin (für soziale Fürsorge) Alexandra Kollontai (1872–1952) nach der Russischen Revolution 1917 für eine Lockerung des Eherechts, für Mutterschutz, Schwangerschaftsabbruch, kollektive Kindererziehung sowie für freie Liebe und Sexualität engagierte, hatte sie für wenige Jahre Erfolge zu verzeichnen. In den Jahren 1918 bis 1920 machten sich Tendenzen bemerkbar, die tradierten Frauenrollen (Ehefrau, Liebespriesterin, alte Jungfer) um die Rolle der „ledigen Frau" zu erweitern, die sich durch Autarkie im Hinblick auf ihre Berufstätigkeit, aber auch hinsichtlich ihrer Wahl von Sexual- und Liebespartnern auszeichnen sollte. Unter anderem mit ihrer Schrift *Die neue Moral und die Arbeiterklasse* (1918) trug Kollontai zur Liberalisierung von Sexus und Eros in Russland bei, sodass man seinerzeit nicht nur von der Russischen, sondern auch von einer sexuellen Revolution sprach.

Doch bereits Anfang der 1920er-Jahre kritisierte Lenin die Bestrebungen Kollontais als eine Glas-Wasser-Theorie. Damit desavouierte er die Volkskommissarin, als ob für sie die Sexualität belanglos und der Sexualakt beliebig wie ein Schluck Wasser sei – eine Disqualifizierung, die Lenin vornahm, um die (wie er meinte) Energien der Jugendlichen und jungen Erwachsenen von ihrer liberalisierten Sexualität weg auf die für ihn bedeutend wichtigeren Themen der fortgesetzten Revolution sowie des zukünftigen Aufbaus der Sowjetunion zu lenken.

Womit wir neuerlich bei den Usancen und dem Wesen totalitärer Staaten und Regime angekommen sind. Der Begriff Totalitarismus wurde erstmals von dem italienischen Journalisten und Politiker Giovanni Amendola (1882–1926) benutzt. Amendola, ein überzeugter Gegner Mussolinis, fiel einem faschistischen Attentat zum Opfer. In einem Artikel für die Tageszeitung *Il Mondo* hatte er den in Italien sich etablierenden Faschismus unter Führung Mussolinis als *sistema totalitario* (1923) bezeichnet.

Nach dem Zweiten Weltkrieg hat sich Hannah Arendt (1906–1975) intensiv mit dem Phänomen Totalitarismus auseinandergesetzt. In ihrem Buch *Ele-*

mente und Ursprünge totaler Herrschaft (1951) vertrat sie die Ansicht, dass prinzipiell jede Weltanschauung für Zwecke totalitärer Herrschaftsformen benutzt werden kann. So dienen Rassismus, Antisemitismus, Faschismus, Kommunismus, Imperialismus dem Totalitarismus als weltanschauliche Versatzstücke, die er in möglichst allen menschlichen Lebensbereichen dominieren lässt. Wesentlich für totale Herrschaft sei, dass nicht nur das öffentliche und politische, sondern auch das private Dasein (z. B. die Sexualität) vollständig von der angeblich einzig wahren Weltanschauung durchdrungen ist. Seine Ideologie verbreitet der Totalitarismus mit grausamstem Terror bis in die intimen Beziehungen (Partnerschaften) und Familien sowie die letzten Winkel eines Gemeinwesens hinein, und sein Drang nach ungezügelter, uneingeschränkter Dominanz macht an den Staatsgrenzen ebenso wenig wie an den Intimgrenzen Halt.

Das Kollektiv oder wie in *Nineteen Eighty-Four* der Große Bruder sind zu den alles bestimmenden Größen mutiert, und das Individuum ist weder als Idee noch realiter mehr existent. Mit dem Verbot der Individualität gehen auch Pluralität, Initiative, Kreativität, Neuanfang, Veränderung, Freiheit und Sexualität verloren, und alle diese Phänomene werden von den Zwängen, starren Regeln und der Wiederkehr des Immergleichen abgelöst.

Wer den Menschen die Möglichkeiten der Spontaneität und des Beginnens, des Neuanfangs nimmt – und totalitäre Herrscher versuchen dies systematisch, um ihre Herrschaft auf Dauer oder in alle Ewigkeit zu sichern und sich selbst damit in der Illusion eines ewigen Lebens zu wiegen –, raubt ihnen nach Arendt einen wesentlichen Aspekt ihrer Existenz: die Fähigkeit zum individuellen, autonomen Handeln: „Totale Herrschaft (geht darauf aus), alle Menschen in ihrer Pluralität ... so zu organisieren, als ob sie alle ... nur einen einzigen Menschen darstellten" (Arendt 2011). Jegliche Einwände oder Bedenken gegen diese Ideologien darf es nicht geben – die Einwandlosigkeit (die ziemlich bald Einfallslosigkeit nach sich zieht) und die völlige Immunität gegenüber allen widersprüchlichen Erfahrungen gehören als Merkmale ebenso zu Totalitarismen wie die Verfolgung von Bedenkenträgern.

Den Totalitarismus bezeichnete Arendt als eine neuartige Form von politischer Herrschaft, deren Wesen sie mit dem Phänomen des Terrors charakterisierte. Der Terror machte sich im Dritten Reich in Bezug auf den Antisemitismus massiv bemerkbar. Die Juden eigneten sich als Inbegriff des Volks- und Rassenfeindes, auf den man jegliche eigenen Schwächen und Fehler projizierte. Daneben wurden sie einem furchtbaren Terror unterworfen, der von Ächtung und Entrechtung über Pogrome bis zum Holocaust reichte. An den Juden exemplifizierten die Nazis jenen Terror, der im Prinzip jeden treffen konnte – nicht nur den, der „anders" war (Sinti, Roma, psychisch Kranke,

Homosexuelle) oder sich dem Regime nicht vollständig unterwarf. Man kann sich die Atmosphäre von massiver Angst, Ohnmacht, Furcht ausmalen, die der Totalitarismus damit bei allen Bürgern induzierte.

Neunzehnhundertvierundachtzig VII In seinem Roman skizzierte Orwell eine andere, noch perfidere Spielart des totalitären Terrors: Die Partei legte es darauf an, jegliche Personalität bei den Bewohnern Ozeaniens auszulöschen und sie nur noch als bloße Personhüllen leben oder besser vegetieren zu lassen. Der Einzelne wurde mit Hass- und Nihilismusinhalten so lange angefüllt, bis er als biologisch intakter, aber geistig leerer Menschenautomat den Großen Bruder liebte.

Dafür tat es Not, die persönliche ebenso wie die kollektive Geschichte derart zu manipulieren, dass zuletzt nur noch die zum Totalitarismus passenden historischen Details existierten. Wie mit der Vergangenheit verfuhr man auch mit der Zukunft, und weil die Partei beanspruchte, die einzig wahre Totalerklärung der Welt zu sein, und in ihrem Namen das Ziel der Geschichte völlig transparent erschien, war es auch folgerichtig, dass der Einzelne als Diener dieser Zielsetzung honoriert oder als Störer eliminiert wurde. Als Winston von O'Brien im Liebesministerium gefoltert wird, erläutert dieser ihm generös den Sinn und Zweck der Foltermethoden sowie die völlige Aussichtslosigkeit, dem totalitären Anspruch der Partei auf Verlust der Personalität entgehen zu wollen:

> „Sie sind ein Fehler im Muster. Sie sind ein Fleck, der ausgemerzt werden muss … Wir vernichten den Ketzer nicht, weil er uns Widerstand leistet: solange er uns Widerstand leistet, vernichten wir ihn niemals. Wir bekehren ihn, bemächtigen uns seiner geheimsten Gedanken, formen ihn um. Wir brennen alles Böse und allen Irrglauben aus ihm aus; wir ziehen ihn auf unsere Seite, nicht nur dem Anschein nach, sondern tatsächlich, mit Herz und Seele … Bilden Sie sich nicht ein, sich retten zu können, Winston, auch wenn Sie sich uns noch so vollkommen beugen … Nie wieder werden Sie der Liebe, der Freundschaft, der Lebensfreude, des Lachens, der Neugierde, des Mutes oder der Lauterkeit fähig sein. Sie werden ausgehöhlt sein. Wir werden Sie leerpressen und dann mit unserem Gedankengut füllen (Orwell 1984)."

Diese Zeilen spiegeln wider, was Orwell als die wesentliche Gefahr und zugleich als den Kern des Totalitarismus erkannt und in *Nineteen Eighty-Four* so eindrücklich und erschütternd beschrieben hat – und was ich auf den letzten Seiten über den Roman zusammengefasst habe: Totalitäre Regime sind zutiefst a-personal, personwidrig und kompromisslos inhuman.

Menschen bedeuten mit ihrer Vitalität (Sexualität) und Fantasietätigkeit, mit ihrem Bezug zu Vergangenheit und Zukunft, ihrer Sprach- und Symbolisierungsmächtigkeit und ihrer potenziell grenzenlosen Wertsensibilität, ihrer Fähigkeit zu Selbstreflexion wie auch zum dialogischen Brückenschlag zu einem Du, mit ihrer Naturverbundenheit und zugleich mit ihrer immensen Kulturträchtigkeit – kurz: mit ihrer Personalität – das fantastischste, großartigste, individuellste, diverseste, unausrechenbarste Lebensphänomen, das wir kennen. Eben diese Attribute rufen jedoch in totalitären Staaten mit deren unermesslichen Kontrollbedürfnissen alle nur denkbaren Strategien der Einebnung, Nivellierung, Eliminierung von Personen oder auch der Homogenisierung von Individualitäten hervor.

Völlig gleichgültig, welchen der diktatorisch-totalitären Staaten im 20. und 21. Jahrhundert wir betrachten – Russland und die Sowjetunion von 1917 bis (mit Unterbrechungen) zum heutigen Tag; Italien unter Benito Mussolini; Spanien unter Francisco Franco; Deutschland unter Hitler; Rumänien unter Nicolae Ceaușescu; Albanien unter Enver Hoxha; Kambodscha unter Pol Pot; die Volksrepublik China unter Mao Zedong; den Iran seit 1979 (islamische Republik); Nordkorea seit 1948 –, sie alle verachteten oder verachten die Personalität des Einzelnen und treten seine Würde mit Füßen. Und sie begreifen sich als hermetische und geschlossene Gesellschaften, die ihre säkularen oder religiösen Ideologien gegen Dissidenten, Ketzer, kritische Intellektuelle nach innen wie nach außen gnadenlos verteidigen.

Den Terminus und das Konzept der geschlossenen im Gegensatz zur offenen Gesellschaft hat vor allem Sir Karl Popper (1902–1994) bekannt gemacht. Popper zählte neben Hannah Arendt zu jenen prominenten Philosophen, die eine dezidiert tiefschürfende Totalitarismuskritik formuliert haben. In *Die offene Gesellschaft und ihre Feinde* (1945) benannte er einerseits philosophische Denker, die dem Totalitarismus und einer geschlossenen Gesellschaft ungewollt Vorschub geleistet haben. Insbesondere in der Philosophie von Platon, Hegel und Marx entdeckte Popper Weichenstellungen hin zu geschlossenen Sozietäten.

Andererseits verdeutlichte er die Notwendigkeit, in der Politik auf absolute Wahrheiten, eindimensionale Werte und utopische Heils- und Erlösungslehren mitsamt ihren Versprechungen komplett zu verzichten. Statt glorreicher Entwürfe für ein Volk oder die gesamte Menschheit plädierte Popper für bescheidene und überschaubare Teilprojekte, die rational mithilfe der Wissenschaften und einer nüchternen Philosophie angegangen und permanent kritisch überprüft werden sollten. Hinsichtlich eines angeblichen Sinnes der Geschichte beschwor er die Menschen, hellhörig und wach zu bleiben, weil dieser Sinn sich oft genug lediglich als fadenscheinige Begründung für Verbrechen, Krieg und Völkermord sowie für Totalitarismen aller Art erwiesen hat:

> „Die Geschichte hat keinen Sinn; das ist meine Behauptung. Aber aus dieser Behauptung folgt nicht, dass wir nichts tun können, dass wir die Geschichte der politischen Macht mit Entsetzen akzeptieren müssen oder dass wir gezwungen sind, sie als einen grausamen Scherz hinzunehmen… Wir können die Geschichte der Machtpolitik deuten im Sinn unseres Kampfes für die offene Gesellschaft, für eine Herrschaft der Vernunft, für Gerechtigkeit, Freiheit, Gleichheit und für die Kontrolle des internationalen Verbrechens. Obwohl die Geschichte kein Ziel hat, können wir ihr dennoch diese unsere Ziele stellen (Popper 1992)."

George Orwell – eine Kassandra der Moderne? Diesen letzten Sätzen Poppers hätte Orwell zugestimmt – und deshalb habe ich in der Überschrift meines Essays das Fragezeichen hinter der *Kassandra der Moderne* mit Bedacht und Überlegung gesetzt. Anders als bei der tragischen Weissagungsgestalt aus der griechischen Mythologie beabsichtigte Orwell keineswegs, düstere Prognosen über die Zukunft auszustoßen und sich in das Schicksal eines nicht adäquat Wahrgenommenen und zu Unrecht nicht Gehörten zu fügen.

Bei Orwell haben wir es seit Jahrzehnten mit eher gegenteiligen Effekten zu tun. So gibt es die weitverbreitete Tendenz in der Öffentlichkeit, in Politik, Kultur und Gesellschaft, Autoritarismen, staatliche Überwachungen von Einzelnen oder Gruppen, sprachliche Zwei- und Mehrdeutigkeiten im öffentlichen Raum oder die oftmals große Unheimlichkeitsgefühle auslösende Undurchschaubarkeit etwa von Digitalisierung und Globalisierung als Phänomene zu deuten, die längst von Orwell in *Nineteen Eighty-Four* so oder so ähnlich beschrieben worden sind, und die sich jetzt bewahrheiteten. Typisch Orwell – hört man; oder: *Big Brother is watching you*; oder: Wir sind der schwarzen Utopie ein beträchtliches Stück näher gerückt.

So verlockend derartige Parallelen und Einordnungen auch klingen, so sehr bin ich der Meinung, dass sie Orwells Persönlichkeit und seine Intentionen in Bezug auf *Nineteen Eighty-Four* nur verzerrt widerspiegeln. Es gibt gute Gründe, Orwell nicht als pessimistischen und misanthropischen Dystopiker zu lesen, der Warnung um Warnung ausgestoßen hat – vielmehr als einen Skeptiker, der bei allem Realitätssinn und bei aller diagnostischen Nüchternheit im Hinblick auf den Totalitarismus „viel mehr Zutrauen zur Widerstandskraft des menschlichen Geistes hatte, als ihm gemeinhin attestiert wird" (Atwood 2022).

Wiewohl er von seiner Welt- und Lebensanschauung zum Sozialismus neigte, war er stets davor gefeit, sich vor irgendeinen Ideologiekarren spannen zu lassen. Sein Persönlichkeitsideal beinhaltete das autonome Individuum, den *Homo pro se* (Erasmus von Rotterdam bezeichnete sich selbst gerne so), der im Zweifel alleine steht und Positionen vertritt, die dem Mainstream und dem allgemeinen Trend in Kunst, Literatur, Politik und Gesellschaft nicht selten zuwiderlaufen. Was kostet es Mut, Ausdauer, Kühnheit und Vernunft, die totalitären Regime (Faschismus und Bolschewismus) als Einzelner, ohne akademisch-schützendes und inspirierendes Hinterland und als Tuberkulosekranker auf einer gott- und menschenverlassenen Hebriden-Insel wesensmäßig zu durchdringen und meisterlich kunstvoll-literarisch zu attackieren!

Orwell konnte dies, weil in seinem Charakter von Jugend an ein grundlegender Zug zum Aufsuchen und Ertragen härtester Lebensbedingungen vorhanden war. Er schonte sich nie – und er hat dadurch vermutlich seine Lebensdauer beträchtlich verkürzt. An Ruhe und Erholung dachte er kaum, aber bei aller Härte gegen sich selbst war er gegen andere eher mild und tolerant gestimmt. Insgesamt wirkte er häufig melancholisch bis schwermütig, wobei dieser Eindruck verschwand, sobald er lächelte. Dann strahlten seine Augen, und seine versteckte Warmherzigkeit kam zum Vorschein. Obwohl er weder hinsichtlich seiner Kleidung noch in Bezug auf seine Wohnsituationen aristokratisch wirkte, umgab ihn die Aura eines britischen Gentleman – eine Aura, die er in seinem Essay über *Charles Dickens* (verfasst 1939) diesem Autor zugeschrieben hat, und die jedoch mindestens so sehr auch auf ihn selber zutraf:

„Beim Lesen eines stark individuell geprägten Stücks Prosa hat man den Eindruck, irgendwo hinter der Buchseite ein Gesicht zu sehen… Was man sieht, ist das Gesicht, das der Schriftsteller haben *sollte*. Nun, im Fall von Dickens sehe ich ein Gesicht, das nicht ganz das Gesicht auf den Fotografien von Dickens ist, obwohl es ihm gleicht. Es ist das Gesicht eines Mannes um die Vierzig, von roter Gesichtsfarbe und mit einem kleinen Bart. Er lacht, mit einer Spur von Zorn in seinem Lachen, aber ohne Triumph und ohne Bosheit. Es ist das Gesicht eines Mannes, der immer gegen etwas kämpft, der dabei offen kämpft und keine Angst hat, das Gesicht eines Mannes, der *auf großzügige Art zornig* ist – mit anderen Worten: das Gesicht eines Liberalen des neunzehnten Jahrhunderts, eines freien Geistes (Orwell 1986)."

Dem britischen Gentleman attestiert man gerne (ich bekenne unumwunden meine diesbezüglich vorurteilsbeladene Einstellung) neben dessen psychosozialer sowie intellektueller Noblesse auch ein gehöriges Maß an *Understate-*

ment. Bei Orwell paarte sich ein solcher Hang zur Untertreibung mit tatsächlicher Bescheidenheit und einem Stil des Daseins, den ich als unprätentiös, antisnobistisch und arm an narzisstischen Arrangements, aber überaus individuell bezeichnen möchte. Dazu passt, dass der Autor über sich keine Biografien veröffentlicht wissen wollte; bei seinem zaghaften Versuch, etwas Autobiografisches über sich selbst zu verfassen, publizierte er schlussendlich ganze zwei und eine halbe Seite, in denen wir unter anderem lesen:

> „Neben meiner eigentlichen Arbeit schätze ich am meisten die Gartenarbeit, und davon besonders den Gemüseanbau. Ich mag die englische Küche und englisches Bier, französischen Rotwein, spanischen Weißwein, indischen Tee, starken Tabak, Kohlenfeuer im Kamin, Kerzenlicht und bequeme Sessel. Dagegen mag ich nicht große Städte, Lärm, Autos, das Radio, Konserven-Essen, Zentralheizung und moderne Möbel. Der Geschmack meiner Frau stimmt fast vollkommen mit dem meinen überein. Um meine Gesundheit steht es miserabel, aber das hat mich nie davon abhalten können, zu tun, was ich wollte (Orwell 1971)."

Er selbst hat einmal deklariert, dass ein jeder Mensch aus zwei Persönlichkeiten besteht, aus einem Don Quijote und einem Sancho Pansa. Der Erstere sei meist ein Idealist mit hochfliegenden Plänen, indes der Letztere an den Realitäten des Daseins hänge und sich mit ihnen einzurichten wisse. Bei George Orwell überwog eindeutig das Don-Quijote-Hafte, das seinem Leben eine Fülle von Schwierigkeiten und mächtigen Herausforderungen und uns im Gegenzug ein imposantes Oeuvre der (politischen) Literatur mit vielen, zum Nachdenken anregenden Essays sowie zwei großartigen Meisterwerken bescherte.

Zeitgenossen und Bekannte ebenso wie manche Verleger, Freunde, Geliebte und bisweilen auch seine Gattin Eileen hätten sich wohl in der einen oder anderen Situation mehr Sancho-Pansa-Artiges bei Orwell gewünscht – ein verständlicher Wunsch bei denjenigen, die direkter und alltäglicher mit ihm zu tun hatten. Ein Segen jedoch bedeutet es für die Kultur und für uns Nachgeborene, dass Orwell unbeirrt das Don-Quijote-Hafte bei sich hochhielt und bewahrte: Literatur, Kunst und innovatives Denken entspringen oftmals jenen Menschen, die aus Zufall, Not oder freien Stücken die etablierten Pfade der Existenz verlassen, neue Wege suchen und dafür die ihnen innewohnenden Werte als Kompass nutzen. In dieser Hinsicht war er Moralist, der seine Leidenschaften und die Emotionalität stets mit Rationalität und Vernunft zu amalgamieren bestrebt war:

„Der Gefühlsdrang, der unvermeidlich und für das politische Handeln vielleicht sogar nötig ist, sollte mit einer Anerkennung der Realität einhergehen. Das aber, ich wiederhole es noch einmal, bedarf einer *moralischen* Anstrengung ... (Orwell 2020)."

Literatur

Orwell, G.: Als Tellerwäscher im Grand Hotel (1933), in: Meister-Erzählungen, Zürich 1991, S. 69f.
Orwell, G.: Die Wonnen der Aspidistra (1936), Zürich 1983, S. 5
Solnit, R.: Orwells Rosen (2021), Reinbek bei Hamburg 2022, S. 55
Orwell, G.: Warum ich schreibe (1946), in: Im Innern des Wals, Zürich 1975, S. 14ff.
Orwell, G.: Ordnung schaffen im Chaos von Köln (25.03.1945), in: Reise durch Ruinen – Reportagen aus Deutschland und Österreich 1945, München 2021, S. 15
Orwell, G.: Vorwort zur ukrainischen Ausgabe von *Animal Farm* (1947), in: Farm der Tiere – Ein Märchen, München 2021, S. 159
Orwell, G.: Farm der Tiere – Ein Märchen (1945), München 2021, S. 15
Orwell, G.: Farm der Tiere – Ein Märchen (1945), München 2021, S. 26
Orwell, G.: Farm der Tiere – Ein Märchen (1945), München 2021, S. 84
Orwell, G.: Farm der Tiere – Ein Märchen (1945), München 2021, S. 121f.
Orwell, G.: Brief an Dwight Macdonald (5. Dezember 1946), zit. n.: Shelden, M.: George Orwell – Eine Biographie (1991), Zürich 1993, S. 510
Orwell, G., zitiert nach Schröder, H.-Chr.: George Orwell – Eine intellektuelle Biografie, München 1988, S. 71
Orwell, G.: Brief an Anne Popham (18. April 1446), zit. n. Shelden, M.: George Orwell – Eine Biographie, Zürich 1993, S. 552
Hobsbawm, E.: Das Zeitalter der Extreme. Weltgeschichte des 20. Jahrhunderts, München 1995
Orwell, G.: Neunzehnhundertvierundachtzig (1949), Frankfurt am Main 1984, S. 30
Orwell, G.: Neunzehnhundertvierundachtzig (1949), Frankfurt am Main 1984, S. 264
Orwell, G.: Neunzehnhundertvierundachtzig (1949), Frankfurt am Main 1984, S. 302
Orwell, G.: Zur Verhinderung von Literatur (1946), in: Rache ist sauer – Essays, Zürich 1975, S. 83f.
Orwell, G.: Neunzehnhundertvierundachtzig (1949), Frankfurt am Main 1984, S. 85
Adorno, Th. W.: Minima Moralia (1951), Frankfurt am Main 1993, S. 67
Wittgenstein, L.: Logisch-philosophische Abhandlung (1921), Frankfurt am Main 1989, S. 134

Orwell, G.: Neunzehnhundertvierundachtzig (1949), Frankfurt am Main 1984, S. 304
Orwell, G.: Neunzehnhundertvierundachtzig (1949), Frankfurt am Main 1984, S. 306
Orwell, G.: Neunzehnhundertvierundachtzig (1949), Frankfurt am Main 1984, S. 308
Orwell, G.: Neunzehnhundertvierundachtzig (1949), Frankfurt am Main 1984, S. 17f.
Arendt, H.: Elemente und Ursprünge totaler Herrschaft (1951), München 2011, S. 977
Orwell, G.: Neunzehnhundertvierundachtzig (1949), Frankfurt am Main 1984, S. 185
Orwell, G.: Neunzehnhundertvierundachtzig (1949), Frankfurt am Main 1984, S. 69
Orwell, G.: Neunzehnhundertvierundachtzig (1949), Frankfurt am Main 1984, S. 137
Orwell, G.: Neunzehnhundertvierundachtzig (1949), Frankfurt am Main 1984, S. 125
Orwell, G.: Neunzehnhundertvierundachtzig (1949), Frankfurt am Main 1984, S. 159
Orwell, G.: Neunzehnhundertvierundachtzig (1949), Frankfurt am Main 1984, S. 223
Arendt, H.: Elemente und Ursprünge totaler Herrschaft (1951), München 2011, S. 907
Orwell, G.: Neunzehnhundertvierundachtzig (1949), Frankfurt am Main 1984, S. 261
Popper, K.: Die offene Gesellschaft und ihre Feinde, Band 2 (1945), Tübingen 1992, S. 326
Atwood, M.: Orwell and me (erschienen am 16. Juni 2003 im *Guardian*), zit. n. Rebecca Solnit: Orwells Rosen (2021), Hamburg 2022, S. 302
Orwell, G.: Charles Dickens (1939), Zürich 1986, S. 95
Orwell, G.: Autobiographisches (1940), in: Rache ist sauer, Zürich 1971, S. 8f.
Orwell, G.: Über Nationalismus (1945), München 2020, S. 42

7

Thomas Mann – Erdenkameradschaft trotz Gesamterkältung des Daseins

„Wozu Dichter in dürftiger Zeit?" (Hölderlin 1970) – fragt Friedrich Hölderlin in seiner Elegie *Brot und Wein*. Und er beantwortet seine Frage mit dem Hinweis, dass sie, die Dichter, ähnlich wie in der griechischen Antike die Priester des Gottes Dionysos uns an die besseren, schöneren, gelingenderen Zeiten von früher erinnern sollen. Neben den Strophen von Hölderlin lässt sich jedoch auch das Leben und Werk Thomas Manns zitieren, um auf das Wozu von Dichtern in dürftiger Zeit Antworten zu formulieren. Nachdem Mann 1918 die *Betrachtungen eines Unpolitischen* publiziert hatte und deshalb bei politisch konservativ gesinnten Deutschen als einer der Ihrigen galt, wandelte sich innert kurzer Zeit seine gesellschaftlich-politische Haltung, und er wurde zum hartnäckigen Kritiker von Nationalismus, Chauvinismus und Totalitarismus.

Kindheit, Jugend, Boheme Einem Aphorismus Friedrich Nietzsches gemäß gehört es zu unseren Aufgaben, die eventuellen charakterlichen und weltanschaulichen Disparatheiten der Eltern in uns zu einem Ausgleich zu bringen. Als Nachgeborene erben wir nicht nur manche biologische Eigentümlichkeit von Vater oder Mutter; Unterschiede in deren Temperament und konkreter Daseinsgestaltung gehören ebenso zur psychosozialen Erbschaft, die wir auszuschlagen kaum imstande sind, selbst wenn wir sie noch so gründlich und früh genug durchschauen.

Im Falle Thomas Manns (1875–1955) können wir uns die unterschiedlichen Gesinnungen seiner Eltern und daraus resultierende Konflikte lebhaft ausmalen. Sein Vater war als erfolgreicher Lübecker Kaufmann und Senator der Welt der Zahlen, Realien und wohlhabenden Bürgerlichkeit zugeneigt. Damit verkörperte er Prinzipien, die man gerne als Sekundärtugenden bezeichnet: ordnungsliebend, solide, berechenbar. Thomas Manns Mutter Julia da Silva-Bruhns hingegen war eine südamerikanische Schönheit, die an Musik und anderen Künsten lebhaften Anteil nahm. Verträumt, sinnlich, mit einem merklichen Hang zum inszenierten Dasein beantwortete sie herausfordernde existenzielle Fragen mit der Tendenz, ins Reich der Fantasie auszuweichen. Nach dem frühen Tod ihres Gatten 1891 – er starb mit fünfzig Jahren an Blasenkrebs – zog sie mit ihren Kindern nach München, wo sie ihren entschieden ästhetischen Lebensstil weiter pflegte.

Für Thomas stellte sich als Knabe die Aufgabe, zu den polaren Lebensentwürfen seiner Eltern Position zu beziehen. Obwohl er sich näher an seiner Mutter erlebte und ihm ein Künstlerdasein reizvoll erschien, blieb er mit den Wertvorstellungen seines Vaters so sehr identifiziert, dass aus ihm ein Dichter wurde, der auf Etikette achtete und Bürgerlichkeit (Ordnung, Exaktheit, materiellen Besitz) hoch schätzte. In der Novelle *Tonio Kröger,* deren gleichnamige Hauptfigur einige Ähnlichkeiten mit ihrem Autor aufweist, verarbeitete er diese Gegensätze literarisch:

> „Mein Vater … war ein nordisches Temperament: betrachtsam, gründlich, korrekt aus Puritanismus und zur Wehmut geneigt, meine Mutter von unbestimmt exotischem Blut, schön, sinnlich, naiv, zugleich fahrlässig und leidenschaftlich und von einer impulsiven Liederlichkeit. Ganz ohne Zweifel war dies eine Mischung, die außerordentliche Möglichkeiten – und außerordentliche Gefahren in sich schloss. Was herauskam, war dies: ein Bürger, der sich in die Kunst verirrte, ein Bohemien mit Heimweh nach der guten Kinderstube, ein Künstler mit schlechtem Gewissen (Mann 1986)."

Ein weiterer Gesichtspunkt, der bei jeder Art von Selbstrealisation eine Rolle spielt, ist die Geschwisterkonstellation. Nach Alfred Adlers Individualpsychologie hat es für die Gestaltung eines Lebens große Bedeutung, ob eine Person als einziges, als ältestes, mittleres, jüngstes, weibliches oder als männliches Kind geboren wird. Je nach vorgefundenen Verhältnissen schlüpft die oder der Betreffende in äußerst verschiedene Rollen oder entwickelt Charakterseiten, welche die Spielräume der Selbstentfaltung mit determinieren.

Thomas (1875–1955) war nach dem um vier Jahre älteren Heinrich (1871–1950) der Zweitgeborene; nach ihm kamen die beiden Schwestern Julia (1877–1927) und Carla (1881–1910) sowie als Jüngster der Bruder Viktor (1890–1949). Die wichtigste Beziehung unter den Geschwistern hatte

Thomas zweifellos zu Heinrich. Mit ihm verband ihn eine mächtig stimulierende Konkurrenz, oft genug jedoch auch eine erbitterte Rivalität. Heinrich Mann war während der ersten Zeit für Thomas ein Vorbild, das erfolgreicher schreiben konnte als der Jüngere. Darüber hinaus galt er als unkomplizierter und als ein direkt-sinnlicher Mensch, wohingegen Thomas in Bezug auf seine sexuelle Identität tiefgreifende Zweifel erlebte und sich zwar als homophil empfand, ohne (wahrscheinlich) diese Orientierung auszuleben.

Die ersten Jahrzehnte seines Lebens können als Versuch von Thomas gewertet werden, sich von Heinrich abzuheben. Ob auf schriftstellerischem, politischem oder ethisch-moralischem Terrain: Der Erstere wollte den Letzteren überrunden oder zumindest ein entschieden anderes Dasein führen als sein Bruder. Aus dieser Dynamik heraus wird teilweise verständlich, warum Thomas einen seriöseren Schreib- und Arbeitsstil entwickelte als Heinrich. Dieser verfügte zwar über eine flotte Schreibe, nicht aber über die Geduld und Ausdauer, mit der sein jüngerer Bruder literarische Projekte in Angriff nahm. An seine spätere Gattin Katia schrieb Thomas (tendenziell misogyn) über seine eigene, bedeutend langsamere Art der Schriftstellerei:

„Nur bei Damen und Dilettanten sprudelt es, bei den Schnell-Zufriedenen und Unwissenden, die nicht unter dem Druck und der Zucht des Talents leben. Denn das Talent ist nichts Leichtes, nichts Tändelndes, es ist nicht ohne weiteres ein Können. In der Wurzel ist es ein *Bedürfnis*, ein kritisches Wissen um das Ideal, eine Ungenügsamkeit, die sich ihr Können nicht ohne Qual erst schafft und steigert (Mann 1961)."

Druck, Zucht, Qual – man gewinnt den Eindruck, dass Thomas Mann es sich mit der Schriftstellerei und darüber hinaus mit seiner ganzen Existenz nicht leicht gemacht hat. Um sich vom Bruder und dessen Art des Lebens abzusetzen, forcierte er bei sich Kräfte der Selbstdisziplin und Selbstbeherrschung. In den *Buddenbrooks* (1901) hat er seine diesbezüglichen Ängste und Zweifel in die Beziehung zwischen den literarischen Brüdern Thomas und Christian einfließen lassen. Der arbeitsame, auf Etikette achtende Thomas attackiert dabei den wie ein Bohemien lebenden Christian (der Parallelen mit dem realen Bruder Heinrich aufwies) in dem Wissen, selbst durchaus ähnliche Züge wie dieser in sich zu tragen:

„,Ich bin geworden, wie ich bin', sagte er endlich, und seine Stimme klang bewegt, ,weil ich nicht werden wollte wie du. Wenn ich dich innerlich gemieden habe, so geschah es, weil ich mich vor dir hüten muss, weil dein Sein und Wesen eine Gefahr für mich ist … ich spreche die Wahrheit' (Mann 1986)."

Die Auseinandersetzung mit dem brüderlichen Vor- und Gegenbild trug Einiges zur Selbstgestaltung von Thomas Mann bei. In diesem Zuge registrierte er etliche Jahre lang, dass er selbst Neigungen zum Antibürgerlichen in sich trug. Als Jugendlicher verspürte er zwar wiederholt dichterische Impulse, die ihn zu kleineren Arbeiten animierten; gleichzeitig vernachlässigte er seine schulischen Aufgaben, und 1894 verließ er aus Antipathie gegenüber der Schule vorzeitig, mit mäßigen Leistungen und ohne Abitur das Katharineum (Gymnasium) in Lübeck.

Nach seiner Übersiedlung nach München – seine Mutter war nach dem Tod ihres Gatten bereits 1891 in die bayerische Metropole gezogen – lebte Thomas Mann das Leben eines Bummelanten, der sich um seinen Unterhalt nicht weiter sorgen musste, weil ihm die Erbschaft aus der Liquidationsmasse der väterlichen Firma ein ungezwungen-komfortables Dasein ermöglichte. Das kurze Volontariat bei einer Versicherungsgesellschaft brach er ebenso gelangweilt ab wie einen lustlosen Studienversuch an der Technischen Universität; bisweilen verfasste er Beiträge für Zeitschriften und imaginierte sich als ein künstlerisch-genialer Autor, der – ähnlich wie in seiner späteren Erzählung *Gladius Dei* (1902) ausgeführt – entschieden dem *dolce far niente* huldigt:

> „München leuchtete … Lässigkeit und hastloses Schlendern in all den langen Straßenzügen … Man ist von Erwerbsgier nicht gerade gehetzt und verzehrt dortselbst, sondern lebt angenehmen Zwecken. Junge Künstler, runde Hütchen auf den Hinterköpfen mit lockeren Krawatten und ohne Stock, unbesorgte Gesellen … gehen spazieren, um diesen hellblauen Vormittag auf ihre Stimmung wirken zu lassen (Mann 1986)."

Italien, Homoerotik, Disziplinierung Schon als Jugendlicher hatte Thomas Mann bei sich homophile Neigungen bemerkt; eine Szene aus *Der Zauberberg* (1924), welche die Erinnerung an eine Begegnung zwischen der Hauptperson Hans Castorp und seinem Mitschüler Pribislav Hippe schildert, der ihm einen Bleistift leiht, wurde von Thomas-Mann-Experten lange schon als Anspielung auf die jugendliche Verliebtheit des Dichters zu Williram Timpe, dem Sohn eines Lübecker Lehrers, eingeordnet. Pribislav Hippe, so heißt es im *Zauberberg*, …

> „… zog sein Crayon aus der Tasche, ein versilbertes Crayon mit einem Ring, den man aufwärts schieben musste, damit der rotgefärbte Stift aus der Metallhülse wachse. Er erläuterte den einfachen Mechanismus, während ihre beiden Köpfe sich darüber neigten … Dann sahen sie einander lächelnd an, und da nichts mehr zu sagen blieb, kehrten sie sich erst die Schultern und dann die Rücken zu und gingen. Das war alles. Aber vergnügter war Hans Castorp in seinem Leben nie gewesen als in dieser Zeichenstunde (Mann 1986)."

In München lernte Thomas Mann den Kunstmaler Paul Ehrenberg kennen, für den er eine tiefe Zuneigung empfand. Soweit man es den *Tagebüchern* des Dichters sowie späteren Schilderungen Ehrenbergs entnehmen kann, hat sich zwischen den beiden Männern jedoch nie mehr als eine Berührung ihrer Schläfen und eventuell die Andeutung eines Kusses ergeben. Analoges berichten die Biografen von den anderen „Geliebten" Thomas Manns (z. B. von Klaus Heuser), in die er sich jeweils leidenschaftlich, aber durchaus platonisch verliebte.

Als Thomas Mann ab 1895 zusammen mit seinem Bruder Heinrich beinahe zwei Jahre lang in Italien verbrachte, stieß er in Venedig, Rom, Neapel nicht nur auf umwerfende naturhafte, architektonische und künstlerische Anmut, Schönheit und Grandezza. Darüber hinaus begeisterte ihn auch die Vitalität und Sinnlichkeit vieler Italiener – und er schilderte in Briefen an Otto Grautoff, seinen Schulfreund aus Lübecker Tagen, allerdings auch seine Leiden, womit er *expressis verbis* seine Geschlechtlichkeit in Form homosexueller Fantasien meinte.

Enorm zu schaffen machten ihm in Italien die häufigen Versuchungssituationen, in die er *nolens volens* geriet, sobald er sich abends ins bunte Treiben der Städte begab. Zuhälter, so schrieb Mann, zischelten eindringlich und beinahe penetrant von wunderschönen Mädchen und ... – wobei die Auslassungspunkte mindestens so beredt imponieren wie seine sonstigen Schilderungen. Als Strategie gegen seine bedrängenden homoerotischen Anwandlungen erwog der Dichter allen Ernstes asketisch-diätetische Maßnahmen: Reisessen! Selbst noch so kundige Thomas-Mann-Experten vermögen nicht mit Sicherheit zu sagen, ob damit alle Angebote von Neapolitanischen Strichjungen von ihm ausgeschlagen wurden.

In Italien verfiel Thomas Mann – sehr zum Wohle der Literatur und letztlich zu unserem Lektüregenuss – noch auf eine andere Maßnahme, um seine sexuellen Fantasien virtuell bleiben zu lassen und seine Schuldgefühle (die sich womöglich nicht nur auf die Homosexualität bezogen (Maar 2000)) in Schach zu halten: die Schriftstellerei und Dichtkunst. Der etwas über zwanzig Jahre alte Autor legte sich einen Lebens- und Arbeitsrhythmus zu, dem er ohne Abweichungen fast sechs Jahrzehnte lang treu geblieben ist, und dem sich fürderhin seine Familie ebenso wie allfällige Bekannte und Besucher unterordneten. Mit diesem Programm kompensierte er nebenbei auch die lässige Lernmoral seiner Jugendzeit und daraus resultierende Bildungslücken. So wurde er im Laufe seines Dichter-Daseins regelrecht zu einem *Poeta doctus*, dessen Gelehrtheit uns in vielen seiner Texte staunen macht; seinen Arbeitsstil charakterisierte er 1928 auf eine Anfrage hin:

> „Ich arbeite vormittags, etwa von neun bis zwölf oder halb ein Uhr, täglich, mit seltenen Ausnahmen. Das ist nicht Zwang, sondern Gewohnheit, und eine notwendige; denn will ich etwas zustande bringen, so darf ich nicht viele Ferien machen. Ich brauche weißes, vollkommen glattes Papier, flüssige Tinte und eine neue, leicht gleitende Feder. Äußere Hemmungen rufen innere hervor. Damit es kein Durcheinander gibt, lege ich ein Linienblatt unter. Ich muss auf Klarheit halten (Mann 1994)."

Klarheit, Reinheit, regelmäßiger Rhythmus und Disziplin – natürlich liegt es nahe, solche Begriffe, Vorgehensweisen, Wertdimensionen unter den Gesichtspunkten von Abwehr und Sublimierung libidinöser (homosexueller) Impulse zu betrachten – von Impulsen, die der Dichter hinsichtlich eines authentischen Ausagierens für sich als ziemlich inakzeptabel einstufte. In der Psychoanalyse wird der Begriff der Sublimierung für jene schöpferischen Resultate von Menschen verwendet, die ihre Entstehung einer sexuellen Energie verdanken, ohne dass diese Energie direkt (z. B. als Koitus) ausgelebt worden wäre.

Wissenschaftliche oder künstlerische oder philosophische oder sogar sportliche Prozesse, Werke und Ergebnisse sind demnach möglich (so Sigmund Freud und die Psychoanalyse), wenn und weil die Libido (sexuelle Triebenergie) eines Künstlers, Wissenschaftlers, Philosophen oder Dichters in dessen Schaffensprozess und nicht (ausschließlich) in sexuelle Betätigungen im engeren Sinne investiert wird. Dabei kommt es für ihn zu einer anderen, desexualisierten Form der Befriedigung.

Ohne das Sublimierungskonzept im Hinblick auf die Arbeitsweise sowie die literarisch-künstlerischen Resultate Thomas Manns in Frage zu stellen, lassen sich bei ihm jedoch noch weitere, insbesondere auch ethische und ästhetische Aspekte benennen, die ebenfalls zu seiner sublimen, manche meinen: gehemmten Art der Homoerotik beigetragen haben. Aufschlussreich für seine Haltung in Bezug auf konkretere und invasivere homosexuelle Kontakte ist beispielsweise ein Tagebucheintrag, in dem sich Thomas Mann mit den diesbezüglichen sexuellen Praktiken von André Gide befasste. Sein französischer Dichterkollege war im Hinblick auf dessen Homosexualität bedeutend expansiver und ungehemmter – er suchte und fand viele, auch kurzzeitige Beziehungen mit Jungen und Jugendlichen, etwa in Nordafrika, wovon sich Thomas Mann merklich distanzierte:

> „Verstimmt gegen ihn (André Gide) durch sein allzu direkt sexuell aggressives Verhalten gegen die Jugend, ohne Achtung, Ehrerbietung vor ihr, ohne sich seines Alters zu schämen, unseelisch, eigentlich lieblos. Ich – und einem geliebten Jungen irgendetwas zumuten! Undenkbar! *Seine* Verehrung durch Niederträchtigkeiten stören! Befremdung. – Früh schlafen (Mann 1993)."

Doch zurück zu Thomas Manns Italien-Aufenthalten Ende des 19. Jahrhunderts. Zusammen mit seinem Bruder Heinrich verlebte er die Sommer 1895 und 1897 in Palestrina, einem seinerzeit kleinen Ort mit etwa 5000 Einwohnern in der Nähe von Rom. Heinrich Mann hat diesem Ort mit seinem Roman *Die kleine Stadt* (1909) ein Denkmal gesetzt, wohingegen Thomas Mann eine Vision, die er in Palestrina im Sommer 1897 erlebte, literarisch erst sehr viel später im *Doktor Faustus* (1947) verwertete. Angeblich sah er damals in der Nachmittagshitze im steinernen Saal der italienischen Stadt urplötzlich einen Fremdling auf einem schwarzen Sofa sitzen, von dem er wusste und überzeugt war, dass es sich dabei um den Teufel höchstpersönlich handelte; im oft zitierten 25. Kapitel von *Doktor Faustus*, in dem die Hauptfigur Adrian Leverkühn dem Teufel begegnet, griff Thomas Mann diese Szene wieder auf (Mann 1986).

In den Jahren 1895 bis 1897/98 verfasste er eine Reihe früher Erzählungen, die er im *Simplicissimus*, in *Neue deutsche Rundschau* oder als Buchveröffentlichungen wie etwa *Der kleine Herr Friedemann* (1898) publizierte. Die Atmosphäre dieser Texte – *Der Wille zum Glück*, 1896; *Der Tod*, 1897; *Enttäuschung*, 1896; *Der Bajazzo*, 1897; *Tobias Mindernickel*, 1898 – war durchaus pessimistisch-gedämpft. Daneben machte sich seine Identifikation mit „*Juden, Frauen und Litteraten*" (Detering 2005) bemerkbar – eine Identifikation, die es ihm erlaubte, sich mit seiner eigenen Rolle als Einzelner und Einzelgänger, als Künstler und homoerotischer Outsider zumindest im Kreis anderer Stigmatisierter (um 1900 gehörten Frauen, Juden, Intellektuelle durchaus dazu) aufgehoben zu fühlen. Wie in der stark autobiografisch eingefärbten Novelle *Tonio Kröger* (1903) ausgeführt, empfand Thomas Mann damals die Außenseiterposition als Preis für Dichtkunst und Literatentum, und diesen Preis war er gewillt zu begleichen, obschon er die Sehnsucht nach bürgerlich-etablierten Verhältnissen bei sich wiederholt zu registrieren wusste.

Buddenbrooks Den großartigsten literarischen Ertrag seiner italienischen Jahre bedeuteten die Vorarbeiten zu jenem Roman, der entscheidend dazu beigetragen hat, dass Thomas Mann drei Jahrzehnte darauf mit dem Nobelpreis für Literatur ausgezeichnet wurde: *Buddenbrooks – Verfall einer Familie* (1901). „Schon in Palestrina", so schrieb er in seinem *Lebensabriss* (1930), „hatte ich nach eifrigen Vorarbeiten *Buddenbrooks* zu schreiben begonnen … und nahm ein bedenklich angeschwollenes Manuskript mit nach München" (Mann 1994). Man kann nachvollziehen, warum Samuel Fischer, der Verleger von Thomas Manns Schriften, über ein Jahr lang mit sich rang, bevor er den Roman 1901 in zwei Bänden herausgab. Doch erst die einbändige und verbilligte Ausgabe zwei Jahre später brachte den Durchbruch, und inzwischen ist dieses Werk mit etwa zehn Millionen verkauften Exemplaren in deutscher Sprache und mit Übersetzungen in etwa vierzig Sprachen zu einem Long- und Bestseller des Fischer-Verlags geworden.

Was aber machte und was macht diesen Roman heute noch zu einem Lektüreereignis sondergleichen? Oberflächlich, auf den ersten Blick betrachtet, handelt es sich bei *Buddenbrooks* vor allem um die Geschichte eines Abstiegs, Misslingens und Verfalls. Über vier Generationen hinweg folgte der Dichter den Protagonisten seiner Geschichte, begonnen bei Johann Buddenbrook dem Älteren, der als enorm erfolgreicher Getreidegroßhändler und preußischer Heereslieferant ein Vermögen geschaffen hatte, über dessen Sohn Jean Buddenbrook, ebenfalls Kaufmann sowie Königlich-Niederländischer Konsul, und dessen Sohn Thomas Buddenbrook, der als Erbe der Firma diese mit riskanten Geschäften in Gefahr bringt und mit nicht einmal fünfzig Jahren infolge einer missglückten Zahnextraktion stirbt, bis hin zu dessen Sohn Hanno, der zwar ausersehen war, die Geschäfte seiner Vorfahren fortzuführen, aber als derart sensibel-verträumt gezeichnet wird, dass ihn die hart-schonungslose Wirklichkeit in Form einer Infektionskrankheit (Typhus) bereits als Jugendlichen hinwegrafft.

Neben der direkt-männlichen Linie der Buddenbrooks entwarf Thomas Mann noch eine bunte Schar weiterer Haupt- und Nebenfiguren, die als Verwandte oder Angeheiratete, Bekannte oder Mitbürger der Buddenbrooks deren Abstieg mit ansehen oder kommentieren oder sogar mitverursachen: Man denke nur an Tony Buddenbrook, Schwester von Thomas Buddenbrook, die mit zwei gescheiterten Ehen (zuerst mit dem Kaufmann Bendix Grünlich und dann mit dem Münchner Original Alois Permaneder) den Niedergang der Familie mitverkörpert; oder an Thomas Buddenbrooks Bruder Christian, einem Anhänger des Konjunktivs, der alle möglichen und unmöglichen Projekte beginnt, ohne auch nur eines zu einem guten Ende zu führen; oder an den Versicherungsmakler Hugo Weinschenk, der Erika (die Tochter Tony Buddenbrooks aus ihrer ersten Ehe) heiratet, wegen undurchsichtiger Machenschaften sogar zu einer Gefängnisstrafe verurteilt wird und sich aufgrund dieser Schande auf Nimmerwiedersehen nach London absetzt.

Dies alles wird in außerordentlich lebendiger, in vielen Passagen fast heiterer, oftmals ironischer Manier erzählt, sodass man als Leser dem Autor bereitwillig in die von ihm geschilderte Verfallsgeschichte folgt – wobei sich die Dekadenz nicht nur auf die Familie Buddenbrook, sondern auf das Bürgertum generell im zu Ende gehenden 19. Jahrhundert bezieht. Thomas Mann verwendete für seinen Roman einen konventionellen literarischen Stil, der an

Theodor Fontane, Charles Dickens oder die französischen und russischen Erzähler des 19. Jahrhunderts erinnert; von den beinahe zeitgleich auftretenden Roman-Experimenten der Moderne (James Joyce, Marcel Proust, Arthur Schnitzler, Virginia Woolf, Hermann Broch) spürt man bei den *Buddenbrooks* nichts.

Zu Recht haben die Thomas-Mann-Experten darauf hingewiesen, dass es sich bei *Buddenbrooks* um ein erstaunlich durchkomponiertes Erstlingswerk eines sehr jungen Autors handelte, das manche als Jugendwurf und wieder andere sogar als frühen Höhepunkt seines gesamten Oeuvres bezeichnen. Hanjo Kesting etwa ist in *Thomas Mann – Glanz und Qual* (2023) sehr angetan von der Art und Weise, wie der Dichter manche Motive in seinem Text anklingen, in den Hintergrund treten und zum Schluss mit ihrer wesentlichen Bedeutung dominant werden ließ – eine literarische Kunstfertigkeit, die ihn an Richard Wagners leitmotivische Opernmusik erinnert (Richard Wagner war für den jungen Thomas Mann ein enorm wichtiger Komponist und Musiker).

Hans Mayer, der sich in Richard Wagners musikalischem Werk ähnlich souverän bewegte wie in der Literatur, führte diesen Gedanken in seinem *Thomas Mann* (1980) weiter aus und zitierte etliche Stellen aus *Buddenbrooks*, in denen die enge Verbindung des Textes mit der Musik Wagners offenkundig wird. Die Kulisse einer äußerlichen Gemächlichkeit, so Mayer, die die Goethezeit, manch reichsstädtische Vergangenheit Lübecks und humanistische Traditionen als Assoziationen evoziert, durchdringt und relativiert Thomas Mann mit seinem ironischen Blick. Die Musik Wagners – beispielsweise *Die Meistersinger von Nürnberg* (1868) – induziert nun einerseits ebenfalls den Schein und die Vorstellung ungetrübter Bürgerlichkeit, und andererseits vermag sie die eklatanten Schwachstellen der Familie Buddenbrook wie auch der Bourgeoisie Ende des 19. Jahrhunderts nur für die Momente ihres betörenden Erklingens (etwa bei *Tristan und Isolde,* 1865) zu kompensieren.

Erich Heller hingegen sah in den *Buddenbrooks* nicht so sehr das Bürgertum, sondern vielmehr die sich ausbildende Welt- und Lebensanschauung des Dichters selbst dem Prüfstein von Skepsis, Ironie und Kritik ausgesetzt. In *Thomas Mann – Der ironische Deutsche* (1959) zeigte er, wie sehr sich die seinerzeitige Suche des Autors nach einem weltanschaulich belastbaren Standort – Schopenhauerscher Pessimismus oder Nietzschesche Bejahung des Daseins (*Amor fati*)? Wagnersche faszinierend-dämonische Irrationalität oder aufgeklärt-rationaler Humanismus? – in seinem Werk widerspiegelte. Seine damalige Ambivalenz gegenüber den nicht einzulösenden Versprechungen von Sinn und Bedeutung mancher Musikpassagen (Wagners) hat Thomas

Mann wohl auch in die Schilderung jener Szene einfließen lassen, in der sich Hanno Buddenbrook, kurz bevor er seiner Typhuserkrankung erliegt, am Flügel einer seiner musikalischen Fantasien völlig überlässt:

> „Es war ein ganz einfaches Motiv, das er sich vorführte, ein Nichts, das Bruchstück einer nicht vorhandenen Melodie ... Es lag etwas Brutales und Stumpfsinniges und zugleich etwas asketisch Religiöses, etwas wie Glaube und Selbstaufgabe in dem fanatischen Kultus dieses Nichts, dieses Stücks Melodie ... etwas Lasterhaftes in der Maßlosigkeit und Unersättlichkeit, mit der sie genossen und ausgebeutet wurde, und etwas zynisch Verzweifeltes, etwas wie Wille zu Wonne und Untergang der Gier, mit der die letzte Süßigkeit aus ihr gesogen wurde, bis zur Erschöpfung, bis zum Ekel und Überdruss (Mann 1986)."

Noch einen weiteren Aspekt möchte ich erwähnen, der in Thomas Manns Arbeit an *Buddenbrooks* eingeflossen ist, und der als Subtext diesen Roman heute noch außerordentlich lesenswert macht: Es ist dies der Gesichtspunkt der Emanzipation durch bewusste Auseinandersetzung mit der eigenen Vergangenheit. Der Dichter schilderte in *Buddenbrooks* nicht irgendeine, sondern mit Abstrichen *seine* Familie und *seine* Stadt und einen Teil *seiner* Biografie. Die Jahre der Konzeption und der geduldigen Umsetzung dieses literarischen Werks kann man deshalb auch unter das Motiv der Selbstsuche und Selbstvergewisserung Thomas Manns einordnen, der die Frage nach seiner Identität (wer bin ich; wer will ich werden?) ähnlich wie in der Psychoanalyse mit der Frage nach seinem Geworden-Sein beantwortete. Und wer besser verstanden hat, wie und wer er geworden ist, kann sich – so er dazu Anlass sieht – leichter, entschiedener von dieser Geschichte emanzipieren.

Bürgerkünstler und Frau Thomas Mann Eingangs habe ich beschrieben, dass Thomas Mann in die Polarität von Bürgerlichkeit und Künstlertum hineingeboren wurde und die daraus resultierende Spannung als grundlegendes Thema seines Daseins verstanden hat. Er spürte intuitiv, dass er die damit verknüpften Konflikte nicht so ohne weiteres direkt würde lösen können; vielmehr versprach er sich eine Spannungsreduktion, wenn es ihm gelang, diese Problematik ins Literarische zu transponieren.

Die schwer zu überbrückenden Divergenzen zwischen Leben und Kunst wurden von ihm eindrücklich in seiner Erzählung *Tonio Kröger* (1903) problematisiert. Die Hauptfigur Tonio Kröger verkörpert das introvertierte, feinsinnig-sensible Wesen eines Künstlers, wohingegen sein Konterpart Hans Hansen, blauäugig, blond und unkompliziert, als extravertiert kräftiger Typus imponiert, der mit beiden Beinen im Leben steht und dasselbe ohne Umschweife genießt. Der Erstere schwärmt von Schillers *Don Carlos*, indes Letzterer in Pferdebücher vernarrt ist. An Tonio Kröger wollte Thomas Mann ermessen, wie sehr sich Künstler vom gewöhnlichen Leben der Allgemeinheit distanzieren und Einsamkeit sowie eventuelle Krankheit in Kauf nehmen müssen, um die schöpferischen Seiten in sich zum Klingen zu bringen:

> „In dem Maße, wie seine Gesundheit geschwächt ward, verschärfte sich seine Künstlerschaft, ward wählerisch, erlesen, kostbar, fein, reizbar gegen das Banale und aufs Höchste empfindlich in Fragen des Taktes und Geschmacks (Mann 2005)."

Doch im Rahmen eines späteren visionären Zusammentreffens mit Hans Hansen in Dänemark kommen Krögers Ansichten zum Künstlertum sowie seine bisherige Weltanschauung mächtig ins Wanken. Er erlebt sich als zwischen den zwei Welten des Bürgertums und der Kunst stehend und beurteilt seine früheren abwertenden Kommentare über das oberflächliche Dasein des Jugendfreundes als arrogant:

> „Wenn irgendetwas imstande ist, aus einem Literaten einen Dichter zu machen, so ist es diese meine Bürgerliebe zum Menschlichen, Lebendigen und Gewöhnlichen. Alle Wärme, alle Güte, aller Humor kommt aus ihr. Meine tiefste und verstohlenste Liebe gehört den Blonden und Blauäugigen, den hellen Lebendigen, den Glücklichen, Liebenswürdigen und Gewöhnlichen (Mann 2005)."

In seiner Studie *Auf der Suche nach dem Bürger* (Lukács 1950) hat Georg Lukács zu Recht darauf hingewiesen, dass Thomas Mann ein Künstlerdasein verkörperte, das sich nicht im Kontrast zur Bürgerlichkeit verstand; oder anders ausgedrückt: Nicht die Hans Hansens (aus *Tonio Kröger*) oder die Hagenströms und Krögers und Kistenmakers (aus *Buddenbrooks*) präsentierten den Bürger oder Citoyen, wie Thomas Mann ihn als Idealtypus vorschweben hatte, sondern – der Künstler, der am ehesten jene bürgerlichen Werte und Traditionen hochzuhalten imstande war, die ihm selbst als essenziell für sein Werk wie auch für seine Lebensgestaltung erschienen. 1930 führte der Dichter dies im Rückblick auf die Verleihung des Literatur-Nobelpreises an ihn weiter aus; er sprach dabei über …

> „… den bürgerlichen Gedanken eben in jenem höchsten und geistigsten Sinne, in welchem ich ihn eben zu entwickeln und zu bestimmen suchte … Es ist die Haltung, die Goethe im großartigsten Stil praktiziert hat, und wenn nun ich in

meinem Stand diese Haltung an den Tag gelegt habe, so mag wirklich der Grund für die mir widerfahrene Auszeichnung in dem Glauben der Welt an die erhaltenen sowohl wie die zukünftigen Kräfte sein, die dem Ethos bürgerlicher Humanität eingeboren sind (Mann 1994)."

In den ersten Jahrzehnten seiner schriftstellerischen Laufbahn war Thomas Mann allerdings ein Autor, dem Erzählungen und Romane ziemlich düster-melancholisch gerieten: Begonnen bei *Der kleine Herr Friedemann* (1898) über *Buddenbrooks* und *Tonio Kröger* bis hin zu *Der Tod in Venedig* (1912) begegnen uns Figuren, denen der Autor Krankheiten, Niederlagen, Abstieg und Tod auf den Leib geschrieben hat. In Anlehnung an Schopenhauer und Wagner liebäugelte er mit Sehnsuchtsmotiven, deren Ziele durchaus irgendwo im Nicht-Sein verortet waren.

Güte, Wärme, Humor oder das Ethos der bürgerlichen Humanität, wie in *Tonio Kröger* vom wahren Poeten gefordert, kamen in den frühen Texten Thomas Manns jedenfalls zu kurz – ein Mangel, den er selbst registrierte, ohne ihn so ohne weiteres beheben zu können. Ihm war bewusst, dass er die eben aufgezählten menschlichen und künstlerischen Qualitäten nicht *via* einer Willensanstrengung herbeizaubern konnte, sondern sie günstigenfalls als Resultate einer Entwicklung seiner Persönlichkeit und von veränderten Lebensumständen zu erwarten standen – für beides verspürte Thomas Mann seinerzeit Bereitschaft bei sich.

Und beides wurde bei ihm eingeleitet, als er Katia Pringsheim kennenlernte. Sie war 1883 als Zwilling in Feldafing in der Nähe von München geboren worden und lebte bis 1980, also bis in ihr 97. Lebensjahr hinein. Ihr Vater Alfred Pringsheim war Professor für Mathematik in München, und ihre Großmutter Hedwig Dohm hatte sich als Frauenrechtlerin und Schriftstellerin einen Namen gemacht. Katia selbst war wohlbehütet unter vier Brüdern aufgewachsen und studierte, als sie mit dem Dichter in näheren Kontakt kam, in München Mathematik und Physik.

Die Ehe mit Katia, um die Thomas Mann ausdauernd werben musste, bevor sie darin einwilligte, erwies sich für ihn als enormer Glücksfall. Obwohl das Paar sechs Kinder in die Welt setzte, weiß man aus den Tagebüchern Manns, dass es bei ihm häufig zu Impotenz gekommen ist. Seine Gattin nahm ihm weder seine reduzierte sexuelle Aktivität noch die bei ihm weiterhin vorhandenen und ihr gegenüber offen verhandelten homophilen Interessen übel.

Das Glück dieser ehelichen Beziehung lag für Thomas Mann darin begründet, in Katia eine Frau gefunden zu haben, die ihm die bürgerliche Struktur einer Ehe und Familiengründung mit der Tochter eines Mathematikprofessors sowie emotionale Stabilität und soziale Anerkennung bot, die er als offen homophiler Künstler nur schwerlich hätte erringen können. „Die entscheidende Erwägung und Sicherheit", so vertraute er seinem *Tagebuch* an, „bleibt mir, dass ich mich meiner Natur nach im Bürgerlichen bergen darf, ohne eigentlich zu verbürgerlichen." Und weiter schrieb er über seine delikate Lebensform:

> „Nie habe ich das Glück für etwas Leichtes und Heiteres gehalten, sondern stets für etwas so Ernstes, Schweres und Strenges wie das Leben selbst – und vielleicht *meine* ich das Leben selbst. Ich habe es mir nicht „gewonnen", es ist mir nicht „zugefallen", – ich habe mich ihm *unterzogen*: aus einer Art Pflichtgefühl, einer Art Moral, einem mir eingeborenen Imperativ, den ich mit der Zeit als etwas Sittliches anzuerkennen gelernt habe (Mann 1921)."

Mit Frau Katia hatte sich Thomas Mann eine Lebensgefährtin gewählt, die nach wenigen Jahren Ehe dessen eherne Werdens- und Daseinsgesetze nicht nur verstanden, sondern auch klaglos in die eigene Lebensführung integriert hatte. Sie akzeptierte, dass und wie seine schriftstellerische Arbeit das Alpha und Omega seines Daseins bedeutete, und dass sie eine fördernd gedeihliche Beziehung mit ihm nur realisieren konnte, wenn sie ihn darin vorbehaltlos unterstützte.

Katia Mann brach ihr begonnenes Studium der Mathematik und Physik ab und wurde stattdessen Mutter und Gattin eines Schriftstellers, der seit der Publikation von *Buddenbrooks* oftmals im Blickfeld der Öffentlichkeit stand und entsprechende Repräsentationspflichten wahrnahm, die auch seine Frau betrafen. Sie erfüllte dabei jede nur erdenkliche Aufgabe, die an seiner Seite anfallen mochte: z.B. Fachfrau für Immobilien und Finanzen, Buchhalterin, Krankenpflegerin, Empfangsdame, Korrespondenzverwalterin, Sekretärin, später Spezialistin für die Organisation des Exils, charmante Gastgeberin für alle möglichen gesellschaftlichen Anlässe sowie Erzieherin von sechs teilweise schwierigen Kindern.

Eine Weile (z. B. im Schweizer Exil) wurde sie von Zeitgenossen als „Frau Thomas Mann" angesprochen; Inge und Walter Jens haben ihre Biografie über sie sogar mit *Frau Thomas Mann* betitelt (Jens 2003). Wer von der Selbstverwirklichung Thomas Manns spricht, tut jedenfalls gut daran, seine Gattin gebührend zu erwähnen, die über fünfzig Jahre lang seine Entwicklung immens förderte und ermöglichte; und man darf jenes bitter klingende Urteil nicht außer Acht lassen, das sie als 85-jährige alte Dame im Rückblick auf ihr Leben in *Meine ungeschriebenen Memoiren* geäußert hat: „Ich habe in meinem Leben nie tun können, was ich hätte tun wollen" (Mann 1983).

Bei den rasch nacheinander erfolgenden Schwangerschaften, bei der Fülle von Aufgaben, die von ihr umfangreiche Verzichtsleistungen erforderten, sowie bei den emotionalen Belastungen in den ersten Jahren ihrer Ehe (damals starb noch dazu ihr Lieblingsbruder Erik) war es kein Wunder, dass Katia Mann einige Zeit einen depressiv-gedrückten Eindruck machte und schließlich an Tuberkulose erkrankte. Als sie sich 1911 und 1912 wegen ihrer Tuberkulose mehr und mehr von ihren Aufgaben als Gattin, Hausfrau und Mutter zurückziehen und mehrmals für einige Monate in Davos auf dem Zauberberg sowie in Arosa in Lungenkliniken verbringen musste, mag dies für sie wie eine Art Auszeit und Moratorium gewirkt haben.

Der Verzicht auf verlockende Optionen ihrer Existenz und die Trauer darum mögen zur Krankheit Katia Manns mitbeigetragen haben; das Sich-Fügen in die neuen Daseinsrollen und die Akzeptanz ihrer Bedeutung für Thomas Mann waren dagegen Faktoren, die zur Stabilisierung und *restitutio ad integrum* der Patientin geführt haben. Für den Dichter boten die Krankheit seiner Frau und vor allem ihre Klinikaufenthalte in der Schweiz (wo er sie für einige Wochen besuchte) Anlässe, sich mit einem neuen Romanprojekt (*Der Zauberberg*) zu beschäftigen.

Betrachtungen eines Unpolitischen Thomas Mann hatte zwar schon 1912 bei und nach seinem Krankenbesuch bei Katia in Davos mit allerersten Notizen zum *Zauberberg* begonnen, den er – wie so oft bei ihm – als kleinere Novelle geplant hatte, und der sich zuletzt zu einem Tausend-Seiten-Roman auswachsen sollte. Die kontinuierliche Arbeit daran wurde jedoch entscheidend unterbrochen, als sich die politische Situation in Europa im Sommer 1914 dramatisch zuspitzte und daraufhin der Erste Weltkrieg ausbrach.

Den Beginn des großen Krieges begrüßte Thomas Mann wie sehr viele andere Intellektuelle beinahe begeistert. Weil er ausgemustert worden war, wollte er sich zumindest schreibend an der nationalen Aufgabe beteiligen. Er verfasste Aufsätze wie *Gedanken im Kriege* (1914), *Friedrich und die große Koalition* (1914), *An die Armeezeitung* (1916) sowie die *Betrachtungen eines Unpolitischen* (1918) – ein Werk mit etwa 600 Druckseiten. Entstanden sind die *Betrachtungen* innerhalb von drei Jahren zwischen 1915 und 1918; abgeschlossen und publiziert wurden sie kurz vor dem Ende des Ersten Weltkriegs. Im Buch finden sich Kapitel, die betitelt sind mit: Der Protest; Der Zivilisationsliterat; Bürgerlichkeit; Politik; Von der Tugend; Einiges über Menschlichkeit; Ironie und Radikalismus usf.

Den einzelnen Kapiteln merkt man unterschiedlich stark an, dass Thomas Mann damals von mächtigen Tendenzen einer reaktionär-konservativen Weltanschauung beherrscht war. Diese Neigungen wurden durch die Beziehung zum älteren Bruder Heinrich unterstützt und bestärkt, der in seinem 1915 publizierten Essay über *Zola* demokratische, republikanische und sogar sozialistische Ideen und Vorstellungen propagiert hatte und sie öffentlich vertrat. Weil Thomas Mann sich von Heinrich literarisch ebenso wie weltanschaulich abheben wollte, blieb ihm der ideologisch rückwärtsgewandte Part eines Künstlers und Nationalisten, der sich als apolitisch zu definieren versuchte, und dem die breite Masse des Volkes mit ihren sozialen und ökonomischen Problemen nicht in sein Ästhetik- und Kulturkonzept passte.

Ohne seinen Bruder beim Namen zu nennen, kritisierte Thomas Mann dessen Weltanschauung und politische Gesinnung in den *Betrachtungen* scharf. Heinrich Manns Orientierung an einem zukünftigen Europa, an westlichen Demokratien (wie in England) sowie an fortschrittlich-republikanischen Staatsgebilden (wie in Frankreich) standen jenen Vorstellungen diametral gegenüber, die der Jüngere von beiden vertrat: ein kaiserliches Deutschland, das auf seinen kulturell-politischen Sonderweg beharren sollte (machtgeschützte Innerlichkeit – so lautete der Begriff Thomas Manns dafür). Er, Thomas Mann, verkörpere die deutsche Kultur mit ihrer angeblichen Tiefe, wohingegen der Bruder Heinrich als oberflächlich-frankophiler Zivilisationsliterat von ihm entwertet wurde.

Diese elitären Ansichten, die Thomas Mann durch seine Schopenhauer-Studien ebenso wie durch seine Wagner-Vorliebe bestätigt sah und mit manch passenden Nietzsche-Zitaten untermauerte, vertrat er nachhaltig im Zeitraum von 1900 bis etwa zum Ende des Ersten Weltkriegs. In Briefen sprach er damals von seiner tief eingeborenen „Sympathie mit dem Tode" und von seinem ihm innewohnenden Interesse an Niedergang und Verfall, nicht aber an Aufschwung und Fortschritt.

Überwiegend diese von Thanatophilie angekränkelte Weltsicht begegnet dem Leser in den *Betrachtungen*. Den Pazifismus eines Romain Rolland attackierte der Autor darin ebenso wie die Auslassungen eines Anatole France, und Werte wie Gerechtigkeit und Wahrheit sah er von Vertretern der (französischen) Zivilisation dünkelhaft missbraucht. Vor dem Hintergrund solcher Überzeugungen wird das beinahe begeisterte Urteil Thomas Manns über den Ersten Weltkrieg verständlich:

> „Man fühlt, dass alles wird *neu* sein müssen nach dieser tiefen, gewaltigen Heimsuchung, und dass die deutsche Seele stärker, stolzer, freier, glücklicher daraus hervorgehen wird (Mann 1961)."

Eine ähnliche Positionierung finden wir in den *Betrachtungen eines Unpolitischen*. Der Krieg wurde darin von Thomas Mann als Möglichkeit hochstilisiert, Geist und Leben zu versöhnen, dem Dasein Sinn und Orientierung zu geben und kraftvolle Männlichkeit zu beweisen. Doch blieb Mann keineswegs ein Kriegsbegeisterter. Je länger sich die Kampfhandlungen hinzogen, und je grauenvoll-inhumaner sich die Frontberichte lasen, umso mehr distanzierte er sich von seinen früheren Urteilen: „Der Krieg ist gräulich, ja!" (Mann 1983) – schrieb er an einer Stelle. Und ganz generell stellte er fest, dass Künstler wie er häufiger Meinungen von sich geben, die wenig und nur kurz gelten, und die man daher nicht allzu ernst nehmen dürfe.

Von solchen Meinungen sind die *Betrachtungen eines Unpolitischen* allerdings durchweg geprägt. Wer längere Passagen daraus liest, den überkommen immer wieder Zweifel, wo die bloßen Als-ob-Ansichten des Autors enden und wo seine ureigensten Überzeugungen beginnen. Die *Betrachtungen* sind ein Text, der mit seinen geschliffen-kunstvollen Formulierungen wiederholt in einen merklich reaktionären Konservatismus abgleitet. So sprach Thomas Mann etwa von der „exzentrischen Humanität des Krieges" (Mann 1983) oder der Monarchie, nach der er sich als aristokratischer Herrschaftsform und menschenwürdiger Staatsverfassung sehne.

Ähnliche Bemerkungen Manns finden sich über die russische Revolution von 1917. Hierbei wurde ihm der slawophile Dostojewski zum Gewährsmann für seine Gedanken über die Natur und das Wesen Russlands, zu dem ein Kommunismus in Anlehnung an Marx und Engels überhaupt nicht passe. Der Marxismus sei vielmehr eine fragwürdige Verschmelzung von französischer Revolution und englischer Nationalökonomie; als solcher wurde er (der Kommunismus) vom Autor prinzipiell kritisch beurteilt. Frankophil-westliche Werte verkörperte schließlich sein Bruder Heinrich, wohingegen er selbst sich damals slawophil, östlich und gegebenenfalls skandinavisch orientiert gab:

> „Fort also mit dem landfremden und abstoßenden Schlagwort „demokratisch"! Nie wird der mechanisch-demokratische Staat des Westens Heimatrecht bei uns erlangen (Mann 1983)."

Als kurz vor dem Ende des Ersten Weltkriegs Thomas Manns *Betrachtungen eines Unpolitischen* erschienen, war ihr Verfasser bereits 43 Jahre alt – ein Alter, in dem bei Menschen recht häufig ihre charakterliche und weltanschauliche Entwicklung abgeschlossen und besiegelt ist. Es macht eine der bemerkenswerten Qualitäten des Dichters aus, dass er und wie er sich in den kommenden Jahrzehnten zu einem politisch höchst engagierten und kritisch-wachen Schriftsteller und Intellektuellen entwickelte, dessen ideologische Hauptleistung darin bestand, den enorm weiten Weg vom reaktionär-konservativen Ästhetizismus und Elitedenken eines „unpolitischen" Dichters zum gesellschaftlichen Engagement eines weltbürgerlichen Humanisten und Demokraten zurückgelegt zu haben.

Humanismus, Demokratie und Der Zauberberg Diese Entwicklung leitete der Dichter vorrangig in den 1920er-Jahren ein. Damals setzte er sich mit den Werten von Aufklärung und republikanischem Humanismus ebenso wie mit Psychoanalyse und deren tiefenhermeneutischem Herangehen an die menschliche Wirklichkeit auseinander. Er korrigierte seine politischen Ansichten und Fehlurteile der 1910er-Jahre, näherte sich zunehmend einer demokratischen Staatsform an und begann, die Weimarer Republik wertzuschätzen (Sina 2024). Als 1922 Walther Rathenau ermordet wurde, war dies für ihn ein Anlass, sich öffentlich für die Demokratie einzusetzen; seine Rede *Von deutscher Republik* gab davon eindrücklich Zeugnis:

> „Anstand und Menschenwürde gebieten, Europa zur Republik zu erklären – sofern die Idee der Republik mit derjenigen nationaler Friedenskultur verbunden ist … Mein Vorsatz ist, euch für die Republik zu gewinnen und für das, was Demokratie genannt wird, und was ich Humanität nenne … Die sogenannte Freiheit ist kein Spaß und Vergnügen, nicht das ist es, was ich behaupte. Ihr anderer Name lautet Verantwortlichkeit (Mann 1993)."

In den 1920er-Jahren hatte Thomas Mann seine Boheme-Anwandlungen hinter sich gelassen, die ihn bis zur Publikation von *Buddenbrooks* immer wieder faszinierten und zugleich bedrängten. Aus ihm war ein arrivierter „Großschriftsteller" (Robert Musil) geworden, der als Künstler und Literat die Vorzüge bürgerlich-gediegener Daseinsgestaltung zu schätzen wusste. Hatte Thomas Mann in den *Betrachtungen* noch die Position eines elitären Kulturbegriffs vertreten, dem irrationale Tiefe nicht fremd war, plädierte er in den 1920er-Jahren für eine Integration der konservativen Kulturidee in die progressiven Reform- und Gesellschaftsgedanken und damit für eine Politisierung von Kunst, Wissenschaft, Philosophie. Für eine solche Einstellung taugten die von ihm oft zitierten Gewährsleute (Schopenhauer, Wagner, Nietzsche) nur partiell; im Essay *Kultur und Sozialismus* (1927) taucht stattdessen der Name Karl Marx auf. Beim Begriff Sozialismus lohnt es, sich der genauen Bedeutung zu vergewissern, die Thomas Mann diesem Terminus zugedachte. Auch in den 1920er-Jahren war er kein Parteisoldat oder Politiker, und dementsprechend eigenwillig interpretierte er politische Begriffe und Systeme. So heißt es bei ihm an einer Stelle in seiner späteren Abhandlung *Bekenntnis zum Sozialismus*:

> „*Sozialismus* ist nichts anderes als der pflichtmäßige Entschluss, den Kopf nicht mehr vor den dringendsten Anforderungen der Materie, des gesellschaftlichen kollektiven Lebens in den Sand der himmlischen Dinge zu stecken, sondern sich auf die Seite derer zu schlagen, die der Erde einen Sinn geben wollen, einen Menschensinn. In diesem Sinne bin ich *Sozialist*. Und ich bin *Demokrat* in dem einfachen und allgemeinen Sinn, dass ich an die Unvergänglichkeit von Ideen glaube, die mir mit der Idee des Menschen selbst, mit jedem Gefühl für die Tatsache Mensch unverbrüchlich verbunden scheinen – der Idee der Freiheit zum Beispiel (Mann 1994)."

Ähnlich wie andere Schriftsteller (z. B. Albert Camus) erachtete auch Thomas Mann soziale und geistig-kulturelle Prozesse als mindestens ebenso wesentlich für die Entwicklung eines Staates und Gemeinwesens wie dessen wirtschaftliche oder technische Veränderungen. Sozialismus in seinem Sinne bedeutete vor allem, die „Natur mit Menschlichem zu durchdringen". Diese Formulierung stammt zuerst und ursprünglich von Friedrich Nietzsche und wurde von Thomas Mann um Politik und Gesellschaft erweitert. Die gesamte Erde müsse humanisiert, das heißt von Werten wie Freiheit, Vernunft, Frieden, Schönheit, Gerechtigkeit durchdrungen werden; dies sei Ziel und Inhalt jeglicher (sozialistischer) Politik.

Hilfreich für die weltanschauliche Neuorientierung Thomas Manns in den 1920er-Jahren war für ihn die wachsende Beschäftigung mit Goethe, Schiller und Tolstoi sowie seine Abwendung von Schopenhauer und Wagner. Das zeigt sich deutlich an seinem Essay *Goethe und Tolstoi* (1921). Goethe wurde für den Dichter fortan das nachahmenswerte Modell für Künstlertum, Humanität, Realisation des eigenen Selbst – kein Wunder, dass er ihm später in mehreren Aufsätzen und in seinem großartigen Goethe-Roman *Lotte in Weimar* (1939) seine Reverenz erwiesen hat. Über Goethes Definition der Selbstrealisation notierte er jedenfalls:

> „Sollte nicht ein Mensch, der nicht an unheilbarer Selbstgefälligkeit krankt, in der Anschauung seines Ebenbildes der eigenen Verbesserungsbedürftigkeit sich recht bewusst werden? Doch, eben dies sollte er. Und eben dies Gefühl der Verbesserungs- und Vervollkommnungsbedürftigkeit, diese Empfindung des eigenen Ich als einer *Aufgabe*, einer sittlichen, ästhetischen, kulturellen Verpflichtung *objektiviert* sich im Helden des autobiographischen Bildungs- und Entwicklungs-Romans, vergegenständlicht sich zu einem Du, an welchem das dichterische Ich zum Führer, Bildner, Erzieher wird (Mann 1993)."

Ab den frühen 1920er-Jahren wandte sich Thomas Mann bewusst den Aufgaben einer humanistischen Selbsterziehung zu, wobei er wie schon in den

Jahren zuvor über einen Großteil dieser Prozesse in seinen epischen Schriften Auskunft gab. So kann man den Roman *Der Zauberberg* (1924) als autobiografischen Bericht lesen, in dem der Autor beschrieb, wie er *alias* Hans Castorp die brennend-progressiven Themen der damaligen Epoche – Demokratie, Gleichstellung der Geschlechter, Abkehr von der Monarchie, aber auch die wissenschaftlichen Fragen von Medizin und Psychoanalyse oder die philosophischen Auseinandersetzungen über Leben, Raum und Zeit – zu seinen eigenen machte.

Damit wurde er zu einem Repräsentanten der aufgeklärten Moderne, der sich von seiner Sympathie mit dem Tode freigeschrieben hatte und ein Vorbote einer humaneren Zukunft sein wollte. Obwohl er im *Zauberberg* den Themenbereichen von Krankheit und Tod breiten Raum zugestanden hat – immerhin handelt es sich um ein Lungensanatorium, das den Rahmen für die Hauptgeschehnisse im Roman abgibt –, konzipierte Mann mit Hans Castorp eine Figur, die (vorerst) nicht stirbt, sondern sich mit aller Kraft dem Leben zuwendet. Der Dichter hat diese Wendung in einem zentralen Abschnitt des Romans geschildert, der die Überschrift *Schnee* trägt. Castorp verirrt sich bei einem Ausflug ins Hochgebirge im Schneetreiben und kommt dabei beinahe um. An eine Holzhütte gelehnt, träumt der entkräftete junge Mann eine Kaskade von existenziell anmutenden Bildern und Gedanken:

> „Tod oder Leben – Krankheit, Gesundheit – Geist und Natur. Sind das wohl Widersprüche? Ich frage: Sind das Fragen? Der Mensch ist Herr der Gegensätze, sie sind durch ihn, und also ist er vornehmer als sie. Ich will dem Tode Treue halten in meinem Herzen, doch mich hell erinnern, dass Treue zum Tode und Gewesenen nur Bosheit und finstere Wollust und Menschenfeindschaft ist, bestimmt sie unser Denken und Regieren. *Der Mensch soll um der Güte und Liebe willen dem Tode keine Herrschaft einräumen über seine Gedanken* (Mann 1986)."

Man geht nicht fehl, zu vermuten, dass Thomas Mann diesen letzten Satz nicht nur für seine Leser, sondern auch für sich selbst kursiv gesetzt hat. Dem Tode die Herrschaft zu entziehen, bedeutete für ihn wie für Castorp, die Widersprüche des Lebens zu ertragen und sie mit Liebe, Solidarität und Güte zu beantworten. Die verbohrten Vertreter dogmatischer Ideologien sterben im Roman oder verharren als unzeitgemäße Relikte auf dem Zauberberg, indes anderswo neue, humanere Zeiten entworfen werden.

Auch in den literarischen Arbeiten der 1920er-Jahre schlug sich also die hellere, fortschrittlichere Weltanschauung Thomas Manns nieder. Besonders deutlich lässt sich dies am *Zauberberg* zeigen, jenem Roman über Krankheit, Gegenwartserleben und Gestaltung des Daseins, mit dem sich der Dichter endgültig von den düsteren Atmosphären seines Frühwerks emanzipiert hatte. Das Lungensanatorium in den Schweizer Bergen, in das der Titelheld Hans Castorp 1907 ursprünglich nur zu Besuch kommen will und in dem er dann sieben Jahre lang bleibt, wird vom Dichter als pädagogische Provinz konzipiert, in der sich eine Art Entwicklungsroman mit Anspielungen an Goethes *Wilhelm Meisters Lehrjahre* (1795) ereignet. Nach und nach wird aus dem harmlos-unbedarften Hamburger Jüngling Hans Castorp ein erwachsener Mann, der zum Schluss des Romans jedoch trotz all seiner erfolgreichen Wachstumsprozesse aus dem Zauberberg zurück ins Chaos und in die Wirren des großen Krieges 1914 gerät. In den Kapiteln *Der große Stumpfsinn* und *Die große Gereiztheit* deutet sich der nahende *Donnerschlag* (so ist das letzte Kapitel betitelt) des Ersten Weltkrieges bereits an.

Eingebunden ist Hans Castorp auf dem Zauberberg in ein weit verzweigtes Netz von Mit- und Nebenmenschen, von denen einige politisieren und ideologisieren. Romanfiguren wie Naphta (Georg Lukács und Leo Trotzki nachempfunden) und Settembrini (dem Mann Züge seines Bruders Heinrich verliehen hat) kommen zu Wort, in deren Diskussionen sich das Auf und Ab der Weltanschauungskonflikte der Weimarer Republik widerspiegelt. Ebenso relevant für den Werdensprozess Hans Castorps sind die Erfahrungen, die er mit anderen Mitpatienten (Frau Stöhr; sein Vetter Joachim Ziemßen; Hermine Kleefeld vom Verein halbe Lunge), aber auch mit Mitarbeitern des Bergsanatoriums macht (Hofrat Behrens; Dr. Krokowski mit seinen psychoanalytischen Ansichten, für die neben Sigmund Freud auch Georg Groddeck Pate gestanden haben soll; Adriatica von Mylendonk, die rechte Hand von Hofrat Behrens).

Besonders bedeutsam für Hans Castorp wird die Mitpatientin Clawdia Chauchat, eine kirgisenäugige Russin mit sehr beachtlichem erotischen Verführungspotenzial. Zwischen ihr und Hans Castorp entspinnt sich eine Liebesbeziehung, die ihn an seine jugendlich-homoerotische Begegnung mit dem Mitschüler Pribislav Hippe erinnert, und die in einer Liebes- und Walpurgisnacht gipfelt, während der beide Protagonisten anfänglich vorrangig Französisch miteinander sprechen, um zuletzt keiner verbalen Sprache mehr zu bedürfen.

Als erschütternd und irritierend erlebt nach dieser Nacht Hans Castorp die Abreise von Madame Chauchat, und als ebenfalls herausfordernd erweist sich das Auftauchen ihres Partners Mynheer Peeperkorn auf dem Zauberberg. Vorbild für diese literarische Figur war Thomas Manns Dichterkollege Gerhart Hauptmann, der über die Darstellung seines Charakters derart aufgebracht war, dass er sogar einen Beschwerdebrief an den Verleger Samuel Fischer schickte. Durchsetzt werden die launigen, bisweilen aber auch dramatischen

Debatten, Ereignisketten, Charakterskizzen, Musik-Schilderungen (z. B. Fülle des Wohllauts) im Roman durch philosophisch anmutende Reflexionen, etwa über das Phänomen der Zeit, die den Text zu einem Monument der Nachdenklichkeit werden lassen:

> „Was ist die Zeit? Ein Geheimnis, – wesenlos und allmächtig. Eine Bedingung der Erscheinungswelt, eine Bewegung, verkoppelt und vermengt dem Dasein der Körper im Raum und ihrer Bewegung. Wäre aber keine Zeit, wenn keine Bewegung wäre? Keine Bewegung, wenn keine Zeit? Frage nur! Ist die Zeit eine Funktion des Raumes? Oder umgekehrt? Oder sind beide identisch? Nur zu gefragt! Die Zeit ist tätig, sie hat verbale Beschaffenheit, sie „zeitigt". Was zeitigt sie denn? Veränderung! (Mann 1986)."

Weimarer Republik, Faschismus und Exil 1924, als *Der Zauberberg* erschien, gab es in Deutschland und Europa für wenige Jahre eine politische Entwicklung hin zu Entspannung und Kooperation zu beobachten. Dazu beigetragen hatten etwa die damaligen Außenminister Deutschlands und Frankreichs Gustav Stresemann und Aristide Briand, die zusammen mit Politikern aus England und Italien die Verträge von Locarno ausarbeiteten und unterzeichneten und damit die Gefahr neuerlicher kriegerischer Auseinandersetzungen vorerst reduzierten.

Beinahe zeitgleich starb jedoch 1925 der Reichspräsident Friedrich Ebert, und seine Nachfolge trat der immer noch kaisertreue Paul von Hindenburg an. Allein diese Veränderung bedeutete eine Labilisierung der Weimarer Republik und der Demokratie in Deutschland. Hinzu kamen wirtschaftliche Probleme der jungen Republik sowie die partiell massive und entwertende Ablehnung moderner Kultur (Theater, Musik, Architektur, Literatur, bildende Kunst) der 1920er-Jahre durch Vertreter der seinerzeit mehrheitlich konservativ und reaktionär gestimmten alten Oberschicht (Wirtschaftsbürgertum, Beamte, Offizierscorps, alter Adel).

Die zweite Hälfte der 1920er-Jahre in Deutschland war daher einerseits geprägt von einer kulturellen Blüte sondergleichen und andererseits von einer zunehmend instabiler werdenden politisch-gesellschaftlichen Situation, die das Auftreten von extremistischen, auf Terror und Gewalt ausgerichteten Gruppierungen begünstigte und forcierte. Diese Entwicklung exazerbierte im Winter und Frühjahr 1933, als Hitlers NSDAP die Macht an sich riss, eine faschistische Diktatur errichtete und innert weniger Jahre Deutschland und Europa im Zweiten Weltkrieg beinahe völlig zugrunde gehen ließ.

Anders als in den 1910er-Jahren positionierte sich Thomas Mann nunmehr als ein politisch wacher und kritischer Intellektueller und Schriftsteller, der in Vorträgen, Essays und Erzählungen die Schwächen der Weimarer Republik ebenso wie die Gefahren des zunehmenden Totalitarismus nicht nur registrierte, sondern die Erstere literarisch verteidigte und den Letzteren literarisch attackierte.

Die Konfusion der Zeit steigerte sich in den 1920er- und zu Beginn der 1930er-Jahre in einen Taumel rückwärtsgewandter Irrationalität sowie in rauschhafte Exzesse von Macht und Gewalt. Faschistische Bewegungen gewannen allenthalben in Europa an Einfluss und Anhängerschaft, und ihrem Verführungspotenzial erlagen Millionen Menschen, die sich willig der Dominanz von Demagogen und Diktatoren beugten und unter ihrer Regie begannen, bestialische Handlungen zu begehen.

Thomas Mann beschrieb etwa in der Erzählung *Mario und der Zauberer* (1930) das Treiben solcher politischen Führer und ihrer Gefolgsleute. Die Geschichte spielt im Italien Benito Mussolinis. Der Dichter lässt den Hypnotiseur Cipolla auftreten, der einen jungen Mann (Mario) derart in seinen Bann schlägt, dass dieser ihn im somnambulen Zustand für seine Geliebte hält und küsst. Im Moment des Kusses allerdings durchschaut Mario das böse Treiben des Hypnotiseurs und erschießt ihn. Mit dieser Erzählung gelang es dem Autor meisterhaft, Magie und Faszinosum von Demagogie literarisch in Worte zu fassen. 1940 kam er in einer autobiografischen Schrift nochmals auf *Mario und der Zauberer* zurück und meinte, dass die politisch-moralische Botschaft, Warnung und Aufforderung dieser Novelle eigentlich bereits um 1930 von den Lesern hätte verstanden werden können.

In seiner *Deutschen Ansprache – Ein Appell an die Vernunft* (1930) benannte der Schriftsteller einige Ursachen für den Nationalsozialismus und dessen Faszination für seine Landsleute. Als ehemals selbst dem Konservatismus zugeneigter Mensch konnte er die Tendenz vieler Deutscher und Europäer einordnen, sich kritiklos den reaktionär-mystischen Programmen der Faschisten anzuschließen:

„Eine neue Seelenlage der Menschheit, die mit der bürgerlichen und ihren Prinzipien: Freiheit, Gerechtigkeit, Fortschrittsglaube, Bildung, Optimismus nichts mehr zu schaffen haben sollte, wurde proklamiert und drückte sich ... als Abkehr vom Vernunftglauben, von der zugleich mechanistischen und ideologischen Weltanschauung abgelaufener Jahrzehnte aus, als ein irrationalistischer, den Lebensbegriff in den Mittelpunkt des Denkens stellender Rückschlag, der die allein lebenspendenden Kräfte des Unbewussten, Dynamischen, Dunkelschöpferischen auf den Schild hob, den Geist, unter dem man schlechthin das Intellektuelle verstand, als lebensmörderisch verpönte und gegen ihn das Seelendunkel, das Mütterlich-Chthonische, die heilig gebärerische Unterwelt als Lebenswahrheit feierte (Mann 1994)."

Dieser *Appell an die Vernunft* war eine Reaktion auf die Reichstagswahlen vom Herbst 1930, bei denen die NSDAP ihren ersten großen Massenerfolg verbuchte. Thomas Mann verlas seinen Text einen Monat nach den Wahlen im Beethoven-Saal in Berlin, was zu Tumulten durch die SA führte. Wenige Wochen später erschien im Fischer-Verlag die gedruckte Version. Anders als in früheren Essays trifft man beim *Appell an die Vernunft* auf eine Sprache, die auf bei Thomas Mann sonst übliche kunstvolle Ausgestaltungen verzichtet. Stattdessen begegnet man hier einem Intellektuellen, der mit größter Sorge hellwache, schlichte und glasklare Diagnosen der politischen Situation in Deutschland lieferte. Wer diesen Text mit offenem Bewusstsein las, konnte über die Entwicklung der kommenden fünfzehn Jahre nicht überrascht sein.

Besonderen Wert legte Mann auf die diagnostische Zuordnung des Faschismus als eine völlig humanitätsfeindliche Welt- und Lebensanschauung. Das destruktive Potenzial des Nationalsozialismus war jedoch im Vergleich zu früheren inhumanen Ideologien um ein Vielfaches höher, weil sich hier das Mythisch-Irrationale mit den Möglichkeiten der Technik des 20. Jahrhunderts verband, woraus ein immens hoher Grad an barbarischer Grausamkeit resultierte. Thomas Mann griff daher zu drastischen Vokabeln, um die Gefahren des Faschismus anzuprangern und die Ziele und Methoden dieser Politik zu demaskieren: epileptische Ekstase, faschistischer Veitstanz, Massenkrampf, Budengeläut, Halleluja, Derwisch-mäßiges Wiederholen monotoner Schlagworte, Schaum vor dem Mund sowie – der stete Hassaffekt.

Wäre dem Autor nur ein einziger Begriff zur Charakterisierung von Faschismus, Nationalsozialismus und Totalitarismus zur Verfügung gestanden, so hätte er dafür den eiskalten Hass benutzt. Hass als unbedingter Wille zur Vernichtung von allem, das nicht vollständig dem Eigenen entsprach, sowie als Einstellung, die dem Tod und dem Untergang huldigte, wobei letztlich billigend in Kauf genommen wurde, bei der Eliminierung des Fremden auch das Eigene zu zerstören.

Thomas Mann ordnete die Melange aus dumpfem Ressentiment, Unbildung, Brutalität sowie religiös-blinder Unterwerfung unter die faschistische Führungsclique in Deutschland ganz richtig als große Gefahr für den Frieden und die Kultur Europas, aber auch für alle nicht-arischen Volksgruppen und Außenseiter sowie zuletzt auch für seine eigene Person und Familie ein. Es verwundert daher nicht, dass sich Katia und er, als sie sich nach der Machtergreifung Hitlers im Januar 1933 im Ausland aufhielten, dazu durchrangen, das nationalsozialistische Deutschland zu verlassen und zuerst nach Sanary-sur-Mer (Südfrankreich) und in die Schweiz und später in die USA ins Exil zu gehen; es sollte ein Abschied für immer werden.

Joseph und seine Brüder Thomas Mann war überzeugt, dass es die Aufgabe von Dichtern, Künstlern und Intellektuellen in gesellschaftlichen Krisenzeiten sei, nicht einem Ästhetizismus zu frönen, sondern sich politisch zu betätigen und sich für die Sache der Menschen und der Menschheit einzusetzen; entsprechend engagierte er sich ab Mitte der 1920er-Jahre. Daneben verfolgte er umfangreiche literarische Projekte, zu denen die Tetralogie *Joseph und seine Brüder* (publiziert 1933–1943) sowie der Goethe-Roman *Lotte in Weimar* (1939) zählten. Beide Werke dienten unter anderem dem Zweck, die intellektuelle und kulturelle Verankerung des Dichters in der abendländisch-europäischen und deutschen Geistesgeschichte zu sichern, die durch das Exil und den damit verbundenen Wegfall der sozialen, emotionalen und literarisch-künstlerischen Einbettung lose geworden war.

Der Zauberberg, viel mehr aber noch *Buddenbrooks* hatten den Ausschlag dafür gegeben, dass der Autor 1929 den Nobelpreis für Literatur erhielt; vom Preisgeld ließ er sich ein Sommerhaus in Nidden (Kurische Nehrung) bauen. Einige Jahre vor dieser Ehrung hatte er begonnen, erste Recherchen für eine kürzere Novelle über die alttestamentarische Gestalt des Joseph anzustellen; dass sich das Projekt zwei Jahrzehnte hinziehen und bei vier Romanen und über 2000 Seiten Manuskript enden sollte, war ihm selbst eine Weile nicht klar. Obwohl er lange an seinem Mammutwerk geschrieben hat, sei er mit dem Joseph immerhin früher fertig geworden als die Welt mit dem Faschismus – lautete die entsprechende Tagebucheintragung Thomas Manns zum Abschluss seiner Tetralogie.

Als der Dichter daranging, sich mit der Figur Josephs zu beschäftigen, war er etwa fünfzig Jahre alt. Damals kristallisierte sich bei ihm die Bereitschaft heraus, sich neben dem Individuellen und Besonderen von Personen verstärkt auch jenen Themen zuzuwenden, die als das Allgemeine, Typische, Zeitlose und als das Mythische der menschlichen Existenz bezeichnet werden:

> „Denn das Typische ist ja doch das Mythische, insofern es Ur-Norm und Ur-Form des Lebens ist, zeitloses Schema und von je gegebene Formel, in die das Leben eingeht, indem es aus dem Unbewussten seine Züge reproduziert ... Im Leben der Menschheit stellt das Mythische zwar eine frühe und primitive Form dar, im Leben des Einzelnen aber eine späte und reife (Mann 1996)."

In diese späte Entwicklungsstufe der Reife war Thomas Mann eingetreten, als er begann, sich mit den archaisch-mythologischen Wurzeln menschlichen Daseins auseinanderzusetzen. Ein grundsätzliches Interesse dafür hatte sich bei ihm bereits früher angedeutet; so war er von Sigmund Freuds Schrift *Totem und Tabu* (1913) besonders angetan, in der der Begründer der Psychoanalyse die Erkenntnisse der Tiefenpsychologie auf ethnologische sowie mythologisch-religiöse Fragestellungen angewandt und dabei einen, wie er selbst meinte, Urzeitroman verfasst hatte. In gewisser Weise bildeten Freuds Ausführungen eine Art Modell für Thomas Manns Unterfangen, Ausschnitte aus der Frühgeschichte des Menschen nachzuerzählen und dadurch anthropologische Erkenntnisse für uns Heutige ans Licht zu heben.

Der Dichter bescheinigte Freud, dass ihm mit *Totem und Tabu* ein imposantes Zurück ins „Nächtige, Heilig-Ursprüngliche, Lebensträchtig-Vorbewusste, in den mythisch-historisch-romantischen Mutterschoß" (Mann 1994) gelungen sei. Der Begründer der Psychoanalyse habe damit nicht intendiert, vergangene Zeiten zu glorifizieren; vielmehr wollte er mit seinem Urzeitroman die gegenwärtigen Menschen und ihre seelisch-unbewussten Prozesse durchschaubarer werden lassen.

Einen analogen Plan verfolgte Thomas Mann. Mit der literarischen Darstellung der mythologisch-religiösen Figur des Joseph und seiner Verwandten beabsichtigte er, etwas Licht ins Dunkel des Wie und Woher der menschlichen Existenz bringen zu können. Am Irrationalen, Dämonischen, Chthonischen von Mythos und Religion wollte er zeigen, was daran als Wiederkehrend-Menschliches bis in die Neuzeit hineinwirkt; und darüber hinaus war es seine Absicht, die in den 1930er-Jahren sehr virulente Frage zu beantworten, ob Mythen eine Domäne von Faschismus und Totalitarismus seien, oder ob sie nicht vielmehr humanisiert und auf die Ebene von heller und apollinischer Vernunft gehoben werden können.

Neben seinen früheren, dilettierenden Studien der antiken Geschichte, neben einem Kommentar zur biblischen Joseph-Gestalt, den er bei Goethe gelesen hatte, und neben Sigmund Freuds *Totem und Tabu* gab es noch einen weiteren Namen, der Inhalt, Umfang und nicht zuletzt die Vierzahl der Joseph-Romane mit beeinflusst hat: Richard Wagner mit seiner Tondichtung *Der Ring des Nibelungen* (1876). Wagner hatte mit den vier mythologischen Musikdramen *Das Rheingold*, *Die Walküre*, *Siegfried* sowie *Götterdämmerung* versucht, ein (wie Thomas Mann es ausdrückte) „Schaugedicht von der Welt Anfang und Ende" auf die Bühne zu zaubern. Der vom Komponisten inspirierte Dichter wollte etwas Analoges schaffen – freilich nicht in dem düster-dramatischen Sinne, wie der Bayreuther Festspielinitiator seinen *Ring* konzipiert und durchgeführt hat, sondern in einer humorvoll-heiteren Atmosphäre, welche die Leser anheben und emanzipieren sollte.

Die Geschichte, die uns der Dichter in seinem monumentalen Werk bietet, ist seit alters her bekannt: Die Erzählungen von Jaakob und Esau, Joseph und seinen Brüdern stehen im Alten Testament als Bücher Mosis geschrieben – allerdings nicht in der Ausführlichkeit, wie wir sie in der Joseph-Tetralogie vorfinden. Der Inhalt der ursprünglichen Legende ist rasch erzählt. Jaakob, der zweite Sohn Isaacs, hat mit einem Trick den Segen des Vaters erhalten und damit seinen Bruder Esau ausgebootet. Nun ist er mit Lea verheiratet, die er nicht liebt, die ihm aber jede Menge Kinder schenkt. Seine Lieblingsfrau Rahel indes bleibt lange Zeit kinderlos, bis sie endlich schwanger und von einem Knaben entbunden wird, der sehr bald Jaakobs meist geschätzter Sohn ist: Joseph.

Joseph leidet unter den Affekten der Brüder, die ihn wegen seiner bevorzugten Stellung beim Vater beneiden. Seine sonstigen Vorzüge – körperliche Schönheit und Anmut, Klugheit, subtiler Sprachschatz, elegante Umgangsformen – werden von den Brüdern ebenfalls nicht mit Applaus versehen. Außerdem reizt Joseph sie mit hochmütigen Träumen, sodass sie ihn als Sklaven nach Ägypten verkaufen. Dort gerät er in den Haushalt von Potiphar, dem Groß-Eunuchen des Pharaos. Dessen Gattin Mut-em-enet wirbt mit allen ihren weiblichen Vorzügen um den schönen Jüngling, der jedoch den vielfältigen Versuchungssituationen – wenn auch mit knappster Not – widersteht. Nach einigen Jahren wird Joseph bestraft und gerät in ein Gefängnis, um wenig später die Gunst des Pharaos zu erlangen, indem er ihm einen Traum von sieben fetten und sieben mageren Kühen richtig als zukünftige Zeiten des Überflusses und des Mangels deutet.

Darauf überträgt der Herrscher Joseph die Getreideversorgung des gesamten Reiches und macht ihn sogar zum Wirtschaftsminister Ägyptens – eine Rolle, die ihm den Beinamen des Ernährers einträgt. In dieser Position wächst Joseph zum sozial und politisch verantwortungsvollen Mann heran. Zuletzt trifft er wieder auf Jaakob, seinen Vater, sowie auf seine Brüder, die als gesamte Familie ins Reich am Nil ziehen, wo Jaakob schließlich stirbt.

Thomas Mann erzählt nun nicht einfach die Bibelgeschichte nach; vielmehr erzählt er vom Erzählen selbst, von den Weisen, wie Geschichte und Geschichten überliefert werden, und welche Bedeutung den Mythen und uralten Bildern vom Menschen und der Welt dabei zukommt. Bereits auf den ersten Seiten entsteht der Eindruck, dass alles immer schon so oder so ähnlich geschehen ist, wie wir es heute erleben: Bruderzwist, Vatermord, Inzest, Betrug, Verstellung, Verführung, Ehebruch, List, überraschende Wendungen des Daseins, Unfälle, Katastrophen, Niederlagen, Triumphe – man muss nur weit genug in der Menschheitsgeschichte zurückgehen, um auf alle diese Motive des menschlichen Daseins zu stoßen.

Natürlich hätte Thomas Mann seine Geschichte ähnlich gestrafft wie in der Bibel wiedergeben können; der Hochgenuss der Lektüre entsteht jedoch nicht durch die Handlungsabläufe, sondern durch den Stil des Romanwerks, dessen Sprache man geradezu mit symphonischer Dichtung und Musik vergleichen kann. So wird zum Beispiel eine einzige Eigenschaft Jaakobs, seine Tendenz zu sinnieren nämlich, vom Autor auf so köstliche Art vorgestellt und zelebriert, dass der Leser das Phänomen des Sinnierens nie mehr vergessen wird:

„Wirklich hörte Jaakob nicht zu, sondern „sann". Es war ein gewaltig ausdrucksvolles Sinnen, das Sinnen selbst, sozusagen wie es im Buche steht, der höchste Grad pathetisch vertiefter Abwesenheit – darunter tat er es nicht; wenn er sann, so musste es auch ein rechtes und auf hundert Schritte anschauliches Sinnen sein, großartig und stark, so dass nicht allein jedem deutlich wurde, Jaakob sei in Sinnen versunken, sondern auch jeder überhaupt erst erfuhr, was das eigentlich sei, eine wahre Versonnenheit, und jeden Ehrfurcht anwandelte vor diesem Zustande und Bilde (Mann 1986)."

Ähnlich grandiose Schilderungen finden sich zuhauf in der Joseph-Tetralogie. Als ein weiteres Beispiel für viele möchte ich auf jene dreihundert Seiten verweisen, in denen Thomas Mann das Drama von Versuchung und Entsagung zwischen Mut-em-enet und Joseph entfaltet. Der Dichter hat dabei eigene existenzielle Fragen auf beide Romanfiguren verteilt: Schließlich kannte er bei sich selbst die Rolle des Verführers und des Umworbenen, des von Begierden Getriebenen wie auch des standhaft allen Verlockungen Widerstehenden. „Worauf es ankäme, wäre, seiner Leidenschaft Herr und Meister zu sein, nicht aber ihr Opfer" – heißt es an einer Stelle. Und andernorts ließ Thomas Mann ein zentrales Motiv seiner Ausführungen über Mut-em-enet und Joseph anklingen, wenn er schreibt:

„Es ist die Idee der Heimsuchung, des Einbruchs trunken zerstörender Mächte in ein Gefasstes und mit allen seinen Hoffnungen auf Würde und ein bedingtes Glück der Fassung verschworenes Leben. Das Lied vom errungenen, scheinbar gesicherten Frieden und des den treuen Kunstbau lachend hinfegenden Lebens, von Meisterschaft und Überwältigung, vom Kommen des fremden Gottes war im Anfang, wie es in der Mitte war (Mann 1986)."

Mit seiner Tetralogie lieferte Thomas Mann eine Art Anthropologie, mit der er der Frage nachging, wer der Mensch ist, woher er kommt und wohin er sich entwickeln kann. Dass dabei tradierte kollektive und mythologische

Muster des Denkens, Fühlens und Verhaltens ebenso wie uralte Bilder und Erzählungen über die Gattung Homo eine bedeutende Rolle spielen, war für ihn ausgemachte Sache:

> „Dabei bleiben die Menschen mit einem starken Teil ihres Wesens im Mythischen, im Kollektiven befangen. Was sie Geist und Bildung nennen, ist gerade das Bewusstsein, dass ihr Leben die Fleischwerdung des Mythos ist, und ihr Ich löst sich aus dem Kollektiven etwa so, wie gewisse Figuren Rodins sich aus dem Stein losringen und aus ihm erwachen (Mann 1996)."

Die ungebrochene Macht von Mythen reicht besonders stark in jene Sphären der Existenz eines Menschen hinein, die bewusst oder unbewusst der reflektierenden Kommunikation und Versprachlichung vorenthalten bleiben. Man hat am Mythos beobachtet, dass er seine magischen und dämonischen Wirkungen nur so lange entfaltet, als er nicht in Worte gefasst und damit dem Logos, also einem seelisch-geistigen Erkenntnisprozess, zugänglich gemacht wird. Exakt diese Intention aber verfolgte Thomas Mann mit seiner Tetralogie. Er wollte die alten Erzählungen vom Menschen und seiner Welt nicht (wie Richard Wagner in seinem *Ring*) als etwas Pathisches demonstrieren, das uns ereilt und das wir erdulden müssen.

Zwar wirken tradierte alte *patterns of behavior* auch gegenwärtig; aber indem wir sie erkennen und benennen, emanzipieren wir uns in Maßen von ihnen. Dieser Schritt vom Mythos zum Logos beschert im Umgang mit Mythen und archaischen Verhaltensmustern ein Plus an Freiheitsgraden und geistiger Beweglichkeit: Logos, Eros und Vernunft, Geist und Kultur tragen zu einer Humanisierung und partiellen Überwindung unserer uralten mythologischen Mitgift bei. Die Joseph-Tetralogie darf daher wie ein großes Menschheitsbuch gelesen werden – ein Text über das Wie und Woher unserer Kultur, der Umrisse unseres Strebens und Wollens aufzeigt und Kunde gibt über die Gesetze unseres Werdens und Vergehens. Man kann diese Romane aber auch als eine Textur des Zuhause-Seins lesen, indem der Autor die Kulturgeschichte der Menschheit erläutert als möglicherweise lichte, helle Stätte unserer Existenz, in der wir uns heimisch einrichten könnten, bevor uns wieder die Weltnacht umgibt, aus der wir als Individuen wie auch als Gattung herkommen.

Wo ich bin, ist Deutschland 1938 übersiedelten die Manns in die USA, wo der Schriftsteller an der Universität Princeton eine Gastprofessur erhielt. Bei seiner Ankunft in der Neuen Welt wurde er von Reportern interviewt, die sich für seine Emotionen interessierten, mit denen er das Exil bewältigte. Bekannt geworden ist die Antwort Thomas Manns darauf: „Wo ich bin, ist

Deutschland. Ich trage meine deutsche Kultur in mir. Ich lebe im Kontakt mit der Welt und ich betrachte mich selbst nicht als gefallenen Menschen" (Mann 2019).

Thomas Mann ging in den USA der Ruf voraus, *the world's greatest novelist* zu sein, und dementsprechend wurde er mit Honneurs regelrecht überschüttet. Bald erhielt er, übrigens zusammen mit Albert Einstein, die Ehrendoktorwürde in Harvard, und seine Gönnerin Agnes E. Meyer (1887–1970), Journalistin, Mäzenatin und Philanthropin, sorgte dafür, dass er zum *Lecturer in the Humanities* an der Universität Princeton ernannt wurde. In dieser Funktion hielt der Dichter anfangs vier Vorlesungen zu selbstgewählten Themen; er entschied sich für Goethes *Faust*, Wagner, Freud sowie eine Einführung in den *Zauberberg*.

Ab 1940 wohnte das Ehepaar Mann wie einige andere deutsche Exilanten – Max Horkheimer, Theodor W. Adorno, Lion Feuchtwanger, Heinrich Mann, Fritz Kortner, Bertolt Brecht – in Kalifornien, wo es sich in Pacific Palisades ein eigenes Haus bauen ließ, das ihm bis 1952 als Wohnsitz diente. Von Amerika aus meldete sich Thomas Mann regelmäßig mit aufrüttelnden Reden, offenen Briefen, Essays und Radiosendungen zu Wort. Den Niedergang Deutschlands in grausamste Barbarei und Antihumanität kommentierte er mit allergrößter Sorge und distanziertem Entsetzen: Er war zu einem entschiedenen Feind der Hitlerei geworden, der alle Formen des Nihilismus und Totalitarismus unmissverständlich bekämpfte.

Thomas Mann wandte sich immer wieder an seine Landsleute sowie an die Politiker Europas und der Welt, um die Geschehnisse im nationalsozialistischen Deutschland zu bewerten und einer Haltung der Vernunft und Humanität eine Stimme zu verleihen. Begonnen von *Bekenntnis zum Sozialismus* (1933) über seine monatlichen Radioansprachen *Deutsche Hörer!* bis hin zu seiner großen Rede *Deutschland und die Deutschen* (1945) spannt sich der Bogen seines politischen Engagements. Es gehört zu den bewunderungswürdig-anrührenden Ergebnissen seiner Metamorphose, dass er aus sich, dem Lübecker Senatorensohn und dem späteren elitär und introvertiert-konservativ gesinnten Künstler schließlich einen politischen Menschen werden ließ, dessen Leben ein Bekenntnis zum Engagement für Gerechtigkeit, Frieden und Humanität geworden war.

Wie kein anderer deutscher Autor im Exil entfaltete Thomas Mann in der ersten Hälfte der 1940er-Jahre eine nachhaltige politisch-publikatorische Aktivität; seine diesbezügliche Bibliografie verzeichnet weit über dreihundert Beiträge. Besonders bekannt geworden sind seine monatlichen Radiobotschaften *Deutsche Hörer!*, die über BBC London in seine ehemalige Heimat gesendet wurden, und mit denen er seine Landsleute aufrütteln und zum Widerstand gegen Hitler und sein Regime ermutigen wollte. Die Radiosendungen des Dichters belegen im Übrigen, dass man nicht nur in Deutschland und Europa, sondern weltweit von dem grauenhaften Ausrottungsprogramm der Nationalsozialisten den Juden gegenüber wusste oder wissen konnte. Im September 1942 etwa war hierzu die Stimme Thomas Manns über BBC zu vernehmen; dabei ließ er es an direkten Informationen im Hinblick auf Konzentrationslager, Ghettos und Vergasungsstätten wie Auschwitz nicht fehlen.

Anfang der 1940er-Jahre wurde der Dichter von Präsident Roosevelt ins Weiße Haus in Washington eingeladen, wo er zwei Tage lang dessen Gastfreundschaft genoss. Manche munkelten damals, dass Roosevelt den Schriftsteller womöglich als Oberhaupt einer deutschen Exil-Regierung auserkoren haben könnte. Thomas Mann wurde in den USA zwar niemals Oberhaupt einer Exilregierung – die Rolle des Sprechers der Emigranten- und Exilschriftsteller fiel ihm jedoch *nolens volens* zu. So nutzte er seine guten Kontakte zu Politikern, Wissenschaftlern, Autoren und Medienleuten in den Vereinigten Staaten, um sich für emigrierte Landsleute oder für Gefährdete in Europa einzusetzen:

> „In seinem Tagebuch fragt er sich, warum jeder, der einwandern wolle oder eine Arbeit suche, sich ausgerechnet an ihn wende, und fügt hinzu, das sei wohl eine müßige Frage. Er unterschreibt Petitionen und Stipendienanträge. Er macht den PEN-Club auf die bedrohliche Situation der in Marseille festsitzenden Emigranten aufmerksam… (Heilbut 1987)".

Bei alledem fand Thomas Mann noch ausreichend Zeit und Energie, um literarische Projekte zu bearbeiten respektive abzuschließen; dazu zählte (wie erwähnt) auch sein Goethe-Roman *Lotte in Weimar*, den er 1932 begonnen hatte, und der 1939 im amerikanischen Exil publiziert wurde. Darin erzählt der Autor halb fiktional und halb wirklichkeitsgetreu eine Episode aus Goethes Leben: Charlotte Kestner, die er als Charlotte Buff einst in Wetzlar kennen und lieben gelernt hatte, besucht nach über vier Jahrzehnten den inzwischen berühmten Dichter in Weimar.

Diese imaginäre Situation nutzte Thomas Mann, um seine Kenntnisse über die Biografie und das Werk Goethes wie auch seine kontinuierliche Identifikation mit dem Weimarer Dichter in einen nachdenklich-heiteren Roman einfließen zu lassen. Zugleich legte Thomas Mann seinem Goethe so manche Formulierungen in den Mund, die indirekt als Kommentare zum Zeitgeschehen (Nationalsozialismus) gedacht waren. Im Roman treten viele Gestalten auf, die im Weimar der Goethe-Zeit eine Rolle spielten: etwa der Philologe Dr. Riemer; Johanna Schopenhauer und ihre Tochter Adele; August von Goethe und seine Verlobte Ottilie von Pogwisch; Professor Meyer (der Schweizer Kunscht-Meyer); der Kellner Mager aus dem Hotel Elephanten; und natürlich Goethe mit seinen Gehilfen Carl und John.

Während die ersten sechs Kapitel des Romans im Hotel Elephanten und in der Stadt Weimar spielen und Goethe stets nur durch andere gespiegelt wird, tritt der Weimarer Dichter im Kapitel sieben und acht selbst auf. Weil Goethe für Thomas Mann schon Jahrzehnte lang als Vorbild galt, gelang es ihm scheinbar mühelos, ihn in seinem Buch im Hinblick auf dessen Denken, Empfinden, Handeln zu imitieren. Allerdings nutzte er vor allem das Kapitel sieben, das viele Überlegungen Goethes zum Leben und zu seinem Werk enthält, um darin seine eigenen, Mannschen Urteile etwa zum Faschismus und zu den Deutschen unterzubringen:

„Dass sie den Reiz der Wahrheit nicht kennen, ist zu beklagen, – dass ihnen Dunst und Rausch und all berserkerisches Unmaß so teuer, ist widerwärtig, – dass sie sich jedem … Schurken gläubig hingeben, der ihr Niedrigstes aufruft, sie in ihren Lastern bestärkt und sie lehrt, Nationalität als Isolierung und Roheit zu begreifen, … Sie meinen, sie sind Deutschland, aber ich bins (Mann 1986)."

Mit solchen und ähnlichen Passagen wollte Thomas Mann *alias* Goethe dem Naziregime entgegensteuern. Darüber hinaus charakterisierte er Goethe durchaus ambivalent: gravitätisch-steif und unverbindlich-höflich im Kontakt mit Charlotte, seiner Jugendliebe aus Wetzlar; überlebensgroß in seiner kulturellen Bedeutung; vereinsamt, weil so recht eigentlich ohne adäquaten Gesprächspartner (Schiller war bereits tot). Man kann Charlottes Abschiedsworte an Goethe verstehen, die ihr Thomas Mann in den Mund gelegt hat: „So sehr wohl und behaglich war mir's nicht eben in deiner Wirklichkeit, … denn allzu sehr riecht es nach Opfer in deiner Nähe… Es ist wundervoll, ein Opfer bringen, jedoch ein bitteres Los, Opfer sein" (Mann 1986).

Doktor Faustus und die Gesamterkältung des Daseins Eigentlich rechnete der Dichter fest damit, im Alter von 70 Jahren zu sterben. Seine Mutter war jedenfalls just so alt geworden, und weil Thomas Mann ihr als Kind besonders nahestand und viele Eigenarten von ihr quasi geerbt hatte, war er überzeugt, dass auch ihm kein längeres Leben vergönnt sei.

Entsprechend dieser Überzeugung hatte er den Ablauf seiner Existenz wie auch den Aufbau seines Werks ziemlich genau terminiert. Kurz nach dem

Ende des Zweiten Weltkriegs feierte er im Sommer 1945 in Pacific Palisades seinen 70. Geburtstag, und in den Monaten danach wollte er den *Doktor Faustus* abschließen, jenes Buch über den Tonsetzer Adrian Leverkühn, mit dem er sich ähnlich imposant von der kulturellen Weltbühne zu verabschieden gedachte, wie dies einst Goethe über hundert Jahre zuvor mit seinem *Faust II* gelungen war.

Der Verlauf seines 70. Lebensjahrs schien Thomas Mann recht zu geben. Bis Weihnachten 1945 hatte er einen Großteil seines *Faustus*-Manuskripts verfertigt und es mit der Bitte um Kommentare und Korrekturen an Theodor W. Adorno übergeben, der ihm in Bezug auf die musikalischen Themen im Roman hilfreich zur Seite stand. Wenige Monate später war der Autor, der sich zunehmend schwach und krank fühlte, gezwungen, eine Klinik in Chicago aufzusuchen, wo man bei ihm Lungenkrebs diagnostizierte.

Obwohl die Ärzte ihm auf Anraten von Katia die Diagnose verheimlichten und die notwendige Operation als Beseitigung eines Lungenabszesses ausgaben, war Thomas Mann der Meinung, nun das Finale seines Lebens erreicht zu haben. Wider Erwarten erholte er sich aber von dem weitreichenden operativen Eingriff und konnte im Mai 1946, wieder zuhause in Pacific Palisades, stolz und glücklich in sein Tagebuch eintragen: „Eine späte Prüfung, cum laude bestanden." (Mann 1989) Zum Prüfungserfolg beigetragen haben die Kunst der Ärzte, die dem Dichter zwei Drittel einer Lunge entfernen mussten (damals keine Kleinigkeit), die Unterstützung durch Frau Katia und Tochter Erika sowie dessen eiserner Wille, den *Doktor Faustus* zu beenden; nach einer kurzen Zeit der Rekonvaleszenz nahm Thomas Mann seine literarischen Geschäfte wie gewohnt wieder auf.

Waren die Joseph-Romane als Bücher des Anfangs konzipiert – „Tief ist der Brunnen der Vergangenheit. Sollte man ihn nicht unergründlich nennen?" so lautet der Eingangssatz der Tetralogie –, war der Faust-Roman in gewisser Weise als Buch des Endes gedacht, wobei sich der Begriff des Endes sowohl auf gesellschaftlich-geschichtlich-kulturelle Phänomene (Kultur von Alt-Europa; Weimarer Republik; Deutschland; Faschismus; Zweiter Weltkrieg) als auch auf die Biografie des Autors Thomas Mann (seine Überzeugung, mit etwa siebzig Jahren zu sterben und sich mit einem letzten Roman zu verabschieden) bezogen hat.

In den *Doktor Faustus* sind diverse Motive eingeflochten, die den Roman zu einem höchst kunstvollen Gebilde machen: Da gibt es zum einen die Biografie des Tonsetzers Adrian Leverkühn, der sich nach seiner Gymnasialzeit in Kaisersaschern (die Stadt erinnert an Lübeck und an Naumburg) einem Studium der Theologie (Halle) und Musik (Leipzig) sowie einer Promotion in Philosophie als Komponist in München und später in dem kleinen oberbayerischen Ort Pfeiffering (das Modell dafür gab das Städtchen Polling ab, wo die Mutter Thomas Manns im Alter lebte) der Entwicklung einer neuen Art von Musik, der Zwölftonmusik, widmet.

Um als Tonsetzer unsterblich-grandiose Kompositionen und unerhörte Musik zu verfertigen, ist Leverkühn ähnlich wie Goethes Dr. Faust bereit, einen Teufelspakt einzugehen. Bewusst nimmt er eine Infektion mit Syphilis in Kauf und verzichtet auf emotionale Geborgenheit und Nähe, um seiner Genialität zum Durchbruch zu verhelfen. Der Preis, den er für seine Künstlerschaft zu entrichten hat, wird ihm vom Teufel höchstpersönlich erläutert – wobei Thomas Mann den Diabolus wie jenen schwarzgekleideten Fremden gezeichnet hat, den er als noch junger Mann in Palestrina gesehen und erlebt haben wollte:

> „Liebe ist dir verboten, insofern sie wärmt. Dein Leben soll kalt sein – darum darfst du keinen Menschen lieben. Was denkst du dir denn? Die Illumination lässt deine Gedankenkräfte bis zum Letzten intakt, ja steigert sie zeitweise bis zur helllichten Verzückung… Eine Gesamterkältung deines Lebens und deines Verhältnisses zu den Menschen liegt … bereits in deiner Natur, wir auferlegen dir beileibe nichts Neues … Kalt wollen wir dich, dass kaum die Flammen der Produktion heiß genug sein sollen, dich darin zu wärmen. In sie wirst du flüchten aus deiner Lebenskälte (Mann 1986)."

In die Figur des Adrian Leverkühn haben die Biografie und Erkrankung Friedrich Nietzsches (der Philosoph starb höchstwahrscheinlich im Tertiärstadium einer Neurosyphilis) ebenso Eingang gefunden wie das Schicksal der Deutschen in der ersten Hälfte des 20. Jahrhunderts, als sie ihren unseligen Teufelspakt mit Hitler und den Faschisten geschlossen haben. Daneben tauchen in ihr auch Motive aus der Lebensgeschichte von Paul Tillich auf, mit dem Thomas Mann in den USA fast freundschaftlich verbunden war; und natürlich ist Arnold Schönberg mit seiner Zwölftonmusik in Leverkühns Musiktheorie und kompositorischem Werk vertreten – wobei Thomas Mann zu Recht mutmaßte, dass Schönberg (mit dem er ebenfalls befreundet war) aufgrund der Charakterisierung der Zwölftonmusik im Roman als dämonisches Teufelszeug *not amused* reagieren würde.

Erzählt wird die bewegte Geschichte Adrian Leverkühns von seinem Freund Serenus Zeitblom, der ebenfalls in Kaisersaschern zur Schule ging und später Alte Philologie studierte. Als Gymnasialprofessor vertritt er humanistisch-aufgeklärte Werte, die ihn in den 1930er-Jahren in Konflikt mit nationalsozialistischen Vorgaben bringen und ihn veranlassen, den Schuldienst zu quittieren. 1943 bis 1945 schreibt er seine Erinnerungen sowohl an den inzwischen berühmten, aber verstorbenen Freund Adrian Leverkühn als auch an die schrecklichen Ereignisse in Deutschland während der Zeit des Faschismus und des Zweiten Weltkriegs auf.

Ähnlich wie in anderen umfangreichen Romanen Thomas Manns treten auch in *Doktor Faustus* eine Fülle von unterschiedlichsten Figuren auf – von Esmeralda, der Prostituierten, mit der Leverkühn seinen ersten sexuellen Kontakt erlebt und bei der er sich später, ihrer Warnung zum Trotz, mit Syphilis infiziert; über Rudolf Schwerdtfeger, den Violinisten aus dem Münchner Zapfenstößer-Orchester, mit dem Leverkühn kurzzeitig eine letztlich zum Scheitern verurteilte Freundschaft versucht; bis hin zum fünfjährigen Nepomuk, dem Neffen des Komponisten, der für ihn sein Ein und Alles bedeutet, bis er bald schon an den Folgen einer Masern-Enzephalitis stirbt. Als Modell für den kleinen Nepomuk diente übrigens Friedo, der Lieblingsenkel Thomas Manns, und als seine Familie vom literarischen Ende des Enkels erfuhr, reagierte sie höchst empört: „Wie konntest du nur!"

Neben der skeptischen Frage nach dem Preis eines künstlerischen und eventuell sogar genialen Schaffens klingen im *Doktor Faustus* noch weitere nachdenklich stimmende Themen an. So lässt Thomas Mann angesichts des Todes von Nepomuk seinen Tonsetzer die symphonische Kantate *Dr. Fausti Weheklag* komponieren, die eine erschütternde Menschen- und Gottesklage darstellt und jeden Gedanken an eine Theodizee zum bloßen Hohn und Spott degradiert. Angesichts der Gräuel und Bestialität des Totalitarismus stellt Leverkühn Kunst, Wissenschaft, Humanismus, Aufklärung radikal in Frage – er nimmt die *Neunte Symphonie* Beethovens zurück:

> „Das Gute und Edle ... was man das Menschliche nennt. Um was die Menschen gekämpft, wofür sie Zwingburgen gestürmt, und was die Erfüllten jubelnd verkündigt haben, das soll nicht sein. Es wird zurückgenommen (Mann 1986)."

Bekenntnisse des Künstlers Thomas Mann Diese Zurücknahme war nicht und sie blieb nicht das letzte Wort des Dichters. Ab 1947 hatte er Europareisen von seinem amerikanischen Exil aus unternommen; 1949 war er im Zuge der Feierlichkeiten zum Goethe-Jahr das erste Mal wieder nach Deutschland gereist, um in Frankfurt am Main sowie in Weimar viel beachtete Vorträge über *Goethe und die Demokratie* zu halten.

Bei den Reisen bestätigten sich die Vorbehalte Manns, ganz nach Deutschland zurückzukehren; im Westen war ihm die Adenauersche Politik zuwider, und im Osten fühlte er sich von den Regierenden in ihrem Sinne funktionalisiert. Da der Dichter aber die letzten Jahre des Lebens im deutschsprachigen Raum zubringen wollte, entschieden Katia und er sich, ihr ehemaliges Exil in der Schweiz neuerlich als Wohnstätte zu wählen. In Kilchberg am Zürichsee kauften sich die Manns ein komfortables Haus, in dem die letzten großen Essays sowie die *Bekenntnisse des Hochstaplers Felix Krull* (1954) konzipiert respektive abgeschlossen wurden.

Vor allem den *Felix Krull* hatte der Autor lange Zeit mit Ambivalenz betrachtet. Die ersten Vorarbeiten zu diesem Schelmenroman fielen ins Jahr 1910, und die Publikation eines Teiles (*Buch der Kindheit*) erfolgte 1922. Über vier Jahrzehnte trug der Autor den Stoff in sich, ohne dass es zu einem befriedigenden Abschluss gekommen wäre. Um sich zur Wiederaufnahme des alten Themas zu motivieren, verlieh Mann seinem Helden nunmehr faustische Züge sowie homoerotisch-narzisstische Neigungen, sodass eine Art Weltroman mit parodistisch-ironischem Einschlag und zugleich ein Text mit Bekenntnischarakter im Hinblick auf Manns eigenes Daseinsgesetz und seine eigene Bürger-Künstler-Biografie entstand; unter anderen Franz Westermeier, ein Kellner aus dem Zürcher Grand Hotel Dolder, in den sich der Dichter 1950 verliebt hatte, stand für die Figur des Felix Krull Modell.

Mit seinem Hochstapler- und Schelmenroman war Thomas Mann wieder in jene humorvoll-augenzwinkernde Romancier-Rolle geschlüpft, die er vor allem in seiner Joseph-Tetralogie sowie in *Lotte in Weimar* so überzeugend eingenommen hatte; der Stoff von *Doktor Faustus* ebenso wie der seinerzeitige Weltenbrand hatten ihn zwischenzeitlich zu einem außerordentlich skeptischgedämpften Schreibstil veranlasst. In *Bekenntnisse des Hochstaplers Felix Krull* treffen wir neben Humor vor allem auch auf Ironie – ein seit der Romantik beliebtes Stilmittel, mit dem der Ernst des Lebens mit seinem tragischen Entweder-oder in ein Sowohl-als-auch aufgelöst wird: „Heitere Ambiguität im Grunde mein Element" (Mann 1995), meinte Thomas Mann dazu.

Als 40-Jähriger blickt Felix Krull auf sein Leben, wobei er betont, dass er dabei Ereignisse seiner Biografie überaus wahrheitsgetreu bekennen wolle. Literarische Bekenntnisse gab es schon beim Kirchenlehrer Augustinus (*Confessiones*); bekannt geworden sind auch die *Bekenntnisse* von Jean-Jacques Rousseau, in denen er eine Lebensbeichte hinsichtlich seiner sexuellen Vorlieben geliefert hat. Bei Felix Krull aber geht es um einen jungen Mann, der sich mit Schauspielerei, Schlagfertigkeit und kleinen Gaunereien immer wieder aus Situationen der Inferiorität nach oben katapultieren und mit seiner blendenden Persona-Fassade die Welt um ihn her zu betören, verführen und falls nötig auch zu hintergehen vermag.

Felix Krull entstammt einer Kleinstadt im Rheingau; sein Vater ist Schaumweinfabrikant, dem das Motto „Mehr Schein als Sein" nicht unbekannt ist, und der sich, nachdem seine Firma Bankrott anmeldet, erschießt. Sohn Felix hat früh schon die Schauspielerei als sein Metier und Talent erkannt: Während seiner Schulzeit (er ist ein mittelschlechter Schüler) gelingt es ihm, Krankheiten so perfekt zu simulieren, dass selbst Ärzte auf ihn hereinfallen; und als er zu seinem Musterungstermin für das Militär erscheinen muss, ist es ein Leichtes für ihn, die Kommission von seiner angeblichen Epilepsie zu überzeugen. Die Seriosität seiner Vorbereitung auf diesen Termin erinnert an die Arbeitsweise von Thomas Mann selbst, sodass in Passagen wie der folgenden kaum unterschieden werden kann, wo Felix Krull endet und wo die Bekenntnisse seines Autors (über seinen Arbeitsstil) beginnen:

> „Dass ich mit großer Genauigkeit, ja streng wissenschaftlich zu Werke ging und mich wohl hütete, die sich bietenden Schwierigkeiten für gering zu achten. Denn Dreinstolpern war nie meine Art, eine ernste Sache in Angriff zu nehmen; vielmehr habe ich stets dafürgehalten, dass ich gerade mit dem äußersten, der gemeinen Menge unglaubhaftesten Wagemut kühlste Besonnenheit und zarteste Vorsicht zu verbinden habe, damit das Ende nicht Niederlage, Schande und Gelächter sei, und bin gut damit gefahren (Mann 1986)."

Nach dem Tod seines Vaters vermittelt ihn der Pate Schimmelpreester, in dessen Obhut Felix Krull gekommen ist, in ein Pariser Luxushotel, wo er vorerst als Liftboy arbeitet. Dort wird er der Geliebte von Madame Houpflé, einer Schriftstellerin und reichen Dame, der er kurze Zeit zuvor zufällig bei der Zollkontrolle begegnet war, und die er bei dieser Gelegenheit um ihr Schmuckkästchen erleichterte. Ohne zu wissen, dass Felix Krull der Dieb war, bittet sie den Liftboy nachts zu sich, wo beide sich vollständig einer sexuellen Ekstase hingeben. Die Biografen Thomas Manns wissen zu berichten, dass der Dichter, als er im Frühjahr 1951 am Houpflé-Kapitel schrieb, nicht selten sein Tagebuch mit den entsprechenden Franzl-Eintragungen zu Rate zog; und als seine Tochter Erika diesen Text zu Gesicht bekam, war ihr sofort „das Erz-Päderastische der Szene" aufgefallen, in der Madame Houpflé (*alias* der Dichter) ihren Liebhaber Felix Krull anhimmelt:

> „Wir Weiber mögen von Glück sagen, dass unsere runden Siebensachen euch so gefallen. Aber das Göttliche, das Meisterwerk der Schöpfung, Standbild der Schönheit, das seid ihr, ihr jungen, ganz jungen Männer mit den Hermes-Beinen (Mann 1986)."

Rasch macht Felix Krull im Grandhotel Karriere als Kellner und Oberkellner, und weil er sich aufgrund seiner Diebstähle einen dandyhaften Lebensstil leistet, wird er von der hübschen Eleanor Twentyman ebenso umworben wie vom schottischen Lord Kilmarnock. Schließlich willigt Felix Krull in ein superbes Verwechslungsspiel mit dem Marquis de Venosta ein, der sich ungestört der Sängerin Zaza, einer Pariser Schönheit, zuwenden möchte, indes Krull für ihn, für den Marquis, unter seinem Namen und mit seiner Identität eine Weltreise unternehmen soll.

Diese Reise führt Felix Krull, der im Nachtzug nach Lissabon den Paläontologen Professor Kuckuck kennengelernt hat, in die portugiesische Hauptstadt, wo sich prompt sowohl die Tochter als auch die Gattin des Professors in ihn verlieben. Letztere, Senhora Maria Pia, verführt zuletzt den falschen Marquis, und die Tochter Zouzou muss sich bloß mit einem immerhin leidenschaftlichen Kuss von Felix Krull zufriedengeben. Damit enden die *Memoiren erster Teil* – ein zweiter Teil war zwar von Thomas Mann geplant und wurde von ihm jedoch nicht ausgeführt.

Der Dichter hat selbst mehrfach darauf hingewiesen, dass die *Bekenntnisse des Hochstaplers Felix Krull* mit zu seinen offensten autobiografischen Texten gehören. Neben der Homophilie als durchgehendes Motiv, das sich auch schon in früheren Erzählungen (*Tonio Kröger; Der Tod in Venedig*) findet, sind es vor allem die Fragen nach dem Verhältnis von Schein und Sein, Fassade und Substanz, Oberfläche und Tiefe sowie die Thematik von Künstler und Kunst und damit seine eigene Identität, die Thomas Mann in den letzten Jahren seines Lebens bewegten. Denn ähnlich wie Madame Houpflé verliebt sich auch Rosalia von Tümmler in *Die Betrogene* (1953), der letzten Erzählung des Autors, in einen deutlich jüngeren Mann.

Im Alter blickte Thomas Mann auf ein Dasein zurück, das in Bezug sowohl auf seine Dichtkunst und Schriftstellerei als auch auf das Erlebte und Erlittene von ihm als einigermaßen gelungen beurteilt wurde. Selbst Niederlagen und existenzielle Erschütterungen wie der Selbstmord seines ältesten Sohnes Klaus (1949), der Tod des Bruders Heinrich (1950) oder seine eigene Lungenkrebs-Erkrankung hatte er – wie erwähnt – *cum laude* bestanden; zwei seiner Schwestern (Julia und Carla) hatten schon Jahrzehnte zuvor den Freitod gewählt. Auf solche Ereignisse reagierte Thomas Mann bevorzugt mit literarischer Verarbeitung:

> „Wert und Bedeutung meines Werkes für die Nachwelt seien gelassen dahingestellt. Ich sehe nichts darin als die persönliche Spur eines bewusst und das heißt: gewissenhaft geführten Lebenskampfes (Mann 1994)."

Was aber gab Thomas Mann Kraft, Ausdauer, Mut für den gewissenhaft geführten Lebenskampf? Neben bereits angeführten Gesichtspunkten möchte ich noch einen weiteren Aspekt betonen, der für die Selbstrealisation des Dichters relevant war: die umfängliche Akzeptanz der Zeitlichkeit menschlicher Existenz. In seiner späten Abhandlung *Lob der Vergänglichkeit* (1953) verweist Thomas Mann darauf, dass alles Leben vom Phänomen der Zeit her zu begreifen sei. Mit ihr sei Anfang, Ende, Begrenzung und Tod verknüpft; ohne Zeitlichkeit gibt es kein Werden. Produktive Menschen stellen sich weder rebellierend noch resignierend gegen die Grenze der Endlichkeit ein. Wer die Zeit entschlossen zu nutzen versteht, erlebt sie in einer anderen Dichte und Ergiebigkeit als jene, die in den Tag hineinleben, denen sie locker gewoben erscheint und zwischen den Fingern zerrinnt. Dem Künstler jedoch begegnet wie jedem wachen Menschen der Imperativ „Nutze die Zeit!":

> „Ihm ist es gegeben, die Zeit zu heiligen, einen Acker, zu treulichster Bestellung auffordernd, in ihr zu sehen, sie als Raum der Tätigkeit, des rastlosen Strebens, der Selbstvervollkommnung, des Fortschreitens zu seinen höchsten Möglichkeiten zu begreifen und mit ihrer Hilfe dem Vergänglichen das Unvergängliche abzuringen (Mann 1994)."

Zufrieden war Thomas Mann vor allem mit den Essays seiner letzten Jahre. Diese Abhandlungen beziehen sich auf Nietzsche, Goethe, Michelangelo, Tschechow und Schiller, wobei man diesen Texten eine veränderte Sicht und Darstellungsart ihres Autors anmerkt; nicht mehr – wie in manchen früheren Essays – ironische Distanz zu anderen oder narzisstische Bezugnahme auf die eigene Person, sondern Milde, Toleranz, Dankbarkeit und Anerkennung seiner Vorläufer dominieren darin.

Besonders prägnant fallen diese Attribute im *Versuch über Schiller* (1955) ins Auge. Den Text hatte Mann im Hinblick auf den 150. Todestag des Dichters verfasst, wobei aus dem ursprünglichen Konzept einer Gedenkrede eine wahre, in Liebe gewidmete Eloge auf Friedrich Schiller entstand:

> „Es ist nicht leicht zu enden, wenn man von Schillers spezifischer Größe einmal zu reden begonnen hat, einer Großheit, generös, hochfliegend, flammend, emporreißend, wie selbst Goethes weisere Natur-Majestät sie nicht bietet, Weltalls-trunken und menschheitlich-kulturpädagogisch, männlich in alldem aufs höchste (Mann 1997)."

Thomas Mann hat sich zum Ende seines Lebens nicht nur in der Figur Schillers mit dem Thema der Männlichkeit auseinandergesetzt. Als ihm 1955 zu seinem 80. Geburtstag die Ehrenbürgerwürde Lübecks verliehen wurde, nahm er dies zum Anlass, sich mit seiner Vaterstadt, die ihn nach der Publikation von *Buddenbrooks* attackiert hatte, zu versöhnen. Daneben bezog er sich in seiner Ansprache auch auf seinen Vater, dessen Tüchtigkeit er jetzt anerkennend verstehen konnte, und dessen Welt der expansiven Geschäfte und Politik er mit seiner eigenen Welt der Literatur und Kunst im Einklang wusste. Da sein Leben nun „zur Rüste gehe", erfülle es ihn mit Rührung, Dank und Glück, von den Vätern attestiert zu bekommen, dass aus ihm etwas Wertvolles geworden sei. Wenige Wochen darauf starb der Dichter, der im Alter um den Wert seiner Person und seines Werkes wusste:

„Tatsächlich fühle ich mich in erster Linie als Humorist – und das ist eine Art von Selbstgefühl, das sich mit dem Olympischen und Pompösen schlecht zusammenreimt. Humor, sollte ich denken, ist ein Ausdruck der Menschenfreundlichkeit und guter Erdenkameradschaft, kurz der Sympathie, welche es darauf absieht, den Menschen ein Gutes zu tun, sie das Gefühl der Anmut zu lehren und befreiende Heiterkeit unter ihnen zu verbreiten (Mann 1994)."

Literatur

Hölderlin, F.: Brot und Wein (verfasst um 1801), in: Sämtliche Werke und Briefe I, München 1970, S. 313

Mann, Th.: Tonio Kröger (1903), in: Die Erzählungen, Frankfurt am Main 1986, S. 372

Mann, Th.: Brief an Katia Mann (Ende August 1904), in: Briefe 1989–1936, Frankfurt am Main 1961, S. 53

Mann, Th.: Buddenbrooks – Verfall einer Familie (1901), Frankfurt am Main 1986, S. 580

Mann, Th.: Gladius Dei (1902), in: Die Erzählungen, Frankfurt am Main 1986, S. 215f.

Mann, Th.: Der Zauberberg (1924), Frankfurt am Main 1986, S. 173

Maar, M.: Das Blaubartzimmer – Thomas Mann und die Schuld, Frankfurt am Main 2000

Mann, Th.: Zur Physiologie des dichterischen Schaffens (1928), in: Über mich selbst – Autobiographische Schriften, Frankfurt am Main 1994, S. 496

Mann, Th.: Tagebucheintrag vom 06. Oktober 1951, in: Tagebücher 1951–1952, Frankfurt am Main 1993, S. 115

Mann, Th.: Doktor Faustus (1947), Frankfurt am Main 1986, S. 294ff.

Detering, H.: „Juden, Frauen und Litteraten" – Zu einer Denkfigur beim jungen Thomas Mann, Frankfurt am Main 2005

Mann, Th.: Lebensabriss (1930), in: Über mich selbst – Autobiografische Schriften, Frankfurt am Main 1994, S. 106

Mann, Th.: Buddenbrooks – Verfall einer Familie (1901), Frankfurt am Main 1986, S. 747ff.

Mann, Th.: Tonio Kröger (1903), in: Die Erzählungen, Frankfurt am Main 2005, S. 284f.

Mann, Th.: Tonio Kröger (1903), in: Die Erzählungen, Frankfurt am Main 2005, S. 331

Lukács, G.: Auf der Suche nach dem Bürger (1941), in: Thomas Mann (1949), Berlin 1950, S. 9–48

Mann, Th.: Bürgerlichkeit (1930), in: Über mich selbst – Autobiografische Schriften, Frankfurt am Main 1994, S. 377

Mann, Th.: Brief an Heinrich Mann (23. Dezember 1904), in: Heinrich Mann – Thomas Mann Briefwechsel, Frankfurt am Main 1921, S. 54

Jens, I. und W.: Frau Thomas Mann – Das Leben der Katharina Pringsheim, Reinbek bei Hamburg 2003

Mann, K.: Meine ungeschriebenen Memoiren (1974), Frankfurt am Main 1983, S. 162

Mann, Th.: Brief an Richard Dehmel (14. Dezember 1914), in: Briefe 1889–1936, Frankfurt am Main 1961, S. 115

Mann, Th.: Betrachtungen eines Unpolitischen (1918), Frankfurt am Main 1983, S. 478

Mann, Th.: Betrachtungen eines Unpolitischen (1918), Frankfurt am Main 1983, S. 460

Mann, Th.: Betrachtungen eines Unpolitischen (1918), Frankfurt am Main 1983, S. 278

Siehe hierzu u. a. Sina, K.: Thomas Mann als politischer Aktivist, Berlin 2024, S. 69ff.

Mann, Th.: Von deutscher Republik (1922), in: Essays, Band 2, Frankfurt am Main 1993, S. 132ff.

Mann, Th.: Bekenntnis zum Sozialismus (1933), in: Essays, Band 3, Frankfurt am Main 1994, S. 355

Mann, Th.: Goethe und Tolstoi (1921), in: Essays, Band 2, Frankfurt am Main 1993, S. 60

Mann, Th.: Der Zauberberg (1924), Frankfurt am Main 1986, S. 685f.

Mann, Th.: Der Zauberberg (1924), Frankfurt am Main 1986, S. 479

Mann, Th.: Deutsche Ansprache – Ein Appell an die Vernunft (1930), in: Essays, Band 3, Frankfurt am Main 1994, S. 266

Mann, Th.: Joseph und seine Brüder (1942), in: Deutschland und die Deutschen – Essays 1938–1945, Frankfurt am Main 1996, S. 187

Mann, Th.: Die Stellung Freuds in der modernen Geistesgeschichte, (1929), in: Ein Appell an die Vernunft – Essays 1926–1933, Frankfurt am Main 1994, S. 129

Mann, Th.: Die Geschichten Jaakobs (1933), Frankfurt am Main 1986, S. 91f.

Mann, Th.: Joseph in Ägypten (1936), Frankfurt am Main 1986, S. 1082f.

Mann, Th.: Joseph und seine Brüder (1942), in: Deutschland und die Deutschen, Essays 1938–1945, Frankfurt am Main 1996, S. 196f.

Mann, Th.: Interview vom 21. Februar 1938, in: Thomas Mann in Amerika, Literaturausstellung Strauhof in St. Peter, Zürich 2019

Heilbut, A.: Die Einsamkeit des Thomas Mann, in: Kultur ohne Heimat – Deutsche Emigranten in den USA nach 1930 (1983), Weinheim – Berlin 1987, S. 244

Mann, Th.: Lotte in Weimar (1939), in: Königliche Hoheit/Lotte in Weimar, Frankfurt am Main 1986, S. 657f.

Mann, Th.: Lotte in Weimar (1939), in: Königliche Hoheit/Lotte in Weimar, Frankfurt am Main 1986, S. 762f.
Mann, Th.: Tagebucheintrag vom 28. Mai 1946, in: Tagebücher 1946–1948, Frankfurt am Main 1989, S. 3
Mann, Th: Doktor Faustus (1947), Frankfurt am Main 1986, S. 332
Mann, Th: Doktor Faustus (1947), Frankfurt am Main 1986, S. 634
Mann, Th.: Tagebucheintrag vom 13. Oktober 1953, in: Tagebücher 1953–1955, Frankfurt am Main 1995, S. 127
Mann, Th.: Bekenntnisse des Hochstaplers Felix Krull (1954), in: Der Erwählte/Bekenntnisse des Hochstaplers Felix Krull – Der Memoiren erster Teil, Frankfurt am Main 1986, S. 350
Mann, Th.: Bekenntnisse des Hochstaplers Felix Krull (1954), in: Der Erwählte/Bekenntnisse des Hochstaplers Felix Krull – Der Memoiren erster Teil, Frankfurt am Main 1986, S. 444
Mann, Th.: Lebenslauf (1930), in: Über mich selbst – Autobiographische Schriften, Frankfurt am Main 1994, S. 99
Mann, Th.: Lob der Vergänglichkeit (1953), in: Über mich selbst – Autobiographische Schriften, Frankfurt am Main 1994, S. 512
Mann, Th.: Versuch über Schiller (1955), in: Meine Zeit. Essays 1945–1955, Frankfurt am Main 1997, S. 296
Mann, Th.: Konzept eines Briefes an Irita Van Doren (1951), in: Thomas Mann Brevier, Stuttgart 1994, S. 263

Teil V

Und dennoch hoffen wir auf Reparatur der Welt

8

Bertrand Russell – Napfschnecken, Skepsis und aufgeklärte Vernunft

Drei Leidenschaften – meinte Bertrand Russell im Alter über sich selbst – haben sein Leben bestimmt: „Das Verlangen nach Liebe, der Drang nach Erkenntnis und ein unerträgliches Mitgefühl für die Leiden der Menschheit. Liebe und Erkenntnis führten empor in himmlische Höhen. Doch stets brachte mich das Mitleid wieder zur Erde zurück" (Russell 1967). Das Mitleid war es auch, das den dritten Earl of Russell, Spross eines englischen Adelsgeschlechts, zum politisch außergewöhnlich engagierten Zeitgenossen werden ließ; deshalb steht diese Leidenschaft im Zentrum meiner Abhandlung. Russells Biografie (und Autobiografie) sowie seine mathematischen und philosophischen Leistungen inklusive seines literarischen Schaffens erwähne ich jeweils in Bezug auf dieses sein politisches Engagement.

Kindheit, Jugend, Studium Bertrand Russell (1872–1970) entstammte einer der einflussreichsten englischen Adelsfamilien; sein Großvater Lord John Russell war britischer Premierminister, und eine der ersten Kindheitserinnerungen Berties (wie Russell auch später von vielen genannt wurde) handelt von eben diesem Großvater, der ihm von einem Besuch Napoleons auf der Insel Elba erzählte – eine Reminiszenz, die das Motiv zukünftigen politischen Interesses Russells ebenso wie des eigenen persönlichen Maßstabes andeutete.

Da seine Eltern (beide waren progressive Freidenker) starben, als er noch ein kleines Kind war, wuchs Bertrand in Richmond Park auf, dem Wohnsitz seiner Großeltern väterlicherseits. Da der Großvater ebenfalls nicht mehr lange lebte, übernahmen die Großmutter sowie einige (deutschsprachige) Kindermädchen die Erziehung des Jungen. An seiner Großmutter bewunderte Russell neben ihren religiösen Überzeugungen deren unkonventionelle und zugleich unabhängige Art des Denkens. Sie lehrte ihn, die Meinungen der Majorität zu hinterfragen und sich falls nötig gegen die Ansichten einer kompakten Mehrheit zu positionieren.

Bertie übernahm das Arbeitszimmer des verstorbenen Großvaters als seine Studierklause. Hier stieß er auf historische, politische, belletristische Literatur, die er regelrecht verschlang. Außerdem erhielt er Unterricht in verschiedenen Fremdsprachen, die ihm keine Mühe bereiteten. Schwieriger war für ihn das Erlernen des Einmaleins; erst als er im Alter von elf Jahren zusammen mit seinem älteren Bruder Frank die Schriften des Euklid durcharbeitete, bemerkte er, dass er mathematisches Talent besaß.

Er wurde zum Musterknaben, der in seiner Jugend meistens ohne Freunde und Kameraden auskommen musste. Dadurch entwickelte er sich zu einem sehr ernsthaften, altklugen Jungen, dessen fast ausschließlicher Umgang würdevolle und ranghohe Erwachsene waren. Neben dem Erlernen von tadellosen Manieren zeichnete ihn ein immenser Wissensdurst aus, der vor keiner auch noch so putzig wirkenden Thematik zurückschreckte:

„Es machte mir großen Eindruck, dass die Napfschnecken sich ans Gestein klammern, wenn man sie wegzureißen versucht, und ich fragte Tante Agathe: ‚Tante, können Schnecken denken?' Als sie antwortete: ‚Das weiß ich nicht', entgegnete ich: ‚Dann musst du dich erkundigen' (Russell 1967)."

Neben der Großmutter übte auf den jungen B. Russell auch sein Patenonkel günstigen Einfluss aus. Bei diesem Mann handelte es sich um keinen Geringeren als John Stuart Mill, mit dem der Vater Berties befreundet gewesen war. Mill lebte dem Knaben eine konsequent agnostische, wissenschaftlich-philosophische Weltanschauung vor, die diesen schließlich überzeugte. Allerdings bedurfte es dazu langwieriger intellektueller Reflexionen, von denen die Aufzeichnungen des knapp 16-jährigen Russell einen Eindruck vermitteln, die er unter der Überschrift *Griechische Übungen* in seiner Autobiografie übermittelt hat. Auf Dutzenden von engbedruckten Seiten setzte es sich dabei mit aller ihm zur Verfügung stehenden Ernsthaftigkeit mit Problemen wie der Unsterblichkeit der Seele, den Attributen von Gottheiten (Allmacht, Allwissenheit, Allzeitlichkeit), der Letztbegründung des Universums, den Gottesbeweisen etc. auseinander.

1889 bestand Russell die Aufnahmeprüfung an der Universität Cambridge. In Mathematik prüfte ihn Alfred North Whitehead (1861–1947), der seine Begabung erkannte und ihn förderte. Mit ihm zusammen schrieb er einige

Jahre später die drei Bände umfassenden *Principia Mathematica* (1910–1913) – ein Werk über Logik und Erkenntnistheorie, für das sie von den Experten mit allerhöchstem Lob überhäuft wurden. Normalsterbliche allerdings wussten und wissen mit diesem Buch kaum etwas anzufangen, da sie deren hochkomplexe Überlegungen nicht verstehen.

Während seines Studiums in Cambridge kam Russell, der als verschroben und mit dem Hang zum einsamen Grübeln versehen galt, in Kontakt mit anregenden Zeitgenossen: dem Philosophen George Edward Moore, dem Dichter Joseph Conrad, dem späteren Nationalökonomen John Maynard Keynes oder auch dem Philologen Gilbert Murray. Zusammen mit weiteren Studenten bildeten sie die Diskutiervereinigung der *Apostel*, in der Bertie bald durch seinen Witz und seine Beredsamkeit glänzte. Diese Gruppierung zeichnete sich durch liberale Ansichten und universelle Interessen aus, die Sprachen, Ethik, Kunst, Kultur, Geschichte, Politik, Literatur und Philosophie umfassten.

Daneben stieß Russell auf die *Fabian Society*, eine sozialistisch ausgerichtete Gruppierung, die unter der Führung von Sidney und Beatrice Webb sowie der Mitarbeit von George Bernard Shaw einen evolutionären Sozialismus vertrat. Eine Weile war Russell mit den Webbs eng befreundet; später distanzierte er sich von ihnen, als sie der UdSSR gegenüber zuwenig Kritik an den Tag legten.

Im weiteren Umkreis der *Fabian Society* lernte Russell seine erste Frau Alys Pearsall Smith kennen, eine jugendlich wirkende Dame, von der es hieß, dass sie sich durch beinahe königliche Haltung und Vornehmheit hervortat. Die beiden jungen Leute fanden rasch Gefallen aneinander, vor allem, da sie feststellten, dass sie gemeinsame Lektürevorlieben hatten. Alys stammte aus einer religiös orientierten amerikanischen Quäker-Familie; sie sorgte dafür, Hemmungen und Ängste Russells mit der Zeit etwas zu verringern.

Mit ihr unternahm Russell, nachdem er seine Studien beendet hatte und als philosophierender Mathematiker in den Lehrkörper der Universität Cambridge aufgenommen worden war, Reisen in mehrere Städte Europas (Paris, Venedig, Berlin) und in die USA. Dabei benahm er sich durchaus nicht wie ein typischer Tourist: In Berlin etwa suchte er August Bebel und Karl Liebknecht auf, um sich bei ihnen ausführlich über die Entwicklung der Sozialdemokratie in Deutschland zu informieren.

Aus seinen Kontakten und Recherchen entstand das Buch über *Die deutsche Sozialdemokratie* (1896), das Russells nationalökonomischen Kenntnisreichtum und politischen Scharfblick dokumentiert. Es ist im hohen Maß bewundernswert, dass der Verfasser dieses Textes ein Akademiker im Alter von erst 23 Jahren und sein Urteil über die behandelten politischen Fragen dennoch ausgewogen reif war. Er sah deutlich, dass die deutsche Linkspartei im Unterschied zu ähnlichen Bestrebungen in England keine lediglich einfachpragmatische Gruppierung zur Verbesserung der Lebensverhältnisse der Arbeiterschaft war, sondern eine fast philosophisch fundierte Idee über die Zukunft des Menschen zu transportieren beabsichtigte:

> „Denn die Sozialdemokratische Partei ist keine bloße politische Partei noch eine bloße ökonomische Theorie; sie ist eine komplette Philosophie der Welt und der menschlichen Entwicklung, sie ist … eine Religion und eine Ethik. Das Werk von Marx oder die Ziele und Überzeugungen seiner Anhänger von einem engen ökonomischen Standpunkt aus beurteilen, heißt den ganzen Körper und Geist ihrer Größe verkennen (Russell 1978)."

Russell hatte Sympathien für die deutschen Sozialisten; jedenfalls rühmte er das *Kommunistische Manifest* (1848) und die Marxsche Geschichtstheorie, aber er war nicht gewillt, gläubiger Marxist zu werden. So bemängelte er am Marxismus die Mehrwert- und die Konzentrationstheorie, die sich seit Marxens Ableben nicht bestätigt hatten. Scharfe Kritik übte er an Bismarcks Sozialistenverfolgung, empfahl aber andererseits den Sozialdemokraten, sich doch mit der bürgerlichen Mitte zu einigen, um nach und nach den Obrigkeitsstaat zu schwächen.

Einer deutschen Revolution gab Russell keine großen Chancen – ohnehin war seine politische Einstellung evolutionär. Allerdings befürchtete er die Verhärtung der Fronten zwischen den herrschenden Klassen und den Sozialdemokraten, wobei er voraussahnte, dass die Ersteren in sozial ausweglosen Lagen einen Krieg vom Zaun brechen könnten, um durch den äußeren Konflikt innere Spannungen zu übertönen.

Russell trug seine Überlegungen in der *London School of Economics* vor, die eine Gründung der *Fabian Society* war. Er schrieb zahlreiche Zeitungsaufsätze und Abhandlungen, durch die er bereits damals seinen Anspruch als politischer Denker dokumentierte. Je mehr er sich innerlich und äußerlich von Cambridge entfernte, beurteilte Russell seine Studienzeit im Nachhinein ambivalent:

> „Cambridge war für mein Leben von Bedeutung, weil es mir Freunde sowie Erfahrung in der intellektuellen Diskussion verschaffte, nicht aber hinsichtlich des eigentlichen akademischen Unterrichts … Den größten Teil dessen, was ich dort an Philosophie lernte, erkannte ich nach und nach als falsch, und ich musste viele meiner nachfolgenden Jahre darauf verwenden, allmählich die Denkgewohnheiten abzulegen, die ich dort erworben hatte. Die einzige Denkgewohnheit von wahrhaftem Wert, die ich von dort mitnahm, war intellektuelle Redlichkeit … Bis dahin hatte ich, wo immer ich auch hauste, die Empfindung gehabt, dass Cambridge der einzige Ort auf Erden sei, den ich als Heimat zu betrachten vermöchte (Russell 1967)."

8 Bertrand Russell – Napfschnecken, Skepsis und aufgeklärte Vernunft

Principia Mathematica und der Erste Weltkrieg Manche Biografen meinen, man könne Russells langes Leben in vier Abschnitte zu jeweils etwa 25 Jahren einteilen. Nach Kindheit, Jugend und Studium bis Mitte der 1890er-Jahre habe er sich in der Zeit bis zum Ende des Ersten Weltkriegs bevorzugt den Themen der Logik, Mathematik und Erkenntnistheorie zugewandt. Auf diesen Gebieten hat er Außergewöhnliches geleistet, was besonders in den bereits erwähnten *Principia Mathematica* seinen Niederschlag gefunden hat.

Der Frage, ob man Logik und Mathematik in einen engeren Zusammenhang bringen könne, war Russell schon bei seinen Leibniz-Studien begegnet. Dieser Barockphilosoph träumte unter dem Titel einer *Characteristica universalis* von einer mathematischen Fach-, Kunst- und Universalsprache, mit der man logische und wissenschaftliche Probleme einfach und elegant lösen können sollte. Daraus entstand zwei Jahrhunderte später das Logikkalkül, das in der Philosophie wie auch im naturwissenschaftlichen Denken mächtige Umwälzungen bewirkte.

Im Jahre 1900 nahm Russell am Internationalen Kongress für Philosophie in Paris teil und hielt dort einen Vortrag. Dabei lernte er die Ideen von Gottlob Frege (1848–1925) und Giuseppe Peano (1858–1932) kennen, die sich beide auf dem Weg zu einer mathematischen Logik befanden. Nach Hause zurückgekehrt, verspürte er den Impuls zur Ausarbeitung seines bedeutenden Meisterwerks *Principia mathematica philosophiae naturalis*.

Das Werk, gemeinsam verfasst mit seinem Freund und Kollegen Alfred North Whitehead, hat Russell mehr als zehn Jahre in Anspruch genommen, wobei er für den philosophischen und Whitehead für den mathematischen Teil verantwortlich zeichnete. Die Zusammenarbeit verlief so, dass Russell jeweils einige Seiten Text formulierte, die er Whitehead zur Korrektur, zur Ergänzung und zur Formulierung in der mathematischen Fachsprache übergab. Beide gingen dabei das Gebiet der Naturphilosophie und Logik durch, und es gelangen ihnen – glaubt man den diesbezüglichen Experten – einige Entdeckungen von hohem Rang.

Russell selbst behauptete, dass er in jenen Jahren den geistigen Höhepunkt seines gesamten Lebens erklommen habe. Trotz gewichtiger emotionaler und intellektueller Krisen arbeitete er wie ein Besessener, und als das Manuskript 1909 beendet war, brachte er es in einem großvolumigen Kasten zum Verlag, der es drucken wollte. Es ergab sich, dass die Druckkosten auf etwa 600 Pfund zu stehen kamen, wovon die Universität und die *Royal Society* einen Teil zu übernehmen gewillt waren. Die Autoren selbst mussten 100 Pfund beisteuern, was Russell später witzig kommentierte, dass Whitehead und er demnach für zehn Jahre Arbeit ein Minus-Salär von 100 Pfund verdient hätten.

Die *Principia Mathematica* wurden zwar von der Fachwelt mit Hochachtung aufgenommen, aber gelesen haben sie vermutlich seit ihrem Erscheinen nur einige Dutzend Gelehrte. Für Russell bedeutete das Vollbringen dieser enormen Leistung eine hohe Genugtuung, und in einem Brief aus dem Jahre 1906 schrieb er an seine Freundin Lucy Martin Donnelly:

> „Unbedingt lebenswichtig ist für mich die Selbstachtung, die mir aus dem Werk erfließt – wenn ich (wie öfter schon) etwas getan habe, was ich bereue: Dann stellt das Werk meinen Glauben daran wieder her, dass mein Dasein meinem Nichtdasein vorzuziehen ist. Auf etwas anderes noch lege ich großen Wert: auf das Gefühl der Gemeinschaft mit einstigen und zukünftigen Wegbereitern. Ich führe oft imaginäre Zwiegespräche mit Leibniz, in denen ich ihm berichte, wie befruchtend sich seine Gedanken erwiesen haben und wie sehr viel schöner ihr Ergebnis ist, als er hatte voraussehen können; und in Augenblicken großen Selbstvertrauens stelle ich mir Gelehrte vor, die später einmal ähnliche Gedanken über mich hegen werden. Es gibt eine „Gemeinschaft der Philosophen" wie es eine „Gemeinschaft der Heiligen" gibt, und dies bewahrt mich durchaus davor, mich einsam zu fühlen (Russell 1967)."

Die in diesem Brief angedeutete Einsamkeit war schlimmer, als es auf den ersten Blick hin scheinen mochte: Die Ehe der Russells befand sich seit 1900 in einer Krise, von der kein Ende absehbar war. Ihr formales Zusammenleben ging zwar weiter, aber das sexuelle Einverständnis der Eheleute war unrettbar verloren. Mehr als zehn Jahre lang wurde diese Fassadenehe aufrechterhalten, bevor es zur räumlichen Trennung und 1921 zur Scheidung kam.

1907 kandidierte Russell bei den Unterhauswahlen für die Nationale Union der Frauenrechts-Gesellschaften im Bezirk Wimbledon bei London. Es war dies für ihn eine Gelegenheit, die politische Rückständigkeit sehr vieler Zeitgenossen kennenzulernen; ihr Widerstand, auf den Vertreter der Frauenrechtsbewegung stießen, war durch grimmige Leidenschaft gekennzeichnet. Ähnliche Erfahrungen machte er, als er 1910 für die Liberalen im Wahlkreis Bedford zu kandidieren beabsichtigte. Nachdem er vom Wahlkomitee mit Begeisterung aufgenommen worden war, wurde er im Anschluss aber einer ans Komisch-Absurde grenzenden Überprüfung seiner Gesinnung unterzogen:

> „FRAGE: Sind Sie Mitglied der Englischen Hochkirche? ANTWORT: Nein, ich wurde zum Nonkonformisten erzogen. FRAGE: Sind Sie das noch? ANTWORT: Nein, nicht mehr. FRAGE: Soll das heißen, dass Sie Agnostiker sind? ANTWORT: Jawohl, das soll es heißen. FRAGE: Wären Sie gewillt, hin und wieder zur Kirche zu gehen? ANTWORT: Nein. FRAGE: Wäre Ihre Frau ge-

8 Bertrand Russell – Napfschnecken, Skepsis und aufgeklärte Vernunft

willt, hin und wieder zur Kirche zu gehen? ANTWORT: Nein. FRAGE: Würde es bekannt werden, dass Sie Agnostiker sind? ANTWORT: Wahrscheinlich (Russell 1967)."

Russell war nicht der Mann, der billige Kompromisse zu schließen bereit gewesen war. Er zog sich daher nach Cambridge zurück, wo ihm vom *Trinity College* eine außerordentliche Professur für die Grundlagen der Mathematik angetragen worden war, und wo er fortan – in einem Seminar mit oft nur drei Teilnehmern – Mathematik und Logik lehrte.

In den politischen Wahlkämpfen hatte Russell die Bekanntschaft mit liberalen Politikern gemacht, darunter auch mit dem Ehepaar Morrell. Philipp Morrell war ihm von der Studienzeit her bekannt, und dessen Gattin Lady Ottoline wurde für ihn nunmehr zu einer neuen Freundin. Lady Morrell war eine bemerkenswerte Persönlichkeit mit bezauberndem Charme und großer geistiger Ausstrahlung. Der 37-jährige Russell verliebte sich in sie, und auch die Gegenliebe ließ nicht lange auf sich warten. Lady Ottoline fand den jungen Philosophen faszinierend und sorgte sich jedoch, sie werde nicht klug genug für ihn sein. Diese Furcht erwies sich als unbegründet, und es entspann sich ein langdauerndes Liebesverhältnis, das für beide Beteiligte anregend war. Als Philipp Morrell von der Leidenschaft seiner Frau für Russell erfuhr, reagierte er tolerant und forderte jedoch, dass ihre Beziehung nicht publik werden dürfe. Als Mitglied des Parlaments war er darauf angewiesen, den Anblick intakter Familienverhältnisse zu bieten.

Lady Ottoline Morrell, deren Landhaus in der Nähe von Oxford ein Zentrum für Intellektuelle und Künstler war, wurde für Russell eine ideale Freundin und Geliebte. Sie setzte sich über Konventionen und kleinbürgerliche Gewohnheiten hinweg, war belesen und verfügte über souveränen Geschmack. Ihre besondere Fähigkeit lag darin, kluge Menschen zu vereinigen und in vielen Gesprächen als Anregerin und Vermittlerin hervorzutreten; zum Bloomsbury-Kreis um Virginia Woolf unterhielt sie enge Kontakte. Aufgrund ihrer politischen Überzeugungen und ihrer moralischen Libertinage war sie als Lebensgefährtin für Russell besser geeignet als seine erste Gattin.

Neben diversen Publikationen und Lehrtätigkeiten zu logisch-mathematischen Fragestellungen beschäftigte sich Russell damals auch mit den tagespolitischen gesellschaftlichen Problemen. Dabei bezog er mutig und unabhängig Stellung, indem er sich während des Ersten Weltkriegs – er war erfolgreich als *Lecturer* am *Trinity College* in Cambridge tätig – öffentlich für Kriegsdienstverweigerer einsetzte. Prompt verurteilte man den pazifistischen und nonkonformistischen Dozenten zu einer Freiheitsstrafe, und er verlor in der Folge sogar seine Stelle an der Universität.

Den Ersten Weltkrieg kann man als den entscheidenden Einschnitt im Dasein Russells begreifen. Von da an bis zu seinem Lebensende hat er sich nie mehr nur mit der Rolle eines Wissenschaftlers oder Philosophen zufriedengegeben, der zurückgezogen in seiner Studierstube mit spitzem Bleistift und kaltem Herzen Formeln für die Welt entwirft. Nach dem katastrophalen Verlauf des Krieges mit massiver Zerstörung von Menschen und Kultur war es für Russell offenkundig geworden, dass seine Existenz als Intellektueller und Gelehrter gleichbedeutend sein sollte mit einem umfänglichen gesellschaftlichen, aufklärerischen sowie pädagogischen Engagement:

> „Der Krieg von 1914–1918 änderte alles für mich. Ich hörte auf, theoretisch zu sein, und begann, eine neue Art von Büchern zu schreiben. Ich änderte meine Ansichten über die menschliche Natur. Ich war zum ersten Mal zutiefst davon überzeugt, dass der Puritanismus das menschliche Glück nicht fördere. Das Schauspiel des Todes erweckte in mir eine neue Liebe zum Lebendigen (Russell 1970)."

In den folgenden Jahren machten sich bei Russell jene weltanschaulichen, emotionalen und sozialen Einflüsse günstig bemerkbar, die für die bildsame Zeit seiner Kindheit, Jugend, jungen Erwachsenenjahre bestimmend gewesen waren. Abhandlungen wie *Gerechtigkeit in Kriegszeiten* (1916), *Politische Ideale* (1917) oder *Wege zur Freiheit* (1918) wären jedenfalls ohne das progressive Wesen seiner Eltern, das religiöse und gleichwohl skeptisch-autonome Denken und Fühlen seiner Großmutter, ohne die agnostische Weltanschauung, über die ihn John Stuart Mill informiert hatte, ohne die diskutierfreudigen Freundschaften aus Cambridge und ohne die emotional-soziale Unterstützung von Lady Ottoline Morrell nicht oder zumindest nicht in diesem Ausmaß entstanden.

Bildung, Aufklärung und Erziehung Lady Ottoline Morrell blieb nicht die einzige Liebschaft Russells. Insgesamt war er viermal verheiratet sowie etliche Male verliebt, wobei er die literarische und intellektuelle Produktivität seines Daseins häufig als Folge der anregenden Beziehungen zu Frauen interpretierte. Oft genug wurde ihm seine Freizügigkeit *in eroticis* von puritanisch gesinnten Zeitgenossen vorgehalten, und in den 1940er-Jahren musste er in den USA einen Prozess über sich ergehen lassen, weil man ihn und seine Bücher als „wollüstig, libidinös, lüstern, unkeusch, aphrodisisch, erotoman, respektlos, unwahr und bar jeder Moral" einstufte. Als Russell im höheren Alter viel seltener leidenschaftliche Bekanntschaften einging, schrieb er über diesen für ihn ungewohnt abgeklärten Lebensstil: „Ich argwöhne, dass die philosophische Haltung, die ich jetzt in solchen Dingen einnehmen kann, weniger der Philosophie zuzuschreiben ist als dem physiologischen Abbau" (Russell 1970).

8 Bertrand Russell – Napfschnecken, Skepsis und aufgeklärte Vernunft

Zu den Freunden Russells in Cambridge gehörte nicht nur der Philosoph G.E. Moore (1873–1958), sondern auch der junge österreichische Philosophiestudent Ludwig Wittgenstein (1889–1951), der sich in Manchester mit Aviatik (Flugzeug- und Maschinenbau) beschäftigt hatte und zum Studium der Mathematik nach Cambridge gekommen war, weil man ihm gesagt hatte, der dort lehrende Russell verstehe am meisten von diesem Fach.

Wittgenstein war ein eigentümlicher und psychosozial zeitweise sehr fragiler Student, der oftmals nach Mitternacht seinen Lehrer Russell aufsuchte und ihn stundenlang mit intellektuellen und existenziellen Problemen bedrängte. In der Regel schickte Russell ihn nicht nach Hause, da er fürchtete, Wittgenstein könne Suizid begehen. In dessen Gemüt lagen ungeheure Spannungen, an denen er oft zu zerspringen drohte. Nach der Publikation des *Tractatus logico-metaphysicus* (1921), der als Dissertation von Russell angenommen worden war, entwickelte sich Wittgenstein zum Sprachphilosophen und zum Philosophiekritiker, dem die Aussagen von Philosophen zumeist als Sprachspiele erschienen, die kaum etwas Wesentliches über die Wirklichkeit aussagten.

Sein Lehrer Russell hingegen blieb zeitlebens davon überzeugt, dass eine an den (Natur-)Wissenschaften und damit an Empirie und Skepsis orientierte Welt- und Lebensanschauung, durchsetzt von Humanismus und Liberalismus, zu einer logisch-analytischen sowie rationalen Philosophie beitragen kann, die ihrerseits fruchtbare Reflexionen im Hinblick auf gesellschaftliche, anthropologische sowie ethisch-moralische Probleme der Menschheit zu liefern imstande ist:

„Im Chaos der widerstreitenden fanatischen Überzeugungen ist eine der wenigen einigenden Kräfte die wissenschaftliche Wahrheitsliebe; ich verstehe darunter die Gepflogenheit, unseren Glauben auf Beobachtungen und Schlüsse zu stützen, die so unpersönlich und von Konstitution und Umgebung so unbeeinflusst sind wie nur menschenmöglich… Die aus der Anwendung dieser philosophischen Methode gewonnene Gewöhnung an strenge Wahrhaftigkeit lässt sich auf den ganzen Bereich des menschlichen Tuns ausdehnen; sie bewirkt allenthalben, dass der Fanatismus nachlässt und die Bereitschaft wächst, einander Sympathie und Verständnis entgegenzubringen. Wenn die Philosophie auch einen Teil ihrer dogmatischen Ansprüche aufgibt, so wird sie doch weiterhin den Weg zur rechten Lebensführung aufzeigen und die Menschen dafür begeistern (Russell 1988)."

Doch zurück zur politischen Entwicklung und gesellschaftlichen Haltung Russells. Als der Erste Weltkrieg beendet war, zog der Philosoph eine nüchterne Bilanz seiner wissenschaftlichen und gesellschaftlich-politischen Aktivitäten. Er musste sich eingestehen, dass er weder mit den mathematisch-erkenntnistheoretischen Schriften noch mit seinen pazifistischen Aufrufen und Essays das Elend des Krieges gemindert oder das Leben auch nur eines einzigen Opfers gerettet hatte. Eine Revision dieser Art seines Engagements war seiner Meinung nach deshalb dringlich geboten.

Weil eine direkte politische Einflussnahme für ihn damals allem Anschein nach schwierig oder unmöglich war, verlegte sich Russell in den kommenden 25 Jahren auf indirekte, dafür aber – wie er hoffte – letztlich effektivere Methoden, die Sozietät im Sinne von Humanität, Solidarität und Friedfertigkeit zu verändern. Dabei entdeckte Russell für sich und für andere den langen, beschwerlichen, von vielen Philosophen und Pädagogen jedoch einzig als erfolgreich angesehenen Weg von Bildung, Aufklärung und Erziehung.

In den 1920er- und 1930er-Jahren widmete Russell deshalb den Hauptteil seiner Lebensenergie diesen Themen; im Gegenzug ließ er die erkenntnistheoretischen und mathematischen Fragestellungen, die ihn lediglich für wenige Experten zu einem Gesprächspartner hatten werden lassen, weit hinter sich. Des Weiteren bemühte er sich um eine Popularisierung der Philosophie, die er als viel zu wichtig für die Daseinsgestaltung der Menschen ansah, um sie in einer verquast-schwierigen und abgehobenen Sprache nur für Eingeweihte zugänglich bleiben zu lassen.

Für Russell bestand die Aufgabe von Intellektuellen und Gelehrten darin, auf zentrale Fragen der menschlichen Existenz verständliche und an der Wirklichkeit orientierte Antworten zu formulieren. Alle Formen des religiösen Denkens lehnte er aufgrund des illusionären Charakters ebenso ab wie Märchen, Legenden oder Geschichtsklitterungen. Die nüchterne Wahrheit zu suchen und die Ergebnisse dieser Suche in schlichten Worten mitzuteilen – das war von nun an seine Rolle als aufklärender und bildender Philosoph.

In diesem Sinne reiste Russell durch die halbe Welt und hielt eine große Zahl von Vorträgen und Seminaren, in denen er zum Beispiel die Relativitätstheorie seines Freundes Albert Einstein ähnlich kompetent erörterte wie die Beziehung psychologischer, soziologischer, historischer Phänomene zur Philosophie. Seine Vorlesungen führten Russell in die Vereinigten Staaten (nach Harvard und nach Chicago) ebenso wie in die Sowjetunion, die er mit einer englischen Delegation 1920, also nach der Russischen Revolution von 1917, besuchte.

Obwohl Russell bei seinem zweimonatigen Aufenthalt in der UdSSR sehr nobel beherbergt wurde und etliche potemkinsche Dörfer zu sehen bekam, ließ er sich von der spürbaren Sowjet-Propaganda nicht blenden. Er und seine Begleiter (in der Mehrzahl Bekannte aus der Labour-Party) wurden von Lenin empfangen, an dessen menschenverachtender Einstellung sich Russell insbesondere störte. So berichtete Lenin den Besuchern mit fröhlichem Lachen, dass die Bolschewiken die armen Bauern gegen die reichen Muschiks aufhetzten, wobei ein Großteil der besser gestellten Bauernschicht leider getötet und aufgeknöpft wurde. An Lady Ottoline Morrell schrieb Russell daher bei seiner Rückreise aus Russland im Juni 1920 aus Stockholm:

„Der Bolschewismus ist eine exklusive, tyrannische Bürokratie, mit einem raffinierteren und schrecklicheren Spitzelsystem als das des Zaren, und einer ebenso unverschämten wie gefühllosen Aristokratie... Es bleibt keine Spur von Freiheit, weder im Denken noch im Reden oder Handeln. Das Gewicht dieser Maschinerie hat mich bedrückt und erstickt wie ein Bleimantel (Russell 1970)."

Bereits im Sommer 1919 war eine weitere Frau in Russells Leben getreten: Dora Black (1894–1986). Diese britische Autorin setzte sich für feministische, politische (pazifistische) und soziale Belange sowie für sexuelle Aufklärung und Befreiung ein; *in sexualibus* vertrat sie liberale Ansichten bis hin zu praktizierter Polygamie. Die Beziehung mit Russell, die bald in eine Ehe einmündete, hielt bis zu Beginn der 1930er-Jahre; 1932 wurde die Ehe geschieden.

Zusammen mit Dora Black reiste Russell 1920 nach China, um an chinesischen Universitäten eine Lehrtätigkeit zu übernehmen. Er lernte verschiedene Städte des Landes kennen und bewunderte enthusiastisch die alte chinesische Kultur. Auch gefiel ihm die Menschlichkeit vieler Chinesen, die seinerzeit noch nicht von der kapitalistischen oder der bolschewistischen Mentalität angekränkelt waren; allenfalls war es ein Teil der Studierenden, der dem Bolschewismus zuneigte. Ihm selbst begegneten die Studierenden ebenso wie viele weitere Kontaktpersonen in China mit ausgesuchter Höflichkeit und großer Wertschätzung:

„Ich habe zahllose Reden gehalten – über Einstein, Erziehung und soziale Fragen. Der Wissensdurst bei den Studenten ist ganz außerordentlich. Wenn man zu sprechen anfängt, haben ihre Augen den Ausdruck von Verhungernden, die mit einem Festmahl beginnen. Überall behandelt man mich mit einer höchst peinlichen Verehrung (Russell 1970)."

Aus der Vortragstätigkeit in den USA, der Sowjetunion, China und später wieder in England entstand eine Reihe von Büchern, deren Titel deutlich machen, wie Russell seine Rolle als Aufklärer, Bildner und Lehrer auszufüllen gedachte: *ABC der Relativitätstheorie* (1925); *Warum ich kein Christ bin* (1927); *Skeptische Essays* (1928); *Ehe und Moral* (1929); *Die Eroberung des Glücks*

(1930); *Freiheit und Organisation 1814–1914* (1934); *Religion und Wissenschaft* (1935); *Welcher Weg führt zum Frieden* (1936); *Macht – Eine sozialkritische Studie* (1938). Mit diesen Publikationen wollte der Philosoph anders als mit *Principia mathematica* eine breite Leserschaft erreichen und sie über sich sowie das gesellschaftlich-politische Zusammenleben informieren.

Wie humorvoll, vernunftbegabt, gelehrt und dennoch geradlinig und leicht verständlich Russell schreiben konnte, wird jeder zugeben müssen, der auch nur einige Seiten aus diesen Büchern oder aus dem *Opus magnum* jener Jahre, der *Philosophie des Abendlandes* (1945), liest. Dass ein solcher Stil mit immenser Gedankenfülle, großem humanistischem Ethos und Weisheit einhergehen kann, leuchtete bald nach dem Zweiten Weltkrieg auch dem Nobelpreiskomitee bzw. der Schwedischen Akademie in Stockholm ein, die dem Philosophen 1950 den Literaturnobelpreis (interessanterweise mehr für die Publikation *Ehe und Moral* als für die *Philosophie des Abendlandes*) zuerkannten.

Neben Aufklärung und Bildung hatte sich Russell auch der Erziehungsthematik verschrieben. Von ihr erhoffte er sich mehr noch als von seinen Vorträgen und Publikationen eine mittel- bis langfristige Anhebung des emotionalen, sozialen und intellektuellen Niveaus breiter Bevölkerungsschichten, sodass deutlich mehr Menschen eine politisch erwachsene und verantwortungsvolle Rolle in Staat und Gesellschaft übernehmen können sollten.

Die Fragen nach einer tragfähigen Pädagogik hatten sich Russell spätestens nach der Geburt seines ersten Sohnes John 1921 gestellt; zwei Jahre später wurden die Tochter Kate und 1937 der Sohn Conrad geboren. Die ersten beiden Kinder hatte der Philosoph mit Dora Black in die Welt gesetzt. Weil Russell und seine Frau keine rechte Schule fanden, in die sie ihre Kinder schicken wollten, gründeten sie kurz entschlossen 1927 eine Privatschule in Beacon Hill. Damals waren pädagogische Reformideen in vieler Munde, und nachdem Russell Kontakt zu Alexander S. Neill (1883–1973) aufgenommen hatte, wagte er den Sprung zum Schulmeister, der etwa zwanzig Kindern vor allem Mut, Lebenskraft, Intelligenz und Empfindungsvermögen lehren wollte. Obwohl das Experiment wegen des Überwiegens von Problemkindern zuletzt aufgegeben werden musste, behielt der Philosoph viele seiner Ansichten über die Relevanz seiner Erziehungsziele bei.

Inwiefern eine günstige Erziehung aus Kindern und Jugendlichen politisch wache sowie solidarisch urteilende und handelnde Individuen entstehen lassen kann, hat Russell in seinen Büchern ausgeführt: *Über Erziehung unter besonderer Berücksichtigung der ersten Kinderjahre* (1926) sowie *Erziehung und soziale Ordnung* (1932) beschäftigen sich explizit mit Fragen der Pädagogik. Aber auch in Abhandlungen wie *Eroberung des Glücks* (1930) oder *Macht*

(1938) finden sich breite Erörterungen über den Zusammenhang von pädagogischen Einflüssen auf Menschen und deren politische Verhaltensweisen:

„Wenn die Demokratie arbeitsfähig sein soll, muss die Bevölkerung so weit wie möglich frei von Zerstörungslust und Hass und ebenso von Furcht und Unterwürfigkeit sein … Was ich untersuchen möchte, ist der Anteil, den die Erziehung an der größeren oder geringeren Empfindlichkeit der Menschen für solche Gefühle hat. Manche Eltern und Schulen beginnen mit dem Versuch, den Kindern völligen Gehorsam beizubringen – ein Versuch, der entweder einen Sklaven oder einen Empörer hervorbringen muss, von denen weder der eine noch der andere in der Demokratie erwünscht ist (Russell 2001)."

Russells Erziehungsstil war freiheitlich, hielt aber zugleich viel von Ordentlichkeit, Sauberkeit und weitläufiger Wissensvermittlung – das unterschied seine Schule enorm von derjenigen A.S. Neills. Der Gründer von Summerhill war trotz dieser Unterschiede begeistert von Russells pädagogischer Theorie und Praxis, und die beiden Erziehungsreformer hielten brieflichen Kontakt aufrecht. Im Rückblick auf sein Leben hat Russell später manche Kritik an der eigenen Schulgründung geübt. Besonders bedauerte er die eigenen Kinder, die unter der schwer definierbaren Stellung als Angehörige des Schulleiters und als Schüler wie alle anderen Schüler gelitten hatten. Auf diese Weise sei die Unbefangenheit im Verhältnis zu John und Kate gestört worden.

Nachträglich bezweifelte Russell, ob die Meinung richtig war, dass die beiden Kinder eine größere Kindergemeinschaft nötig hatten, um heranzuwachsen – er selbst war ja in einer gewissen Isolierung von den Alterskameraden aufgezogen worden. Jedenfalls machte er an seinen Kindern die Beobachtung, dass man kleine Kinder gegenüber größeren und älteren häufig beschützen muss; Kinder unserer Kultur waren und sind nicht immer fähig, freundlich und fördernd auf andere Kinder einzugehen, da sie für derlei Haltung in der Welt der Erwachsenen zu wenig überzeugende Modelle vorfinden.

Russells Schule konnte sich finanziell nicht selbst tragen; gleichwohl wurde sie zehn Jahre lang weitergeführt. Schwierig war in ihr unter anderem, dass halb oder ganz verwahrloste Kinder den Russells zur Obhut anvertraut wurden, und dass das Ehepaar auch jene Problemschüler bei sich aufnahm, die heutzutage eher als Langzeit-Patienten in Kinder- und Jugendpsychiatrien anzutreffen sind:

„Vielleicht die bedeutendste Schwierigkeit war, dass wir übermäßig viele Problemkinder hatten. Wir hätten uns vor dieser Falle in Acht nehmen müssen, aber anfänglich nahmen wir fast jedes Kind mit Freuden auf. Die Eltern, die sich am ehesten bereit zeigten, neue Methoden auszuprobieren, waren jene, die Schwierigkeiten mit ihren Kindern hatten. In der Regel waren diese Schwierigkeiten die Schuld der Eltern, und die üblen Auswirkungen ihrer Unvernunft wurden in den Ferien immer wieder erneuert. Was auch immer der Grund gewesen sein mag: Viele der Kinder waren grausam und destruktiv. Den Kindern Freiheit zu gewähren hieß, eine Herrschaft des Terrors einzufahren, bei der die Schwachen unter den Starken zitterten und litten (Russell 1970)."

Totalitarismus und der Zweite Weltkrieg 1922 hatten Benito Mussolini und die Faschisten in Italien die Macht an sich gerissen; 1933 war Hitler in Deutschland an die Herrschaft gekommen; 1936 begann Oberst Francisco Franco in Spanien seine Revolte gegen die Spanische Republik. Europa zeigte einen massiven Trend zu totalitären Regierungsformen, die um Stalins Terrorregime in der Sowjetunion auf inhumanste Art und Weise ergänzt wurden. In Japan realisierten die Militärs eine wahnwitzige Machtpolitik, die 1937 zum Überfall auf China führte. Zwei Jahrzehnte nach dem furchtbaren Gemetzel des Ersten Weltkrieges stand die Welt an der Schwelle zum nächsten, noch viel verheerenderen Waffengang.

Russell war im Ersten Weltkrieg ein unbedingter Pazifist gewesen; angesichts dieser aktuellen politischen Entwicklungen fragte er sich jedoch, ob man gegen Massenmörder wie Hitler, Stalin, Franco mit pazifistischen Gesinnungen etwas ausrichten könne. Zuerst meinte er, an der These der absoluten Gewaltlosigkeit festhalten zu können, und unterstützte 1938 Chamberlains Appeasement-Politik, die in München zu jenem Abkommen führte, welches die Tschechoslowakei der deutschen Eroberungslust auslieferte. Hitler aber wollte seinen Krieg, und nach der Einverleibung der Tschechoslowakei folgte im September 1939 der Überfall auf Polen und der Beginn des Zweiten Weltkriegs. Nun revidierte Russell seinen pazifistischen Standpunkt und schrieb:

> „Ich stelle fest, dass ich dieses Mal kein Pazifist bin, und ich betrachte die Zukunft der Zivilisation als von unserem Sieg abhängig. Ich glaube nicht, dass etwas ebenso Wichtiges seit dem 5. Jahrhundert geschehen ist, als die Germanen zum ersten Mal die Welt zur Barbarei zurückführten (Russell 1970)."

Während der Jahre von Totalitarismus, Krieg und Zerstörung weiter Bereiche der westlich-europäischen Zivilisation sah Russell Millionen von sklavisch erzogenen oder in Diktaturen völlig verängstigten Menschen, die zu willigen Helfern ihrer jeweiligen Führer wurden und auf ihr Geheiß andere zu Hekatomben töteten oder selbst im großen Mahlwerk des totalen Krieges zerrieben wurden. Seit 1941 hatte der Philosoph daraufhin seinen grundsätzlich pazifistischen Standpunkt gegen einen antifaschistisch-kämpferischen eingetauscht. Für ihn war klar, dass Hitler-Deutschland und seine Verbündeten militärisch niedergerungen werden mussten, wollte man noch einen kleinen Rest von Zukunft und Hoffnung auf den Erhalt von Kultur und auf die Bewahrung eines menschenwürdigen Erdenlebens retten.

Zeitgleich mit den massiven weltpolitischen Katastrophen der 1930er- und 1940er-Jahre kam es in Russells privaten Verhältnissen zu relevanten Veränderungen. Die Ehe mit Dora Black war 1930 in eine schwere Krise geraten, die zur Trennung beider Eheleute führte. Für seine Arbeiten in jener Zeit hatte der Philosoph als Sekretärin Patricia Helen Spence (Peter genannt) gewonnen, die seine nächste Lebensgefährtin werden sollte; 1936 heirateten die beiden.

Russell bemühte sich damals wieder um eine Anstellung an einer Universität, um neuerlich Philosophie zu lehren. Da weder Cambridge noch Princeton in den USA (wo sein alter Freund Whitehead lehrte) Neigung zeigten, ihn als Dozenten zu akzeptieren, nahm er einen Ruf der Universität von Chicago an; an dieser *Alma mater* hatte er einen Lehrstuhl für Philosophie von 1938 bis 1939 inne. Aus den zahlreichen Publikationen jener Zeit ist vor allem das Buch *Macht* aus dem Jahr 1938 erwähnenswert. Es stellt eine Antithese zur Geschichtsphilosophie von Marx dar, in der ökonomische Faktoren als Motoren der Geschichtsbewegung deklariert werden. Russell betonte jedoch in Anlehnung an Friedrich Nietzsche und Alfred Adler die Tragweite des Machtmotivs und legte an kenntnisreichen historischen Zustandsschilderungen die Allgegenwärtigkeit des menschlichen Machtbedürfnisses dar.

Im Anschluss an seine Zeit in Chicago wechselte Russell an die Universität von Kalifornien. Die Übersiedlung in ein landschaftlich sehr reizvolles Gebiet rief beim Ehepaar initial Empfindungen merklicher Behaglichkeit aus. Allerdings war das Rektorat der Universität mit einem konservativen Mann besetzt, sodass Russell im zweiten Band seiner *Autobiografie* schrieb:

„Die akademische Atmosphäre war viel weniger angenehm als in Chicago; die Leute konnten nicht so viel, und der Rektor der Universität war ein Mann, gegen den ich, wohl zurecht, eine tiefe Aversion hatte. Wenn ein Dozent irgend etwas allzu Liberales sagte, so entdeckte man, dass dieser betreffende Dozent seine Arbeit schlecht machte, und er wurde entlassen. Bei Fakultätssitzungen pflegte er hereinzumarschieren, als ob er Schaftstiefel trüge, und jeden Antrag zu streichen, der ihm nicht gefiel. Alle zitterten vor seinem Stirnrunzeln, und ich musste an eine Sitzung des Reichstags unter Hitler denken (Russell 1970)."

Als das Studienjahr beendet war, wurde Russell vom *City College* der Stadt New York zur Übernahme einer Professur eingeladen. Da er das Angebot für perfekt hielt, bat er um seine Entlassung in Kalifornien, um wenig später bemerken zu müssen, wie sehr das *City College* der Stadtverwaltung unterstand, in welcher die Katholiken eine mächtige Fraktion bildeten. Zusammen mit weiteren fanatisch religiös Gestimmten entfesselten sie ein Kesseltreiben gegen Russell, dessen Anstellung als Professor mit dem Sieg des Antichrist identifiziert wurde:

> „Es kam zu einer typisch amerikanischen Hexenjagd gegen mich, und ich wurde in den gesamten Vereinigten Staaten tabu. Die Standesbeamtin des Kreises New York sagte öffentlich, ich müsse „geteert und gefedert und aus dem Land getrieben werden". Ihre Äußerungen waren für die allgemeine öffentliche Verdammung typisch (Russell 1970)."

Russell wurde nicht allein wegen seiner agnostischen Weltanschauung attackiert. Die öffentliche Meinung in New York und den USA richtete sich auch gegen seine Publikationen, so gegen das Buch *Ehe und Moral*, in dem Ehebruch oder sexuelle Paraphilien angeblich empfohlen wurden. Speziell stieß man sich daran, dass Russell gesagt hatte, man solle kleine Kinder nicht für Masturbation bestrafen. In den Zeitungen erschienen ehrabschneidende Artikel über ihn, und in Briefen an ihn wurde er regelrecht mit Schmutz beworfen. Eine besonders besorgte Mutter strengte einen Prozess gegen den Staat New York an, weil sie befürchtete, ihre minderjährige Tochter, die demnächst an die Universität gehen wollte, könne durch Russell sittlich vergiftet werden.

Aufgrund dieser Vorkommnisse zog Russell sich vom Collegeleben zurück und schloss einen Fünfjahresvertrag bei der *Barnes Foundation* (Pennsylvania) ab. Diese Kunststiftung ist nach Albert Coombs Barnes (1872–1951) benannt, der als Pharmazeut ein Vermögen gemacht und sein Geld in Kunstwerken vorrangig der europäischen Moderne angelegt hatte. Seine Sammlung umfasst Dutzende Bilder von Renoir, Cézanne, Matisse, Picasso und van Gogh sowie Werke von Modigliani, Degas, Seurat und Monet.

In der *Barnes Foundation* sollte Russell – ähnlich wie vor ihm bereits William James und John Dewey – freie Vorlesungen über Philosophie abhalten. Also las er Historisches zur abendländischen Philosophie und ergänzte die Vorstudien zu seinem Monumentalwerk über die *Philosophie des Abendlandes* (1945). Weil aber auch die Idylle mit Dr. Barnes keinen Bestand hatte, verließ Russell 1944 die *Foundation* wie auch die USA und kehrte nach Großbritannien zurück.

8 Bertrand Russell – Napfschnecken, Skepsis und aufgeklärte Vernunft

Ein Voltaire des 20. Jahrhunderts In England gelang es Russell sehr rasch, sich wieder heimisch einzurichten. Cambridge stellte ihn neuerlich als Professor an, und für seine Vorlesungen erhielt er noch mehr Anerkennung als vor dem Zweiten Weltkrieg. Außerdem nahm er seinen Sitz im Oberhaus ein und erklärte in einer Jungfernrede den Lords die damalige Weltsituation. Er sah bereits die Aufspaltung der Welt in die beiden Machtblöcke der USA und der UdSSR voraus und bezweifelte, ob die beiden Systeme friedlich nebeneinander existieren könnten.

Nach dem Sieg der Alliierten blieb Russell also skeptisch in Bezug auf einen zukünftigen Weltfrieden. Noch während der Kampfhandlungen hatte er immer wieder auf den Antagonismus zwischen den westlichen Ländern Frankreich, Großbritannien und Nordamerika einerseits sowie der Sowjetunion andererseits als mögliche Quelle neuer Konflikte hingewiesen. Vor allem über die politischen Verhältnisse in der UdSSR war er tief besorgt, da er sie trotz aller Sympathie für sozialistische Ideen als totalitär und verbrecherisch einstufte.

So sehr er sich im Mai 1945 über die bedingungslose Kapitulation des Dritten Reiches freute, so sehr war er wenige Monate später massiv beunruhigt über die Explosionen der Atombomben in Hiroshima und Nagasaki. Mit großem Schrecken prognostizierte er, dass Atombomben bald durch Wasserstoffbomben mit noch viel größerer Sprengkraft abgelöst würden; auch zweifelte er nicht daran, dass Russland den Vorsprung der Amerikaner in der Atomwaffenproduktion einholen werde. Die Vision einer Welt mit gefüllten Kernwaffenarsenalen erschien ihm als grauenhaft, und den seinerzeit lebenden Politikern und Staatsmännern traute er nicht über den Weg und hielt dafür, dass sie in Krisensituationen die Vernichtung allen menschlichen Lebens auf der Erde riskieren könnten, um Machtambitionen und Gewaltfantasien durchzusetzen. Russell musste damals gewärtigen, dass die Entwicklung der Kernwaffen vor dem Hintergrund des sich anbahnenden Kalten Krieges eine neuerliche Bedrohung nicht nur für den Weltfrieden, sondern für die Existenz der Menschheit *in globo* bedeutete.

Auf diese überwältigende Dimension der Gefährdung wollte der Philosoph angemessen reagieren, was zu einer nochmaligen Wandlung seiner öffentlichen und publikatorischen Aktivitäten führte. Der über 70-jährige alte Mann wurde zu einem außergewöhnlich engagierten sozialen Mahner, humanistischen Rufer, nachdenklichen Weisen und zu einem politischen Kämpfer, wie es ihn nur alle paar Jahrzehnte einmal als Ausnahmeerscheinung gibt. Zu Recht hat man Russell deswegen zwischen 1945 und 1970 wiederholt als einen Voltaire des 20. Jahrhunderts bezeichnet.

Ende der 1940er-Jahre kam es beinahe weltweit zu einer Bewegung unter der Zivilbevölkerung vieler Staaten, die sich die Verhinderung eines neuen großen Krieges sowie die Abschaffung der Atomwaffen zum Ziel gesetzt hatte. 1949 unterzeichneten Millionen den Stockholmer Appell, in dem diese Forderungen gebündelt an die Regierenden der Großmächte übermittelt wurden. An der Spitze dieser Bewegung standen Wissenschaftler wie Linus Pauling oder Frédéric Joliot-Curie; sie hatten die gewaltigen Gefahren der Nuklearwaffen erkannt.

Auch Russell engagierte sich auf der Seite der Atomwaffengegner. Den Kampf gegen das Wettrüsten der Vereinigten Staaten und der Sowjetunion führte er durch gezielte Interventionen bei Politikern und einflussreichen Wissenschaftlern ebenso wie durch die Mobilisierung der Massen. So korrespondierte er in den 1950er-Jahren wiederholt mit Chruschtschow, Eisenhower und John Foster Dulles. Daneben hielt er unzählige Reden und publizierte eine Menge von Abhandlungen und Flugblättern, in denen die Menschen über die heiklen Themen der atomaren Aufrüstung und des Kalten Krieges aufgeklärt wurden.

1955 entstand das Einstein-Russell-Manifest. Dieses enthielt einen Vorschlag an die Staaten der Erde, wie man jenseits des Ost-West-Konflikts die drastische Gefahr für die Menschheit – einen atomaren Krieg – bannen könne. Als Einstein kurz nach der Abfassung des Manifests starb, vertrat Russell mit aller ihm zur Verfügung stehenden Kraft ihr gemeinsames Anliegen weiter. In einem Brief einige Jahre später erörterte Russell seine damalige Ideologie-übergreifende Haltung:

„Mein Widerwillen gegen den Kapitalismus entspricht fast meiner Abneigung gegenüber dem Kommunismus; doch kein Abscheu gegenüber diesen beiden Gegensätzen kann auch nur entfernt mit dem Abscheu verglichen werden, den ich gegenüber dem Atomkrieg empfinde (Russell 1970)."

1957 gründeten Nuklear-Pazifisten wie Russell die Pugwash-Bewegung, benannt nach einem Ort in Kanada, wo ihre erste Konferenz stattfand. An den *Pugwash-Conferences* nahmen Wissenschaftler aus über dreißig Staaten teil, die sich für Atomwaffenversuchsstopps sowie für Abrüstungsverhandlungen einsetzten. Die Pugwash-Bewegung tagte bis in die 1970er-Jahre über zwanzig Mal und bereitete wesentliche Schritte für die spätere Ost-West-Entspannung vor.

In den 1960er-Jahren blieb Russell politisch öffentlich präsent. Zusammen mit der amerikanischen Schriftstellerin Edith Finch (1900–1978), seiner vierten und letzten Gattin, beteiligte er sich an den pazifistisch orientierten Ostermärschen sowie an Protestaktionen gegen die Kuba-Politik der USA und

Großbritanniens. Des Weiteren initiierte er die Gründung von Stiftungen namens *Bertrand Russell Peace Foundation* sowie *Atlantic Peace Foundation*. Die Eheschließung mit Edith Finch war bereits im Dezember 1952 erfolgt, wobei der damals 80-jährige Russell angeblich davon sprach, nun endlich die Frau fürs Leben gefunden zu haben.

Mitte der 1960er-Jahre kam es, nachdem die Kuba-Krise gerade noch glücklich überstanden war, zu einer neuerlichen massiven Bedrohung des Weltfriedens, dieses Mal von Indonesien ausgehend. Die Vereinigten Staaten engagierten sich wie zuvor bereits Frankreich militärisch im Vietnamkrieg, der als ideologisch außerordentlich relevant hingestellt wurde. Die seinerzeit als gültig angesehene Dominotheorie besagte, dass ein jeglicher Sieg des kommunistisch orientierten Nordvietnams unweigerlich eine sozialistische Veränderung Gesamtindonesiens nach sich zöge. Dementsprechend brutal waren die dortigen Kampfhandlungen.

Als die britische Labour-Regierung 1965 den amerikanischen Krieg in Vietnam unterstützte, trat Russell demonstrativ aus der Labour-Party aus, der er viele Jahre lang angehört hatte. Ein Jahr später gründete er zusammen mit Jean-Paul Sartre das Vietnam-Tribunal, das es sich zur Aufgabe machte, Kriegsverbrechen der Amerikaner in Vietnam zu benennen und zur Anklage zu bringen. Das Tribunal tagte mehrmals in Stockholm, Paris und Roskilde und sorgte aufgrund seiner Verurteilung von US-amerikanischen Kriegsgräueln weltweit für Aufsehen:

„Wir repräsentieren weder eine Staatsmacht noch sind wir in der Lage, die Leute, die Politik machen und für am vietnamesischen Volk begangene Verbrechen verantwortlich sind, als Angeklagte vorzuladen. Uns fehlt jedwede *force majeure*, und einer Prozessordnung kann unmöglich Folge geleistet werden. Diese offensichtlichen Beschränkungen halte ich jedoch für tatsächliche Vorteile. Es steht uns nämlich frei, eine seriöse historische Untersuchung durchzuführen, ohne uns dabei von Gründen der Staatsräson oder anderen Verpflichtungen leiten lassen zu müssen (Russell 1971)."

Neben diesen publikumswirksamen öffentlichen Auftritten und Aktionen blieb Russell als philosophisch-politischer Autor weiterhin rege. 1950 veröffentlichte er *Unpopuläre Betrachtungen* sowie 1954 den Sammelband *Moral und Politik*. Es folgten Bücher über *Vernunft und Atomkrieg* (1959) sowie *Hat der Mensch noch eine Zukunft?* (1961), in denen er zu aktuellen gesellschaftlichen Problemen wie auch zu grundsätzlichen Fragen des Verhältnisses von Philosophie, Pädagogik, Literatur und Geschichte zur Gesellschaft Stellung bezog.

Besonders hervorzuheben ist eine schriftstellerische Leistung des über 90-jährigen Mannes, der in den Jahren zwischen 1967 und 1969 seine dreibändige Autobiografie verfasste und publizierte. Darin hat er sich und seine Zeit auf vielfältige Art und Weise charakterisiert; unter anderem die eingangs zitierten drei Leidenschaften hat Russell dabei erwähnt, um seinen Lebensstil verständlich und transparent zu machen.

Als der Philosoph 1970 starb, hatte er einiges von dem realisiert, was er in seinen Schriften als Entwurf für die Menschen von morgen beschrieben hatte. Mich überzeugt in diesem Zusammenhang vor allem sein nie erlahmendes Mitgefühl mit Benachteiligten und Erniedrigten, das bei ihm das Fundament des politischen Engagements bildete. Daneben war Russell bei allem nüchternen Sinn für Realitäten von der grundsätzlichen Entwicklungsfähigkeit der menschlichen Gattung überzeugt – eine Überzeugung, die seinen Büchern ebenso wie seinen öffentlichen Aktionen und Verlautbarungen stets Hoffnung, Güte und Humor verlieh:

> „Nicht nur in der Erkenntnis beweist der Mensch seine besten und bewundernswertesten Eigenschaften. Auch Schönheit haben die Menschen geschaffen; sie haben wunderbare Visionen, wie das erste Aufschimmern eines Märchenlandes; sie sind der Liebe fähig und des Mitleids für das ganze Menschengeschlecht und gewaltiger Hoffnungen für die gesamte Menschheit ... Wahres menschliches Glück werden nur diejenigen finden, die ihre göttlichen Fähigkeiten bis zum Letzten entwickeln. Für solche Menschen muss heutigentags das Glück mit viel Schmerz gemischt sein, weil sie unwiderstehliches Mitleid erfasst, wenn sie andere leiden sehen (Russell 1988)."

In einem Postscriptum zu seiner Autobiografie kam Russell auf den Ernst seines Lebens zu sprechen, auf sein Erkenntnis-Interesse und auf seine nie erlahmenden Impulse, Beiträge zur Schaffung einer glücklicheren Welt zu liefern. Dabei zog er ein ambivalentes Fazit aus Gelungenem und Missglücktem, und sein letzter Satz lautet: „Trotz aller Gräuel ließ mich die Welt unerschüttert" (Russell 1971).

Diagnostik der Weltverhältnisse Eine Erörterung der vielfältigen Schriften und des philosophisch-literarischen Oeuvres von Bertrand Russell kann und will ich im Zusammenhang dieses Essays nicht wagen; ein derartiges Ansinnen überlasse ich gerne den Russell-Experten und -Biografen. Stattdessen konzentriere ich mich lediglich auf einige wenige Aspekte seiner Bücher, die seine weltanschaulichen und politischen Einstellungen widerspiegeln, und die ich als diagnostische sowie therapeutische Perspektive zusammenfasse. Weil – wie es in der Antike hieß – die Götter vor die Behandlung eines jeden (krankhaften) Zustands die Diagnose gesetzt haben, beginnen wir mit diagnostischen Erwägungen.

8 Bertrand Russell – Napfschnecken, Skepsis und aufgeklärte Vernunft

Zu Lebzeiten Russells fiel es ähnlich wie in unserem 21. Jahrhundert in keiner Weise schwer, gesellschaftliche Unebenheiten und Defizite ebenso wie massivste Konflikte und Inhumanitäten bis hin zu unserem Bewusstsein kaum erträglichen Abgründen des Absurden und Antihumanen zu benennen: Armut, Deprivation, Hunger, Flucht, Vertreibung, Unterdrückung, Ungerechtigkeiten, Terror, Folter, Krieg, Bürgerkrieg, Genozid, Holocaust, Menschenhandel, Sklaverei – die Reihe ließe sich mühelos fortsetzen.

Russell imponierte als einer jener philosophisch-literarischen Intellektuellen, die die Welt *in toto* erkennen wollen und damit Phänomenen wie den eben skizzierten nicht ausweichen. Aus der Tradition der Philosophie heraus waren und sind sich viele Denker bewusst, dass der Gegenstand ihrer Reflexionen Welt und Mensch in ihrer Totalität sein darf. Russell nun verfügte über ausreichend Weitblick und Energie, um dieser Forderung Genüge zu tun.

Dass Russell angesichts der Vielfalt seiner Interessen auch das Feld der Politik, insbesondere in Bezug auf die massiven Probleme und Katastrophen während des 20. Jahrhunderts, in Betracht ziehen konnte, verdankt er unter anderem seiner weltbürgerlichen Einstellung. Er war ein Grandseigneur des Intellekts wie auch der Emotionalität, der sich anders als sein Großvater nicht als Minister einer Königin, sondern als Anwalt und Fürsprecher der Menschheit verstand. Ohne die häufig vorhandenen Scheuklappen eines Aristokraten oder Bourgeois erkannte und benannte er soziale, wirtschaftliche, bildungsbedingte Defizite als Ursachen für die politischen Tragödien und Debakel seiner Gegenwart. Er vertrat einen libertären Sozialismus, der das Unrecht von ehedem nicht durch Autoritarismen der Zukunft ersetzen sollte. Dementsprechend konnte er dem Marxismus nicht allzu viel abgewinnen, wiewohl er manche emanzipatorischen Verdienste von Karl Marx durchaus würdigte.

Russell war sich vollumfänglich bewusst, wie schwierig eine Änderung von Gesellschaft sowie einzelner Individuen ist. In einem seiner fundiertesten Bücher (*Macht*) wandte er sich gegen ein marxistisches Geschichtsverständnis, das viele historische Vorgänge mit ökonomischen und Eigentumsverhältnissen erklären will. Russell dagegen sprach davon, dass ein wesentliches *agens movens* der Geschichte der unbefriedigte und maßlose Machthunger mancher Menschen sei; von ihm seien bisweilen die herrschenden Schichten in Staat und Kirche befallen. Aus Machtwahn liefern diese dann die Volksmassen sogar dem Hunger und der Verelendung aus und führen sie in verheerende Kriege, bei denen das Volk nichts zu gewinnen und alles zu verlieren hat.

Obschon Russell kein Freund und Befürworter der Philosophie Nietzsches war, scheint es passend, beim Studium von Menschen, Gesellschaft und Politik stets und bevorzugt auch an jene Machtmotive zu denken, die Friedrich Nietzsche in vielen seiner Schriften bis in feinste Verästelungen hinein beim

Einzelnen und in der Sozietät und Kultur nachgezeichnet und in *Morgenröte* (1881) entsprechend beschrieben hat:

> *„Der Dämon der Macht.* – Nicht die Notdurft, nicht die Begierde – nein, die *Liebe zur Macht ist der Dämon des Menschen*. Man gebe ihnen alles: Gesundheit, Nahrung, Wohnung, Unterhaltung – sie sind und bleiben unglücklich und grillig: Denn der Dämon wartet und wartet und will befriedigt sein. Man nehme ihnen alles und befriedige diesen: So sind sie beinahe glücklich – so glücklich, als eben Menschen und Dämonen sein können (Nietzsche 1988)."

In *Macht* entwarf Russell ein Panorama ihrer diversen Spielarten: königliche und priesterliche Macht; revolutionäre Macht; wirtschaftliche Macht; Macht über die Meinungsbildung (Medien); verschiedene Formen von Regierungsmacht; Macht, Ethik und Moral; organisatorisch-strukturelle Macht etc. Dabei unterschied er Ermächtigungsformen die eigene Person, andere Individuen, Lebendiges (Tiere, Pflanzen, Natur) oder Materielles (Objekte, Maschinen, Materie) betreffend.

In die Nähe von Macht geraten rasch Begriffe wie Herrschaft und Gewalt. Hier manifestiert sich die Macht als Übergriff auf die Sphäre anderer Menschen, die unterdrückt, gedemütigt, versklavt werden. Gewalt verzichtet nie auf physischen oder psychischen Zwang und wird zum Synonym von Destruktion und Aggression sowie von entschiedener Wendung gegen Mitmenschen, Lebendiges oder gegen die Materie. Die Herrschaft bewegt sich im politisch-gesellschaftlichen Bereich und reicht tief in Familie, Schule, Wirtschaft, Wissenschaft etc. hinein.

Gebraucht man den Terminus Macht, hat dieser aber auch eine wertneutrale Bedeutung; man verknüpft damit den Eindruck von Wirkungsmächtigkeit, Stärke, Souveränität. Insbesondere die Macht über sich selbst und über die Gestaltung der eigenen Person (Selbstermächtigung) hat günstigenfalls nichts mit Herrschaft und Gewalt gemein. Allerdings, so Russell, treffe man im Bereich von Wirtschaft, Geschichte, Gesellschaft und Politik seit der Antike wiederholt auf Verhältnisse, Ereignisse und Episoden, die als Manifestationen pathologischen Machtstrebens bis hin zur nackten Gewalt zu bezeichnen sind:

> „Die meisten Gräuel in der menschlichen Geschichte sind mit nackter Gewalt verknüpft – nicht nur jene, die mit dem Krieg zu tun haben, sondern andere von gleicher, wenn auch weniger sichtbaren Furchtbarkeit. Sklaverei und Sklavenhandel, die Ausbeutung des Kongo, die Schrecken der frühen Industrialisierung, Grausamkeit gegen Kinder, gerichtliche Folter, das Strafgesetz,

Gefängnisse, Arbeitshäuser, religiöse Verfolgung, die schreckliche Behandlung der Juden, die mitleidlose Frevelhaftigkeit von Despoten, die unglaubliche Ungerechtigkeit bei der Behandlung politischer Gegner in Deutschland und Russland heutzutage – all das sind Beispiele für die Anwendung nackter Gewalt gegenüber wehrlosen Opfern (Russell 2001)."

Mit den Themen von Macht, Herrschaft und Gewalt hatte Russell wesentliche, die Geschicke der Menschheit seit ihren Anfängen massiv beeinflussende Topoi zum Inhalt seiner philosophischen Reflexion gewählt. Eine Klärung von Ursachen, Erscheinungsformen sowie Umgangs- und Präventionsstrategien insbesondere in Bezug auf Gewaltphänomene schien ihm angesichts zweier Weltkriege und der atomaren Bedrohung im 20. Jahrhundert als dringlichste Aufgabe von Denkern, Intellektuellen, Wissenschaftlern und Politikern. Ein Großteil seiner Existenz galt dem Kampf gegen dieses Erz- und Erbübel der Menschheitsgeschichte, und ein essenzielles Ziel bestand für ihn dabei in einer transparenten, für viele Personen (und nicht nur für einige wenige Experten) verständlichen Aufklärung über Macht und Herrschaft und Gewalt.

Es verwundert nicht, dass sich im so gewaltgetränkten 20. Jahrhundert neben Bertrand Russell auch weitere Philosophen und Wissenschaftler den Themen von Macht, Herrschaft und (kollektiver, staatlicher, kriegerischer) Gewalt zuwandten. Ihre Namen verdeutlichen, dass es sich dabei um ausgesprochen interdisziplinäre Phänomene handelt, für deren Betrachtung und Bearbeitung neben Philosophen auch Historiker, Ethnologen, Anthropologen, Psychologen, Soziologen, Politiker und Politikwissenschaftler, Pädagogen, Wirtschafts- und Kulturwissenschaftler, Juristen, Kommunikations- und Medienwissenschaftler, Psychoanalytiker und letztlich auch Dichter, Künstler und Literaten zuständig sind. Aus der Gruppe der Macht- und Gewaltforscher erwähne ich nur eine kleine Auswahl.

Bereits zu Beginn der 1920er-Jahre publizierte Walter Benjamin seine *Kritik der Gewalt* (1921). Darin unterschied er eine rechtsetzende und rechterhaltende Gewalt (diverse Formen von Gewalt in Rechtsstaaten – Gewaltmonopol) von einer sogenannt göttlichen Gewalt (Erhabenes manifestiert sich in der Geschichte – beispielsweise Naturgewalten). In Krisenzeiten tendiere die rechtsetzende Gewalt (die Staaten mit ihrem Gewaltmonopol) nicht selten zu Willkür; die göttliche Gewalt (Naturgewalten) hingegen wird zur Begründung für (politischen) Radikalismus wie auch für unblutige Gewaltvariationen, die jedoch ebenfalls letale Folgen nach sich ziehen können.

Zeitgleich mit Bertrand Russells Buch *Macht* erschien *Über den Prozess der Zivilisation* (1939) von Norbert Elias, worin der Autor ebenfalls den Phänomenen von Herrschaft, Macht und Gewalt nachspürte. Sein vorrangiges Interesse galt jedoch der Menschheitsgeschichte *in toto* etwa zwischen 800 und 1900 u.Z., die er als fortschreitenden Prozess der Zivilisation interpretierte. Elias nahm eine sowohl soziologische als auch psychologische Perspektive ein, und den Prozess der Zivilisation beschrieb er als kollektive Veränderungen von Sozialstrukturen wie auch als individuelle Veränderungen von Persönlichkeitsstrukturen.

In dem von Elias untersuchten Jahrtausend ergaben sich dem Autor zufolge diverse, die Kollektive betreffende Veränderungen: Vorrücken der Scham- und der Peinlichkeitsgrenzen; zunehmende Psychologisierung und Rationalisierung; zunehmende Kontrolle und Tabuisierung der Sexualität; Verfeinerung der Sitten (Essen, Trinken); zunehmende Tabuisierung der Ausscheidungsfunktionen.

Außerdem – so Elias – sei eine merkliche Verringerung der Gewaltbereitschaft zu konstatieren, was unter anderem darauf zurückzuführen sei, dass staatliche und kirchliche Monopolinstitutionen entstanden, die zu einer Regulierung des Trieb- und Affektlebens einzelner Individuen beigetragen haben. Diese Monopolinstitutionen schufen befriedete Räume, in denen das ungehemmte Ausagieren von Trieben und Affekten durch Verbote, Ächtung, Strafen mehr oder minder verunmöglicht wurde. Wer sich in solch befriedeten Räumen (z. B. Frauenhäuser, Schulen, Universitätscampus, Krankenhäuser, Kirchengebäude) dennoch einer pathologischen Machtgebärde oder sogar offener Gewalt befleißigte, spielte mit der Gefahr des Ostrazismus (Ausstoßung aus der Gemeinschaft).

Auf einen nochmals anderen Aspekt der Genese sowie der Ausbreitung oder Eindämmung von (pathologischen) Machtstrukturen und Gewalt kam Hannah Arendt in ihrem oft zitierten Buch *Macht und Gewalt* (1970) zu sprechen. Anlass für diesen Text waren die Studentenunruhen Ende der 1960er-Jahre in mehreren Staaten der westlichen Welt, bei denen unter anderem Fragen nach gewaltlosem versus gewaltsamen Protest und Widerstand sowie nach institutionellen Macht- und Gewaltstrukturen und deren Veränderbarkeit verhandelt wurden.

Obschon die Begriffe Macht und Gewalt häufig synonym gebraucht werden, unterschied Arendt konsequent diese beiden Phänomene, die sie bevorzugt im Rahmen staatlicher Machtstrukturen und Gewalt untersuchte. Die Macht von Staaten und ihrer Institutionen basiere (so die Autorin) auf der Zustimmung und Unterstützung des Volkes dazu oder zumindest eines überwiegenden Anteils der jeweiligen Bevölkerung. Staatliche oder institutionelle Macht entstünde daher als eine „Organisation der Gleichen im Rahmen des Gesetzes" (Arendt 2003).

Folgt man dieser Definition, ergeben sich Macht und Machtstrukturen nur als Konsequenz von Freiwilligkeit und innerhalb von Rechtmäßigkeit. Arendt war an Macht als Phänomen von Gruppen, Sozietäten und Staaten interessiert; Macht im Sinne von Selbstermächtigung oder Selbstbeherrschung stand nicht im Fokus ihrer politisch-philosophischen Überlegungen. Der Zusammenschluss mehrerer Personen im öffentlichen Raum gebiert Macht – nicht jedoch die Unterwerfung unter oder der Gehorsam im Hinblick auf Individuen oder Strukturen, die derlei vom Einzelnen einfordern.

Macht ist nach Arendt durch kommunikative, soziale und schöpferische Qualitäten gekennzeichnet, indes sich Gewalt durch Sprachlosigkeit, Distanz zu den Mitmenschen und Destruktivität auszeichnet. Staatliche Macht als Folge von Organisation und Institutionalisierung verstand Arendt als Selbstzweck, Gewalt hingegen stets als instrumental einem Zweck dienend. Gewaltsam können zwar Machtverhältnisse (Strukturen, Organisationen, Institutionen) verändert oder sogar vernichtet, nicht jedoch generiert und in ihrer Vitalität gesteigert werden.

Diese Überzeugung macht auch verständlich, warum Arendt den Revolutionen generell ebenso wie der Studentenrevolte der 1968er-Jahre gegenüber durchaus skeptisch gestimmt war. Oftmals verändern sich durch revolutionärgewaltsame Prozesse lediglich die Namen der Herrschenden oder der Institutionen, überaus selten jedoch die autoritären, erniedrigenden, ungerechten Strukturen, die für Rebellion, Revolte und Revolution ursächlich verantwortlich waren:

> „Wo Gewalt der Gewalt gegenübersteht, hat sich noch immer die Staatsgewalt als Sieger erwiesen. Aber diese an sich absolute Überlegenheit währt nur so lange, als die Machtstruktur des Staates intakt ist, das heißt so lange Befehle befolgt werden und Polizei und Armee bereit sind, von ihren Waffen Gebrauch zu machen (Arendt 2003)."

Viel stärker der Soziologie denn der politischen Philosophie zuzurechnen sind die Überlegungen Jan Philipp Reemtsmas zu Macht und Gewalt, die er in seinem Buch *Vertrauen und Gewalt – Versuch über eine besondere Konstellation der Moderne* (2008) ausgeführt hat. Darin liefert er einen Beitrag zu einer Soziologie der Gewalt, wie sie vor allem von Trutz von Trotha bereits in den 1990er-Jahren des letzten Jahrhunderts eingeklagt wurde.

Eine *Soziologie der Gewalt* (Trotha 1997) dürfte sich nicht nur diversen Ursachen, sondern müsse sich auch verschiedenen Formen und Veränderungen dieses Phänomens zuwenden. Zu beforschen sei Geschlecht und Gewalt, ethnische und mafiöse Gewalt, die Gewalt in den Banlieues, Gewalt in der Kunst (Hardcorekonzerte) und in den Medien. Wie in der Phänomenologie üblich, solle und müsse sich die Soziologie dabei allen nur erdenklichen Modifikationen von Gewalt zuwenden und sie im Sinne von Clifford Geertz als dichte Beschreibungen zu Papier bringen.

Reemtsma wird in *Vertrauen und Gewalt* diesen Forderungen gerecht, indem er, ausgehend von vielfältigen Gewaltbeispielen, ihrem Wesen nach drei Formen von Gewalt unterscheidet: lozierende, raptive und autotelische Gewalt. Alle drei Formen beziehen sich vorrangig und zunächst auf den Körper des gewaltsam behandelten Objekts; allerdings anerkennt Reemtsma neben der physischen auch die psychische Gewalt.

Bei der ersteren, der lozierenden Gewalt handelt es sich um Möglichkeiten, über den Körper des Anderen (Personen, Gegenstände, Tiere) zu verfügen, indem der oder die oder das Andere wie eine Verfügungsmasse beliebig verschoben werden kann (Verbringung von Personen in ein Lager oder Gefängnis oder über eine Grenze; Vertreibung von Gruppen oder ganzen Ethnien etc.).

Die raptive (verzückende) Gewalt zielt ebenfalls auf den Körper des Anderen, um an diesem jedoch (ganz anders als die lozierende Gewalt) bevorzugt sexuelle Handlungen zu vollbringen (sexueller Missbrauch; Vergewaltigung). Die Gewalt ist dabei nicht das Ziel, sondern soll Konstellationen schaffen, den Körper des Anderen zu instrumentalisieren.

Die dritte Form der Gewaltausübung, die autotelische, sich selbst zum Telos (Ziel) habende Gewalt schädigt oder zerstört den Körper des Anderen oder den eigenen (Autodestruktion) durch Folter, Verwundung, Totschlag, Hinrichtung, Mord. Diese Art von Gewalt bedeutet für die Moderne und für die Individuen die größte Herausforderung, da sie einerseits in Bezug auf den Einzelnen tabuisiert ist und andererseits als staatliches Gewaltmonopol (Henker, Soldaten, Polizei, Folterknechte) weiter existiert:

„Unsere Kultur hat gravierende Probleme, mit dem Phänomen der autotelischen Gewalt umzugehen. Diese Gewalt ist uns fremd geworden, sie ist gleichsam der Einbruch irgendeines Teuflischen in die Weltordnung. Dabei hat das traditionelle Christentum der autotelischen Gewalt einen Ort in der Weltordnung gegeben: die Hölle (Reemtsma 2008)."

Für unser 21. Jahrhundert besonders relevant ist Reemtsmas Beschreibung von Gewaltzonen, die sich vor allem auf die autotelische Gewalt beziehen, und die in mancher Hinsicht mit den von Norbert Elias skizzierten befriedeten Zonen korrespondieren. Mit Gewaltzonen sind staatliche, gesellschaftliche oder von kleineren Gruppierungen markierte Zonen gemeint, in denen Gewalt entweder erlaubt oder verboten oder geboten ist. Als Beispiele können etwa Kriege (zwischenstaatliche, militärische Gewalt), Foltermethoden und die Todesstrafe (juristisch legitimierte Gewalt) sowie der Kampf gegen Kriminalität oder Terror (polizeiliche Gewalt) benannt werden.

Neben diesen staatlich vorgegebenen Gewaltzonen fühlen sich jedoch immer wieder auch kleinere Gruppierungen oder Massen dazu berufen, für sich diverse Zonen der gebotenen oder zumindest erlaubten Gewalt zu definieren und damit ihren Gruppenangehörigen eine Art Legitimität für deren gewaltbereites Handeln zu verschaffen. Aktuelle Beispiele hierfür sind xenophobe Ausschreitungen (z. B. in Hoyerswerda, Mölln, Solingen, Rostock-Lichtenhagen); Pogrome und andere antisemitische Übergriffe; Terrorakte oder Ausschreitungen mit Gewaltexzessen gegen Sachen und Personen links- oder rechtsextremistischer Gruppierungen oder islamistischer Einzeltäter; Umsturzpläne von Reichsbürgern:

„Das Wichtigste an der Erzeugung, Weckung oder Stimulierung von Gewaltbereitschaft ist die Versicherung, man befinde sich (möglicherweise anders, als der erste Augenschein lehrt) in einer Zone gebotener oder wenigstens erlaubter Gewalt (Reemtsma 2006)."

In seinem Buch *Räume der Gewalt* (2015) entwickelte der Berliner Historiker Jörg Baberowski die Gedanken Reemtsmas weiter. Baberowski geht davon aus, dass potenziell alle oder die meisten Menschen gewalttätig werden, wenn sie sich nur lange und intensiv genug in den Räumen der Gewalt bewegen und von deren Atmosphären dominiert werden. Als Räume der Gewalt bezeichnet der Autor jene konkreten oder auch abstrakten Orte, an denen Rechtsfreiheit herrscht und damit Gewalt (Tötung, Verletzung, Erniedrigung, Vertreibung, Vergewaltigung, Folter etc.) zumindest nicht verboten, wenn nicht gar geboten und erlaubt ist.

An Dutzenden von Beispielen will Baberowski die Überzeugungskraft seiner These demonstrieren, die sich neben Reemtsma auf viele weitere Soziologen, Psychologen, Philosophen und Historiker stützt. Pogrome, Massaker, Holocaust-Gräuel, Kriege, Terrorakte, bewaffnete Aufstände, Auftragsmorde und andere Gewaltszenerien werden vom Autor auf seine Ausgangsthese hin so dargestellt, dass sein defätistisches anthropologisches Resultat keineswegs überrascht:

„Warum gerät die Lust an der Gewalt nicht in Vergessenheit? Warum ist der Prozess der Zivilisation nicht unumkehrbar? Weil wir schlagen, stechen und schießen können, weil es keine Menschen ohne Aggressionen gibt. Gewalt ist ein Vermögen, mit dem wir zur Welt gekommen sind. Sie gehört zur Grundausstattung des Menschen (Baberowski 2015)."

Es verwundert nicht, dass Baberowski wie zur Untermalung seiner Ausführungen Sigmund Freud mit seinem oft zitierten Satz aus *Das Unbehagen in der Kultur* (1930) anführt: „Homo homini lupus; wer hat nach allen Erfahrungen des Lebens und der Geschichte noch den Mut, diesen Satz zu bestreiten?" (Freud 1930). Des Weiteren ist es folgerichtig, dass der Autor in der Tradition von Thomas Hobbes und dessen *Leviathan* (1651) als wesentliche Präventivmaßnahme gegen Gewaltexzesse eine möglichst durchsetzungsfähige, stabile, verlässliche Ordnungsmacht (Staat, Institutionen) ansieht. Die Macht von Institutionen, Staat und Herrschenden definiert Baberowski im Gegensatz zu Hannah Arendt nicht als kontradiktorisch, sondern als die beiden Seiten einer Medaille:

> „Jahrhundertelang haben Menschen einander verletzt und getötet, und nichts wird sie davon abhalten, es auch in Zukunft zu tun ... Frieden und Sicherheit gibt es nur, weil Menschen töten *können*. Ein Leben ohne Macht ist nicht vorstellbar, weil es ein Leben ohne Gewalt nicht gibt (Baberowski 2015)."

Zu merklich optimistischeren Prognosen hinsichtlich der zukünftigen Entwicklung von menschlicher Gewalt kam Steven Pinker in seinem voluminösen Buch *Gewalt – Eine neue Geschichte der Menschheit* (2011). Darin interpretierte der Autor in Anlehnung an den *Prozess der Zivilisation* von Norbert Elias die Zeit der letzten Jahrtausende als quantitativ stetig abnehmende Gewaltkurve (Sklaverei, Folter. Morde), die in der zweiten Hälfte des 20. Jahrhunderts mit einer zunehmenden Akzeptanz von Menschenrechten, mit Überwindung von Rassendiskriminierung und einer prinzipiellen Gleichberechtigung von ehemals Diskriminierten – Kinder, Frauen, homosexuell Orientierte etc. – verbunden war. Ohne in ein naiv-tumbes Gutmenschentum zu verfallen, unternahm Pinker in seinem Buch auf über 1000 Seiten den großangelegten Versuch, anhand eines beeindruckenden historischen Materials (das allerdings von gelernten Historikern in den letzten Jahren in Bezug auf seine wissenschaftliche Seriosität kritisch hinterfragt wurde) nachzuweisen, inwiefern bei aller einzelne Individuen noch immer bedrohenden Gewalttätigkeit das Ausmaß an Gewalt im menschheitlichen Maßstab zurückgegangen ist:

> „Der Rückgang der Gewalt dürfte die bedeutsamste und am wenigsten gewürdigte Entwicklung in der Geschichte unserer Spezies sein ... Auf dem Spiel stehen Vorstellungen vom Abfall von der Unschuld, von der Autorität religiöser Schriften und Hierarchien, von der angeborenen Boshaftigkeit oder Güte des menschlichen Wesens, von den Triebkräften der Geschichte sowie von der moralischen Bewertung von Natur, Gemeinschaft, Tradition, Gefühlen, Vernunft und Wissenschaft (Pinker 2011)."

8 Bertrand Russell – Napfschnecken, Skepsis und aufgeklärte Vernunft

Pinker wird daher in seinem Buch nicht müde zu betonen, dass aufgrund seines Zahlenmaterials hinsichtlich der zwischenmenschlichen Gewalt weder Nostalgie und Idealisierung von *good old times* noch eine Entwertung von Technik, Zukunft und Moderne indiziert sind.

Wollte man – ausgehend von den eben zugegeben holzschnittartig erörterten philosophischen, soziologischen, psychologischen, geschichtswissenschaftlichen Positionen zu Fragen von Macht und Gewalt – Bertrand Russells Überzeugungen einordnen, kann man ihn als einen nüchternen Diagnostiker bezeichnen, der die immensen Gefahren keineswegs unterschätzte, die im politischen Raum von ungezügeltem Machtstreben und damit assoziierter Bereitschaft zu Gewalt im 20. Jahrhundert ausgingen (und im 21. Jahrhundert weiterbestehen):

> „Wohl nie ist die Summe menschlichen Elends in der Vergangenheit jemals so groß gewesen wie in den letzten 50 Jahren. Da war die Nazikampagne zur Ausrottung der Juden, da war die Verurteilung von Millionen russischer Bauern zum Hungertod, da waren die großen Säuberungsaktionen und die riesigen Zwangsarbeitslager. Und damit nicht genug, brachten die letzten Jahre ein Übergreifen des gleichen Systems auf China … Über allen schwebt die drohende Gefahr eines Krieges, der mit Atom- und Wasserstoffbomben und der raffinierten Grausamkeit ausgefochten werden wird, die in modernen Gefangenenlagern üblich geworden ist (Russell 1988)."

Insbesondere die totalitären Regime (Faschismus, Bolschewismus, chinesische Spielart des Kommunismus) mit ihren Abermillionen Toten waren für Russell im 20. Jahrhundert hauptverantwortlich für bestialische Gewaltexzesse, von denen sich unser Bewusstsein auch Jahrzehnte später wiederholt weigert, sie in ihrer ganzen Abstrusität zur Kenntnis zu nehmen und einzuordnen. Selbst Russell fiel es nicht leicht, sich diesen Phänomenen mit der gebotenen diagnostischen Hartnäckigkeit zuzuwenden – und dennoch hielt er es aufgrund der zukünftigen möglichen Gefährdung des Weltfriedens für dringlich indiziert.

Geholfen hat ihm bei der Beschäftigung mit Fragen von Macht und Gewalt die philosophisch-anthropologische Überzeugung der grundsätzlichen Erziehbarkeit und Veränderbarkeit einzelner Menschen und damit eventuell auch von ganzen Sozietäten. Obschon Russell zu seinen Lebzeiten mehrfach den kollektiven Wahn des Krieges hautnah miterleben musste (Erster und Zweiter Weltkrieg; Korea-Krieg; Vietnam-Krieg), blieb er dennoch seinem Credo treu, das besagte, dass es jenseits von „Gewinnsucht, Wettbewerb, Eitelkeit und Machtliebe" (Russell 1988) sowie jenseits von nackter Gewalt Formen humanen Zusammenlebens geben müsse.

Therapie der Weltverhältnisse Doch wie sollten nach Russell derartige Formen die Phänomene von destruktivem Machtstreben und offener Gewaltanwendung nach und nach verdrängen oder zumindest minimieren? Mit dieser Frage und vor allem mit den Antworten, die Russell darauf gegeben hat, kommt nicht nur der Diagnostiker, sondern in Maßen auch der Therapeut in ihm in Sicht – wobei ihm bewusst war, aufgrund der Komplexität der erwähnten Themen als Einzelner allenfalls diagnostisch aktiv werden zu können und therapeutisch dagegen auf Prozesse und Entscheidungen großer Organisationen und Sozietäten angewiesen zu sein.

Ein zentrales Ziel von Russells Bemühungen lag in der Anleitung und Erziehung von Menschen, die öffentlich sichtbare ebenso wie die verdeckte Machtgier von Herrschern und Regenten in allen ihren Varianten durchschauen zu lernen. Selbst die Demokratie – so war er überzeugt – hat wenig Chancen, dauerhafte Erfolge in Bezug auf Machtmissbrauch und Gewaltanwendung zu generieren, wenn sie nicht Wege aus der Verführbarkeit von Massen findet – eine Verführbarkeit, die die Vielen in der Regel anfällig macht für die Melodien von Herrschaft, Macht und Gewalt. Nur überwiegend aufgeklärte und von autoritären und religiösen Denkhemmungen einigermaßen emanzipierte Menschen sind in der Lage, sich auf Dauer jene Führungseliten zu wählen, die human und sozial sein können und dementsprechende Regierungs- und Leitungsstile entwickeln.

In seinem Buch *Macht* unterteilte Russell ein solches Emanzipationsprogramm in vier Abschnitte bzw. Bereiche, die seiner Ansicht nach berücksichtigt werden sollten und müssten: „1. Politische Bedingungen; 2. wirtschaftliche Bedingungen; 3. Propagandistische Bedingungen; 4. Psychologische und pädagogische Bedingungen" (Russell 2001). Alle vier Bedingungen beziehen sich auf *Die Zähmung der Macht* – so lautet die Überschrift seines letzten Buchkapitels.

Als politisch günstige Herrschaftsform für die Zähmung der Macht attestierte Russell der Demokratie im Vergleich zu etwa Oligarchie, Monarchie, Diktatur deutliche Vorteile, ohne dass er die Gefahren der ungezügelten Machtausübung von Herrschenden übersehen hätte, die selbst in demokratischen Staatsgebilden vorhanden sind.

So beschrieb Russell bereits 1938 das derzeit wieder aktuelle Phänomen der Wahlmüdigkeit und der Politikverdrossenheit, das sich besonders bei jenen bemerkbar mache, welche die zur Wahl stehenden Themen und Personen als irrelevant, unübersichtlich und fremd für ihre eigene Person und ihr Dasein empfinden. Darüber hinaus gäbe es immer wieder demokratisch legitimierte Herrscher und Regierungen, die sich nach relativ kurzer Zeit ihrer Herrschaft als diktatorisch oder tyrannisch erweisen und die Prinzipien sowie Regularien der Demokratie eigenwillig interpretieren oder sogar aushebeln. Von daher sei es überaus fragwürdig und keineswegs empfehlenswert (so Russell), faschistische oder kommunistische Parteien in ein Staatsgebilde integrieren zu wollen, wenn sie denn dezidiert eine demokratische Verfassung zu verändern trachten; der Autor sprach in diesem Zusammenhang von sinnvollen Verboten derartiger politischer Vereinigungen.

Als wesentliche Qualität eines demokratischen Herrschaftssystems benannte Russell den Minderheitenschutz sowie die Garantie für Einzelne oder Gruppen, ihr Dasein ihren weltanschaulichen, religiösen, sexuellen Orientierungen gemäß in Freiheit gestalten zu können. Demokratie bedeutet mitnichten die Herrschaft und Durchsetzungsmacht der Majorität gegenüber allfälligen Minoritäten oder Individuen; vielmehr haben ein demokratischer Rechtsstaat oder demokratisch organisierte Sozietäten dafür Sorge zu tragen, dass jedermann in den Genuss der 1948 verkündeten *Allgemeinen Erklärung der Menschenrechte* mitsamt ihren 30 Artikeln kommen kann.

Wer je diese *Allgemeine Erklärung der Menschenrechte* liest, wird überrascht und erschüttert sein von dem hohen humanistischen Ethos, das die Verfasser der Menschenrechtscharta vor über einem Dreivierteljahrhundert ausgezeichnet hat. Zugleich macht der Inhalt dieser *International Bill of Human Rights* deutlich, wie groß in den letzten Jahrzehnten selbst in manchen demokratisch regierten Staaten die Lücke zwischen der Idealität dieser Charta und der Realität von Machtmissbrauch, Herrschaftsallüren und nicht zuletzt von Gewaltanwendung immer noch ist.

Eine zweite wesentliche Bedingung der Zähmung von Macht sah Russell im Bereich der Finanz- und Wirtschaftsverhältnisse als gegeben. Als der Autor sein Buch *Macht* publizierte (1938), galt vielen seiner unbedarften Zeitgenossen das kommunistische Experiment in der UdSSR mitsamt den damit verbundenen Veränderungen im wirtschaftlichen Sektor (Planwirtschaft; Kollektivierung und Aufhebung des Privateigentums) als verheißungsvolle Alternative zum westlich-kapitalistischen Wirtschaftssystem.

Russell anerkannte zwar die fatale Einflussnahme von wirtschaftlicher Macht (Großkapital) auf politische und gesellschaftliche Entwicklungen, wie sie etwa in Deutschland zu Beginn der 30er-Jahre zu beobachten war und maßgeblich zur Machtübernahme von Hitler und den Nationalsozialisten beigetragen hatte. Dass er deshalb jedoch die bolschewistische Interpretation des Marxismus als seriöses Alternativmodell empfohlen hätte, kam für ihn nicht in Betracht. Beide Systeme – das nationalsozialistische wie auch der real existierende Sozialismus – beriefen sich seiner Meinung nach auf die Begriffe sozial und sozialistisch vollkommen zu Unrecht und desavouierten damit die einst hehren Impulse und Gedanken von Karl Marx und Friedrich Engels. Und in beiden Systemen trug die Wirtschaft nicht zur Zähmung, sondern im Gegenteil zur Entfesselung von Macht, Herrschaft und Gewalt bei:

> „Ohne Demokratie und Schutz vor außergesetzlicher Strafe ist die Verschmelzung von wirtschaftlicher und politischer Macht nur ein neues und entsetzenerregendes Instrument der Tyrannei. In Russland ist ein Bauer in einer Kollektivwirtschaft, der ein wenig von dem Korn nimmt, das er selbst angebaut hat, der Todesstrafe verfallen. Dieses Gesetz wurde zu einer Zeit erlassen, als Millionen Bauern an Hunger und Krankheit starben, während einer Hungersnot, die die Regierung bewusst nicht mildern wollte (Russell 2001)."

Wenn wir uns vor Augen halten, wie sehr im ersten Viertel des 21. Jahrhunderts die Schere zwischen außergewöhnlich reichen Menschen (Milliardäre) und den bedürftig Armen zunehmend auseinanderklafft und wie sehr Erstere mittels ihrer wirtschaftlichen Macht die Politik für Letztere auch in demokratisch verfassten Ländern nicht immer zum Nutzen der Letzteren mitgestalten und bisweilen sogar dominieren, erhalten die jahrzehntealten Ausführungen Russells eine unerwartet hohe Aktualität. Ende 2022 besaß 1,1 % der Weltbevölkerung rund 45,8 % des weltweiten Vermögens; dagegen verfügten rund 52,5 % der Weltbevölkerung über lediglich 1,2 % des weltweiten Vermögens (2024).

Auch vom dritten Kulturbereich, den Russell als hochrelevant für die Zähmung von innerstaatlichen Machtgebärden wie auch von zwischenstaatlicher Gewalt erachtete, sind wir derzeit mindestens so sehr betroffen wie seinerzeit in den 1930er-Jahren: die Propaganda. Die totalitär regierten Staaten richteten damals sogenannte Propagandaministerien ein, deren Hauptaufgabe darin bestand, die Bevölkerung mit ausgesuchten und nicht selten gefälschten Nachrichten zu versorgen und jede Form von oppositioneller Berichterstattung und Meinungsvielfalt zu unterbinden. Die Propaganda nahm dabei Konturen und Inhalte an, wie sie in George Orwells Dystopie *Nineteen Eighty-Four* (1948) als „Neusprech", „Doppeldenk" oder „Hasswochen", als diverse Euphemismen und Neologismen beschrieben wurden.

In vielen autoritär-diktatorisch regierten Staaten der Erde haben sich solche Strategien der Meinungsbildung und Meinungssteuerung bis auf den heutigen Tag erhalten. Darüber hinaus haben sich in den letzten Jahrzehnten jedoch auch in demokratisch verfassten Ländern jene Spielarten öffentlicher Meinungsmache etabliert, deren Resultate der bisweilen zu Unrecht als „sozial" titulierten Medien uns mit Abscheu und Distanz erfüllen: Fake-News, Verschwörungstheorien, Hetze und Hass im weltweiten Gewebe. Für diese

8 Bertrand Russell – Napfschnecken, Skepsis und aufgeklärte Vernunft

Phänomene gelten Russells Überlegungen, die er bereits vor Jahrzehnten angestellt hat:

„Es gibt bestimmte Gebiete wie Kunst und Wissenschaft und (soweit es die Aufrechterhaltung der Ordnung zulässt) politische Parteien, wo eine Uniformität nicht nötig oder selbst wünschenswert ist. Hier liegt die legitime Sphäre des Wettbewerbs, und es ist von Bedeutung, dass das öffentliche Denken und Fühlen Meinungsverschiedenheiten auf diesem Gebiet ohne Hassausbrüche duldet. Wenn die Demokratie Erfolg haben und dauern soll, muss sie tolerant sein, darf sie nicht zu viel Hass und nicht zu viel Liebe der Gewalttätigkeit beinhalten (Russell 2001)."

Die anspruchsvollsten Strategien zur Zähmung individueller und institutioneller Machtallüren und Gewaltanwendung finden sich Russell zufolge im Bereich von Erziehung, Bildung, Pädagogik. Denn stets sind es Einzelne oder kleine Gruppen, die etwa die ersten drei Topoi (demokratische Verfassung; soziale und humane Wirtschaftsformen; am Wahrheitsethos orientierte Medien), die Russell in *Macht* als wesentlich für die Eindämmung destruktiver Macht und Gewalt erläutert hat, mit entwerfen, gestalten und verwirklichen. Diese Einzelnen sind aufgrund ihres Charakters, ihrer Biografie und ihres Lebensstils mehr oder minder stark an *Common sense* und Mitmenschlichkeit interessiert und können deren Ideale zumindest ansatzweise verstehen und umsetzen – oder eben auch nicht.

Des Weiteren sind es Einzelne, die zumindest in den demokratisch verfassten Sozietäten über die Abgabe ihrer Stimmen bei allfälligen (freien) Wahlen sowohl die politisch Handelnden als auch die gesellschaftliche Ausrichtung von Staat und Gemeinwesen in Maßen mitbestimmen. Aufgrund dieser Möglichkeiten zur sozialen, kulturellen und politischen Gestaltung des Zusammenlebens innerhalb eines Staates wie auch der Koexistenz von verschiedenen Staaten untereinander erschienen Russell die Fragen von Erziehung, Bildung und Förderung von je einzelnen Individuen und letztlich der gesamten Bevölkerung als höchst relevant. Liberale Demokratien können recht betrachtet nur bestehen und sich im Geiste von Humanität und Rechtsstaatlichkeit weiterentwickeln, wenn und solange der Großteil ihrer jeweiligen Staats- und Gesellschaftsangehörigen ein ausreichend hohes Maß an autonomer Urteilskraft sowie an intellektueller, emotionaler und sozialer Bildung aufweist:

„Wenn die Demokratie arbeitsfähig sein soll, muss die Bevölkerung so weit wie möglich frei von Hass und Zerstörungslust und ebenso von Furcht und Unterwürfigkeit sein. Diese Gefühle können durch politische oder wirtschaftliche

Umstände verursacht werden; was ich aber untersuchen möchte ist der Anteil, den die Erziehung an der größeren oder geringeren Empfindlichkeit der Menschen für solche Gefühle hat (Russell 2001)."

Wie aber können und sollen Erziehung, Bildung, Sozialisation und Enkulturation beschaffen sein, damit die Wahrscheinlichkeit groß ist, möglichst vielen Kindern, Jugendlichen und jungen Erwachsenen eine möglichst angstfreie, eigenständige und destruktionsarme Existenzweise zu vermitteln? Russell war ein Philosoph, der das Thema einer Pädagogik mit derartigen Zielsetzungen in sein Denken mit einbezog und sich sowohl auf konkreter Ebene (mittels seines Schulexperiments in Beacon Hill) wie auch auf theoretischer Ebene (mittels seiner Schriften zur Sozialisation und Enkulturation, zur Bildung und Pädagogik) den entsprechenden Fragen widmete.

Letztere, seine pädagogischen Texte, gehen bis auf die 1910er-Jahre zurück und umfassen viele Aspekte der Erziehungs-, Bildungs- und Enkulturationsarbeit – begonnen bei Themen der Entwicklungspsychologie bis hin zu Fragen nach günstigen Attributen von Lehrenden oder den produktiven Strukturen von Kindergärten, Schulen und Ausbildungsstätten. Weil diese Texte großenteils von Liberalität, wissenschaftlich-skeptischer Grundeinstellung sowie strikter Hochschätzung der Individualität jedes Kindes oder Jugendlichen und von humanistischer Haltung geprägt sind, bezeichne ich diese Überlegungen Russells zu Erziehung und Bildung als Beiträge zu einer *Personalen Pädagogik*. Eine solche ist durch folgende, mehrheitlich in den Schriften Russells bereits ausgeführte oder zumindest angedeutete Merkmale charakterisiert:

Als Zielsetzung erzieherischer und bildnerischer Bemühungen im Elternhaus, in Kindergärten, Schulen, Hochschulen sowie in Angeboten der Erwachsenenbildung (Akademien, Museen, Ausstellungen, Medien) kristallisieren sich meist zwei Richtungen heraus: Einerseits gibt es allgemeine Zielvorgaben für Erziehung, Aus- und Weiterbildung, die oft von staatlichen oder kirchlichen Organisationen formuliert und überprüft werden (z. B. Curricula, Staatsexamen, Zentralabitur, Musterung, Konfirmation). Dabei wird auf die Einhaltung allgemeiner Standards (Sprachvermögen, Rechnen, körperliche Fähigkeiten, Glaubensüberzeugung etc.) und Haltungen (Bürger in Uniform, Parteigänger, Kirchenvertreter, Staatsdiener etc.) Wert gelegt.

Andererseits kennt die Geschichte der Sozialisation und Enkulturation seit jeher Beispiele, bei denen nicht irgendein Allgemeines des Kollektivs, sondern das Besondere eines Individuums als Erziehungs- und Bildungsziel diente – eine Zielsetzung, die als grundwesentlich für eine personale, die eigene Individualität und Persönlichkeit eines Kindes, Jugendlichen, Erwachsenen berücksichtigende Pädagogik aufgefasst werden kann. Russell nahm mit seiner Priorisierung des Individuums im Erziehungs- und Bildungsgeschehen eindeutig Stellung für diese letztere Zielsetzung:

> „Im praktischen Alltag unterscheidet sich Erziehung, die daraus resultiert, dass ein Kind als Individuum angesehen wird, sehr weitgehend von jener, die sich daraus ergibt, dass man es als künftigen Bürger betrachtet. Die Ausbildung des Intellekts eines Individuums ist offensichtlich nicht dasselbe wie die Heranbildung eines nützlichen Bürgers (Russell 1974)."

Im Hinblick auf die Individualität und die sich entwickelnde Personalität von Kindern und Jugendlichen verwendete Russell Begriffe wie Demut und Ehrfurcht, die von Erziehern und Bildnern dem Unfassbaren, Grenzenlosen, Individuellen (Russell 1974) des jeweiligen Gegenübers entgegengebracht werden dürfen. Diese Haltung verwechselte er keineswegs mit einer *Laissez-Faire*-Einstellung, bei der sich manche Pädagogen auf die angeblich natürlichen Entwicklungsschritte von Kindern und Jugendlichen berufen und diesen aus solchen Erwägungen heraus viel zu wenig kulturell-bildungsmäßige Anregungen geben sowie viel zu wenig soziale Grenzsetzungen vermitteln.

Seriöse Erziehung und Bildung ist mit unendlich langwieriger, tiefgreifender Wertvermittlung assoziiert, die weit in die verschiedenen emotionalen, sozialen sowie intellektuell-kognitiven Wertdimensionen eines Kulturraums oder einer Sozietät ausgreift. Hochdifferenzierte Emotionalität, psychosoziale Gewandtheit und weltoffenes Aufnahmevermögen gehören ebenso zu ihren Inhalten wie die kognitive und intuitive Auseinandersetzung mit den unterschiedlichen Methoden und Ergebnissen von Wissenschaften, Künsten und Philosophie, von Handwerk und Dienstleistung, von Sitte, Brauchtum und Tradition.

Bei aller Wissens- und Wertvermittlung war es Russell wichtig zu betonen, dass derlei auf dem Fundament einer aufgeklärt-skeptischen Grundhaltung erfolgen darf. Als Wissenschaftler und empirisch geschulter Denker war er allen Dogmen, Meinungen und Glaubenssätzen gegenüber sehr distanziert eingestellt. Stattdessen hielt er die Tugend des produktiven Zweifels hoch, den er nicht nur bei sich selbst entwickelt hatte, sondern darüber hinaus sowohl bei Lehrenden als auch bei Lernenden induzieren wollte:

> „Ich finde es bedauerlich, dass Erziehung von den meisten Schuloffiziellen noch immer mehr als Indoktrination denn als Aufklärung begriffen wird. Ich selbst bin überzeugt, dass Erziehung subversiv sein muss, wenn sie einen Sinn haben soll. Ich meine damit, sie muss alle die Dinge in Frage stellen, die wir für wahr

halten, alle akzeptierten Postulate einer Prüfung unterziehen, sich in jedes Tabu einmischen und ein Bedürfnis nach Fragen und Zweifeln wecken. Ohne das ist die Anleitung, vorwiegend Daten zu memorieren, eine Sache ohne Inhalt. Der Versuch, den Jungen eine konventionelle Mittelmäßigkeit aufzuzwingen, ist verbrecherisch (Russell 1970)."

Als Beispiel für subversive Erziehung zum eigenständigen Denken, Fühlen und Urteilen sowie zum fragend-skeptischen Zweifel möchte ich zum Schluss dieses Kapitels zumindest auf eine philosophische Schrift Russells verweisen, die weit über die Schul- und Kathederphilosophie hinaus in den letzten Jahrzehnten ihre Wirkung entfaltet hat: *Philosophie des Abendlandes* (1946). Es zeugt von Russells gigantischer Arbeitskraft, dass er im Alleingang auf über 800 großformatigen Seiten die abendländische Philosophiegeschichte darzustellen vermochte. Sein Buch bedeutet eine Kulturgeschichte des Westens, zentriert um die Entwicklung der Philosophie, die im Zusammenhang mit sozialen, ökonomischen, allgemein kulturellen und politisch-historischen Entwicklungen erläutert wird – und dies auf eine für die Philosophie und ihre Geschichte selten anzutreffende leichtfüßig-amüsante Art und Weise.

Albert Einstein, der Russell aufgrund seines politischen Engagements über alle Maße schätzte, war von der *Philosophie des Abendlandes* mächtig beeindruckt. Besonders bewunderte er an Russells Text die „köstliche Frische und Originalität" der Darstellung, und er kam abschließend zu dem Urteil, es sei ein im höchsten Sinne pädagogisches Werk, das zweifellos über dem Streit der Meinungen und Parteien stehe.

Ich meine, dass dieses Urteil Einsteins für viele Schriften Russells wie auch für seine Biografie Geltung beanspruchen darf. Seine Bücher induzieren bei Lesern bis heute Spannung und wache Aufmerksamkeit, die ermöglicht werden, weil sein Stil die innere Lebendigkeit seines Gemüts und die Schärfe seines Intellekts erkennen lässt. Die Liste seiner Publikationen umfasst etwa 50 Monografien und unzählige Abhandlungen, in denen er geistige Schöpferkraft, sein großartiges Mitteilungsbedürfnis sowie seine humanistische und liberale Gesinnung unter Beweis gestellt hat.

In vielen dieser Texte begegnet uns Russell als ein Lehrer, der sein Wissen und seine Weisheit in weltbürgerlicher Absicht weitergeben wollte, und der es als vorrangige Aufgabe von Philosophen, Künstlern, Wissenschaftlern und Literaten und damit aller Lehrenden ansah, das Wert- und Sinnvolle einer Kultur selbst über jene Zeiten hinwegzuretten, in denen (wie in den totalitären Staaten des 20. Jahrhunderts zur Genüge zu beobachten war) einzelne Menschen wie auch die Ideen von Freiheit, Anmut, Gerechtigkeit und Humanität als bloße Nullitäten behandelt und eliminiert werden:

8 Bertrand Russell – Napfschnecken, Skepsis und aufgeklärte Vernunft

„Die Aufgabe des Lehrers besteht jedoch nicht allein darin, die Hitze des Meinungsstreits zu dämpfen. Er hat positivere Aufgaben ... Die Lehrer sind mehr als jeder andere Berufsstand die Hüter der Zivilisation. Sie sollten mit dem Wesen der Zivilisation innig vertraut und bestrebt sein, sie ihren Schülern zu einer Lebensform werden zu lassen ... Zivilisation im tieferen Sinn des Wortes ist etwas Geistiges, kein bloßes materielles Anhängsel zur leiblichen Seite des Lebens. Sie ist Sache des Wissens und des Gemüts (Russell 2005)."

Drei Leidenschaften, so meinte Russell, haben sein Leben bestimmt: der Drang nach Erkenntnis (Sache des Wissens) sowie das Verlangen nach Liebe und das Mitgefühl für die Leiden der Menschheit (Sache des Gemüts). In gewisser Weise hat er daher auch sich selbst porträtiert, als er in der Conclusio zu seinem Buch *Moral und Politik* (1954) über die Menschen der Vergangenheit und diejenigen einer besseren Zukunft schrieb:

„Der Mensch, sagten die Orphiker, ist auch ein Sohn des Sternenhimmels ... Nicht nur, oder grundsätzlich, in der Erkenntnis beweist der Mensch seine besten und bewundernswertesten Eigenschaften. Auch Schönheit haben die Menschen geschaffen; sie haben wunderbare Visionen, wie das erste Aufschimmern eines Märchenlandes; sie sind der Liebe fähig und des Mitleids für das ganze Menschengeschlecht und gewaltiger Hoffnungen für die gesamte Menschheit (Russell 1988)."

Wie bereits mehrfach in meinem Buch erwähnt, erwarten wir vom Verlauf der Weltgeschichte keine schlichten Wiederholungen – weder im Hinblick auf ihre bedrohlich-katastrophalen noch auf ihre helleren und heileren Situationen und Entwicklungsprozesse. Manche Rahmenbedingungen oder auch manche Akteure von heute mögen jenen vor Jahrzehnten oder Jahrhunderten zwar ähneln; die konkreten politisch-gesellschaftlichen Entscheidungen, Weichenstellungen und Handlungsabläufe sind jedoch derart hochkomplex und divers, dass sich daraus keine historischen Gesetzmäßigkeiten analog den Naturgesetzen ergeben.

Als eine nicht ausrechenbare Größe im Geschichtsverlauf darf vor allem die menschliche Individualität gelten, die sich im konstruktiven wie im destruktiven Sinne immer wieder als ein überraschender und nicht selten als entscheidender Gestaltungsfaktor im Weltgeschehen bemerkbar macht und oft genug gemacht hat. Diesbezüglich denken wir in der Regel an Politiker, Wirtschaftsmagnaten, Lobbyisten, ranghohe Militärs, die ihre bisweilen höchst problematischen Spuren im historischen Gefüge hinterlassen haben.

Mir hingegen imponieren oftmals bedeutend mehr jene Persönlichkeiten, die sich aufgrund ihres wissenschaftlichen, künstlerischen, philosophischen sowie zwischenmenschlich-sozialen Engagements um den humanen, friedfertigen und liberalen Fortbestand von Menschheit und Kultur kümmern. Bertrand Russell war einer von ihnen, und in Bezug auf seine Weltanschauung, auf sein Ethos und die Gesinnung seiner Person wünsche ich mir ähnlich orientierte Individualitäten für unsere Gegenwart wie auch für unsere Zukunft.

Literatur

Russell, B.: Mein Leben 1872–1914 (1967), Zürich 1967, S. 9
Russell, B.: Mein Leben 1872–1914 (1967), Zürich 1967, S. 32
Russell, B.: Die deutsche Sozialdemokratie (1896), Berlin – Bonn 1978, S. 53
Russell, B.: Mein Leben 1872–1914 (1967), Zürich 1967, S. 102f.
Russell, B.: Mein Leben 1872–1914 (1967), Zürich 1967, S. 264
Russell, B.: Mein Leben 1872–1914 (1967), Zürich 1967, S. 288
Russell, B.: Autobiographie 1914–1944 (1968), Frankfurt am Main 1970, S. 43
Russell, B.: Autobiographie 1914–1918 (1968), Frankfurt am Main 1970, S. 40f.
Russell, B.: Philosophie des Abendlandes (1945), Wien 1988, S. 844f.
Russell, B.: Autobiographie 1914–1944 (1968), Frankfurt am Main 1970, S. 172
Russell, B.: Autobiographie 1914–1944 (1968), Frankfurt am Main 1970, S. 193
Russell, B.: Macht (1938), Hamburg – Wien 2001, S. 271
Russell, B.: Autobiographie 1914–1944 (1968), Frankfurt am Main 1970, S. 233
Russell, B.: Autobiographie 1914–1944 (1968), Frankfurt am Main 1970, S. 349
Russell, B.: Autobiographie 1914–1944 (1968), Frankfurt am Main 1970, S. 315
Russell, B.: Autobiographie 1914–1944 (1968), Frankfurt am Main 1970, S. 316
Russell, B.: Brief an Mr. Horwood (1963), in: Briefe 1950–1968, Frankfurt am Main 1970, S. 90
Russell, B.: Ansprache anlässlich des ersten Treffens der Mitglieder des Vietnam-Tribunals am 13. November 1966, in: Autobiografie 1944–1967 (1968), Frankfurt am Main 1971, S. 319
Russell, B.: Moral und Politik (1954), Frankfurt am Main 1988, S. 206f.
Russell, B.: Autobiografie 1944–1967 (1968), Frankfurt am Main 1971, S. 331
Nietzsche, F.: Morgenröte (1881), in: KSA 3, München – Berlin 1988, S. 161 (§ 262)
Russell, B.: Macht (1938), Hamburg – Wien 2001, S. 92
Arendt, H.: Macht und Gewalt (1970), München 2003, S. 41
Arendt, H.: Macht und Gewalt (1970), München 2003, S. 49
Trotha, T. von (Hrsg.): Soziologie der Gewalt, Opladen – Wiesbaden 1997, S. 9ff.
Reemtsma, J.Ph.: Vertrauen und Gewalt – Versuch über eine besondere Konstellation der Moderne, Hamburg 2008, S. 119
Reemtsma, J.Ph.: Die Natur der Gewalt als Problem der Soziologie, in: Mittelweg 36, (2006) 15(5), S. 19
Baberowski, J.: Räume der Gewalt, Frankfurt am Main 2015, S. 150

Freud, S.: Das Unbehagen in der Kultur (1930), in: GW XIV, Frankfurt am Main o.J., S. 471

Baberowski, J.: Räume der Gewalt, Frankfurt am Main 2015, S. 213

Pinker, St.: Gewalt – Eine neue Geschichte der Menschheit (2011), Frankfurt am Main 2011, S. 1027

Russell, B.: Moral und Politik (1954), Frankfurt am Main 1988, S. 136

Russell, B.: Moral und Politik (1954), Frankfurt am Main 1988, S. 140

Russell, B.: Macht (1938), Hamburg – Wien 2001, S. 250

Russell, B.: Macht (1938), Hamburg – Wien 2001, S. 266

https://de.statista.com/statistik/daten/studie/384680/umfrage/verteilung-des-reichtums-auf-der-welt/ (zuletzt abgerufen am 11. August 2024, 11.20 Uhr)

Russell, B.: Macht (1938), Hamburg – Wien 2001, S. 268

Russell, B.: Macht (1938), Hamburg – Wien 2001, S. 271

Russell, B.: Erziehung und Gesellschaft (1932), in: Pädagogische Schriften – Erziehung ohne Dogma, München 1974, S. 7

Russell, B.: Erziehung als politische Institution (1916), in: Pädagogische Schriften – Erziehung ohne Dogma, München 1974, S. 171

Russell, B.: Brief an Mr. Sandbach und Freunde vom 16. März 1962, in: Briefe aus den Jahren 1950–1968, Frankfurt am Main 1970, S. 118

Russell, B.: Die Aufgaben des Lehrers, in: Unpopuläre Betrachtungen (1921), Zürich 2005, S. 130

Russell, B.: Moral und Politik (1954), Frankfurt am Main 1988, S. 206

9

Ingrid Warburg-Spinelli – Handeln im Denkraum der Besonnenheit

Warburg, Warburg, Warburg ... war und ist das nicht der Name für ein ziemlich alteingesessenes Bankhaus in Hamburg? Stach aus dieser Banker-Dynastie nicht Aby Warburg heraus, der als überaus eigenwilliger Kulturwissenschaftler bekannt geworden ist? Und die Spinellis – gab es da nicht die beiden Brüder Veniero und Altiero Spinelli, die beide Antifaschisten waren? Wobei vor allem Altiero Spinelli in den 1970er, 1980er-Jahren aufgrund seines entschiedenen Engagements für ein föderales Europa (der nach ihm benannte Spinelli-Entwurf scheiterte letztendlich im Europäischen Parlament) eine Weile im Mittelpunkt recht kontroverser politischer Debatten stand. Und was entsteht, wenn sich die Traditionen eines alten Bankhauses wie Warburg mit antifaschistischen Aktivitäten sowie mit der ursprünglichen Idee von libertärem Sozialismus vermählen?

Antworten auf diese Fragen finden wir im Lebenslauf, der Weltanschauung und der Autobiografie von Ingrid Warburg-Spinelli (1910–2000), die mir aufgrund ihres emotionalen, sozialen und intellektuellen Bildungsweges ebenso imponiert wie aufgrund ihrer dringlich-tatkräftigen Haltung von Mitleiden und Mitgefühl, Solidarität und Humanität – eine Haltung, der einige Tausend vom Totalitarismus bedrohte Menschen Mitte des 20. Jahrhunderts ihr Leben verdankten.

Vom Sinn und Zweck von Autobiografien Das literarische Phänomen einer (wie Jean Paul sie bezeichnete) Selberlebensbeschreibung ist Jahrtausende alt. Einer der ersten Autobiografen war Flavius Josephus (37–100 n.Chr.), ein römisch-jüdischer Schriftsteller und Historiker, der nach Meinung von Experten in seinem Text *Mein Leben* jene Person des Josephus entworfen und beschrieben hat, die er gerne gewesen wäre und die er dennoch niemals war. Dieses retuschierende, die eigene Identität modellierende Motiv findet sich in vielen autobiografischen Schriften bis in unsere jüngste Gegenwart hinein.

Eine andere Stoßrichtung verfolgte Augustinus von Hippo (354–430), genannt der heilige Augustinus, mit seinen *Bekenntnissen*. Diese waren als Propagandaschrift für den Christenglauben konzipiert, und Augustinus erzählt darin, wie er zunächst sündhaft lebte und dann durch Gottes Gnade und die Einwirkung seiner frommen Mutter zur wahren Religion des Christentums fand. Da er eine bunte Persönlichkeit war, wurde sein Manifest zum klassischen Text der Selbstanalyse, der für nachfolgende Autobiografen modellbildend wirkte – nicht zufällig hat Jean-Jacques Rousseau etliche Jahrhunderte später für seinen autobiografischen Text denselben Titel gewählt.

Oftmals huldigen Autobiografen ihrem Narzissmus und bieten der Welt ein Selbstporträt dar, welches Adoration, Applaus oder zumindest Parteinahme und Identifikation erwecken soll. Das war vermutlich bei den *Confessions* (1782ff.) von Jean-Jacques Rousseau der Fall. Der Autor bekannte sich zwar in seinem Text zu Untugenden und Lastern (Exhibitionismus; sexueller Masochismus), und doch erzeugte er damit eine Atmosphäre des Stolzes und der narzisstischen Erhöhung seines Selbstwerts: Er hob sich aus der Menge der Vielen, Allzuvielen eben als besonders großer Sünder ab.

Mit anderer Akzentsetzung gelang Entsprechendes auch dem Autobiografen Benvenuto Cellini (1500–1571). Dieser Goldschmied, Bildhauer, *uomo universale* aus Florenz verfasste nach 1557 das Manuskript *Mein Leben – Die Autobiografie eines Künstlers aus der Renaissance*. Dieser Text wurde erstmals 1728 publiziert, und Goethe hat ihn 1798 ins Deutsche übertragen und unter dem Titel *Leben des Benvenuto Cellini, florentinischen Goldschmieds und Bildhauers / von ihm selbst geschrieben* veröffentlicht.

In seiner Lebensbeschreibung erläuterte Cellini nicht nur Dutzende seiner hervorragenden Kunstwerke, sondern teilte wie nebenbei auch mit, dass er – als Lebensstilelement während der Renaissance nicht unüblich – durchaus auch zu Gewaltausbrüchen gegen seine Mitmenschen imstande war. Ob er freilich, wie in seiner *Vita* angedeutet, tatsächlich ein dreifacher Mörder war, darf wie manch andere angebliche Heldentat des Künstlers füglich bezweifelt werden. So oder so hielt er sich jedoch an seine eigene Mahnung in der Einleitung seiner *Vita*, wo es heißt, dass jeder Mensch, der Tugendsames oder Tugendähnliches (was immer dies im Detail bedeuten mag) vollbracht habe, unbedingt sein Leben aufsetzen solle, aber erst um das vierzigste Jahr an eine solche Unternehmung gehen dürfe.

9 Ingrid Warburg-Spinelli – Handeln im Denkraum der Besonnenheit

Im 18. und 19. Jahrhundert nahm die autobiografische Schriftstellerei Fahrt auf: Von Giacomo Casanova (*Geschichte meiner Flucht*, 1788; *Geschichte meines Lebens*, 1828) über Goethes *Aus meinem Leben – Dichtung und Wahrheit* (1808–1831) bis hin zu Charles Darwins *Mein Leben* (1876) fühlten sich immer mehr Wissenschaftler, Künstler, Schriftsteller und Philosophen berufen, über ihre Vita auf eine literarische Manier nachzudenken und sie für ihre Zeitgenossen und die Nachgeborenen aufzuzeichnen.

Wilhelm von Kügelgen (1802–1867), ein mit Dresdner Künstlern der Romantik eng befreundeter Maler und Schriftsteller, der die erfolgreiche Autobiografie *Jugenderinnerungen eines alten Mannes* verfasst hat, gab seinem Bruder bei der Niederschrift des Textes allerdings zu bedenken: Es ist so lange her mit den alten Geschichten, sie müssen alle von Neuem erfunden werden. Wer sein Leben mündlich oder schriftlich rekapituliert, erfindet und konstruiert es mindestens so sehr, wie dass er es rekonstruiert. Erinnerungen *per se* sind eine psychologisch betrachtet delikate Angelegenheit, bei der Auswahl- und Umformungsprozesse keine geringe Rolle spielen. Der französische Biograf André Maurois hat das Gedächtnis einmal einen großen Künstler genannt, und bisweilen ist es auch ein Fälscher von hohen Graden.

Unser Erinnerungsvermögen untersteht immer dem Diktat der Subjektivität, und seine Resultate ähneln nicht selten jenen Erzählungen, die Sigmund Freud als *Familienroman des Neurotikers* bezeichnet hat. Damit bezog er sich auf das Faktum, dass sich viele Menschen einen Herkunftsroman ersinnen, mit dem sie ihre Unzufriedenheit mit den leibhaftigen Eltern und mit ihrer Abstammung kompensieren. Sie denken die Möglichkeit aus, als Kinder vertauscht worden zu sein und von sehr vornehmen Eltern abzustammen. So manchen Passagen von Selberlebensbeschreibungen darf daher zu Recht das Attribut des Romanhaften verliehen werden – das Suchen nach sich selbst bedeutet zugleich ein Erschaffen dieses Selbst.

Autobiografinnen und Autobiografen sind Gestalter wie auch Umgestalter ihres erinnerten Lebens. Nicht immer greifen sie zur Strategie, bessere Eltern zu entwerfen – das Bedürfnis nach Sinngebung des Zufälligen und mitunter sogar des Sinnwidrigen fehlt jedoch kaum je bei ihren literarischen Unternehmungen. Leben besteht in der Verwirklichung von Sinngestalten, und der erhebende Wert von gelungenen Selbstdarstellungen resultiert unter anderem in ihrer realisierten Sinn- und Bedeutungssuche.

Autobiografen sind Sucher nach Sinn, Wert und Bedeutung oftmals nicht nur im Rahmen ihrer eigenen Vita, sondern über diese hinaus in der menschlichen Existenz allgemein. Glücken solche Suchbewegungen einigermaßen, tragen sie zum konsolidierten Erleben der inneren Kontinuität von persönlicher Entfaltung bei; oder sie wirken sogar wie ein Antidepressivum. Als Beispiel dafür kann die autobiografische Schrift *Meine Kinderjahre* (1893) von Theodor Fontane gelten, deren Abfassung mit dazu beigetragen hat, bei ihm seine Altersdepression in den Hintergrund treten zu lassen.

Jean-Paul Sartre (1905–1980) hat in seiner Autobiografie *Die Wörter* (1964) sich und seinen Lesern daher die folgerichtige Frage gestellt, welche Absichten einzelne Autobiografen mit ihren Texten verfolgen, denn: Schreiben heißt sich und andere beeinflussen wollen. Hinter dem Komponieren eines Manuskripts stehen die unterschiedlichsten Ängste, Begierden, Wünsche, Hoffnungen und noch manch andere Motive. Insbesondere sei auch interessant, so Sartre, welche Aspekte des eigenen Lebens dabei vom Autor *nicht* oder bagatellisierend nur wie nebenbei erwähnt werden.

Autobiografische Texte sind Akte der Selbstbesinnung und Selbsterkenntnis. Wer über sich dergestalt nachdenkt und schreibt, will sich sein gelebtes Leben verstehend aneignen. Anlass dazu bieten oft erschütternde Ereignisse oder das Erlebnis des Alt- und Älterwerdens oder – angesichts von herausfordernden Aufgaben – das Bedürfnis nach Selbstvergewisserung. Der autobiografische Blick zurück (wer war ich und wie bin ich geworden?) ermöglicht bisweilen einen zuversichtlicheren und lösungsorientierten Blick nach vorn (wie kann ich die anstehende Zukunft bewältigen?).

Eventuell gewinnt der Autobiograf einen Freiheitsspielraum, wenn er eigenes Leben vor sich selbst und seinen Lesern ausbreitet. Das verstehende Begreifen der Vergangenheit kann Hemmungen und Hindernisse überwinden helfen, die Letztere für die Gegenwart und Zukunft bereithält. Der amerikanische Denker George Santayana hat treffend gesagt: Wer das Vergangene nicht erinnert, ist dazu verurteilt, es zu wiederholen. So manche und mancher wird womöglich zum Autobiografen, um sich persönliche Freiheitsgrade zu bestätigen oder auch, um sie (neuerlich) auszuweiten.

Roy Pascal vertrat in seinem Standardwerk *Die Autobiografie* (1965) die Ansicht, dass gute Autobiografien die Idee explizieren, jede Individualität und jedes Ich gelange nur in der Auseinandersetzung mit ihrer Welt zum Austrag und zur Reife. Darum finden wir in lesenswerten Selberlebensbeschreibungen fast regelmäßig Auseinandersetzungen mit der jeweiligen Kultur und Gesellschaft, in der die betreffende Persönlichkeit lebte und wirkte. Menschen, die sich in ihnen porträtieren, haben in irgendeiner Weise in den Lauf der Welt eingegriffen und dürfen deshalb ein allgemeines Interesse beanspruchen.

Um solche Rückblicke auf die eigene Werdensgeschichte zu verwirklichen, bedarf es zumindest in Ansätzen Respekt und Ehrfurcht in Bezug auf sich selbst. Biografische Autorinnen und Autoren ahnen (wenn es sich nicht bevorzugt um bloß narzisstische Lebensmanöver handelt) das Singuläre ihrer Person sowie die ethische Aufforderung, ihre Personalität zur Persönlichkeit zu kultivieren und zu entfalten. Darin liegt inbegriffen, dass sie Verantwortung für ihr Dasein und ihr Wirken in Kultur und Sozietät übernehmen – wie sie etwa in den Autobiografien von Mahatma Gandhi (*Geschichte meiner Experimente mit der Wahrheit*, 1927–29) oder Nelson Mandela (*Der lange Weg zur Freiheit*, 1994) zutage tritt.

Spezielle Autobiografien des 20. Jahrhunderts Das 20. Jahrhundert mit seinem nicht ausrechenbaren Maß an Inhumanitäten (Hekatomben von Toten aufgrund von zwei Weltkriegen, von Faschismus und Bolschewismus, von Atombombenabwürfen in Hiroshima und Nagasaki, von Bürgerkriegen und Revolutionen und des Holocaust), an weltanschaulichen Gegensätzen und Konflikten (Kapitalismus, Sozialismus, Liberalismus, religiöse Fundamentalismen etc.) sowie an Vorurteilen und Klischees (z. B. Rassismus, Homophobie, Patriarchat, Antisemitismus) hat die während dieser Zeit entstandenen Autobiografien inhaltlich wie auch stilistisch naturgemäß mitbeeinflusst.

Als Beispiele dafür erwähne ich drei autobiografische Texte jüdischer Autoren aus Europa, die wie Ingrid Warburg-Spinelli unter dem Antisemitismus zu leiden hatten – allerdings mit teilweise bedeutend drastischeren, lebensbedrohlichen Konsequenzen. Diese Schriften dienen als Vergleichsautobiografien, an denen Ähnlichkeiten und Parallelen wie auch Kontraste zur Selberlebensbeschreibung von Warburg-Spinelli deutlich werden.

Das erste Buch trägt den Titel *Der Riss der Zeit geht durch mein Herz* (1970, neu aufgelegt 2022 im Zsolnay-Verlag in Wien). Der Text behandelt die Lebens- und Fluchtgeschichte von Hertha Pauli (1906–1973), die sich als Schauspielerin und Schriftstellerin aufgrund ihrer jüdischen Abstammung 1938 zur Flucht aus Wien und zur Emigration in die Schweiz, nach Frankreich und schließlich in die USA gezwungen sah.

Hertha Pauli war die Tochter eines Arztes und Universitätsprofessors (Chemie) sowie die Schwester von Wolfgang Pauli, der als bedeutender Physiker 1945 mit dem Nobelpreis geehrt wurde. Da er in Zürich an der ETH lehrte und reichlich private Probleme aufwies (Alkoholabhängigkeit, Ehekalamitäten), kam er in Kontakt mit C.G. Jung, von dessen Assistentin er jahrelang psychoanalytisch behandelt wurde; mit Jung selbst entwickelte Pauli eine Freundschaft.

Hertha Pauli war in den 1920er- und zu Beginn der 1930er-Jahre als Schauspielerin erfolgreich – unter anderem war sie bei Max Reinhardt in Berlin engagiert. Nach 1933 ging sie in ihre Geburtsstadt Wien zurück und begründete eine literarische Agentur für Schriftsteller wie Lion Feuchtwanger, Egon Friedell und Franz Werfel. Außerdem begann sie, selbst größere Texte (etwa eine Biografie über Bertha von Suttner) zu verfassen.

Nach dem Anschluss Österreichs an das Dritte Reich im März 1938 floh Hertha Pauli zusammen mit dem Dichter Walter Mehring, mit dem sie wie einige Jahre zuvor auch mit Ödön von Horvath eine Liebesbeziehung unterhielt, zuerst nach Zürich und bald darauf weiter nach Paris. Nachdem 1940 die deutschen Truppen die französische Hauptstadt besetzten, ging Pauli auf abenteuerliche Weise in den Süden Frankreichs und bis nach Marseille. Über die Pyrenäen und Spanien gelangte sie bis Lissabon, und mit viel Glück erhielt sie zuletzt ein Notvisum für die Vereinigten Staaten; im Herbst 1940 erreichte sie per Schiff New Jersey.

Entscheidend behilflich beim Visum und Transfer in die USA war insbesondere das *Emergency Rescue Committee* (ERC), das 1940 in den Vereinigten Staaten unter anderem durch die tatkräftige Mithilfe und finanzielle Unterstützung von Ingrid Warburg-Spinelli gegründet worden war. Bis 1942 war Warburg-Spinelli persönliche Assistentin des Organisationspräsidenten des ERC, das es sich zur Aufgabe gemacht hatte, verfolgten Künstlern, Intellektuellen, Wissenschaftlern und Politikern aus Europa ein möglichst unbürokratisches Exil in den Vereinigten Staaten zu ermöglichen.

In seinem Buch *Marseille 1940 – Die große Flucht der Literatur* (2024) hat Uwe Wittstock das enorme humanitäre Engagement dieser Organisation eindrücklich beschrieben, wobei er auch den Transfer Hertha Paulis eingehend schildert. Als Koordinator der zumeist höchst gefährlichen Fluchtaktionen machte sich Varian Fry (1907–1967) einen Namen, ein amerikanischer Journalist, der 1935 als junger Mann in Berlin erschüttert war über den manifesten antisemitischen Terror auf den Straßen, und der daraufhin beschloss, entschieden gegen den Faschismus Stellung zu beziehen.

Ab 1940 war Fry in Marseille aktiv, und vor allem ihm war es zusammen mit dem *Emergency Rescue Committee* zu verdanken, dass weit über zweitausend gefährdete Künstler, Intellektuelle, Schriftsteller (wie etwa Hertha Pauli) sowie politische Aktivisten vor Hitlers Schergen gerettet werden konnten. Pauli schrieb daher über ihn außerordentlich dankbar in ihrer Autobiografie:

> „Ohne den Mann, der Varian Fry hieß, wären wir alle in Marseille untergegangen – und Tausende mit uns. Fünfundzwanzig Jahre nach der Durchführung seiner Rettungsaktion erhielt der Amerikaner Fry in New York das Ritterkreuz der Ehrenlegion und wurde als der „wagemutigste Untergrundkämpfer des Zweiten Weltkriegs" bezeichnet (Pauli 2022)."

Und als Resümee beendete Hertha Pauli ihre Autobiografie mit einem Gedanken an Varian Fry, der sie über die Brücke (der Gefahr, des Todes, der Unsicherheit) geführt habe, und der damit jenen Riss überbrücken half, der seit ihrer Flucht und Vertreibung aus Wien mitten durch ihr Herz ging.

9 Ingrid Warburg-Spinelli – Handeln im Denkraum der Besonnenheit

Auf eine andere Form von Autobiografie treffen wir in Ruth Klügers Büchern *Weiter leben – Eine Jugend* (1992) sowie *Unterwegs verloren – Erinnerungen* (2008). Klüger (1931–2020) war gebürtige Wienerin und wurde 1942 zusammen mit ihrer Mutter ins KZ Theresienstadt deportiert. Ihren Vater, ebenfalls jüdisch-stämmig, erlebte sie lediglich bis zum siebten Lebensjahr – bereits 1938 war er aus Wien nach Paris geflohen, und 1944 wurde er im KZ Auschwitz ermordet.

Das Konzentrationslager Theresienstadt überstand Ruth Klüger; später wurde sie nach Auschwitz-Birkenau und danach nach Christianstadt verschleppt, einem Außenlager des KZ Groß-Rosen. Im Februar 1945 gelang ihr zusammen mit ihrer Mutter die Flucht auf einem Evakuierungsmarsch von Lagerinsassen, die man vor den heranrückenden russischen Truppen aus Polen weg in Richtung Westen, also in Richtung Deutschland, verbringen wollte. Als Sechzigjährige erinnerte sich Ruth Klüger an jenen Moment, als sie sich mit wenigen anderen Mithäftlingen zur Flucht entschied:

„Das meiste, was sich Entscheidung nennt, verdient diesen Namen kaum. Man lässt sich treiben, auch in schwerwiegende Situationen hinein. Aber wer je frei entschieden hat, kennt den Unterschied zwischen schieben und geschoben werden. Die Entscheidung zur Flucht war frei (Klüger 1993)."

Auf den Seiten davor beschrieb Klüger das antisemitische Wien ihrer Kindheit wie auch ihre Erfahrungen in den verschiedenen Konzentrationslagern. Auffällig dabei sind Stil und Inhalt ihrer Aufzeichnungen: Obschon immer wieder Passagen mit grausamen, abgrundtief inhumanen Details ihre Autobiografie durchziehen, blieb die Autorin im Ton stets nüchtern, weder Mitleid noch Schuldempfinden bei uns Lesern heischend. Daneben fand sie in ihrem Text aber auch aufrüttelnd-klärend-emotionale Worte, Sätze, Bilder für jenes Grauen, jene eisig-stummen Todeslandschaften von Auschwitz, vor deren Charakterisierung viele Menschen oftmals mit Attributen wie unfassbar oder unaussprechlich kapitulieren.

Neben diesem lakonischen, pathosarmen, punktgenauen Stil imponiert an Klügers Erinnerungsbuch noch eine weitere Qualität: die reflexive Metaebene im Hinblick auf die Motive der Autorin, ihre Lebensgeschichte aufzuschreiben und zu veröffentlichen. „Für wen schreib ich das hier eigentlich?" (Klüger 1993) – fragt sie sich mit merklich selbstkritischem Ton, um kurz darauf ihre Leser direkt anzusprechen:

„Ihr müsst euch nicht mit mir identifizieren, es ist mir sogar lieber, wenn ihr es nicht tut; und wenn ich euch „artfremd" erscheine, so will ich auch das hinnehmen (aber ungern) und, falls ich euch durch den Gebrauch dieses bösen Wortes geärgert habe, mich dafür entschuldigen. Aber lasst euch doch mindestens reizen, verschanzt euch nicht, sagt nicht von vornherein, das gehe euch nichts an … ihr hättet … euer Pensum an Mitschuld und Mitleid absolviert. Werdet streitsüchtig, sucht die Auseinandersetzung (Klüger 1993)."

Nach dem Weltkrieg lebte Klüger zwei Jahre lang in Bayern und besuchte eine philosophisch-theologische Hochschule in Regensburg. Dort lernte sie Martin Walser kennen, mit dem sie sich befreundete; in ihrer Autobiografie nannte sie ihn Christoph. Bereits in jener Zeit muss Ruth Klüger an ihm antisemitische Vorurteile wahrgenommen haben, die Jahre später (nach Walsers Publikation seines Romans *Tod eines Kritikers*, 2002, der ihm von vielen Seiten den Vorwurf des Antisemitismus einbrachte) dazu beitrugen, dass sich die Autorin von ihm distanzierte und die Freundschaft beendete.

1947 wanderte Ruth Klüger mit ihrer Mutter in die USA aus. In New York und in Berkeley studierte sie Germanistik und Bibliothekswissenschaften und schloss diese Studien mit einer Promotion ab. In Berkeley stieß sie auf Werner Angress (1920–2010), seines Zeichens Historiker für europäische Geschichte, der in Berlin aufgewachsen und aufgrund seiner jüdischen Abstammung zusammen mit seiner Familie bereits 1937 in die Vereinigten Staaten von Amerika emigriert war.

Die Beziehung mit Angress mündete in eine nur kurzdauernde Ehe, aus der immerhin zwei Söhne sowie – glaubt man der Autobiografie Ruth Klügers – viele Missverständnisse entsprangen. Dass dazu auch die depressiven und suizidalen Anwandlungen der Autorin (bei Holocaust-Überlebenden oft in Form von mächtigen Schuld- und Schamaffekten) beitrugen, darf zumindest vermutet werden:

> „Meine schlimmste Kinderkrankheit waren nicht die Windpocken, sondern die Todesangst gewesen, dieses Käfiggefühl, das sich in New York in sein Gegenteil, die Todesversuchung der Depressionen verwandelte. Denn hier lebte die Vergangenheit erst richtig auf und streckte sich in Öde hinter mir. Reiter über den Bodensee waren wir gewesen, die erst im Rückblick erkennen, was das für ein Wasser war, das sie fast geschluckt hat (Klüger 1993)."

In den 80er-Jahren war Klüger als Germanistik-Professorin an mehreren US-amerikanischen Universitäten tätig; außerdem erhielt sie eine Gastprofessur an der Universität in Göttingen. Die 90er-Jahre sowie die beiden Jahrzehnte im 21. Jahrhundert bis zu ihrem Tod hielten für die Autorin Dutzende von Ehrungen und Preisen bereit, die sie vor allem für ihre autobiografische Schrift *Weiter leben*, aber auch für ihre zweite Autobiografie *Unterwegs verloren* (in der sie ihr Leben in den USA sowie ihr Älterwerden problematisierte) sowie für ihre Essaybände und ihre Bücher über germanistische Themenstellungen (Thomas Mann; Marie von Ebner-Eschenbach; Arthur Schnitzler) erhielt. Als sie 2002 den Bruno-Kreisky-Preis für ein politisches Buch erhielt, reflektierte sie bei der Preisverleihung über ihre erste Autobiografie *Weiter leben*:

> „Nachdem ich meine Autobiografie geschrieben hatte, wurde ich öfters gefragt, warum ich die deutsche Sprache gewählt hatte ... Die deutsche Sprache, latent im Gehirn, aber noch immer robust, hatte mich gewählt, nicht umgekehrt ... Und so schrieb ich schließlich einen Satz, den Ilse Aichinger zu meiner Freude öfters wohlwollend zitiert: 'Wien ist die Stadt, aus der mir die Flucht nicht gelang', was gleichzeitig bedeutet, dass Wien mein erstes Gefängnis war (Klüger 2008)."

Zuletzt erwähne ich noch die häufig zitierte Autobiografie von Primo Levi (1919–1987): *Ist das ein Mensch?* (1947). Auch in dieser Selberlebensbeschreibung wird deutlich, wie sehr das infernalische Grauen von Totalitarismus und Holocaust die Existenz eines Menschen vollständig durchzogen und aus der Person Primo Levis zeitweise einen bloßen Gegenstand, ein wertloses Ding, eine vernachlässigbare Ansammlung von Materie werden ließ.

Primo Levi wuchs in Turin auf und beendete 1941 sein Chemiestudium an der dortigen Universität erfolgreich. Aus einer liberal-jüdischen Familie stammend schloss er sich 1943 dem antifaschistischen Widerstand sowie einer Partisanen-Gruppe in Italien an. Wenige Monate später wurde er von faschistischen Milizen gefasst und zuerst in ein italienisches Konzentrationslager verbracht; im Winter 1944 erfolgte seine Deportation ins KZ Auschwitz.

Weil Levi Chemiker war, entging er den Gaskammern und wurde stattdessen in einer Buna-Fabrik der I.G. Farben in Auschwitz-Monowitz als Zwangsarbeiter eingesetzt. Kurz vor der Befreiung des Lagers durch die Rote Armee erkrankte er an Scharlach, sodass ihm die Todesmärsche von KZ-Häftlingen erspart blieben. Wider Erwarten überlebte Levi seine Krankheit und kehrte einige Monate später nach Turin zurück. Dort begann er, seine Erfahrungen aufzuzeichnen, woraus die autobiografischen Texte *Ist das ein Mensch?* (1947) sowie *Die Atempause* (1963) entstanden.

Beide Bücher riefen weltweites Interesse hervor und wurden in viele Sprachen übersetzt; das Erstere hat Levis Zeit im KZ Auschwitz und das Letztere seine chaotisch-abenteuerliche Rückkehr nach Italien zum Inhalt. Ein autobiografischer Text ist auch *Das periodische System* (1975), in dem der Autor anhand von 21 chemischen Elementen Passagen seines Lebens erzählte. Manche Rezensenten bewerten *Das periodische System* als das gelungenste Buch des Autors, weil er darin auf brillante Manier literarisch-künstlerische, wissenschaftliche sowie autobiografische Facetten seines Daseins zu fusionieren verstand.

1987, etwa ein Jahrzehnt nach der Publikation von *Das periodische System*, starb Primo Levi bei einem Sturz im Treppenschacht seines Wohnhauses in Turin. Fast alle Kommentatoren vermuten als Ursache dafür eine suizidale Handlung, wobei Levi bereits vor seinen schrecklichen Erfahrungen einen melancholischen Grundzug in seinem Wesen mit sich trug. Nach dem Suizid von Jean Améry 1978 (Améry und Levi hatten sich im Buna-Werk des Konzentrationslagers Auschwitz kennengelernt; Améry überlebte wie Levi das KZ) hatte Levi geschrieben, dass jeder Selbstmord unverständlich und ein letzter Rest von Unverständlichem aber in jedermann anzutreffen sei.

Wie sehr Levi nach seiner Heimkehr nach Italien als Schwersttraumatisierter über Jahrzehnte mit den entmenschlichenden Dämonen seiner Lagererinnerungen zu kämpfen hatte, kann jeder nachvollziehen, der je auf Patienten mit massiver posttraumatischer Belastungsstörung (PTSD) gestoßen ist. Wie sehr Levi zugleich aber während seiner Lagerzeit die wenigen Humanitätsregungen um sich her registrierte, um nicht in Hoffnungslosigkeit und Nihilismus unterzugehen, gehört mit zu den berührendsten Passagen seiner Autobiografie. Über Lorenzo etwa, für ihn regelrecht ein helfend-rettender Engel, schrieb er:

> „Ich glaube, dass ich es Lorenzo zu danken habe, wenn ich noch heute unter den Lebenden bin … Weil er mich … mit seiner stillen und einfachen Art, gut zu sein, dauernd daran erinnerte, dass noch eine gerechte Welt außerhalb der unsern existiert … Eine entfernte Möglichkeit des Guten, für die es sich immerhin lohnt, sein Leben zu bewahren (Levi 1989)."

Ingrid Warburg-Spinelli Selbst wenn die Charakterisierung Lorenzos bei Primo Levi nicht frei von Idealisierung war – Levi bezeichnete ihn und seine Humanität als „rein und unangetastet" (Levi 1989) –, trug das Bild dieses Mannes für den Autor enorm dazu bei, nicht völlig zu verzweifeln und sich im Zuge einer solchen Desperation sogar das eigene Menschsein abzusprechen. Lorenzo stand, so Levi, außerhalb und jenseits der totalitären Lagerwelt der Verneinung und repräsentierte allein deshalb schon Menschlichkeit und Menschentum.

Womit wir zur Hauptperson dieses Essays, zu Ingrid Warburg-Spinelli, ihrem Dasein, ihrer Biografie und Autobiografie sowie zu ihrer Fähigkeit kommen, sich ebenfalls energisch gegen Inhumanität und Totalitarismus zu positionieren und zu engagieren. Auch sie gehört zur Gruppe jener Personen, denen aufgrund ihrer Weltanschauung sowie aufgrund ihrer Mitmenschlichkeit und Solidarität ohne Abstriche die Attribute einer umfassenden Philanthropie und Wohltätigkeit verliehen werden dürfen.

Bei Warburg-Spinelli interessiert im Hinblick auf das Generalthema meines Buches – die Verteidigung von Humanität und Humanismus trotz totalitärer, antiliberaler, inhumaner und autokratischer Herrschaftsformen – besonders ihr gelebtes Leben und die dazu formulierten autobiografischen Kommentare. Diese Selberlebensbeschreibung publizierte Warburg-Spinelli 1990 unter dem Titel *Die Dringlichkeit des Mitleids und die Einsamkeit, nein zu sagen* im Hamburger Verlag Dölling und Galitz.

Als Autobiografie weist sie im Vergleich mit den soeben vorgestellten Texten formale, stilistische sowie naturgemäß auch inhaltliche Unterschiede auf. Schon beim allerersten Durchblättern des Buches fällt die reichhaltige und weitläufige Bebilderung auf, die an ein ausführliches Familienalbum erinnert. Allein anhand der vielfältigen Fotografien lassen sich die wichtigsten Lebensstationen Ingrid Warburg-Spinellis nachvollziehen: ihre frühe und mittlere Kindheit sowie ihre frühe Jugend in Hamburg und daraufhin in Stockholm; die Schulzeit im Internat Salem; die Studienjahre in Heidelberg, Hamburg, Oxford; das Ende der Weimarer Republik und die ersten Jahre im faschistischen Deutschland; ihre Emigration in die Vereinigten Staaten und ihr dortiges Engagement gegen den Totalitarismus; der Aufbau eines Rescue-Programms für Tausende vom Faschismus bedrohte Menschen aus Deutschland und aus Europa; die Partnerschaft und die politische Zusammenarbeit mit Veniero Spinelli (Antifaschist und Sozialist aus Italien); ihre Familiengründung (fünf Kinder) während und nach dem Zweiten Weltkrieg; ihre Reisen durch Deutschland in den 1980er-Jahren.

Dieses Bilderbuch entstand, nachdem die Editoren der Autobiografie Ingrid Warburg-Spinelli über mehrere Jahre lang in Rom aufgesucht hatten und ihnen die Autorin zunehmend den Inhalt von Mappen, Kisten und Koffern zugänglich machte. Sie erwiesen sich als wahre Schatzkästen, in denen sich neben Briefen, Zeitungsartikeln und Gesprächsnotizen eine große Zahl von Fotografien aus dem Leben Warburg-Spinellis befand.

Neben dem beeindruckenden Foto-Material stößt man in Warburg-Spinellis Autobiografie auf zwei divergente Textpassagen: Auf den ersten etwa 300 Seiten schildert die Autorin ihre Lebensumstände seit der frühen Kindheit bis ins hohe Alter von achtzig Jahren. Bedenkt man die Daten ihrer Geburt (1910) und ihres Todes (2000) sowie die weltgeschichtlichen Ereignisse während dieser Zeit – Ereignisketten, in die Warburg-Spinelli entweder direkt involviert war oder zu denen sie zumindest literarisch Stellung bezogen hat –, kann man erahnen, wie turbulent dieses Leben abgelaufen sein muss und wie emotional bewegend sich manche Schilderungen ihrer Vita lesen.

Auf den darauffolgenden 170 Seiten hat Warburg-Spinelli ein Verzeichnis von Personen zusammengestellt, die für ihr Dasein hohe Relevanz erlangten. Dabei entstand eine regelrechte Enzyklopädie mit Schwerpunkt des antifaschistischen Widerstands, die von der Autorin durch ihre persönlichen Erinnerungen und Kommentare zu einer authentischen und abschnittsweise berührenden Lektüreerfahrung transponiert wurde.

Weil darüber hinaus auch im ersten Teil der Autobiografie sehr viele Namen auftauchen, die als wichtige und herausragende Kulturträger im 20. Jahrhundert galten, kann man Warburg-Spinellis Text beinahe wie eine europäische Geistes- und Kulturgeschichte des vergangenen Säkulums begreifen – aus einer jüdischen, antitotalitären, bildungsbürgerlich-humanistischen Perspektive heraus verfasst. Bei der Lektüre spürt man das Motiv der Autorin, eine Selberlebensbeschreibung anzufertigen: Sie wollte mit dazu beitragen, etwas von der Kultur und dem Milieu Alteuropas (vor dem Ersten und teilweise auch noch vor dem Zweiten Weltkrieg existent) als Erzählung in die zweite Hälfte des 20. Jahrhunderts und weiter bis in unsere Zeit zu transportieren und zu tradieren.

Aufgrund ihrer jüdischen und großbürgerlichen Abstammung sowie aufgrund ihrer von Kindesbeinen an wie selbstverständlich vorhandenen Internationalität war Ingrid Warburg-Spinelli prädestiniert, eine solche Autobiografie zu verfassen, die eingebettet war in die europäische Kultur – und die sich zugleich vor dem Hintergrund von Friktionen, Konflikten, Menschheitsverbrechen unvorstellbar monströsen Ausmaßes ereignete.

Verglichen mit den eben erwähnten Autobiografien Hertha Paulis, Ruth Klügers und Primo Levis handelt es sich bei der Selberlebensbeschreibung Ingrid Warburg-Spinellis um einen Text mit einem geringeren literarisch-künstlerischen Anspruch. Warburg-Spinelli formulierte passagenweise nüchtern und ähnlich wie bei einem Erlebnisbericht, ohne dass sie besonderen Wert auf stilistische Manier und Meisterschaft gelegt hätte – derartige Phänomene finden sich bedeutend ausgeprägter bei Ruth Klüger oder Primo Levi.

Noch ein weiterer Unterschied zwischen diesen Autobiografien fällt ins Auge und ist bedenkenswert: Hertha Pauli, Ruth Klüger, Primo Levi waren Opfer des nationalsozialistischen Rassenwahns und befanden sich zeitweise in massivster, intensiv-bedrängender Lebensgefahr. Ingrid Warburg-Spinelli hatte verglichen mit diesen drei Personen keine lebensgefährlichen Situationen zu erleiden und konnte sich im Gegenteil als eine Helfende, Rettende, Stabilisierende, dem Chaos von Krieg, Verfolgung und drohender Vernichtung Trotzende und Widerstehende erweisen.

Der Zufall ihrer Abstammung (großbürgerliches Bankhaus Warburg) und ihrer Daseinsverhältnisse (vermögende nahe Verwandte in den Vereinigten Staaten; Bekanntschaft und bald auch Partnerschaft mit Veniero Spinelli) ermöglichten ihr eine beeindruckend aktiv-gestaltende Funktion als Organisatorin von Rescue-Programmen, die Ingrid Warburg-Spinelli als eine Dame mit ausgeprägtem Sinn für Mitmenschlichkeit erscheinen lassen. Dies machte ihre Würde, ihre Anmut und humane Größe aus, und dieses Gespür für Solidarität und für entschiedenes Umsetzen von Mitgefühl interessiert mich an ihr als Modell für unsere eigene Gegenwart und Zukunft.

Kindheit und Jugend Ingrid Warburg wurde 1910 als älteste Tochter von Anna und Fritz Warburg geboren. Die Mutter entstammte einem Zweig der Warburg-Familie, der sich in Stockholm niedergelassen hatte, um eine liberalere Form des Judentums (liberaler als seinerzeit bisweilen in Deutschland) leben zu können. Nachdem Anna 1908 ihren Cousin zweiten Grades Fritz Warburg geheiratet hatte und mit ihm zusammen in Hamburg wohnte, geriet sie aus einer gutbürgerlichen in eine großbürgerliche Atmosphäre mit immensem Reichtum.

Fritz Warburg, der Vater Ingrids, war der jüngste von fünf Brüdern, die alle (bis auf den ältesten Bruder Aby, der Kunsthistoriker und Kulturwissenschaftler wurde) als Bankiers und Finanzberater tätig waren. Sie gehörten dem Hamburger Zweig der Warburgs an, deren Vorfahren im 18. Jahrhundert das Bankhaus M.M. Warburg & Co. gegründet hatten – eine heute noch bedeutende Privatbank.

Anna und Fritz Warburg bewohnten in Hamburg-Blankenese ein mondänes Anwesen auf dem Kösterberg (das sogenannte weiße und das rote Haus); später bezogen sie eine Wohnung am Hamburger Mittelweg. Anna Warburg, die eine Ausbildung als Kindergärtnerin und Pädagogin absolviert hatte, betrachtete die üppigen wirtschaftlichen Verhältnisse der Hamburger Warburgs stets mit Distanz und bisweilen sogar mit offener Kritik: „Reichtum empfand meine Mutter als beschämende Last" (Warburg-Spinelli 1990).

Als Ingrid Warburg 1910 geboren wurde, florierte das Bankhaus, und ihr Vater Fritz Warburg – er war bereits einige Jahre Teilhaber der Bank – führte mit seiner Familie ein finanziell sorgenfreies Leben. Konflikte gab es allenfalls aufgrund der Tendenz Anna Warburgs, die ökonomischen Bedingungen nach außen hin gering zu retuschieren: Ihre Töchter (neben Ingrid wurden noch zwei weitere Mädchen geboren) kleidete sie absichtlich schlicht bis schlecht, und die Speisenabfolge auf dem Kösterberg gehorchte strikt einem spartanischen Frugalitätsideal.

Ingrid Warburg identifizierte sich in ihrer Kindheit uneingeschränkt mit den familiären Gegebenheiten. Zu diesen gehörten neben dem Reichtum sowie der dazu kontrastierenden Haltung der Mutter das politisch-soziale Engagement und Verantwortungsgefühl ihres Vaters (als Mäzen und im Israelitischen Krankenhaus als Kuratoriums-Vorsitzender tätig) sowie das kultur- und kunstwissenschaftliche Interesse des Onkels Aby Warburg – berühmt geworden durch das eigensinnige Abkommen mit seinen Brüdern, auf die Rechte als Erstgeborener zu verzichten, wenn ihm stattdessen die Brüder zeitlebens all jene Bücher kauften, die er haben und sammeln wollte.

Aus dieser Abmachung, die die Brüder Abys irgendwann als ziemlich kostspieliges Unterfangen für sich erkennen mussten, entstand die legendäre Aby-Warburg-Bibliothek, die ihr Besitzer in den 1920er-Jahren mit über 20.000 Büchern in einem imposanten Neubau (Heilwigstraße, Hamburg) unterbrachte. Ingrid bewunderte ihren Onkel für seinen Witz und seine Güte sowie aufgrund seines künstlerischen, wissenschaftlichen und anthropologischen Wissensdursts:

> „Was er den 'Denkraum der Besonnenheit' nannte, war auch für mich eine Denkfigur für die geistige Freiheit, aber auch die Verantwortlichkeit, mit der man sich über die eigenen ... Ideale Rechenschaft ablegt (Warburg-Spinelli 1990)."

Nachdem Fritz Warburg ab 1915 in Schweden als Handelsbevollmächtigter des Deutschen Reiches arbeitete, zog seine Familie wenig später nach Stockholm und blieb dort bis 1920. Für Ingrid bedeutete dies, eine Fremdsprache zu erlernen und sich in der schwedischen Kultur zurechtzufinden. Die Schulzeit in Stockholm erlebte sie ausgesprochen anregend und glücklich, da sie mit fortschrittlichen und fantasievollen Methoden unterrichtet wurde. Als die Warburgs 1920 wieder nach Hamburg zurückkehrten, war dies für Ingrid mit Enttäuschungen verknüpft: Die Stimmung in Deutschland war nach dem Ersten Weltkrieg von Unsicherheit und Desorientierung geprägt, und die Atmosphären an den Schulen waren im Vergleich mit Schweden merklich autoritärer.

Internat und Studium Ingrid Warburg war daher überaus angetan, ab 1926 die Internatsschule Schloss Salem am Bodensee besuchen zu dürfen. Die Familie war mit Kurt Hahn, dem Leiter der Schule, verwandt; dessen pädagogisches Konzept war an Reformideen ebenso wie an Idealen der griechischen Antike orientiert. Golo Mann, der zur selben Zeit wie Ingrid Warburg Schüler in Salem war, schrieb später über Kurt Hahn, er sei der hilfreichste und generöseste Mensch gewesen, den er (Golo Mann) je kennengelernt hatte.

Die vier Jahre, die Ingrid Warburg bis 1930 in Salem zubrachte, gehörten zu den bildendsten Zeiten ihres Lebens. Im Internat lernte sie eine schlichte, aber geistig und sozial außerordentlich inspirierende Form des Zusammenlebens mit Gleichaltrigen wie auch mit Lehrenden kennen. Disziplin, sportliche Betätigung oder Abwasch- und Küchendienste gehörten ebenso zum

Internatsalltag wie Musik, Kunst oder Theateraufführungen. Albert Schweitzer kam gelegentlich als Gast nach Salem, spielte auf der Orgel des zur Schule gehörigen Münsters und erzählte von seiner Philosophie.

Neben dem Curriculum im engeren Sinne kannte die Schule Schloss Salem vor allem die Lernziele der Persönlichkeitsentwicklung: Erziehung zur Verantwortung und zu demokratischen Einstellungen, zu Mitgefühl und Solidarität, aber auch zu eigenständiger Urteilskraft sowie zur Fähigkeit, sich abzugrenzen und für sich alleine zu stehen. Nicht zufällig waren einige spätere Widerstandskämpfer im Dritten Reich frühere Schüler in Salem gewesen, und ebenso nicht zufällig lautet der Titel von Ingrid Warburg-Spinellis Autobiografie *Die Dringlichkeit des Mitleids und die Einsamkeit, nein zu sagen* – ein Titel, in dem wesentliche Werte und Ideale aus der Reform- und Eliteschule vom Bodensee (Gemeinsinn respektive *Common sense*; autonome Lebens- und Wesensart; couragiertes Engagement für soziale und gesellschaftliche Themen) anklingen und widergespiegelt werden.

Der Schulleiter Kurt Hahn gab für derlei Wertorientierung immer wieder ein persönliches Beispiel ab. Als Anfang der 1930er-Jahre der Faschismus in Europa und Deutschland starken Auftrieb bekam, schrieb er an jene seiner Schüler, die mit Salem besonders verbunden waren:

> „Salem kann nicht neutral bleiben. Ich fordere die Mitglieder des Salemer Bundes auf, die in einer SA- oder SS-Tätigkeit sind, entweder ihr Treue-Verhältnis zu Hitler oder zu Salem zu lösen (Hahn 1990)."

Hahn gehörte zur Gruppe der Ersten, die kurz nach der Machtergreifung Hitlers (im Januar 1933) in Schutzhaft genommen wurden. Wenig später emigrierte er – nachdem seine Freilassung durch Intervention des britischen Premierministers gelungen war – nach Schottland, wo er die *British Salem School* gründete – eine internationale Privatschule, in der er die pädagogischen Grundsätze von Salem fortsetzte und weiterentwickelte.

Ingrid Warburg absolvierte 1930 ihr Abitur in Salem und immatrikulierte sich im Sommersemester 1931 an der Heidelberger Universität für Philosophie und Literatur. Ausschlaggebend für den Ort wie auch die Studienrichtung war ihre Freundschaft mit Bobby Euler, die in Heidelberg schon Philosophie studierte und ihr von dortigen Dozierenden wie Karl Jaspers und Max Weber vorschwärmte.

Bobby (Elisabeth) Euler war die ältere Schwester von Fritz Euler, der wie Ingrid im Internat in Salem wohnte, und in den sie sich verliebt hatte. Aus Bobby Euler wurde eine promovierte Philosophin (sie gehörte zu den Lieblingsstudentinnen von Jaspers), die später in Wien unter den Namen Elisabeth Liebl und Löcker als Netzwerkerin aktiv wurde. Sie unterhielt Kontakte unter anderen mit Anna Freud und später mit Ilse Aichinger und Ingeborg Bachmann; in Zeitschriftenartikel wies sie wertschätzend auf die exilierten Hilde Spiel und Hermann Broch hin.

In Heidelberg hörte Ingrid Warburg Lehrveranstaltungen bei Karl Jaspers und Friedrich Gundolf. Letzterer war Dichter und Germanist, gehörte eine Weile dem George-Kreis an und zählte aufgrund seiner Shakespeare- und Goethe-Studien zu den prominentesten Gelehrten der Weimarer Republik. Neben den Autoren der europäischen Klassik las Warburg in Heidelberg jedoch auch das *Kommunistische Manifest* und wurde das erste Mal in ihrem Leben mit linken, sozialistischen Ideen konfrontiert.

Nach einem Semester wechselte Ingrid Warburg an die Universität Hamburg. Dort traf sie auf eine akademische, wissenschaftlich-philosophische Atmosphäre, die vor allem von kunst- und kulturwissenschaftlichen Fragestellungen dominiert war: Ernst Cassirer hatte – unter anderem, nachdem er auf die Bibliothek Aby Warburgs gestoßen war – in den 1920er-Jahren seine *Philosophie der symbolischen Formen* (1923ff.) ausgearbeitet; Erwin Panofsky entwickelte im Austausch mit Ernst Cassirer und Fritz Saxl (ein Kunsthistoriker, der zusammen mit Gertrud Bing die Organisation und Leitung der Bibliothek Aby Warburgs übernommen hatte, nachdem dieser zuerst wegen Krankheit lange Zeit abwesend und bereits 1929 gestorben war) die Hamburger kunsthistorische Schule; der Altphilologe Bruno Snell war an der *Entdeckung des Geistes* (erschienen 1946) interessiert; und der Psychologe William Stern steuerte in enger Kooperation mit Ernst Cassirer auf eine strikt vom Personalismus geprägte inhaltliche und methodische Ausrichtung der Psychologie zu.

Diese geistig außerordentlich anregende Atmosphäre genoss Ingrid Warburg nach ihrem Studienortwechsel nur für kurze Zeit. Den Sommer 1932 verbrachte sie in Oxford, um ihre Englischkenntnisse zu verbessern. Das Universitätsleben mit seinen Colleges und Clubs sowie das internationale Flair der Stadt gefielen ihr ausnehmend gut, und mit Adam von Trott zu Solz (der in Oxford *Modern Greats*: Politologie, Philosophie, Wirtschaft studierte) durchtanzte sie so manche Nacht.

Adam von Trott zu Solz, mit dem Ingrid Warburg später eine kurze Liebschaft einging, gehörte neben Helmuth James Graf von Moltke und Peter Graf Yorck von Wartenburg zu den wichtigsten Vertretern des Kreisauer Kreises, der sich ab 1940 als Widerstandsgruppe gegen die nationalsozialistische Gewaltherrschaft gebildet hatte. Als Diplomat und Jurist unternahm Adam von Trott jedoch auch schon in den Jahren davor enorme Anstrengungen, um vor allem im Ausland bei maßgeblichen Politikern eine Allianz gegen Hitler zu schmieden. Wenige Wochen nach dem gescheiterten Attentatsversuch auf Hitler im Juli 1944 wurde er in Berlin-Plötzensee hingerichtet.

Während ihres Aufenthalts in Oxford lernte Ingrid Warburg noch zwei weitere Männer kennen, die sie auch während der folgenden Jahrzehnte schätzte: Isaiah Berlin und Stephen Spender. Der Erstere machte sich als Philosophie-Professor mit Büchern über Liberalismus, Aufklärung, Russische Denker, Karl Marx oder Humanität einen Namen. Der aus Riga stammende Berlin (1909–1997) lehrte Ideengeschichte *par excellence*, und mit ihm zu sprechen (so ein Urteil von Fritz Stern über Isaiah Berlin) war, als tränke man Champagner (Stern 2007).

Ähnlich schillernd im Hinblick auf seine geistig-intellektuellen sowie sozialen Fertigkeiten und Interessen imponierte Stephen Spender, zu dem sich aufgrund seines Alters – anders als der ältere Isaiah Berlin war Spender mit Ingrid Warburg gleichaltrig – noch mehr Übereinstimmungen für sie ergaben. Zusammen mit W.H. Auden und Christopher Isherwood zählte Spender zu den top-literarischen Begabungen Oxfords und Gesamtenglands.

In seiner Autobiografie *Welt in der Welt* (1951) kann man nachlesen, wie klarsichtig Spender den Faschismus in Deutschland (den er aufgrund von Berlin-Aufenthalten in den 1930er-Jahren hautnah miterlebt hatte) in seiner Inhumanität diagnostizierte und wie entschieden er ihn in vielen seiner Schriften attackierte. Während des Spanischen Bürgerkriegs näherte sich Spender dem Kommunismus an und kämpfte auf Seiten der spanischen Volksfront – um sich wenige Jahre später im legendären Buch *Ein Gott, der keiner war* (1949) ähnlich wie André Gide, Ignazio Silone, Arthur Koestler und einige andere radikal vom Stalinismus loszusagen (Koestler et al. 1962).

An Spender mochte Ingrid Warburg vor allem seine Begabung, den jeweiligen Augenblick in seiner Werthaltigkeit und Bedeutung zu erfassen und zu schätzen. Dementsprechend zitierte sie in ihrer Autobiografie eine Textstelle aus Spenders Buch *The Thirties and After* (1978), die auf jene Hochachtung vor den Daseinsmomenten anspielt, die sie (Warburg) selbst in Oxford genießend auskosten konnte: „Wir müssen eine Gedenkminute für diesen Ort einlegen, weil wir nie wieder eine Zeit wie diese erleben werden" (Spender 1990).

Spätestens im Sommer 1933, als Ingrid Warburg nach Hamburg zurückgekehrt war, um an der Universität weiter zu studieren und sich nach einem möglichen Promotionsthema umzusehen, bestätigte sich für sie der eben zitierte Gedanke Stephen Spenders. Hitler und die Nationalsozialisten hatten die Macht an sich gerissen und begannen mit unerbittlicher Konsequenz, also mit brutaler Gewalt und zynisch-höhnischer Raffinesse, aus ihren schon jahrelangen Ankündigungen innert weniger Wochen und Monate eine Wirklichkeit des Totalitarismus und der antisemitischen Destruktivität werden zu lassen: „Eines Tages (schrieb Warburg) kam ein Kommilitone zu mir und sagte, ich solle es ihm nicht übelnehmen, aber er könne mich jetzt nicht mehr grüßen, sonst liefe er Gefahr, sein Stipendium zu verlieren" (Warburg-Spinelli 1990).

Ihre Promotion begann und beendete Warburg im faschistischen Deutschland bei den Professoren Emil Wolff (Anglist) und Bruno Snell (Altphilologe) an der Hamburger Universität, wobei sie mit Lucy Hutchinson (1620–1681) eine Frau zu ihrem Doktorarbeitsthema werden ließ, die sich bereits im 17. Jahrhundert als Schriftstellerin und Übersetzerin ausgezeichnet hatte. Nach einem Aufenthalt in London im Sommer 1934 verteidigte Warburg ihre Dissertationsschrift mit Erfolg Ende 1935; als Belohnung bekam sie eine sechswöchige Reise nach New York zu ihren Verwandten, vorrangig zu ihrem Onkel Felix Warburg, geschenkt.

Aus einem Kurztrip wird eine Lebensaufgabe Onkel Felix war es auch, der seiner Nichte ein Affidavit für die Vereinigten Staaten ausgestellt hatte und sie in seinem herrschaftlichen Haus in der Fifth Avenue Nr. 1109 wohnen ließ – ein Haus, in dem inzwischen das Jüdische Museum New Yorks eingerichtet ist. An ihrem Onkel bewunderte Ingrid Warburg seine generös-weltläufige Lebensart ebenso wie seine caritativen, sozialen, mäzenatischen, politischen Aktivitäten; er war, schrieb sie, der Mittelpunkt jüdischer und amerikanischer Wohltätigkeit in New York, und als solcher war er prädestiniert, sich auch um den Strom jener Emigranten zu kümmern, die aufgrund religiöser oder politischer Ausrichtungen in Deutschland und Europa zunehmend verfolgt und drangsaliert wurden.

Für Ingrid Warburg dauerte es nur wenige Wochen, bis sie begann, sich nicht mehr als Touristin New Yorks, sondern als Mitarbeiterin ihres Onkels zu erleben. Organisationen wie die *Federation of Jewish Charities*, das *American National Refugee Committee* oder auch das *Progressive School Committee for Refugees' Children* lernte sie bald in ihren administrativen und operativen Facetten bestens kennen und gehörte rasch zu deren prägenden Gestalten. Ausgehend von ihren Inspirationen bei Kurt Hahn in Salem entwickelte sie beispielsweise Konzepte, wie traumatisierten Kindern in der *Progressive School* geholfen werden konnte:

> „Die Unterbringung der Kinder in einer pädagogisch geschulten Umgebung … wirkte Wunder. Besonders gefährdete Kinder wurden oft Monate lang 'in Ruhe gelassen' und bekamen nur Verantwortung für die Tiere zugeteilt. Im Rhythmus

der Natur und mit dem Gefühl, dass ein lebendiges Wesen, ein Schaf, ein Kalb, von ihnen abhing, haben diese Kinder, die zum Teil unvorstellbare Grauen erlebt hatten und jeden Kontakt zur Außenwelt verweigerten, wieder Vertrauen zu anderen Menschen gefasst (Warburg-Spinelli 1990)."

Die schrecklichen Ereignisse in Europa – Ausbruch des Zweiten Weltkriegs 1939 sowie die systematische Vernichtung jüdischen Lebens und jüdischer Kultur ab dem Sommer 1941 – machten es für Ingrid Warburg ab den späten 1930er-Jahren fraglos notwendig, sich maßgeblich an der Gründung und Arbeit des *Emergency Rescue Committee* (ab 1940) zu beteiligen; 1942 wurde diese Organisation zum *International Rescue Committee* umgewandelt, und Warburg figurierte als ihre Vizepräsidentin.

Onkel Felix hatte ihr geraten, sich in den Vereinigten Staaten vor allem mit der Akquise größerer Geldsummen sowie mit der werbenden Bekanntmachung etwa des *American National Refugee Committee* oder *Emergency Rescue Committee* zu befassen. Ingrid Warburg war dafür schnell zu begeistern, und aufgrund ihrer guten Englischkenntnisse sowie ihres ausgesprochen gewinnenden Wesens fiel es ihr leicht, Vorträge auf *Fundraising Dinners* zu halten, bei denen sich viele der Zuhörer mit ihr und ihrem Anliegen identifizierten. In über zweihundert Städten überzeugte Warburg damals ihr US-amerikanisches Publikum von der dringlichen Notwendigkeit, jene Hilfsorganisationen finanziell und ideell zu unterstützen, die sich um die Rettung von durch Faschismus und Nationalsozialismus bedrängten und bedrohten Menschen kümmerten.

Besondere Unterstützung erfuhren Warburg und diese Organisationen durch Eleanor Roosevelt, die Gattin von Franklin D. Roosevelt, der 1933 zum 32. US-Präsidenten gewählt worden war. Als *First Lady* nahm Eleanor Roosevelt von 1933 bis 1945 enorm großen Einfluss auf die öffentliche Meinung in Amerika wie auch auf viele konkret-politische Entscheidungen, wobei sich dieser Einfluss nicht nur aus der First-Lady-Rolle, sondern vor allem aus ihrem sozial-feministischen, pazifistischen, antirassistischen und demokratischen Engagement speiste:

„Mrs. Roosevelt beeindruckte mich sehr. Sie besaß eine unerschöpfliche Kraft, anderen Menschen etwas zu geben, zu lieben und diese Liebe auch zu zeigen. Ich fühlte mich ihr sehr nahe; … Ihr Mitgefühl war immer unmittelbar, und die Menschen sah sie ganz unabhängig von deren Rasse, Nationalität und Religion einfach als Mitmenschen an. Besonders habe ich ihr politisches Gespür bewundert … Unermüdlich arbeitete sie in vielen sozialen und Wohltätigkeitsorganisationen … (Warburg-Spinelli 1990)."

Die Fürsprache Eleanor Roosevelts war vor allem für die Arbeit des *Emergency Rescue Committee* immens hilfreich. Gegründet wurde diese Organisation am 22. Juni 1940, an dem Tag des deutsch-französischen Waffenstillstandsabkommen, das unter Missachtung des Asylrechts die französische Regierung verpflichtete, Personen aus dem Bereich deutscher Besatzung auf Verlangen auszuliefern. Da eine solche Auslieferung für viele rassisch, religiös-weltanschaulich oder politisch Verfolgte des NS-Regimes, die bevorzugt nach Südfrankreich geflohen waren, um im Vichy-Regime Schutz zu suchen, ein sicheres Todesurteil bedeutet hätte, war es dringend geboten, für diese Personen Möglichkeiten der Flucht und damit der Rettung zu organisieren.

Das *Emergency Rescue Committee* (kurz: ERC) beschloss, in Südfrankreich, genauer in Marseille, eine Stelle einzurichten, von der aus Rettungsaktionen für die Gefährdeten vor Ort realisiert werden sollten. Der seinerzeit knapp 30-jährige amerikanische Journalist Varian Fry erklärte sich bereit, als Verbindungsmann in Marseille tätig zu werden und für die Betroffenen Ausreisepapiere, Affidavits, Visa, Fluchtrouten sowie Plätze auf Schiffen mit transatlantischen Zielhäfen zu organisieren. In seiner Autobiografie mit dem Titel *Surrender on Demand* (1945), also *Auslieferung auf Verlangen*, rekapitulierte Fry einige seiner Motive, die ihn bewogen hatten, diese halsbrecherische Mission auf sich zu nehmen:

> „Ich hatte weder mit Fluchthilfe noch mit Untergrundarbeit Erfahrung, aber ich nahm den Auftrag an, weil ich, wie die übrigen Komitee-Mitglieder, von der Notwendigkeit demokratischer Solidarität überzeugt war … Freilich gab es auch starke gefühlsmäßige Beweggründe. Unter den Flüchtlingen, die in Frankreich festsaßen, waren viele Künstler und Schriftsteller, deren Werk ich bewunderte … Jetzt, wo sie in Gefahr waren, fühlte ich mich verpflichtet, ihnen wenn irgend möglich zu helfen, so wie sie mir, ohne es zu wissen, in der Vergangenheit oft geholfen hatten (Fry 2009)."

Varian Fry war über ein Jahr lang in Marseille tätig, bevor er entdeckt, verhaftet und in die Vereinigten Staaten abgeschoben wurde. Unter den vielen von ihm und dem ERC Geretteten befanden sich als bekannte Autoren und Künstler etwa Hannah Arendt, André Breton, Marc Chagall, Marcel Duchamp, Max Ernst, Lion Feuchtwanger, Leonhard Frank, Siegfried Kracauer, Alma Mahler-Werfel und Franz Werfel, Heinrich und Golo Mann, Walter Mehring, Hertha Pauli, Alfred Polgar, Hans Sahl.

Zu Recht wurde Varian Fry nach seinem Tod 1967 zuerst in die französische Ehrenlegion und 1994 als erster (und lange Zeit auch einziger) US-Bürger unter die Gerechten unter den Völkern in Israels Holocaust-

Gedenkstätte Yad Vashem aufgenommen. Im bereits erwähnten Buch *Marseille 1940 – Die große Flucht der Literatur* wurde dem Engagement von Varian Fry und des *Emergency Rescue Committee* ein würdiges literarisches Denkmal gesetzt (Wittstock 2024) – wobei der Autor Uwe Wittstock neben den vielen Geretteten auch jene Schicksale miterwähnt, die (wie bei Walter Benjamin) ein tragisches Ende nahmen.

Varian Fry, das *Emergency Rescue Committee* und damit auch Ingrid Warburg ermöglichten jedoch nicht nur Dutzenden Schriftstellern und Künstlern den rettenden Transit in die Freiheit und ins Weiterleben; weit darüber hinaus waren es mehr als zweitausend Personen, denen sie Fluchtrouten eröffneten, und die ihre nackte Existenz dem außergewöhnlichen Wagemut von Männern wie Varian Fry oder Bil Spira (dieser von den Nationalsozialisten ebenfalls verfolgte Wiener Karikaturist ließ sich in Marseille bei Fry zum Pass- und Dokumentenfälscher umschulen) oder dem entschieden-tatkräftigen und nimmermüden Engagement von Frauen wie Ingrid Warburg oder Eleanor Roosevelt verdankten.

In ihrer Autobiografie reflektierte Ingrid Warburg wiederholt ihre Aktivitäten, die sie seit den späten 1930er-Jahren in Amerika und verstärkt seit Gründung des *Emergency Rescue Committee* (das 1942 zum *International Rescue Committee* wurde) an den Tag gelegt hatte. Mehrfach kam sie in diesem Zusammenhang auf ihre jüdische Abstammung und auf ihre Vorfahren zu sprechen und betonte, wie sehr sich die Generosität und das Mäzenatentum der Großeltern bei ihren Eltern um ein soziales und politisch-gesellschaftliches Bewusstsein erweitert hatte – vor allem ihre Mutter verkörperte eine soziale und ihr Vater eine politisch-kritische, vorurteilsarm-solidarische Einstellung. Als Charakterisierung ihres Vaters zitierte Ingrid Warburg ein Bonmot Hugo von Hofmannsthals, das nach Ansicht vieler auf Fritz Warburg umfänglich zutraf, und von dem ich meine, dass es vollgültig auch die Autorin selbst charakterisiert:

> „Es ist ein entscheidender Unterschied, ob Menschen sich zu anderen als Zuschauer verhalten können oder ob sie immer Mitleidende, Mitfreuende, Mitschuldige sind. Dies sind die eigentlich Lebenden (Hofmannsthal 1990)."

Bankhaustradition trifft auf libertären Sozialismus Eingangs habe ich die Frage formuliert, was denn passiert, wenn sich die Tradition eines alten Bankhauses wie Warburg mit antifaschistischen Aktivitäten sowie der ursprünglichen Idee von libertärem Sozialismus vermählt. Die Lebensgeschichte und Autobiografie von Ingrid Warburg gibt darauf eine mehr als erschöpfende Antwort.

Im Rahmen ihrer Arbeit für das *Emergency Rescue Committee* hatte Warburg Veniero Spinelli kennengelernt, einen seinerzeit etwa 30-jährigen Italiener, der sich als junger Mann während des Faschismus in Italien an der Untergrundarbeit der Kommunistischen Partei beteiligt hatte und deshalb verhaftet worden war. Nachdem er freikam, distanzierte er sich vom Kommunismus und ging nach Paris, wo er im Kreis italienischer Emigranten lebte.

Ab 1936 kämpfte er wie so viele europäische linksgerichtete Intellektuelle und vom libertären Anarchismus Überzeugte im Spanischen Bürgerkrieg gegen die Truppen des Generalissimus Franco; dabei war er als Pilot in der Fliegerstaffel von André Malraux aktiv. Später kehrte er nach Frankreich zurück und engagierte sich gegen die deutsche Besatzung. Um einer erneuten Verhaftung zu entgehen, floh Spinelli über Marseille nach Martinique und auf einem Bananendampfer weiter nach New York – wobei ihm die Flucht ohne Hilfe des *Emergency Rescue Committee* gelungen war. Zufällig traf er, mittellos wie er war, in New York auf Ingrid Warburg:

> „Er trug noch die Uniform der Fremdenlegion und hatte ein großes Loch in der Hose. Ich sagte zu ihm: 'Wenn Sie Christ sind, gehen Sie zum christlichen Komitee und lassen sich etwas Geld geben, und danach gehen Sie in das jüdische Komitee und lassen sich dort auch etwas Geld geben.' Veniero behauptete später, er hätte damals sofort beschlossen, dass ich seine zukünftige Frau sei (Warburg-Spinelli 1990)."

Wenige Monate nach ihrem ersten Aufeinandertreffen hatten Ingrid Warburg und Veniero Spinelli sich so weit angenähert, dass sie 1941 heirateten. Da Ingrid Warburg ahnte, dass ihre Familie reserviert auf den Mann reagieren würde, der seine Hose in Ermangelung eines Gürtels mit einer Schnur zusammenhielt, ließ sie über einen befreundeten Professor Erkundigungen über Veniero einholen. Als sich dabei herausstellte, dass die Spinellis ursprünglich zum borbonischen Adel gehörten, waren ihre Angehörigen doch merklich beruhigter.

Dennoch war es für die allermeisten Warburgs und teilweise auch für Ingrid gewöhnungsbedürftig, mit Veniero Spinelli einen Anarchisten und libertären Sozialisten in ihren engsten Familienreihen zu wissen, der noch dazu einige Jahre lang als überzeugter Kommunist für die internationale Revolution von Arbeitern und Prekariat-Angehörigen gekämpft hatte. Zu seinen engsten Freunden zählten die beiden Schriftsteller Carlo Levi und Ignazio Silone. Der Erstere veröffentlichte das Buch *Christus kam nur bis Eboli* (1945), in dem er seine Zeit der Verbannung in den Jahren 1935/36 (aufgrund seiner antifaschistischen Aktivitäten) beschrieb; der Letztere war mit seinem Buch *Wein und Brot* (1937) sowie mit politischen Schriften als Antifaschist und als Kritiker von Stalinismus und Kommunismus bekannt geworden.

Daneben unterhielt Spinelli Kontakte mit Albert Einstein, Arturo Toscanini und Angelica Balabanova, die – solange Mussolini ein linksorientierter Politiker und noch kein Faschist war – an dessen Seite arbeitete und später als Sekretärin der Kommunistischen Internationale bei Lenin in der UdSSR eine politische Karriere machte. Zunehmend kritisierte sie, der jede Form von Totalitarismus suspekt war, die Haltungen und Handlungen der Bolschewiki und wandte sich den sozialistischen Parteien in London und Paris zu. Den Zweiten Weltkrieg erlebte sie in den USA; dort traf, vermittelt über Veniero Spinelli, Ingrid Warburg auf sie und war von jener Stunde an von der „kleinen, etwas rundlichen, sehr lebhaften" Dame mehr als begeistert.

Was Veniero Spinelli mit seinen italienischen Freunden und Bekannten sowie mit Einstein, Toscanini und Balabanova oder auch mit seinem Bruder Altiero aufs Engste verband, waren deren antifaschistische Einstellung und die Überzeugung, dass Freiheit und Gerechtigkeit, Individualismus, soziale Gesinnung und *Common sense* keine in Politik und Gesellschaft einander ausschließende Gegensätze und Wertdimensionen bedeuten. Im Gegenteil: Spannungen und Konflikte zwischen diesen Wertbereichen tragen zur Weiterentwicklung von Sozietäten bei, insofern nicht der eine oder der andere Wert absolut gesetzt und – wie im Totalitarismus üblich – als Dogma oder als sakrosankte Gegebenheit deklariert wird.

Toleranz und Wertrelativität wurden nun aber nicht nur von den Freunden Spinellis, sondern mindestens so sehr von manchen Angehörigen des Warburg-Clans vorgelebt. Ingrid Warburg kannte solche Haltungen von ihren Kindertagen an – eine Haltung, die mit grundsätzlichen Zweifeln und einer gehörigen Portion Skepsis staatlichen Institutionen, Autoritäten, Regularien gegenüber assoziiert war und die sie auf Totalitarismus-kritische Einstellungen vorbereitet hatte:

> „Es gibt im Verhältnis der Juden zum Staat, zur Politik und zur Gewalt einige Besonderheiten, die auch in unserer Familie hervortraten. Für meinen Vater, Onkel Aby und Onkel Max war es undenkbar, den Staat als moralische Instanz zu akzeptieren. Sie sahen in den jeweiligen Ländern, in denen sie politische Aufgaben erfüllten, eher eine Gemeinschaft von Menschen als eine auf Prinzipien gegründete staatliche Einheit … Die jahrtausendealte Treue zu einem metaphysischen Prinzip – ihr Glaube – ist die Grundlage für das moralische, ethische Engagement der Juden … Mein Elternhaus und die politische Erziehung in Salem haben mir dieses Pflichtgefühl, teilnehmen zu müssen, zu helfen, mich zu interessieren, gegeben (Warburg-Spinelli 1990)."

Diese weltanschauliche wie auch familiäre Tradition hat dazu beigetragen, dass Ingrid Warburg-Spinelli (wie sie seit ihrer Eheschließung 1941 hieß) die folgenden Jahre außerordentlich treu und tapfer zu ihrem Veniero stehen konnte, obschon dieser es ihr alles andere als leicht hatte werden lassen. Nachdem dem Paar 1942 zuerst die Tochter Elena und ein Jahr später der Sohn Oliviero geboren worden war, realisierte Veniero Spinelli im Herbst 1943 seinen Plan, als Soldat der US-amerikanischen Armee nach Italien zurückzugehen und für die Befreiung seines Vaterlandes von der faschistischen Herrschaft zu kämpfen.

Auf abenteuerlichen Wegen und nicht selten unter immenser Lebensgefahr gelangte Spinelli nach Rom und engagierte sich sowohl im politischen als auch im militärischen Kampf gegen Mussolini und dessen faschistische Truppen, die seit dem Sommer 1943 zunehmend von deutschen Militärs ergänzt und dominiert wurden. Die Resistenza, also die antifaschistische Widerstandsbewegung Italiens, fand in Veniero Spinelli einen leidenschaftlichen Kämpfer, der mit den alliierten Truppen und später im Untergrund energisch die totalitäre Gewaltherrschaft Mussolinis und seiner Entourage attackierte und (1945) überwinden half.

In jenen zwei Jahren beschränkte sich der Kontakt der Eheleute Warburg-Spinelli auf spärlichste Briefe; Ingrids Zuneigung und Liebe war dadurch auf eine harte Probe gestellt. Die Familienangehörigen machten sich verständliche Sorgen und schickten sogar ihre Cousine Lola zu ihr, um sie zur Scheidung von Veniero zu überreden. Als Lola jedoch miterlebte, wie Ingrid ihre Kinder zu einer Büste Venieros (die ein Bildhauer gefertigt hatte) hochhob, um ihm einen Gute-Nacht-Kuss zu geben, stellte sie indigniert fest: „Ich bin hier wohl auf falscher Mission."

Von New York über Stockholm nach Rom Zum Ende des Zweiten Weltkriegs hin beschloss Ingrid Warburg-Spinelli, nach Europa zurückzukehren. Ihre humanitäre, politische und soziale Haupt- und Lebensaufgabe – die Rettung Tausender vom Totalitarismus und vom Rassismus Verfolgter – war mit dem Zusammenbruch der faschistischen Herrschaftssysteme von ihr als erfolgreich beendet angesehen, und zugleich verspürte sie große Sehnsucht, ihre allernächsten Angehörigen, vor allem ihren Mann und ihre Eltern, wiederzusehen.

Fritz Warburg und seine Frau Anna waren bereits 1939 aus Deutschland ins Exil nach Schweden gegangen und wohnten in Stockholm, in jener Stadt, die Ingrids Mutter aus ihren eigenen Kindertagen vertraut war. Anna Warburg hatte in Hamburg bis zuletzt als Pädagogin und Kindergärtnerin gearbeitet, und als die Emigration (nach der Reichspogromnacht) nach Skandinavien anstand, nahm sie alle jüdischen Kinder ihrer Einrichtung mit in den Norden – eine Rettungstat im Kleinen, die wenige Jahre später von ihrer Tochter im Großen wiederholt wurde.

Das Wiedersehen mit ihren Eltern und die ersten Monate in der schwedischen Hauptstadt verliefen für Warburg-Spinelli ausgesprochen angenehm. Ihre beiden Kinder, die anfangs nur Englisch sprachen, gewöhnten sich rasch an die neuen Lebensbedingungen. Neben Fritz und Anna Warburg waren auch das ehemalige Kindermädchen Klara sowie etliche Tanten ins Exil nach Stockholm mitgegangen, sodass Teile der früheren Hamburger Familien-Atmosphäre spürbar waren.

Als im November 1945 erstmals wieder Flugzeuge von Stockholm aus in Richtung Südeuropa unterwegs waren, unternahm Ingrid Warburg einen Flug nach Rom, wo sie nach über zwei Jahren Veniero in ihre Arme schließen konnte. Der Empfang und die Aufnahme in die Familie Spinelli waren überaus herzlich, und von den Eindrücken der Ewigen Stadt war Ingrid Warburg überwältigt. Von New York kannte sie den steten Wandel und das dauernde Leben im Augenblick, in der Gegenwart, wohingegen ihr in Rom nun die Dominanz einer mächtigen, gloriosen Vergangenheit entgegenschlug.

Im Jahr darauf (1946) lernte Veniero Spinelli in Stockholm dann auch Ingrids Eltern sowie Angehörige der Warburg-Familie kennen. Der Vater und Veniero Spinelli näherten sich vor allem weltanschaulich an, da beide einen Zugang zu unverstellter und nicht-institutionalisierter Religiosität (Judentum, Katholizismus) hatten, zugleich Skepsis und Ablehnung kirchlichen Organisationen gegenüber an den Tag legten und sich durch ein hohes Maß an Toleranz auszeichneten. So war etwa Fritz Warburg damit einverstanden, dass seine Enkelkinder auf Initiative Venieros auf eine katholische und nicht auf eine jüdische Schule gingen.

Ab dem Sommer 1946 lebten die Warburg-Spinellis mit ihren Kindern in Rom – wobei sich die Zahl der gemeinsamen Kinder bald auf fünf vergrößerte. Neben der Arbeit im Haushalt und der Erziehung des Nachwuchses fand Ingrid Warburg noch Zeit und Energie genug, um sich auch fürderhin politisch zu betätigen. 1947 gründete sie zusammen mit ihrem Mann die Zeitschrift *Italia Europea*, und für dieses Periodikum war sie in den Jahren darauf als Korrespondentin tätig:

„Meine besondere Aufgabe bei der Zeitung bestand darin, zu den verschiedenen ausländischen Kulturakademien in Rom Kontakt aufzunehmen und über ihre Arbeit zu berichten. Wir versuchten damit, schon ein kleines Stück 'Europa' zu realisieren, denn diese Akademien arbeiteten zum Teil sehr isoliert (Warburg-Spinelli 1990)."

Im Sommer 1947 nahm Ingrid Warburg-Spinelli an einem politischen Kongress in Montreux teil, an dem über die zukünftigen Strukturen Europas debattiert und partiell sehr kontrovers gestritten wurde. Veniero, Ignazio Silone und sie selbst vertraten das *Movimento Europeo per una Federazione Mondiale*, wohingegen Altiero, der ältere Bruder Venieros, die Positionen der *Federazione Europea* verteidigte.

Das *Movimento Europeo* entwickelte die Vision eines geeinten Europas unter Einschluss der Balkanstaaten und Russlands bis zum Ural – die *Federazione Europea* nahm dagegen eine Teilung Europas in eine westliche und eine östliche Einflusssphäre in Kauf, um zumindest für Westeuropa allererste Schritte einer Vereinigung zu gehen. Die geopolitische Entwicklung der späten 1940er- und frühen 1950er-Jahre führte letztlich zur polaren Situation des Ost-West-Konflikts und zum Kalten Krieg.

In Italien lernte Warburg-Spinelli durch Veniero eine Form des Ausgleichs von ideologischen und religiösen Gegensätzen kennen, die ihr als weltbürgerlich und tolerant Gesinnte höchst beispielhaft erschien: Es war dies jene Einstellung und Haltung, die in den beiden Gestalten *Don Camillo und Peppone* sinnfällig zum Ausdruck kam. Ab 1946 konnte man die Geschichten dieser ungleichen Figuren – Hochwürden Don Camillo vertrat den Katholizismus, indes der Bürgermeister Peppone für den Kommunismus stand – zuerst als Fortsetzungserzählungen in einem Periodikum und später als Bücher von Giovanni Guareschi lesen, bevor sie in den 1950er-Jahren erfolgreich verfilmt wurden.

Das Tröstlich-Verbindende zwischen den Antipoden Don Camillo und Peppone bestand unter anderem darin, dass beide während des Zweiten Weltkriegs als Partisanen in der Resistenza gegen Mussolini gekämpft hatten und selbst bei allfälligen politischen Konflikten nach 1945 aufgrund ihres sozialen Gewissens und ihrer Verbundenheit mit dem einfachen Volk viel mehr Gemeinsamkeiten aufwiesen, als ihre ideologischen Positionen es ihnen jeweils vorgaukelten oder vorschrieben:

> „Dem entsprach die besondere Atmosphäre im Italien der Nachkriegszeit, in der der Priester und der Kommunist, Don Camillo und Peppone, in dauernder Auseinandersetzung, in Liebe und Streit, versuchen, Italien in Ordnung zu bringen. Bei aller Verschiedenheit der Weltanschauung verband sie doch vor allem die Liebe zum Volk (Warburg-Spinelli 1990)."

Wann und wie immer es ihr möglich war, unterstützte Ingrid Warburg-Spinelli die politische Arbeit ihres Mannes, von dem sie spürte, wie sehr er oftmals zwischen allen Stühlen saß, da er auch in den 1950er- und 1960er-

Jahren standhaft Meinungen vertrat, die zu keiner der etablierten Parteien Italiens vollumfänglich passten. Die Funktion Warburg-Spinellis bestand dabei nicht selten in einer Rolle, die sie aus ihrer US-amerikanischen Zeit bestens kannte: Sie sorgte für die finanzielle Basis, die den Unterhalt einer vielköpfigen Familie ebenso wie die politischen Aktionen Venieros und seiner Freunde und Gesinnungsgenossen sichern sollte, wie auch für den ideellen und emotionalen Beistand, den ihr Mann bitter nötig hatte: „Ich habe immer alles versucht, was in meinen Kräften stand, um ihm zu helfen, denn ich war zutiefst davon überzeugt, dass seine Ideen richtig waren und dass er sie realisieren musste, weil er darin seinem Gewissen folgte." (Warburg-Spinelli 1990).

Wie kraftraubend und eventuell sogar existenzverkürzend ein Lebensstil und eine politische Agenda wie diejenige von Veniero Spinelli sein können, musste Ingrid Warburg-Spinelli bereits 1969 erfahren. Erst 60-jährig verstarb ihr Mann, der ihr wiederholt versichert hatte, nach ihr sterben zu werden, und dem sie angesichts seines von Verzicht, Leid und politischem Kampf übervollen Daseins mehr als einmal vergeblich versucht hatte zu zeigen, dass „Liebe und Freude der Kreis (sind), der dem Leben Bedeutung gibt."

Wer sich erinnert, lebt nicht nur zweimal Von der italienischen Journalistin Franca Magnani erschien unter dem Titel *Wer sich erinnert, lebt zweimal* (Magnani 2000) postum ein Lesebuch mit einer Auswahl ihrer wichtigsten Essays. Darin finden sich quicklebendige Schilderungen ihrer Biografie ebenso wie nachdenkliche Reflexionen zu unterschiedlichen Fragen der italienischen und europäischen Geschichte, Politik und Kultur. Beim Durchblättern dieses Buches lässt sich sein Titel nachvollziehen: Die Autorin dürfte bei ihren Erinnerungen viele Szenen aus ihrem Dasein noch einmal durchlebt haben, und ähnlich ergeht es wohl manchen Lesern bei den im Buch anklingenden Reminiszenzen bevorzugt an die zweite Hälfte des vergangenen Jahrhunderts.

Im Hinblick auf die letzten drei Jahrzehnte im Dasein Ingrid Warburg-Spinellis meine ich, den Buchtitel Franca Magnanis ergänzen und weiten zu dürfen. Nach dem Tod ihres Mannes nämlich beschloss Warburg-Spinelli, ihre Existenz mit nochmals veränderten Akzentsetzungen zu versehen: Nun wollte sie sich ihrer Biografie erinnernd versichern – ein Unterfangen, das ihr gelang, indem sie eine Selberlebensbeschreibung anfertigte. Sie wollte aber auch andere an die Historie erinnern, indem sie ihre Autobiografie publizierte und in öffentlichen Vorträgen und Erzählungen auf die höchst dramatische Geschichte des 20. Jahrhunderts in Europa und in den Vereinigten Staaten einging.

Die Autobiografie Warburg-Spinellis bedeutete nicht nur für sie, sondern auch für andere ein nochmaliges Er- und Durchleben von individueller und kollektiver Vergangenheit und Werdensgeschichte. Mit ihrer Art des autobiografischen Erinnerns ermöglichte sie eine Doppelung von persönlichen Daseinspassagen und darüber hinaus für Zuhörende und Lesende zugleich das Eintauchen in eine Erzählung, die den Einzelnen erschüttert, aufklärt, ermahnt und ermutigt, befreit und begrenzt sowie zu sowohl aktiver Stellungnahme als auch reflexiver Haltung zu Vergangenheit und Gegenwart auffordert.

Anfang der 1980er-Jahre unternahm Ingrid Warburg-Spinelli zusammen mit dem Sohn Oliviero eine weite Reise durch Deutschland an jene Orte, von denen sie annahm, von früher her ein gewisses Heimatrecht zu besitzen. Dabei gelangten sie über Tübingen und Freiburg auch nach Hinterzarten im Schwarzwald – eine Gegend, die sie zu nachdenklichen Überlegungen anregte:

> „Ich glaube nicht, dass die Menschen, die ich hier im Schwarzwald sah, die Bauern und kleinen Geschäftsleute, 'durch die Hölle der Identifikation mit den Deutschen' gegangen sind, wie Heinrich Böll über Werner von Trott geschrieben hat. Adenauer, der mit Hilfe des Marshall-Plans und der Währungsreform ein Deutschland des Konsumismus aufgebaut hat, hat diesen Menschen das Nachdenken erspart. Sie dachten an ihre persönliche Sicherheit, an das Weiterkommen und an Ordnung ... Nur die Menschen, die in Gruppen oder einzeln in den Widerstand gingen, verstanden, was ein totalitärer Staat bedeutet (Warburg-Spinelli 1990)."

Ihre Reiseroute führte Ingrid Warburg-Spinelli auch nach Berlin und weiter nach Hamburg. In Berlin besuchte sie Clarita von Trott, die Witwe Adams von Trott, mit der sie emotional berührende Gespräche führte. Besondere Gefühle und einen Sturm von Erinnerungen löste die Weiterfahrt nach Hamburg aus, wo sie einige Angehörige aus der Warburg-Familie traf. Natürlich suchte sie auch ihr altes Zuhause auf dem Kösterberg auf, wobei ihr Elternhaus in der Zwischenzeit und nach dem Zweiten Weltkrieg in eine Begegnungsstätte des Deutschen Roten Kreuzes umgewandelt worden war. Das Haus wurde dem Wunsch der Eltern Warburg-Spinellis gemäß nach Elsa Brandström benannt, die sich in den 1920er-Jahren um deutsche Kriegsgefangene in Russland gekümmert hatte; die Begegnungsstätte besteht in ihrer Funktion und mit ihrem Namen bis zum heutigen Tag:

> „Was bedeutet der Kösterberg? Er ist immer noch fast schmerzlich schön. Das Gefühl der Zeitlosigkeit, der Insel, die aber jetzt kein Ghetto und kein Gefängnis mehr ist ... Es gab also auf dem Kösterberg ein Heimatrecht, aber ohne

9 Ingrid Warburg-Spinelli – Handeln im Denkraum der Besonnenheit

Bitterkeit und ohne das Gefühl, ich hätte dableiben müssen. Man darf aber Sehnsucht haben nach den Momenten des 'Denkraums der Besonnenheit' ohne Gegenwart und ohne Zukunft (Warburg-Spinelli 1990)."

Mit der Sehnsucht nach dem Denkraum der Besonnenheit war Ingrid Warburg-Spinelli wieder mit jenen Atmosphären ihrer Kindheit, Jugend und Adoleszenz in Kontakt gekommen, die sie in ihrer Primärfamilie und vor allem bei Aby Warburg so attraktiv stimulierend und zugleich beruhigend erlebt hatte. Seit Sokrates und der griechisch antiken Philosophie wird der Besonnenheit (*Sophrosyne*) hohe Bedeutung als wesentliche Tugend für gelingende Daseinsgestaltung attestiert: Selbstbeherrschung, Mäßigung und Nüchternheit, aber auch aus klarer Vernunft und Erkenntnis heraus begründete Handlungen waren und sind mit *Sophrosyne* gemeint. Für Ingrid Warburg-Spinelli gehörten derartige Einstellungen zu den Grundausstattungen ihres Charakters und ihrer Daseinsgesetze.

Um diese und andere Tugenden nicht nur selbst zu leben, sondern auch ihren Mitmenschen ans Herz zu legen und zugleich deren Effekte im 20. Jahrhundert zu erläutern, fand sich Warburg-Spinelli in den 1980er-Jahre schließlich bereit, mit Hilfe ihrer Kinder und einiger Freunde ihre Lebensgeschichte aufzuschreiben und zu illustrieren. Begonnen hatte die Weltbürgerin ihre Autobiografie in Briefform und italienischer Sprache zu verfassen, um später in englischer und zuletzt dann in deutscher Sprache das endgültige Manuskript beim Verlag einzureichen. Als Entstehungsorte benannte sie im Vorwort anfänglich Rom sowie im Verlauf New York und London, wo sie auf alte Freunde wie Isaiah Berlin und Stephen Spender traf und in Oxford zu einer *lecture-tour of Adam von Trott* eingeladen war. Beim Anblick von Oxford mit seinen alten Colleges, Gärten, Kirchen und beim Erleben all der jungen Studierenden empfand sie, dass sie sich (wie Goethe es einst ausgedrückt hat) selbst historisch zu werden begann.

Noch in den 1990er-Jahren war Warburg-Spinelli in Europa unterwegs, um in öffentlichen Veranstaltungen sowie in Form von Lesungen und Interviews von ihrem bewegten Leben und ihrem humanitären Engagement zu berichten. So stellte sie im Winter 1993 in den *Kammerspielen* in Hamburg ihre Autobiografie *Die Dringlichkeit des Mitleids und die Einsamkeit, nein zu sagen – Erinnerungen 1910–1989* vor, die 1990 im Verlag *Gölling und Dalitz* erschienen war. In einer Besprechung dieser Veranstaltung konnte man lesen, dass die Gesprächslust der 83-jährigen Dame ungebrochen war und das Publikum es als Glücksfall empfand, sich mit einer ehemals großbürgerlichen Antifaschistin auf so ungezwungene Art unterhalten zu können. Nachdenklich stimmt aber ein Passus der Rezension, in dem von hellsichtigen Dia- und

Prognosen Warburg-Spinellis berichtet wird, die sich inzwischen leider bewahrheitet haben:

> „Sie sieht den erschreckenden Verlust an Visionen und Utopien. Aus ökonomischer Hoffnungslosigkeit, der verbreiteten Korruption und einer übermächtigen Angst sieht sie ähnlich wie in Italien auch hier die Kräfte der neuen Rechten wachsen. Dazu erscheinen ihr die Linke mit allen Ansprüchen auf ein Luxusleben beschäftigt und die Gewerkschaften ohne Kontakt zu den Arbeitern (Schiff 1993)."

Über die Dringlichkeit von Weltreparatur Als Ingrid Warburg-Spinelli im Jahr 2000 hochbetagt starb, endete zeitgleich jenes Jahrhundert, das Eric Hobsbawm schon vor Jahrzehnten als *Das Zeitalter der Extreme* (Hobsbawm 1998) bezeichnet hat. In der Tat lassen sich kaum extremere Ereignisketten (viele Millionen Tote durch die beiden Weltkriege und den Holocaust; millionenfache Vertreibung ganzer Volksgruppen; weltweit materielle Verwüstungen) sowie extreme ideologische Gegensätze und Zuspitzungen (Faschismus; Nationalsozialismus; Bolschewismus; Stalinismus) vorstellen, als sie im letzten Jahrhundert zu konstatieren waren.

Selbst wenn es im ersten Viertel des 21. Jahrhunderts noch keine derartigen Katastrophen zu beklagen gab, haben wir allen Grund, fundierte Überlegungen anzustellen, wie ähnliche historisch-gesellschaftliche Entwicklungen verhindert oder in ihren Anfängen bekämpft werden können. Nicht wenige Wissenschaftler, Politiker und Intellektuelle beurteilen derzeit das Niveau der gesellschaftlichen und geostrategischen Herausforderungen, Brüche und Erschütterungen als vergleichbar mit denjenigen vor etwa einhundert Jahren, obwohl sich die Inhalte und Rahmenbedingungen dieser Prozesse natürlich unterscheiden.

So beschreibt Herfried Münkler in seinem jüngst erschienenen Buch *Welt in Aufruhr – Die Ordnung der Mächte im 21. Jahrhundert* (2023) die geopolitische Entwicklung der letzten Jahrzehnte seit dem Fall des Eisernen Vorhangs – wobei er feststellt, dass es ähnliche Umbruchverhältnisse wie seit den 1990er-Jahren weltweit immer wieder gegeben hat und die von vielen Zeitgenossen empfundene bedrohliche Unordnung der Machtverhältnisse keine historische Novität bedeutet. Darüber hinaus diagnostiziert und prognostiziert er, dass es sich in unserer allernächsten Zukunft entscheiden wird, inwiefern es zukünftig mit Russland, China und den USA drei oder aber unter Einschluss der Europäer und von Indien eher fünf große Mächte sind, welche die Weltordnung bestimmen. Den russischen Krieg gegen die Ukraine interpretiert Münkler dabei als Teilaspekt der machtstrategischen Um- und Neuordnung; Russland attestiert er in diesem Zusammenhang Revisionismus und Imperialismus.

Auf andere Gesichtspunkte einer als prekär imponierenden Welt hebt Anne Applebaum in ihrem Buch *Die Achse der Autokraten – Korruption, Kontrolle, Propaganda: Wie Diktatoren sich gegenseitig an der Macht halten* (2024) ab. Die Autorin skizziert darin den weltweiten Siegeszug von Autokraten, Diktatoren, Antidemokraten und Tyrannen und deren scheinbar ungebrochene Popularität selbst bei denjenigen, die ihnen in mehr oder minder freien Wahlen zur Macht und Herrschaft verhelfen, um kurze Zeit später von ihnen auf oftmals inhumane Art geknechtet zu werden. Antidemokratische Herrscher und Herrschaftssysteme stehen in vielen Staaten der Erde hoch im Kurs, und die Demagogen an der Spitze solcher Gemeinwesen stützen sich gegenseitig mit ihren Gewaltfantasien, Lügen und Verantwortungslosigkeiten wider alle ideologischen Differenzen.

Längst sind dabei die alten, bis zum Ende des Kalten Krieges gebräuchlichen politischen Zuordnungen (links = progressiv, fortschrittlich; rechts = konservativ, reaktionär) obsolet geworden, und die in früheren Zeiten selbstverständlichen Übereinstimmungen von Politikern im Hinblick auf Minderheitenschutz, Presse- und Meinungsfreiheit, Liberalität, Unabhängigkeit der Justiz sowie auf religiöse Toleranz sind vielerorts aufgebraucht:

„In den Vereinigten Staaten und Großbritannien hat die neue Rechte mit dem altmodischen Konservatismus Burkescher Prägung gebrochen, der raschen Veränderungen jeglicher Art misstraut. So sehr die neuen Rechten die Bolschewiken hassen mögen, haben sie mehr mit ihnen gemein als mit den Konservativen: Sie wollen bestehende Einrichtungen stürzen, umgehen oder aushöhlen und alles Bestehende zerschlagen (Applebaum 2022)."

Ganz gleichgültig, ob wir dem distanzierteren Blick Münklers auf die Welt oder den aus eigenem Erleben in Ost- wie auch Westeuropa gespeisten Urteilen Anne Applebaums oder unseren persönlichen Empfindungen beim Hören oder Lesen von aktuellen Nachrichten der letzten Jahre folgen: So oder so beschleicht viele von uns die zutiefst beunruhigende Hamlet-Diagnose: Die Welt ist aus den Fugen und keiner da, sie wieder einzurenken.

Womit wir erneut zu Ingrid Warburg-Spinellis Leben, humanitärer Einstellung und bewegender Autobiografie zurückkommen. Fasst man ihren Lebenslauf, ihr Daseinsgesetz und ihren Charakter aus einiger Entfernung zusammen, fallen mir zwei Aspekte besonders ins Auge: ihre diagnostisch-rezeptiven Fähigkeiten sowie ihre therapeutisch-gestalterischen Aktivitäten. Die Ersteren hat Warburg-Spinelli im Titel ihrer Autobiografie als „Dringlichkeit des Mitleids" bezeichnet; Letztere finden sich im zweiten Teil des Titels („die Einsamkeit, nein zu sagen"), der auf die Ich-Stärke der Autorin anspielt.

Beides, eine differenzierte Wahrnehmung emotionaler, sozialer, politischer, gesellschaftlicher und kultureller Gegebenheiten ebenso wie der entschiedene, nachhaltige Impuls und Wille zur Umgestaltung von Welt und zur Überwindung allfälliger Lücken, Defizite und Hindernisse, findet sich bei Warburg-Spinelli; und beides entsprang bei ihr nicht nur ihrem individuellen Wesen, sondern war und ist als eine überpersonale Wertkonstellation in der jüdischen Kulturgeschichte angelegt und tradiert.

In der hebräischen Sprache findet sich für eine derartige Haltung der Terminus *Tikkun Olam* (Tikkun: hebräisch für Festigung, Vervollständigung, Nachbesserung; Olam: Welt) – profan ausgedrückt: Reparatur der Welt. Sowohl der Begriff als auch der Imperativ, die defizitäre Welt zu verbessern und zu reparieren, spielen bereits in der *Mischna* (eine der ältesten rabbinischen Schriften) eine gewichtige Rolle; und sie bilden Grundideen des Talmuds, wo sich *Tikkun Olam* bevorzugt auf sozialpolitische Rechtsvorschriften bezieht.

Über eine religiöse Vorschrift hinaus erlangte *Tikkun Olam* als Aufforderung zu Reparatur und Verbesserung der Welt vor allem auch säkulare Bedeutung. Dieser sozialethische Imperativ lässt sich in seinen Weitungen bis hinein in Phänomene wie die christlich modifizierte Caritas (Wohltätigkeit) oder auch die Philanthropie und das Mäzenatentum verfolgen, welches eng mit dem Begriff der Tzedaka (ausgleichende Gerechtigkeit) verbunden ist. Dieser letztere verpflichtende Wert, einem Menschen in Schwierigkeiten ohne jedes Ansehen von dessen Herkunft und Abstammung zu helfen, ist ebenfalls Teil des größeren Konzepts von Tikkun Olam (Pregla 2024).

Es gehörte zur Überlebensstrategie von Juden im Laufe ihrer Geschichte, sich die Haltung von *Tikkun Olam* als Selbstverständlichkeit zu eigen zu machen. Um die Ordnung der Welt bei aller erschütternden Unordnung und bei allem noch so erniedrigendem Leid als hohes Ideal aufrechtzuerhalten, war es sinnvoll und notwendig, eine soziokulturelle Praxis zu etablieren, welche die Annäherung an dieses Ideal etwas konkreter werden ließ.

Über die Möglichkeit der Weltreparatur Nun könnte ich Leserinnen und Leser verstehen, die angesichts der riesig-dimensionierten weltlichen Problemlagen und ihren damit verglichen verschwindend geringen Einflussmöglichkeiten auf den Lauf der Welt von vorneherein alle Hoffnungen auf verändernde Aktivitäten ihrerseits fahren lassen. Entspricht es nicht der realitätsadäquaten Einschätzung eigener Selbstwirksamkeit, sich im Hinblick auf die globalen Schwierigkeiten der Erde zurückzuhalten und sich stattdessen auf jene überschaubareren (privaten) Themen zu konzentrieren, die eventuell mit merklich größerer Aussicht auf Erfolg unserer Gestaltungskraft unterliegen?

Ja und nein. Es bedeutete ein Übermaß an Heroismus und Größenideen sich einzubilden, Herr Meier oder Frau Müller, also Einzelne von uns, könnten mit ihren sehr begrenzten materiellen, sozialen oder intellektuellen Mitteln den Zug der Zeit wieder auf jene Geleise von Ordnung, Humanität und Solidarität setzen, die er ganz offensichtlich schon lange verlassen hat. Entgleisten Zügen wieder zu einem soliden Gleisbett zu verhelfen – dazu benötigt es außerordentlich kräftige und komplexe Werkzeuge, über die wir Einzelne normalerweise nicht verfügen; selbst Ingrid Warburg-Spinelli mit ihren überaus günstigen finanziellen und zwischenmenschlichen Ressourcen war während des Zweiten Weltkriegs immer wieder gezwungen, Limitierungen ihres humanitären Engagements zur Kenntnis zu nehmen.

Apropos Warburg-Spinelli: Die wenigsten von uns sind auf einem Kösterberg aufgewachsen oder in eine Dynastie von Bankern hineingeboren; die wenigsten von uns haben ein gymnasiales Internat wie Salem oder eine Eliteuniversität wie Oxford besucht; die wenigsten zur Emigration gezwungenen Menschen fallen so weich wie Ingrid Warburg bei ihren New Yorker Verwandten; die wenigsten von uns unterhalten beste Beziehungen zur First Lady der USA oder anderer Staaten; und nicht alle von uns haben ein privates Umfeld, das uns politisch hellwaches Denken, Urteilen und Handeln lehrt.

Doch trotz all dieser Vorbehalte und Einschränkungen bleibt meiner Ansicht nach für jeden von uns ein Spielraum des Verhaltens und Empfindens, den wir im Sinne von *Tikkun Olam* (Reparatur der Welt) nutzen können und sollen. Dieser Spielraum entsteht und bietet je nach persönlichen Verhältnissen des Einzelnen unterschiedliche Möglichkeiten des Engagements, sobald wir eine grundsätzlich solidarische, humane, am Gemeinsinn (*Common sense*) orientierte Haltung bei uns zulassen und entwickeln.

Der Individualpsychologe Alfred Adler war bereits vor über einhundert Jahren überzeugt, dass Menschen mit einer angeborenen Disposition zu Kooperation und Kommunikation zur Welt kommen. Diese Disposition bezeichnete er mit dem Begriff des Gemeinschaftsgefühls; später verwendete er in Anlehnung an Immanuel Kant (der den *sensus communis*, also den Gemeinsinn beschrieben hatte) dafür den Terminus *Common sense*.

Kürzlich erschien ein von Aleida und Jan Assmann gemeinsam verfasstes Buch über *Gemeinsinn – Der sechste, soziale Sinn* (2024). Zu Recht verweisen sie auf Immanuel Kant als Vorläufer des Gemeinsinns sowie auf Ferdinand Tönnies und Helmuth Plessner, die beide eine differenzierte literarische Auseinandersetzung hinsichtlich der Begriffe Gemeinschaft und Gesellschaft führten (Tönnies 2010; Plessner 2022); Alfred Adler als wichtiger Ausgestalter und Ideengeber für den Gemeinsinn fehlt allerdings in den ansonsten sehr kenntnisreichen Ausführungen der Assmanns:

> „Der Sprachgebrauch zeigt, dass 'Gemeinschaft' gewählt wird, wenn der Verbindung von Menschen etwas Gemeinsames wie Sprache, Religion oder Werte zugrunde liegt, das die einzelnen Mitglieder zusammenbringt. 'Gesellschaft' dagegen bietet sich an, wenn ein Rahmen geschaffen wird, in dem sich Menschen oder Gruppen mit gemeinsamen Interessen zu Formen der Kooperation zusammenschließen (Assmann und Assmann 2024)."

Gemeinschaften – beispielsweise Haus- oder Religionsgemeinschaften – weisen nicht selten Exklusivitätsmerkmale auf, wohingegen Gesellschaften günstigenfalls ein hohes Maß an Offenheit und Durchlässigkeit an sich tragen. Demokratisch orientierte Sozietäten werden daher seit Karl Popper als offene Gesellschaften (Popper 2003) bezeichnet – ein Terminus, der sich in Anlehnung an Henri Bergsons Buch über *Die beiden Quellen der Moral und der Religion* (1932) herausgebildet hat, in dem Bergson offene und geschlossene Moral und Religion unterschieden hat. Als Hauptfeinde einer offenen Gesellschaft und liberalen Demokratie machte Popper totalitäre Staats- und Herrschaftsformen namhaft; als philosophische Ideengeber für Letztere benannte er vor allem Platon, Hegel und Karl Marx.

Eine solidarische, humane sowie am Gemeinsinn (*Common sense*) orientierte Haltung entfaltet sich bei uns am ehesten bei entsprechend biografisch wie auch sozioökonomisch günstigen Voraussetzungen. Das bedeutet kein Leben im Luxus oder Schlaraffenland; vielmehr sind damit emotionale, soziale und intellektuelle Bildungseinflüsse gemeint, die von Erziehern, Lehrern und Mentoren ausgehen, die Sinn, Wert und Bedeutung als personale Qualitäten verkörpern. Wenn dieses Sinn-, Wert- und Bedeutungsgefüge in Kindheit, Jugend, Adoleszenz nicht durch Traumen, Niederlagen, Enttäuschungen (z. B. Krieg, Flucht, Vertreibung) massiv erschüttert wird, erwachsen auf diesem Boden in der Regel ausreichend Empathie und Sozialinteresse, um im späteren Dasein *Tikkun Olam* zu leben.

Wie, wann und womit diese Möglichkeiten von Wohltätigkeit und Weltreparatur konkret ergriffen werden, hängt von vielen situativen wie auch individuellen und persönlichen Gegebenheiten ab. Bei Warburg-Spinelli waren es das Vorbild ihrer Mutter mit deren sozialem Engagement; das Modell des Vaters als politischer Akteur; die Warburg-Onkels mit deren Mäzenatentum; Aby Warburg und dessen Denkraum der Besonnenheit; ihre soziale Einbettung in Freundschaften (Adam zu Trott von Solz), Partnerschaft (Veniero Spinelli) und Familie (fünf Kinder); ihre Weltläufigkeit und die damit assoziierte universalistisch-vorurteilsarme Lebens- und Weltanschauung sowie die jüdisch-humanistische Kulturtradition.

Als situative Momente ergaben sich für Warburg-Spinelli der europäische und vor allem Deutschland betreffende Antisemitismus; die totalitären Regime von Nationalsozialismus, Faschismus und Bolschewismus; der Beginn und der Verlauf des Zweiten Weltkriegs; die zunehmende Bedrohung und Vernichtung jüdischen Lebens und jüdischer Kultur; die finanziellen und strukturellen Möglichkeiten der US-amerikanischen Hilfs- und Rettungsorganisationen.

Die Persönlichkeitsfacetten Warburg-Spinellis räsonierten mit den vielen sie umgebenden Not- und Katastrophensituationen, sodass sie innert kurzer Zeit zu jener rettenden Gestalt wurde, der Hunderte und Tausende Verfolgte ihre nackte Existenz verdankten. Als naher Angehöriger einer derart Geretteten schrieb Carl Zuckmayer außerordentlich bewegt in seiner Autobiografie *Als wär's ein Stück von mir* über …

> „… Ingrid Warburg, aus der bekannten Hamburger Familie, die uns damals von einer schweren Sorge befreite: um die in England zurückgebliebene Tochter Michaela. Es ging um Tage, fast Stunden, sonst hätten wir sie während des ganzen Kriegs schwerlich wiedergesehen und einem ungewissen Schicksal in England überlassen müssen. Vielleicht können überhaupt nur Frauen die Energie und Improvisationskunst aufbringen, … mit dem die Warburgs ihr eine letzte Passage auf einem fahrplanmäßigen schwedischen Dampfer verschafften (Zuckmayer 1986)."

Bei der Frage, wie intensiv jeder Einzelne von uns sich den gesellschaftlichen, öffentlichen, politischen Themen und Problemstellungen zuwendet oder aber sein Heil und seinen Segen im Rückzug und im Schutzraum des Privaten sucht und findet, hängt von den je persönlichen Voraussetzungen ebenso wie von den uns umgebenden Herausforderungen ab. Da wir die Letzteren bezüglich ihrer Zukunft nicht genau voraussagen können und sich geschichtliche Situationen nicht eins zu eins wiederholen, lohnt es mehr, sich in Bezug auf die individuellen Persönlichkeitsmerkmale Gedanken zu machen. Hierzu möchte ich Vorschläge unterbreiten, die keinen Heroismus erfordern und dennoch zu einer Haltung des *Tikkun Olam* beitragen können.

1) Um auf irgendeine Weise reparierend oder verbessernd (was immer dies im Detail bedeuten mag) in die Welt eingreifen zu können, benötigen wir zuerst ein hinreichend feinfühliges und differenziertes Sensorium, um eventuelle Defizite, Unebenheiten, Lücken und Läsionen dieser Welt adäquat wahrzunehmen und zu registrieren. Diese rezeptiven Fähigkeiten sind keine Selbstverständlichkeit, da nicht wenige Menschen aufgrund ihrer bisherigen Sozialisation Mängel entweder kaum oder viel zu wenig wahrnehmen oder aber schon bei kleinsten Fehlern zum Katastrophieren neigen. Beide Tendenzen verleiten zu Fehleinschätzungen von politisch-

gesellschaftlichen Situationen und verführen womöglich zu inadäquater Haltung und Handlung.

2) Ein feinfühlig-differenziertes Sensorium und Wahrnehmungsorgan entwickelt sich in der Regel im wiederholten Umgang mit sinn- und wertvollen Personen und Gegenständen und Sachverhalten. Dazu zählen beispielsweise zwischenmenschliche Begegnungen mit redlichen, um dialogischen Austausch und Gespräch bemühten Zeitgenossen (Freunde, Lehrer, Mentoren, Medienvertreter) – dazu zählen aber auch die Beschäftigung mit Wissenschaften, Künsten und Philosophie oder auch das Erleben des Naturschönen und des Kulturschönen.

3) Das Registrieren von defizitären Weltzuständen sollte nicht dazu animieren, einem bloßen Reiz-Reaktions-Schema Folge zu leisten. Statt sofortiger Antwort und Reaktion ist in vielen Fällen ein verstehendes Einordnen sowie abwägendes Urteilen angebracht. Dies erfordert ein vertieftes Nachdenken und Sich-vertraut-Machen mit den jeweils herausfordernden Situationen – also Erkundigungen, Wissenszuwachs, historische Vergleichsüberlegungen, Reflexion von Vormeinungen und Vorurteilsüberprüfungen. Mit solchen Exerzitien treten wir in den Denkraum der Besonnenheit ein, den Ingrid Warburg bei ihrem Onkel Aby als enorm faszinierende und stimulierende Atmosphäre empfunden hat.

4) Zwischen Reiz und Reaktion schieben sich günstigenfalls Versuche der Bedeutungszuschreibung, und ausgehend von diesen Zuschreibungen ergeben sich eventuelle Möglichkeiten bis hin zu Imperativen des Handelns oder Nicht-Handelns. Leidende Mitmenschen ebenso wie defizitäre gesellschaftliche Verhältnisse nehmen viele von uns als „lädierte Gestalten" wahr – ein Begriff, der aus der Gestaltpsychologie des 20. Jahrhunderts stammt und verständlich macht, warum sich in vielen von uns angesichts lädierter Gestalten der Impuls bemerkbar macht, aus ihnen runde, prägnante und heilere Gestalten werden zu lassen. Ingrid Warburg-Spinelli nannte dies die „Dringlichkeit des Mitleids" – und doch dürfen wir uns bei aller Empathie stets aufs Neue befragen, welche Situationen wir handelnd zu verändern vermögen und an welchen Situationen wir scheiternd zerschellen, weil unsere Kräfte und Mächte begrenzt sind.

5) Solidarität und Mitgefühl mit lädierten Gestalten kann bereits entstehen, wenn wir uns über Nachrichten, Reportagen, Zeitungslektüre und Kommentare um das Geschehen in nahen und fernen Weltgegenden kümmern – und wenn wir unsere Gedanken und Emotionen dazu in einer uns

angemessenen Art und Weise in den großen Erzählstrom der Welt einfließen und das mundane Narrativ nicht lediglich von anderen formulieren lassen.

6) In vielen Fällen bedeutet Reparatur der Welt nicht nur ein Sofortprogramm (wie etwa die Aktivitäten des *Emergency Rescue Committee*), sondern ein auf Jahre und Jahrzehnte hin angelegtes emotionales, soziales und intellektuelles Bildungsprojekt. Möglichst vielen Menschen globusweit zu helfen, humanitäre Empfindungen den Mitmenschen gegenüber und autonome Urteilskraft für sich zu entwickeln, würde die Gefahrenlage für so manche totalitäre Herrschaft oder kriegerische Auseinandersetzungen mittel- bis langfristig deutlich minimieren.

7) Als fundamentale Einstellung, auf der Reparaturimpulse die Welt betreffend gedeihen können, empfiehlt sich jene emotionale und soziale Haltung, die von Immanuel Kant als *Sensus communis* bezeichnet und später als Orientierung an Gemeinschaften und Gesellschaften differenziert wurde. Erstere vermitteln oftmals Geborgenheit sowie Schutz und Identitätsempfindungen aufgrund des Erlebens von Gemeinsamkeiten mit anderen Menschen. Letztere hingegen konfrontieren und sozialisieren uns im Hinblick auf die Diversität von Menschen und tragen dadurch zu einer toleranteren, liberaleren, universelleren Lebens- und Weltanschauung bei. Reparaturmaßnahmen jeglicher Couleur dürften stets beide Aspekte – den gemeinschaftlichen ebenso wie den gesellschaftlichen – berücksichtigen und auf einen Zuwachs an Offenheit angelegt sein.

Zuletzt komme ich nochmals auf Ingrid Warburg-Spinelli und ihre Motivation zur Abfassung ihrer Autobiografie zurück. Eingangs habe ich einige Motive erwähnt, warum Künstler, Wissenschaftler, Philosophen, Literaten, Politiker sich der Mühe unterziehen, eine Selberlebensbeschreibung anzufertigen. So unterschiedlich die jeweiligen Beweggründe waren oder sind, so unterschiedlich gestalten sich auch ihre autobiografischen Ergebnisse. Ähnliches gilt für die drei vorgestellten Schriften jüdischer Autoren mit ihren jeweils sehr differenten Perspektiven auf ihr individuelles Schicksal.

Warburg-Spinellis Autobiografie ordne ich nun nochmals unter einer anderen Kategorie ein. Ihre Selberlebensbeschreibung lese ich als anleitende Ermutigung, die personale Haltung von *Tikkun Olam* zu entwickeln und zur Entfaltung zu bringen. Gelingendes Menschsein – so könnte man Ingrid Warburg-Spinellis Lebensmotto und Daseinsgesetz zusammenfassen – ereignet sich, wenn der Einzelne bei sich die grundsätzliche Bereitschaft wachsen lässt, die Welt um sich her in ihrer Hilfsbedürftigkeit wahrzunehmen und seinen Möglichkeiten und Kräften gemäß zu verbessern.

Fast überflüssig zu erwähnen, dass *Tikkun Olam* nur um den Preis reduzierter narzisstischer Nabelschau zu realisieren ist; aber durchaus nicht überflüssig zu erwähnen bleibt, dass die jiddische Aufforderung „Sej a Mensch" (sei ein Mensch) nur bei jenen zur Wirklichkeit wird, die sich um Wohltätigkeit für ihre Mitmenschen und um die Reparatur der Welt (und sei sie noch so überschaubar und minim) bemühen.

Literatur

Pauli, H.: Der Riss der Zeit geht durch mein Herz – Erinnerungen (1970), Wien 2022, S. 201

Klüger, R.: Weiter leben – eine Jugend (1992), Göttingen 1993, S. 166

Klüger, R.: Weiter leben – eine Jugend (1992), Göttingen 1993, S. 141

Klüger, R.: Weiter leben – eine Jugend (1992), Göttingen 1993, S. 141

Klüger, R.: Weiter leben – eine Jugend (1992), Göttingen 1993, S. 237

Klüger, R.: Unterwegs verloren – Erinnerungen, Wien 2008, S. 212f.

Levi, P.: Ist das ein Mensch (1947), München 1989, S. 127

Levi, P.: Ist das ein Mensch (1947), München 1989, S. 128

Warburg-Spinelli, I.: Die Dringlichkeit des Mitleids und die Einsamkeit, nein zu sagen – Erinnerungen 1910–1989, Hamburg 1990, S. 52

Warburg-Spinelli, I.: Die Dringlichkeit des Mitleids und die Einsamkeit, nein zu sagen – Erinnerungen 1910–1989, Hamburg 1990, S. 47f.

Hahn, K.: Telegramm an die Mitglieder des Altsalemer Bundes (09.09.1932), zit. n. Warburg-Spinelli, I.: Die Dringlichkeit des Mitleids und die Einsamkeit, nein zu sagen – Erinnerungen 1910–1989, Hamburg 1990, S. 71

Stern, F.: Fünf Deutschland und ein Leben, München 2007, S. 468

Koestler, A. et al.: Ein Gott, der keiner war (1950), München 1962

Spender, St.: The Thirties and After (1978), zit. n.: Warburg-Spinelli, I.: Die Dringlichkeit des Mitleids und die Einsamkeit, nein zu sagen – Erinnerungen 1910–1989, Hamburg 1990, S. 294

Warburg-Spinelli, I.: Die Dringlichkeit des Mitleids und die Einsamkeit, nein zu sagen – Erinnerungen 1910–1989, Hamburg 1990, S. 98f.

Warburg-Spinelli, I.: Die Dringlichkeit des Mitleids und die Einsamkeit, nein zu sagen – Erinnerungen 1910–1989, Hamburg 1990, S. 133

Warburg-Spinelli, I.: Die Dringlichkeit des Mitleids und die Einsamkeit, nein zu sagen – Erinnerungen 1910–1989, Hamburg 1990, S. 135

Fry, V.: Auslieferung auf Verlangen (1945), Frankfurt am Main 2009, S. 10f.

Wittstock, U.: Marseille 1940 – Die große Flucht der Literatur, München 2024

Hofmannsthal, H. von, zit. n.: Warburg-Spinelli, I.: Die Dringlichkeit des Mitleids und die Einsamkeit, nein zu sagen – Erinnerungen 1910–1989, Hamburg 1990, S. 158

Warburg-Spinelli, I.: Die Dringlichkeit des Mitleids und die Einsamkeit, nein zu sagen – Erinnerungen 1910–1989, Hamburg 1990, S. 215
Warburg-Spinelli, I.: Die Dringlichkeit des Mitleids und die Einsamkeit, nein zu sagen – Erinnerungen 1910–1989, Hamburg 1990, S. 158f.
Warburg-Spinelli, I.: Die Dringlichkeit des Mitleids und die Einsamkeit, nein zu sagen – Erinnerungen 1910–1989, Hamburg 1990, S. 258
Warburg-Spinelli, I.: Die Dringlichkeit des Mitleids und die Einsamkeit, nein zu sagen – Erinnerungen 1910–1989, Hamburg 1990, S. 261
Warburg-Spinelli, I.: Die Dringlichkeit des Mitleids und die Einsamkeit, nein zu sagen – Erinnerungen 1910–1989, Hamburg 1990, S. 265
Magnani, F.: Wer sich erinnert, lebt zweimal, Köln 2000
Warburg-Spinelli, I.: Die Dringlichkeit des Mitleids und die Einsamkeit, nein zu sagen – Erinnerungen 1910–1989, Hamburg 1990, S. 275f.
Warburg-Spinelli, I.: Die Dringlichkeit des Mitleids und die Einsamkeit, nein zu sagen – Erinnerungen 1910–1989, Hamburg 1990, S. 285f.
Schiff, H.: Ingrid Warburg-Spinelli am Sonntag in den Kammerspielen, taz vom 11.12.1993
Hobsbawm, E.: Das Zeitalter der Extreme – Weltgeschichte des 20. Jahrhunderts (1995), München 1998
Münkler, H.: Welt in Aufruhr – Die Ordnung der Mächte im 21. Jahrhundert, Hamburg 2023
Applebaum, A.: Die Achse der Autokraten – Korruption, Kontrolle, Propaganda: Wie Diktatoren sich gegenseitig an der Macht halten, München 2024
Applebaum, A.: Die Verlockung des Autoritären – Warum antidemokratische Herrschaft so populär geworden ist (2020), München 2022, S. 27
Siehe hierzu Pregla, C.E.: Mirjams Töchter – Maecenas Schwestern? Tzedaka als Reforminstrument im Gabe-Akt jüdischer Musikmäzeninnen, Lausanne 2024, S. 67
Assmann, A. & Assmann, J.: Gemeinsinn – Der sechste, soziale Sinn, München 2024
Tönnies, F.: Gemeinschaft und Gesellschaft – Grundbegriffe der reinen Soziologie (1887), Darmstadt 2010
Plessner, H.: Grenzen der Gemeinschaft – Kritik des sozialen Radikalismus (1924), Frankfurt am Main 2022
Assmann, A. & Assmann, J.: Gemeinsinn – Der sechste, soziale Sinn, München 2024, S. 30
Popper, K.: Die offene Gesellschaft und ihre Feinde (1945), Tübingen 2003
Bergson, H.: Die beiden Quellen der Moral und der Religion (1932), Olten 1980
Zuckmayer, C.: Als wär's ein Stück von mir – Horen der Freundschaft (1966), Frankfurt am Main 1986, S. 471f.

Personenregister

A

Adenauer, K. 256
Adler, A. 57, 98, 142, 177, 224, 281, 339
Adorno, Th.W. 113, 168, 205, 251, 254
Aichinger, I. 322
Aischylos 122
Alain 38
Alberti, L.B. 4
Allesch, E. von 57, 61
Altenberg, P. 61
Amendola, G. 214
Améry, J. 316
Anders, G. 168
Angress, W. 314
Applebaum, A. 337
Arendt, E. 186
Arendt, H. 63, 73, 82, 83, 86, 87, 90, 209, 214, 215, 217, 290, 291, 294, 326
Ariost, L. 27
Aristoteles 151
Arnold, M. 14
Aron, R. 98
Assmann, A. 339
Assmann, J. 339
Astor, D. 194
Auden, W.H. 15, 323
Augustinus 257
Augustus 88, 89
Austen, J. 26, 32

B

Baberowski, J. 293
Bachmann, I. 322
Balabanova, A. 329
Balzac, H. de 185
Banholzer, P. 144
Barca, C. de la 133
Barnes, A.C. 282
Barrett-Browning, E. 26, 35
Baudelaire, Ch. 135
Beauvoir, S. de 32, 98, 99, 100, 118, 120, 121, 131, 135
Bebel, A. 269
Becher, J.R. 60
Behn, A. 26
Bell, C. 15, 16, 37
Bell, J. 49
Bell, Q. 16, 42

Bell, V. 29
Bembo, P. 4
Benjamin, W. 139, 161, 167, 289, 327
Bergson, H. 340
Berlau, R. 145, 146, 163, 165, 167, 171
Berlin, I. 323
Besson, B. 171
Bing, G. 322
Binswanger, L. 3
Bismarck, O. von 270
Black, D. 277, 278, 281
Blair, E. 183
Blei, F. 61, 62
Bloch, E. 168, 172
Blücher, H. 86
Boccaccio, G. 4
Bon, G. Le 74, 75
Borgese, G.A. 82
Brandström, E. 334
Brandt, W. 6
Brecht, B. 139, 140, 251
Breton, A. 326
Briand, A. 243
Broch, H. 55, 231, 322
Broch, J. 56, 57
Brody, D. 72
Brownell, S. 194–196
Bruno, G. 162
Büchner, G. 143
Buff, Ch. 252
Bühler, Ch. 63
Bühler, K. 63
Bunge, H. 146, 171
Busch, E. 171, 186

C

Cabet, E. 198
Campanella, T. 198
Camus, A. 5, 118, 125, 240
Canetti, E. 57, 77, 78

Carnap, R. 63
Carrington, D. 15
Casanova, G. 309
Cassirer, E. 63, 207, 322
Cellini, B. 308
Cézanne, P. 16, 282
Chagall, M. 326
Chaplin, Ch. 103, 137, 168
Chartier, E. A. 38
Chruschtschow, N. 284
Conrad, J. 269
Corneille, P. 119

D

d'Arc, J. 157
Darwin, Ch. 309
Degas, E. 282
Delannoy, J. 129
Dessau, P. 168, 171
Dickens, Ch. 231
Diderot, D. 108, 166
Döblin, A. 168
Dohm, H. 234
Dostojewski, F. 19, 143, 238
Duchamp, M. 326
Dulles, J.F. 284
Dürer, A. 34, 99
Dürrenmatt, F. 170

E

Ebert, F. 243
Ebner-Eschenbach, M. von 315
Ehrenberg, P. 227
Einstein, A. 5, 73, 251, 276, 302
Eisenhower D.D. 284
Eisler, H. 168, 171
Elias, N. 289, 290, 292, 294
Eliot, G. 14, 26, 32
Eliot, T.S. 21, 23, 35
Elisabeth I. 27

Engels, F. 198, 238, 298
Erasmus von Rotterdam 37, 219
Ernst, M. 326
Euler, B. 321
Euler, F. 321

Faistauer, A. 61
Federn, P. 57
Felsenstein, W. 172
Feuchtwanger, L. 85, 168, 251, 311, 326
Ficino, M. 4
Ficker, L. von 60
Finch, E. 284
Fischer, S. 229, 242
Flaubert, G. 118, 119, 121, 135, 143
Fontane, Th. 66, 231, 310
France, A. 237
Frank, L. 326
Freud, L. 196
Freud, S. 15, 19, 21, 63, 71, 74, 76, 78, 148, 228, 242, 247, 251, 294, 309, 322
Friedell, E. 61, 311
Frisch, M. 139, 150, 153. 170
Fry, R. 15, 16, 31, 40, 43, 46, 49
Fry, V. 312, 326

Galilei, G. 161, 162
Gandhi, M. 311
Garnett, A. 42
Gaulle, Ch. de 120
Gay, J. 156
Geertz, C. 292
George III. 14
Gibbon, E. 31
Gide, A. 99, 189, 228, 323
Giehse, Th. 170, 171
Glass, Ph. 51

Goethe, J.W. von 5, 241, 242, 246, 247, 251, 252, 253, 256, 260, 308, 309, 322, 335
Goethe, A. von 253
Goldstein, E. 200
Gollancz, V. 185, 187, 190
Gomperz, H. 63
Gomperz, Th. 63
Gorki, M. 21
Graf, O.M. 168
Grant, D. 15
Groddeck, G. 242
Grosz, G. 168
Guareschi, G. 332
Gundolf, F. 322

Haas, W. 6
Habermas, J. 10
Hahn, K. 320, 321, 324
Hamsun, K. 143
Hartmann, N. 213
Hasek, J. 168
Hauptmann, G. 143, 151, 242
Hauptmann, E. 145, 158, 171
Hegel, G.W.F. 103, 108, 166, 217, 340
Heidegger, M. 101, 105, 108, 111
Heller, E. 231
Hemingway, E. 186
Herder, J.G. 4, 5
Hindenburg, P. von 243
Hippe, P. 242
Hippo, A. von 308
Hobbes, Th. 294
Hobsbawm, E. 198, 336
Hofmannsthal, H. von 45, 61, 91, 93, 133, 177, 327
Hogarth, W. 21
Hölderlin, F. 223
Homer 88

Horaz 140, 143
Horkheimer, M. 168, 251
Horvath, Ö. von 72, 312
Huchel, P. 172
Hugo, V. 119
Humboldt, W. von 5
Husserl, E. 71, 98, 99, 111
Hutchinson, L. 324
Huxley, A. 71, 198

Ibsen, H. 50
Ionescu, E. 10
Isherwood, Chr. 21, 323

Jackson, J. 13
Jacobi, J. 63
James, H. 14
James, W. 282
Jaspers, K. 321
Jean Paul 4, 307
Jens, I. 235
Jens, W. 235
Jesenská, M. 61
Joliot-Curie, F. 284
Josephus, F. 307
Joyce, J. 13, 21, 25, 68, 70, 88, 91, 231
Jung, C.G. 33, 76, 311

Kafka, F. 56, 61, 68, 90, 91
Kahler, E. von 73, 82, 84
Kant, I. 339, 343
Kaus, G. 61
Kaus, O. 61
Kerr, A. 156
Kesting, H. 231
Kestner, C. 252

Keynes, J.M. 15, 16, 269
Kierkegaard, S. 86
Kilian, I. 145, 171
Kisch, E.E. 186
Klee, P. 32
Klemperer, V. 205
Klüger, R. 313, 314, 318
Koch, K. 167
Koestler, A. 186, 190, 195, 199, 323
Kollontai, A. 214
Kortner, F. 168, 251
Kosakiewicz-Barbezat, O. 125
Kracauer, S. 326
Kraus, K. 56, 60, 133, 164
Kügelgen, W. von 309

Lang, F. 168
Laotse 161, 173
Lasker-Schüler, E. 60
Laughton, C. 168
Lawrence, D.H. 185
Leibniz, G.W. 271
Lenin, W.I. 191, 214, 276, 329
Lessing, G.E. 5, 93
Levi, C. 328
Levi, P. 315, 316, 318
Levinas, E. 98
Lévy, B.-H. 97
Liebknecht, K. 269
Ludwig XIV. 133
Lukács, G. 61, 64, 92, 233, 242
Lützeler, P.M. 55, 65, 85, 86

MacCarthy, M. 15
Magnani, F. 333
Maheu, R. 98
Mahler-Werfel, A. 326
Mallarmé, St. 135

Personenregister

Malraux, A. 101, 186, 328
Mandela, N. 311
Manetti, G. 4
Mann, E. 258
Mann, F. 256
Mann, G. 320, 326
Mann, H. 168, 225, 237, 251, 259, 326
Mann, K. 23, 225, 235, 236, 254, 259
Mann, Th. 22, 23, 60, 66, 71, 72, 73, 82, 85, 139, 168, 223, 255, 315
Mannheim, D. 145
Mannheim, K. 61
Mansfield, K. 21, 185
Marcuse, H. 68
Marcuse, L. 85
Marlowe, Chr. 143
Marx, K. 157, 191, 217, 238, 239, 270, 281, 287, 298, 323, 340
Matisse, H. 16. 282
Matt, P. von 13
Maurois, A. 309
Mayer, H. 148, 172, 231
McDougall, W. 76
Mehring, W. 312, 326
Meier-Graefe, A. 85, 86
Meier-Graefe, J. 85
Merleau-Ponty, M. 48, 98, 102, 103, 111, 118, 196
Meyer, A.E. 251, 253
Michelangelo 260
Mill, J.S. 268, 274
Mirandola, P. della 4
Modigliani, A. 282
Molière 133
Monet, C. 282
Montaigne, M. de 37
Moore, G.E. 16, 35, 269, 275
Morrell, Lady O. 15, 273, 274, 277
Morrell, Ph. 273
Morus, Th. 198
Mumford, L. 83
Münkler, H. 5, 336, 337

Murray, G. 269
Musil, R. 35, 56, 57, 61, 68, 239

Napoleon 267
Neher, C. 143, 167, 171
Neill, A.S. 278, 279
Nestroy, J. 143
Nicolson, N. 27
Nicolson, H. 15, 21, 26
Nida-Rümelin, J. 5
Niebuhr, R. 82
Nietzsche, F. 60, 92, 116, 143, 148, 223, 231, 237, 239, 240, 255, 260, 281, 287
Nikolaus II. 191
Nizan, P. 98

Oldfield, S. 13
Ortega y Gasset, J. 78, 139
Orwell, G. 183, 298
O'Shaughnessy, E. 186, 189, 190, 220
Owen, R. 198

Paget, C. 194
Palitzsch, P. 171
Panofsky, E. 322
Parker, S. 173
Partridge, F. 16
Pascal, R. 310
Pauli, H. 311, 312, 318, 326
Pauli, W. 311
Pauling, L. 284
Peano, G. 271
Petrarca, F. 4
Pflanzelt, G. 148
Picasso, P. 16, 100, 196, 282
Pinker, S. 294, 295

Piscator, E. 151
Platon 28, 31, 217, 340
Plessner, H. 339
Pogwisch, O. von 253
Polgar, A. 61, 326
Pope, A. 27
Popham, A. 194
Popper, K. 217, 218, 340
Post, L. van der 15
Pringsheim, A. 234
Pringsheim, K. 234
Proust, M. 13, 21, 68, 90, 231

R

Rathenau, W. 77, 239
Reemtsma, J.Ph. 291, 292, 293
Reichel, K. 171
Reinhardt, M. 168, 311
Renn, L. 186
Renoir, P.-A. 282
Rényi, E. 61
Riemer, F. W. 253
Riesman, D. 79
Rilke, R.M. 20, 61, 88, 101, 116, 143
Rimbaud, A. 143
Robins, E. 50
Rolland, R. 237
Roosevelt, E. 325–327
Roosevelt, F. D. 83, 252, 325
Rothermann, F. von 59
Rousseau, J.-J. 148, 257, 308
Russell, B. 5, 16, 15, 63, 267
Rutschky, K. 13

S

Sackville-West, V. 15, 21, 25, 26, 27, 40
Sahl, H. 326
Samjatin, J. 198
Santayana, G. 310
Sartre, J.-P. 5, 97, 143, 153, 285, 310
Saxl, F. 322

Schalk, E. 171
Scheler, M. 126
Schiele, E. 61
Schiller, F. 5, 143, 157, 233, 240, 260
Schlick, M. 63
Schnitzler, A. 21, 231, 315
Schönberg, A. 169, 255
Schopenhauer, A. 4, 60, 125, 231, 234, 237, 239, 240
Schopenhauer, J. 253
Schweitzer, A. 97, 321
Schweitzer, Ch. 97
Seurat, G. 282
Sévigné, Madame de 26
Shakespeare, W. 32, 143, 151, 322
Shaw, G.B. 16, 143, 269
Sighele, S. 76
Silone, I. 189, 323, 328, 332
Silva-Bruhns, J. da 224
Smith, A.P. 269
Smith, E. 32, 44
Snell, B. 322, 324
Sokrates 131, 335
Sophokles 136
Spence, P.H. 281
Spender, St. 15, 323
Spiel, H. 13, 322
Spinelli, A. 307, 329, 332
Spinelli, V. 307, 317, 318, 328, 329, 330, 331, 332, 333, 340
Spira, B. 327
Spitz, R. 63
Steffin, M. 145, 158, 165, 167
Stein, G. 15, 21
Stephen, L. 13
Stern, F. 323
Stern, W. 322
Stirner, M. 148
Strachey, A. 19
Strachey, J. 19
Strachey, L. 15, 19, 35, 49
Strehler, G. 171
Stresemann, G. 243
Strindberg, A. 143, 151

Strittmatter, E. 171
Suhrkamp, P. 175
Suttner, B. von 311
Svevo, I. 21
Swift, J. 27, 143, 198

Tarde, G. 74, 75
Tillich, P. 255
Timpe, W. 226
Tolstoi, L. 19, 21, 143, 240
Tönnies, F. 339
Toscanini, A. 329
Trakl, G. 60
Trotha, T. von 291
Trott, C. von 334
Trott zu Solz, A. von 322, 340
Trotzki, L. 191, 200, 242
Tschechow, A. 19, 21, 151, 260
Tucholsky, K. 161
Turgenjew, I. 19

Untermeyer, J.S. 88

Valentin, K. 153, 168
Valla, L. 4
van Gogh, V. 16, 282
Védrine, L. 100
Vergil 88, 89, 92
Verlaine, P. 143, 148
Villon, F. 143, 148, 149, 156
Voltaire 198, 283

Wagner, R. 231, 234, 237, 239, 240, 247, 250, 251
Walser, M. 31, 314
Warburg, A. 3, 307, 319, 320, 322, 330, 335, 340, 342
Warburg, F. 190, 196, 319, 324, 325, 327, 330
Warburg-Spinelli, I. 307
Webb, B. 16, 269
Webb, S. 16, 269
Wedekind, F. 143, 151
Weigel, H. 145–147, 158, 171
Weill, K. 156
Weininger, O. 60
Wells, H.G. 15, 21
Werfel, F. 311, 326
Westermeier, F. 257
Whitehead, A.N. 268, 271, 281
Wilde, O. 35
Wilhelm II. 65
Wittgenstein, L. 63, 205, 275
Wittstock, U. 312, 327
Wolff, E. 324
Wollstonecraft, M. 26
Woolf, L. 15, 17, 18, 19, 25, 35, 40, 49
Woolf, V. 13, 68, 231, 273
Wuolijoki, H. 166

Zoff, M. 144
Zola, E. 143
Zuckmayer, C. 341
Zweig, S. 71, 161

GPSR Compliance
The European Union's (EU) General Product Safety Regulation (GPSR) is a set of rules that requires consumer products to be safe and our obligations to ensure this.

If you have any concerns about our products, you can contact us on

ProductSafety@springernature.com

In case Publisher is established outside the EU, the EU authorized representative is:

Springer Nature Customer Service Center GmbH
Europaplatz 3
69115 Heidelberg, Germany

www.ingramcontent.com/pod-product-compliance
Lightning Source LLC
LaVergne TN
LVHW011009250326
834688LV00004B/148